谨以此书恭祝恩师周一贯先生

九十华诞！

周一贯 1936年出生，浙江绍兴人。著名特级教师，当代语文教育家，奉行“语文教育生命观”。1950年3月参加中国人民解放军，任文书、文化教员。转业后，在绍兴县仁渎完全小学、樊江乡小学任教。1954年至1956年，在嵊县初级师范学校小教轮训班就读、毕业。曾在学校担任教师、教导主任、副校长。1984年，任绍兴县教育局教研室副主任。曾兼任全国尝试教学理论研究会副会长、全国语文教学研究会板书研究中心学术委员会副主任、浙江省九年义务教育小学语文教材编委会副主任、浙江省教育学会小学语文教学分会副理事长等。发表论文1500多篇，出版著作《周一贯口述：“一以贯之”的语文教育生命观》等180余本。《语文教学通讯》《小学语文教学》《小学语文教师》《教学月刊》《小学教学》等刊物曾多次作专访报道。事迹曾入选《中国当代教育名人辞典》《浙江历史名人辞典》等。

当代语文教育家
周一贯
语文教育思想评说

季科平 主编

DANGDAI YUWEN JIAOYUJIA
ZHOU YIGUAN
YUWEN JIAOYU SIXIANG PINGSHUO

GEP 广西教育出版社 南宁

图书在版编目（CIP）数据

当代语文教育家周一贯语文教育思想评说 / 季科平主编. -- 南宁 : 广西教育出版社, 2024. 9. -- ISBN 978-7-5435-9441-8

Ⅰ. G623.202

中国国家版本馆 CIP 数据核字第 2024TR6955 号

责任编辑：司亚萍　　装帧设计：李浩丽
责任校对：龙一新　陆嫆澄　　责任技编：蒋　媛

出 版 人：石立民
出版发行：广西教育出版社
地　　址：广西南宁市鲤湾路 8 号　　邮政编码：530022
电　　话：0771-5865797
本社网址：http://www.gxeph.com
电子信箱：gxeph@vip.163.com
印　　刷：广西民族印刷包装集团有限公司
开　　本：787mm×1092mm　1/16
印　　张：25.5
字　　数：403 千字
版　　次：2024 年 9 月第 1 版
印　　次：2024 年 9 月第 1 次印刷
书　　号：ISBN 978-7-5435-9441-8
定　　价：88.00 元

目录

一 专家评说

二 相知言说

三 媒体访谈

四 诗文拾彩

周一贯先生“一贯之道”的逻辑解读（代序）

· 季科平 ·

《论语》有云：“吾道一以贯之。”几千年来，我国教育开山鼻祖孔夫子的行为准则，不知影响了多少有识之士，当然也成就了无数大家。曾在清朝任县府幕僚的周一贯先生的外祖父对“吾道一以贯之”也情有独钟。1936 年，周一贯在浙江省绍兴县皋埠镇出生，外祖父取“吾道一以贯之”之意，为他起名为周一贯。周先生字“道原”，与名“一贯”相呼应，强调了“道还是原来的道”，又一次凸显了“吾道一以贯之”之意。“吾道一以贯之”，既是外祖父对周先生的希望，更是先生自己一生的信条。道也，形而上也，规律也。但先生的“一贯之道”，不仅是形而上，而且是形而下，甚或是两者的统一。

周一贯先生 15 岁从军，在部队担任过文化教员；18 岁因病转业后，参加农村教育工作，成为一名乡村教师。他先后担任过学校少先队总辅导员、教导主任、副校长、县教研室副主任等职。从 15 岁起，先生整整 73 年没有离开过绍兴的教育岗位，他以“吾道一以贯之”的精神，在农村小学语文教育这块希望的田野上勤耕不辍，积极探索母语的教学之道，满怀深情地推动着我国小学语文教学改革。

他开始从教时年龄那么小，学历也不高，如今却有着大师级的学术建树。他正式出版专著 183 部，发表文章 1500 余篇，正如华中师范大学杨再隋教授评价“周一贯先生是小学语文园地上辛勤的耕耘者，积极的探索者，不倦的思想者”，人民教育出版社编审崔峦先生指出“周一贯先生是浙江乃至全国小学语文教育界的一面旗帜”，原杭州大学朱作仁教授赞誉“周先生的贡献是全国性的，他是当今中国小学语文教学研究的杰出代表”。

2019 年 3 月，北京师范大学出版社在“教育家成长丛书”中推出了《周一贯与语文教育生命观》。2020 年 12 月，广西教育出版社在《当代中国语文教育家口述实录》(第一辑) 中推出了《周一贯口述：“一以贯之”的语文教育生命观》。中国小学语文教育界，因为周一贯先生这位教育大家的存在，而多了一份蓬勃向上的生命激情。周一贯先生扬起了一面猎猎生风的大旗，用原国家督学成尚荣先生的话来说：“周一贯先生是我国小学语文教育界的精神导师和专业导师。他已成为一种文化符号，昭示着教育和研究的情怀和理想，闪烁着人生意义的光彩。”

《道德经》云：“人法地，地法天，天法道，道法自然。”整整 73 年，周一贯先生用心锻造着属于自己的难能可贵的“一贯之道”，悄然抵近“道法自然”的境界。我尝试着对先生的“一贯之道”进行比较深入的逻辑解读，以探寻其中的奥秘。

“一贯之道”的核心：热爱

可以一生奉行之道，不可能没有一个坚强的核心，“一贯之道”的核心就在于热爱，周一贯先生对语文教育爱得无比深沉，这便是他所有的动力之源。

1952 年 7 月，17 岁的周先生从部队转业到地方，当时国家百业待兴，浙江省绍兴市绍兴县民政局负责接待的干部提供了不少工作岗位让他挑选，可他竟毫不犹豫地提出要当农村教师。从此，他便与语文教育结下了不解之缘。在这以后，周先生的工作单位屡有变动——调到绍兴县钱清区杨汛桥镇中心校，调到绍兴县钱清区中心校，调到绍兴县教研室……工作职务也不断更换，但对于语文教育，他总是一往情深，在任何情况下，都舍不得丢下。

周先生年轻时曾有过两次离开绍兴农村的机会，一次是去杭州担任浙江《教学月刊》的专职编辑，另一次是去杭州担任浙江省义务教育教科书小学语文编委会副主编。可周先生出于对农村语文教育的热爱，主动放弃了进城的契机。第一次面临进城的契机时，他担任绍兴县钱清镇中心小学副校长，他说他正忙着带领全区教师搞教材教法过关，他不能走；第二次面临进城的契机时，他担任绍兴县教研室副主任兼小学语文教研员，正忙着抓全县农村小学语文教师的教材教法，他说他更不能走。很多人都无法理解他一次又一次的放弃，他却满怀深情地说："农村教育需要我，我也感恩于农村教育，正是农村的朴实和偏僻，使我能低调地沉潜其中，赢得了许多宝贵的时间。"周先生把自己的这份热爱无怨无悔地洒在了农村教育这片希望的田野上，不求闻达，静待花开。

1996 年，周先生按期退休。原本以为他可以静下来享受安闲的时光了，没想到，他退而不休，反而更忙碌了，始终活跃在他所热爱的教坛上。有人泼冷水，直接说"退休了还忙什么呀"，先生响亮地回答："以语文教育事业为毕生的守望，可以让人一直乐此不疲地做下去，这与是不是退休无关。"他在赴各地讲学的同时，还抓紧撰写研究文章，抓紧出版专著。他说："一个真正的专业人员，生命未到尽头，总会对自己的专业情有独钟，不放弃，不抛弃。巴金、冰心、季羡林、钱学森……又何曾听他们说过退休后就'金盆洗手'呢!"

因为先生心中有爱，所以先生七十三年如一日投身农村语文教育，他大声宣告："我的生命与事业同在，一息尚存必当守望教育。"

"一贯之道"的精神：执着

周一贯先生用他的言行不断地告诫我们："一个人，一辈子，做好一件事。"我不止一次听他说过："我能收获从事语文教学实践与研究的无限乐趣，源于我播种了对中国语文教育事业的不灭信念。"这种精神便是执着，他执着地进行着小学语文教学实践与研究。在人生的道路上，周先生也曾遭遇过很多挫折和打击，但他从来没有放弃，而是选择坚强面对，继续前行。因为在他的心中早已播下了"教育神圣"的信念，这是与生命同在的执着精神。

1954—1956 年，先生有机会在浙江省绍兴市嵊县初级师范学校小教轮训班就读两年，相当于初中二年级，这便是先生的最高学历，但这学历并不影响先生对语文教学的挚爱，他以坚持自学来弥补。然而先生对语文教学的挚爱，却给他自己带来了极大的麻烦。在历次政治运动中，一些莫须有的罪名，一直像噩梦一样伴随着先生。这种境况，不仅有生理上的重压，更有心理上的超载。但就是在这样的状况下，先生还是没有放弃，依然攻读专业，执着耕耘。随后20多年，先生一直为时势所困，但他一直用冰心的话鼓励自己，“在快乐中我们要感谢生命，在痛苦中我们也要感谢生命”。在艰难困苦中，先生依然执着前行，他的语文课堂教学技艺大有长进。

一声春雷，历史掀开了新的一页。“文革”之后，先生才真正迎来了语文教育研究的春天。此时先生已人到中年，然而他毫不气馁。他相信事在人为，以时不我待的精神，更加积极地投身到小学语文教学实践和研究中去。他说，边缘化的生活，何尝不是上天的一种恩赐，它可以让人活出一个最真实的自我。

2013年9月，先生遭遇了人生无法言说的打击，他的至亲、爱人黄老师赴青海摄影采风时，不幸遭遇车祸，撒手西去。他们伉俪情深，相濡以沫几十年，老伴的离去让先生无比悲痛。然而一个星期后，全国第一家小学语文博物馆要在浙江杭州绿城育华小学举行开馆仪式。几乎所有人都劝周先生放弃这次出行，可先生说这是小学语文教育界的大事，他非去不可。9月18日这天，我与丈夫陪他同行，参加了这场意义非凡的活动，一起见证了这一历史性时刻。在活动现场，当剪彩嘉宾激动剪彩时，当周先生郑重揭牌时，我知道一个梦想成真了，我的眼眶也忍不住湿润了！在采访环节，周先生真诚地、耐心地回答记者提出的一个又一个问题。在专家座谈时，周先生娓娓道来，为小学语文博物馆的未来发展提出了具体的建议。谁也不会想到，他刚刚送走了至爱的夫人，他刚刚经历了怎样的伤痛。这就是周一贯先生——一个为语文而生的教育天使，即使遭遇了天大的灾难，也无法改变其执着的精神。周先生说：“人生无法改变生死，但我们可以让自己活得更有价值。”没过多久，先生又参加了在浙江省浦江县举行的全国首届童话教学研讨会。满头银发的周先生用他那依然洪亮的绍兴普通话，激情飞扬地点评着浙江省特级教师何夏寿的童谣课堂。先生依然忙碌着，依然在语文的园地里用心耕耘着……

后来，先生跟我谈起了他的生死观。他说，到了他这个年纪，经常可以看到“垂死挣扎”“坐以待毙”这两种生命状态。“垂死挣扎”是向死而生，加倍珍惜当下的“生”，用心投入学习、生活，努力用各种方式拓展生命的宽度及厚度。“坐以待毙”则消解了一切生的意义，把生的核心定格在玩乐享受上。他说他和黄老师都选择了“垂死挣扎”的生命状态，黄老师是奔着她心爱的摄影而去了，他呢，则一直潜心在语文教育研究的世界里“不能自拔”。

正是因为有这样执着的精神，73 年来，周先生始终围绕着小学语文教学实践和研究这个圆心转动，丝毫没有松懈，一直没有停留。“事业无悔，岁月无憾，求索无涯，诲人无倦”，这是一种怎样的执着精神，生命永远与事业相伴。

“一贯之道”的态度：勤奋

“情系教坛满头霜，笔耕舌论默默忙。识得寂寞个中味，桃红李白话西窗。”这是周先生在纪念自己从教 50 年之际写的一首诗，也是先生执着事业 73 年勤奋态度的真实写照。他从 1981 年发表第一篇教学研究文章起，坚持教学研究至今已持续了 42 年。他平均每年出版约 4.3 本书，平均每年发表约 36 篇文章，平均每年累计正式出版或发表各类文稿近 100 万字，共计 4000 多万字。我们不禁惊诧先生怎么会有那么多时间，这些年来他创作的摞起来有两米高的手稿，别说写，光誊抄一遍得用多少时间！先生还到处奔波，或探索办学方略，或指导教改，或研讨学术，或培养青年，或听课评课，或进行专题讲课辅导……

然而时间的奇特就在于珍惜它就可以以一当十。充分利用时间，几乎成了先生的习惯，他坚信天道酬勤，相信一个勤勉劳作的行者一定能有所作为，正所谓“为者常成，行者常至”。在初师读书期间，他三个假期，期期留校，利用两个寒假和一个暑假自学大学中文系的主干课程。20 世纪 50 年代，他执教的村校离中心小学有一小时的步行路程，当时常常要到中心小学开会或参加学习，来回要两个小时。走在乡间的小路上，他随身带着《中国文学》，来回途中以背诵经典诗文为乐。在学习、工作间隙，他不仅自学了系统论、控制论、信息论等新兴学科理论，还广泛涉猎与语文邻近的学科，如符号学、社会学、民族学、效率学、文化学、生态学，甚至还有模糊理论、全息原理、笔迹研究……可以说，周先生就是自学成才的典范。

周先生的成长之道就在于他个性化的“耕耘”方式：“舌耕”“目耕”“笔耕”，三者并举，互补互促，相得益彰。他说，如果说语文教学是一丛欣欣向荣的鲜花，那么，舌耕是它的“本”，目耕是它的“根”，而笔耕则是开出的“花”、结出的“果”。周先生还曾以唐代诗人刘禹锡的《陋室铭》为范，撰写了《“舌耕”铭》《“目耕”铭》和《“笔耕”铭》，借此表达教师生涯之快乐，坐拥容膝斋（先生的书房），无冕亦称王！

容膝斋传达出先生的精神气质、心理风貌，“寂然凝虑，思接千载；悄焉动容，视通万里”。容膝斋就是这样一个四通八达的宁静宝地。从原先仅能容膝、只有一个书架的容膝斋，到后来宽敞的拥有三面顶天书墙的容膝斋，先生忙碌于书架之前、案桌之上。从物质的容膝斋到心灵的容膝斋，先生特地为书房自拟、自书了一副竹刻对联以自勉：“安步当车阅世事；清茶代酒养性情。”室仅容膝而足以安贫乐业的精神，已成为先生的生命定格。在这里，先生为“舌耕”准备讲稿，在“目耕”中熏陶书香，以“笔耕”叙事抒情，恰如“金风玉露一相逢”“天光云影共徘徊”。在这里，《小学语文教学改革研究概观》《语文教学训练论》《语文教学方法论》《语文教学优课论》《阅读课堂教学设计论》《“儿童作文”教学论》《小学语文教育的文化观》《周一贯与语文教育生命观》等一部部闪烁着智慧光芒的学术专著蓬勃而出。在这里，一名小学语文教师凭着勤奋的态度圆了书房梦、教育梦、名师梦……

“天下难事，必作于易；天下大事，必作于细。”凡是涉及小学语文教学的问题，不管难易，无论大小，周先生都会进行非常细致而深入的探索。他的研究几乎涵盖了小学语文课程、教材、教法、评价等领域的方方面面。看看周先生的“时空观”：无时不用，无处不思，无孔不入，无事不研。在他的生活日程表中，几乎没有“休息”二字。“惜时，让生命增值！”88 岁高龄的他还是不肯懈怠，仍然保持耐得住寂寞、埋头勤奋的态势，还是这样充满激情地行走在坚守“教育神圣”的道路上。

“一贯之道”的路径：创新

周一贯先生著作等身，写的文章更是数不胜数。细细阅读周先生的著作和文章，便可发现，其中处处盛开着创新的花朵。他坚持“一贯之道”，其“一贯之道”的路径便是创新。这种创新的个人风格具体说来，便是由此及彼，在有价值的联想中创新；由古及今，在有选择的继承中创新；由点及面，在有重点的坚守中创新。

由此及彼，在有价值的联想中创新。周先生从杂志《生活与健康》上读到一篇题为“笔迹与疾病”的文章，就联想到通过整理小学生笔迹表现去研究“笔迹诊断”，以提高写字教学效率。周先生读到《绍兴广播电视报》上的一篇短文《关于“谈话”的谈话》，从电视上的谈话节目，说到了“谈话”一类节目关键在于传递嘉宾谈话的“原生态”，便联想到语文教学，语文课堂教学的改革也同样要“珍爱学生生命的原生态”。

周先生联系当下“节能”“减排”“低碳”的现代生活方式，从自然大生态联想到课堂小生态，创造性地提出了“低碳课堂”的学习生态理念。他认为，只有追寻“低碳课堂”，才能实现语文教学的“渐近自然”，修复课堂生态的平衡。中国的经济转型，正在从“创奇迹”转入“新常态”时代，实现着发展的再平衡。周先生从中国经济发展的“新常态”出发，联想到课堂教学正在形成的“新常态”，他认为这种课堂“新常态”主要表现在以下一些方面：课堂模式的“新常态”，教学指向的“新常态”，教材意识的“新常态”，文本选择的“新常态”，教学方式的“新常态”，学程安排的“新常态”，拓展阅读的“新常态”，等等。像这样通过由此及彼的、有价值的联想来创新的技巧，在周先生的治学过程中信手拈来，比比皆是。

由古至今，在有选择的继承中创新。周先生总是说：中国的语文问题要用“中国思维”去思考，要用“中国功夫”去解决。他大声疾呼：“如果我们再不重视在批判中继承，在继承中发展，中国语文教学许多宝贵的传统经验，也会在时代新潮的冲刷下由淡化至消亡。”他倡导我们在千年的视野里寻找语文教育的传统，带领我们一起触摸中国语文教学传统的心：文以载道，重视学文与做人；以汉字为本，着重识字与书写；读思并重，提倡熟读与深思；教材文本、参读材料兼顾，主张精读与博览；重在意合，关注涵泳与体悟；学贵乎勤，倡导多读与多写。这一切都与中国传统文化密不可分，中国语文必须要在有选择的继承中创新。在《浅论涵泳》一文中，周先生提出语文教学要“把根留住”。他认为传统的汉语教学基本规律是“根”，外来的“水分”和“养料”都要通过“根”来吸收，根深方能叶茂，本固才能枝壮。语文教学改革不仅要“把根留住”，而且要使根系更加发达健壮，这样才能使“中国语文教学”这棵大树欣欣向荣、生机无限。

2014 年，周一贯先生带着弟子鲍国潮从中国古代多种文论、诗话、文章学、教育学等著作中选取了 571 条有关古代语文教育的言论，分为“学理概述”“识字教学”“阅读教学”“写作教学”四个部分，从当代语文教育的视野出发，对这些言论一一进行个性化的读解，形成了《中国古代语文教育言论读解》一书。该书以独特的视野、丰富的资料和生动的解读，极好地传承了中国古代博大精深的语文教育思想。

由点及面，在有重点的坚守中创新。周先生常对我们说：“岁月留文不留命，我们的研究，我们的创新，我们的奉献，我们的体会……都需要借助文字来保留，来传递。”《语文教学通讯 · C 刊》创刊 40 年，先生在这个刊物上发表文章达 40 余万字。从 2007 年开始，他连续 16 年为这本刊物撰写年度综述与评价。他通过每一期的刊物来把握小学语文教育的现状及研究走向，他由点及面，在有重点的坚守中创新表达，《2019：“统编教材年”的〈语文教学通讯 · C 刊〉的响应》《〈语文教学通讯 · C 刊〉，重塑“2020”语文教学新样态》《“双减 · 创优”：2021 年“通讯 C 刊”深化课改启新章》《“2022”——奋进新征程的“通讯 C 刊”》……每篇综述文稿就是刊物的年度记忆，旁征博引，洋洋洒洒，不仅展现了先生真实的读刊体会，还展现了小学语文教育研究的时代风云，为全国的小学语文课程改革竖起了一座创新的“风向标”。

“一方水土养一方人”，周一贯先生深受古越文化的浸润，近年来，先生一直致力于“越语文”这一地域文化资源的开发。“越文化”源远流长，气象万千，灿烂的“越文化”激发了“越语文”之生机。周先生引领我们从“越文化”走向“越语文”，“越语文”陈列馆、“越语文”名师坊、“越语文”大课堂以及“越语文”期刊等研究平台逐一建立，“越语文”的各项研究活动开展得有声有色。“心有千千结”，先生说做了一辈子的语文教育，他晚年的心结竟是“越语文”，他认为我们要在有重点的坚守中创新，打造“越语文”的群体风格，开创“越语文”承前启后、继往开来的美好未来。先生谆谆告诫，“知之真切笃实处即是行，行之明觉精察处即是知”，让《传习录》中的这句话，成为“越语文”行动之座右铭。

“一贯之道”的底色：无私

“天无私覆也，地无私载也，日月无私烛也，四时无私行也。”读着《吕氏春秋》的这句话，我似乎对先生的无私有了更深切的认识。天无私，所以它能覆盖整个世界；地无私，所以它能承载世间万物；日月无私，所以能普照世间；春夏秋冬四时无私，所以能自在有序运行。先生无私，所以他能成为教育家。

先生的无私没有边界。他退休后曾在13所学校任顾问，穿行于城市与农村之间，或探讨办学方略，或设计学校文化，或引领教改实验，或指导课程建设，或推进课堂改革，或带教青年教师……即使没有担任学校的顾问，他也会应邀前去指导工作。绍兴市鲁迅小学的“立人教育”、绍兴市塔山小学的“应天教育”、绍兴市上虞区金近小学的“儿童文学教育”、绍兴市柯桥区实验小学的“智慧教育”、绍兴市柯桥区柯桥小学的“生本教育”、绍兴市柯桥区漓渚镇中心小学的“尝试教学”等，不少学校的发展都凝聚着他的智慧与心血。他好像什么都会，28年来，他通过担任学校顾问、担任名师班导师、招收入室弟子、开办专题讲座、展开个别辅导等方式，培养了一大批小学语文名优教师。他作为导师为绍兴市带的名师班结业的学员多达300余人，有

10多位还评上了特级教师、正高级教师。而先生培养的又何止是绍兴市的教师，我们绍兴的教师，不过是近水楼台先得月罢了。

先生的无私没有亲疏。不论是熟悉的，还是陌生的，只要有求于先生，先生一概不拒。用他自己的话说，“谁，我都帮”，“我跟谁都没有特殊关系”。因为先生无私，所以先生对后生的提携总是不遗余力，毫无保留。他希望有更多的人，能够像他一样真正地热爱语文教育。多少青年才俊在他的麾下指点江山、激扬文字。杭州师范大学王崧舟教授这样表达对他的感激之情：“没有周一贯先生，也许我的成长会遭遇更多的弯道和陷阱；没有周一贯先生，也许我的专业视角、学术见地会因为思想的单薄、创新的匮乏而流于肤浅……”清华大学附属小学窦桂梅校长认为周一贯先生是她生命里一个重要的、不可或缺的他人。北京的吴琳老师说周先生改变了她的生活，帮助她找到了一条全新的，属于自己的发展道路。“童化作文”的倡导者吴勇与先生素昧平生，但先生能跨越地域间隔，超越年龄界限，诚心相待，倾心而教，引领他走上一条幸福的语文教育之路。

先生的无私没有天花板。这一生，先生不知为多少人评过课，做过指导。特级教师、正高级教师何夏寿出版了一本书，书名就叫《请周一贯先生评课》。他里面所有的课例都是周一贯先生指导并点评的。后来，我出版了一本《“童真语文”的好课课谱》，里面的所有课例也是周一贯先生指导并点评的。接着，周先生的弟子张幼琴也说要出这样的书，深圳的特级教师肖绍国也想出这样的书，周先生都笑着答应了。这意味着什么？这意味着周先生要在原先指导他们的基础上，再单独给他们做一次又一次的指导，写下一篇又一篇的课评。这一生，先生不知为多少人写过序文，写过书评，做过提升。《周一贯序言书评选集》这本书就收集了先生写的部分序文及书评，我们从中见识到一位学者无私的风范，领略了先生博大而丰富的教育思想。邀先生写序的，甚至有和先生素未谋面的青年名师，先生却从不推却，欣然下笔。他说他应邀为省内外教师、教研工作者出版的书写序文、书评乐此不疲，是出于一个老教育工作者由衷的欣慰：有那么多有识之士关注着教育研究，有那么多青年教师正在昂首阔步地走向专家教师，不正是生动地预示着中国教育的明天必将更加光辉灿烂吗？

难怪先生能够成为当代的语文教育家，“非以其无私邪！故能成其私”，先生的无私也成就了先生自己。

“一贯之道”的高度：融通

明代宋濂在《白云稿序》中写道：“经乃圣人所定，实犹天然日月星辰之昭布，山川草木之森列，莫不系焉，覆焉，皆一气周流而融通之。”融通即融会贯通，融通充分体现了周一贯先生“一贯之道”的高度。哲学与教育的融通，理论与实践的融通，阅读与写作的融通……融通让周先生的研究融会贯通，跃上了一个新的高度。

哲学与教育的融通。早年在嵊县初级师范读书时，周先生在一位姓严的青年政治老师的指导下，利用假期的时间自学了《辩证唯物主义》《历史唯物主义》《政治经济学》和《联共（布）党史简明教程》。直到今天，先生还依稀记得严老师开导他的那番话：学教育先得从哲学入手，哲学是“聪明学”，了解了世界，通晓万事万物变化的规律，当然就可以去理解各门学科共有的规律了。认真拜读周先生的著述和文章，不难发现其中充满了哲学思考：原点思维，求本之道，教学生态，田野课堂，主流价值，等等。先生以史为鉴，从汉民族文化的哲学思考出发，提出了“一分为三、辩证统一”的语文教育生命观。他认为：语文教学的改革要以唯物辩证的哲学思想为指导，要力避“一分为二”的绝对化，要以“一分为三”来对语文教育生命做哲学思考。语文教育应强调“辩证统一”的一面，应统一于人的生命开发，和谐融通于人的生命活动。先生善于运用哲学的辩证思维来处理教育教学过程中的诸多矛盾，坚持用融通形成合力，从而产生了良好的教育教学效果。

理论与实践的融通。周先生耕耘教坛70余载，作为导师带出的名师数不胜数。他一直坚持在实践中研究，坚持让理论从实践的土壤中自然地生长出来，总结提炼后的理论又回过头来进一步指导实践，如此形成良性循环。在这样的过程中，理论与实践得以自然地融通，具有了更强的生命活力。先生的理论着重体现在他的著作上，体现在他的“四论”“四观”上。“四论”指的是语文教学方法论、训练论、设计论及优课论，“四观”指的是生本观、儿童观、文化观、生命观。“四论”“四观”层层推进，凸显了先生语文教育思想的丰富多元、博大精深。而实际上除了“四论”“四观”，先生还对研究性阅读、儿童作文、教师写作、语文教研等来自实践的主题也展开了深入的研究，形成了自己清晰的理论认识。

阅读与写作的融通。周先生自称是“三耕族”，即“目耕、笔耕、舌耕”，还专门作了“三耕铭”以记之。其中的“目耕”指的就是阅读，“笔耕”指的就是写作，先生一直以耕耘者的姿态行走在语文教育的大道上，乐此不疲。先生的“目耕”与“笔耕”与他的书房容膝斋密切相关。书房从“室仅容膝”到如今宽敞的满屋书墙，一直不变的是先生埋头耕耘的身影，先生的阅读与写作在这里达成融通。“目耕”让先生“目织亿万里，神交五千年”“哲思纸上得，学识读中生”，更让先生“可以会先圣，交今贤”，在其中获得了丰富的资料、深厚的学养。“笔耕”让先生“笔驰云霄上，脚踏大地行”“一句三思得，乐从心底生”，更让先生“可以品韵味，抒性情”，在其中宣泄了胸臆，深化了研究，陶冶了精神。因为融通，先生的“笔耕”具有了更鲜活、更深刻、更专业的表达。因为融通，先生把学问做到了极致，构成了他自己独特的生命姿态。可以说，先生的写作史便是他的专业发展史。

先生总说自己是一个十分平常的小学农村教师。确实，他的身上集中了许多的“平常”，在一个“平常”的地方，在一段“平常”的时间里，从一个“平常”的起点，以“平常”的经历做了一件“平常”的事。然而，正是这么多的平常汇聚在一起，成就了一个极不平常的周一贯，让他取得极不平凡的成绩。先生不仅是语文教学研究的一座高峰，还充分显示了他自己特有的“一贯之道”。重读先生的座右铭“一个人，一辈子，做好一件事，勤奋做人，低调处世，吾道一以贯之”，或许我们就可以找到答案。“吾道一以贯之”，围绕“热爱”这个核心，胸怀“执着”的精神，以“勤奋”的态度，通过“创新”的路径，渲染“无私”的底色，攀登“融通”的高度，抵达语文王国理想的彼岸。

此时，我想到了《中庸》里的“尊德性而道问学，致广大而尽精微，极高明而道中庸”这句话；我又想到了《道德经》中的“以其终不自为大，故能成其大”。这些不都是周老先生的生动写照吗？

2023 年 10 月

专家评说

周一贯语文教育创新理论，领航小学语文的发展方向。

祝愿“浙派语文”继续引领全国小语界

·崔　峦·

值此周一贯先生从教65周年“一贯之道”学术研讨会暨80华诞庆典隆重举行，本人作为语文界的一个老兵，虽不能至，心向往之，谨送上最诚挚的祝福：祝愿此次活动圆满成功！祝福周一贯先生这棵语文“常青树”青春永驻，健康长寿！祝愿“浙派语文”继续引领全国小语界，浙派名师如雨后春笋，层出不穷！

周一贯先生是“浙派语文”的杰出代表。他不仅代表着语文教学、教研的一座高峰，而且代表着一种精神：对语文教育虔诚的热爱，对教育理想执着的信念，对语文教学规律恒定的求索，对语文事业无私的奉献……这一贯的热爱，一贯的追寻，一贯的勤奋，一贯的实践，一贯的奉献，一贯的精彩，是“一贯之道”的精髓，是难能可贵的“一贯精神”！65年教学、教研生涯，2万个日日夜夜，写就了1400余篇文章，完成170多册著述，平均一周写一篇文章，不到半年出一本书。65年在学海逐浪，80岁高龄仍笔耕不辍，这不是“勤奋”二字所能概括的！请允许我向一贯先生致以深深的敬意！

周一贯先生是浙江乃至全国小语界的一面旗帜。不管教育界、语文界如何风云变幻，他总能审视现状，展望趋势，保持高度的学术清醒；他总能坚守教育之“魂”——一切为了每个学生的学习发展，他总能尊重语文教育的传统，遵循儿童学习语文的规律，坚守语文之“根”；他总能审时度势、与时俱进，引领语文教学的潮头，建构语文教学的新常态……周一贯先生是一座语文教育的富矿。希望广大小语界同人在不断发掘这座富矿的过程中，能够自觉运用周先生的心血与经验，把今后语文改革之路走得更正、更壮阔！

周一贯先生是一代语文宗师。他从教65年，传经布道65年。得到他真传的本土教师、浙江教师、全国教师何止成千上万！周先生的成功告诉我们：一个人想多远，就能走多远；一个人爱多深，就能钻多深；一个人攀多高，就能站多高。

周一贯先生不愧是学高之师，身正之范，理应当之无愧地接受我以及来自四面八方的成千上万语文教师的祝福：祝“一贯精神”发扬光大，祝“一贯旗帜”迎风飘扬，祝一贯先生身体康健，幸福安康！

2015年4月21日

（崔峦：人民教育出版社编审，教育部课程教材研究所研究员，教育部“语文课程标准”专家组核心成员，教育部中小学继续教育教材评审委员，义务教育小学语文教科书及义务教育课程标准实验小学语文教科书主编。）

学品、文品、师品的一贯
——试论周一贯语文教研的创新之路

·杨再隋·

周一贯，浙江绍兴人士，和鲁迅先生同乡同姓。年少从军，因病退伍后，一直从事小学语文教学与研究，凡 65 年。他终身从教，无悔无怨，且笔耕不辍，著作等身。2009 年，我在《周一贯语文教育 60 年》一书中题词“语文园地上，辛勤的耕耘者，积极的探索者，不倦的思想者”，大致勾画了他的学品、文品和师品。

20 世纪 50 年代初，周一贯踏上了语文教学与研究之路，即便在一间勉强能把双膝塞到桌下的小房间里，他也能起早熬夜，目耕心织，与书为伴，知足常乐。他遵照“勤奋做人，低调处事，谨持工作，甘于寂寞”的信条，既学会“独处”，又善于“等待”。和许多同龄知识分子一样，他目睹了解放初期全国人民建设新中国的壮志豪情，也遭遇了“知识分子的早春天气”和“文革”的凄风苦雨。党的十一届三中全会后，他幸运地沐浴在改革开放的阳光雨露中，使他早年在心田里播下的“名师梦”种子生根发芽、开花结果。

关爱生命，呵护童心——语文教研从原点出发

生命哲学产生于 19 世纪末和 20 世纪初，其主要思想观点集中表现在以下几个方面。就世界观而言，生命即世界，生命与宇宙是不可分割的整体；就认识论而言，思想与行动的全部意义就是生命的意义；就方法论而言，关注事物的自然性和原初状态，强调生命的唯一性和不可替代性。

周一贯把生命哲学融入语文教研之中，他指出，关爱受教育者的生命发展是“教育的原点”。他说：“教育应当是关爱受教育者生命发展的事业。这

不仅因为教育是生命发展的原始需要，而且还因为它需要通过人的倾情投入、积极互动来实现，最终又是为了生命质量的提升……正是教育才使一个个鲜活的、充满绿意的生命，在全面、全程、全向的活动中，使人的生命四重构（自然生命、精神生命、价值生命和智慧生命）得到了最和谐的发展。”出于对教育原点的思考，周一贯感叹道：“如果没有受教育者的生命发展，教育还能留下什么？又需要教师做什么？”

从教育原点出发，周一贯提出了“生命场”的概念。他认为，学生的生命发展，教师的生命活力和教材的生命情怀，在这里汇聚和交流……语文课堂的“场效应”是课堂教学赖以高效运行并充满生命活力的基本条件。教师若能敏锐地把握和发挥这种“场效应”，往往就会使课堂具有可调性和兼容性，以及能进能退、能屈能伸、能吐能纳、能开能合的灵动，师生的生命活力和智性潜能就能获得真正自由的呈现，而使课程洋溢着色彩斑斓的诗意和值得回味的神韵，达到充盈了绿意的生态课堂的境界。语文教学的生命观生发出语文教学的儿童观。周一贯指出：小学语文应是儿童语文……小学语文教学不仅要考虑到“小学”特定的学业水平，更要考虑到儿童的心灵感受。他还进一步指出：“童心并非只存在于童年，它可以在一生中发挥出神奇的力量。它是健全人格的开端，创造力的源泉，是一辈子自由、幸福的基石，甚至是一个民族和国家强大、富有活力的标志。”而当下的儿童正遭遇成人文化的入侵，这不仅来自社会，来自网络、影视等现代传媒，也来自学校课堂教学。这就致使儿童精神边缘化，儿童观念逐渐淡化，儿童文化也渐渐被遮蔽。正如法国大哲人卢梭所言：“天真烂漫的儿童变成了老态龙钟的学究。”这些现象，令人忧虑。为此，周一贯大声疾呼：“小学语文教学应当更多地关注儿童的心态、儿童的感受、儿童的话语、儿童的兴趣特征和思维方式……一句话，应当更多地去追寻儿童精神，莫让童心过早地消逝。”

在语文教学中，还会常常发现儿童的语言障碍，如简单模仿、鹦鹉学舌，词不达意、言不由衷，颠三倒四、逻辑混乱，生搬硬套、不知所云，等等。究其原因，大都源于成人话语的排斥。这些成人话语往往又以霸道的态势，挤压儿童话语存在的空间，剥夺儿童本有的话语权。的确，儿童话语缺点不少，但许多是可爱的缺点。一些充满童真的话语，恰恰是他们的内心表白和真情宣泄，作为一种生命状态，理应受到宽容和尊重。

由生命观生发的儿童观，引出语文教学的生本观，这就是周一贯的思路逻辑。他深感，在教学实践中，教师得意忘言的分析、讲解、提问，尽情的才艺展示，使学生失去了自主学习的时空。忽视学情，无视学生的需求，掩盖了教学中许多矛盾，读写实践落空，必要的训练也被丢弃。课堂上依然以教师为主角，少数学生“捧场”，多数学生“陪读”。在有的公开课上，执教者华丽出镜，强势登场，刻意挥洒的自我展示和形式主义的雕琢扮靓，异化了课堂的主流价值。鉴于此，周一贯力主“以生为本”，让学生真正成为课堂的主人。

继承传统，兼收并蓄——留住中华文化的根

周一贯有深厚的文化底蕴，对中华传统文化有着深刻的理解。小学语文作为母语教育，必须深扎传统文化之根，灌注中华民族之魂，方能枝繁叶茂。每个人都是在一定文化背景下成长的人，周一贯深受吴越文化尤其是绍兴文化的影响。他的著述中有着很深的“鲁迅情结”。他的《以鲁迅的儿童阅读理念瞻观今日》《鲁迅：读图时代应当仰望的背影》《把鲁迅还给儿童》等文章，表达了对鲁迅的敬仰。他深情地写道：“鲁迅是一条奔腾不息的精神之河，他哺育所有的人，不只是绍兴人……是所有的炎黄子孙，当然也包括儿童。”他呼吁“把真实、丰富的鲁迅还给儿童”。

周一贯按照语文课标要求：“认识中华文化的丰厚博大，汲取民族文化智慧，关注当代文化生活，尊重多样文化，吸收人类优秀文化的营养，提高文化品位。”中国语文教学仅从孔子受业始，也有2500年的历史。因此，语文教学无论如何现代化，都不能抛开传统语文教学经验，这是中华文化从传统到现代的血脉相承。中国语文教学的本体是汉语文，几千年来中国人教学中国语文，被世代证明的那些行之有效的做法，不仅揭示了学习汉语文的规律，也蕴含了中华优秀传统文化的精魂，被周一贯称之为“中国心”，这是中华民

族之魂，是中华民族不朽的精神。

2007 年，周一贯在一篇访谈录中指出，继承传统非易事，实行起来并不简单。他说："传统不是历史长河中的漂浮物，一眼望去便可决定取舍。它沉淀在由更远的历史所铸造的民族心理之中，并成为一种相当稳定的文化深层结构，所以正确分清精华与糟粕，就不是那么容易。"尽管历史变迁，时代发展，但汉语文作为社会交际工具的性质和功能没有产生根本改变，中国人学习母语的特点和规律也没有发生根本改变，许多语文教学的传统经验仍具有很强的生命力。可以说，真正继承优秀传统的，才可能和现代融通；真正具有中华民族特色的，才可能走向世界。

究竟哪些语文教学传统需要继承发展呢？对此，周一贯在著述中做了精辟的阐释。例如"文以载道"，如元人郝经所言，"道非文不著，文非道不生"，强调"文道统一"。近几十年来语文学界对语文教学思想性和工具性孰轻孰重的问题争论不休，主要源于语文之外因素的干扰。21 世纪初《全日制义务教育语文课程标准（实验稿）》把语文课程的基本特点归纳为"工具性和人文性的统一"，为这场旷日持久的争论打了一个句号，也是对中国语文教学传统经验的总结。

还有如注重识字、写字，重视诵读，强调习练，讲求"体验涵泳"，等等，尤其是有关"读思结合"的传统见解，对教学实践有着重要的指导作用。孔子谓"学而不思则罔，思而不学则殆"，由"不愤不启，不悱不发"的思想衍生出的启发式教学，在历史长河的洗涤中，越发显示出它的光泽；苏东坡有诗云"旧书不厌百回读，熟读深思子自知"；朱熹说得更透彻，熟读深思要达到"使其言皆若出于吾之口……使其意皆若出于吾之心"；等等；古人倡导"涵泳体悟"，无非是强调用心读书，以心悟之。在语文学习中对感悟、意会的重视，跟语文课程标准的要求是一致的。

"继承传统的基础上发展创新"是周一贯教学研究的重要特色，他不故步自封，而是与时俱进。多年来，他学习了系统论、控制论、信息论，涉猎符号学、社会学、民俗学、文化学、生态学乃至模糊理论、全息原理……对西方的教育哲学、教学实验以及“后现代课程论”“多元智能理论”“建构主义”“接受美学”乃至近几年盛行的“翻转课堂”都有所借鉴。同时，他又清醒地认识到，这些一齐涌来的舶来品，需要与中国国情相符合，与汉语文教学的特点和规律相适应，与当前我国语文教学的现状相结合。这就要求语文教师具有开阔的国际视野，以清醒的民族意识去吸纳、筛选、借鉴，洋为中用。

60 多年来，周一贯潜心于对中国小学语文教学实践的探索与思考，既注重实践创新，又注重理论创新。他总能在语文教学改革发展的拐点处，给我们指引方向；在语文教学改革的迷茫中，给我们指点迷津。他对脱颖而出的教坛新秀热情鼓励，对许多语文名师除了肯定他们的成果，也对他们的教学提出改进的建议，不愧为广大语文教师的良师益友。从总体看，改革开放前的 30 余年，他主要是实践、读书、思考、积累，改革开放后的 30 余年则厚积薄发，许多真知灼见喷涌而出。他平均每月写 3 篇文章，在国家级、省级报刊发表文章 1400 余篇，出版著作 170 多本，字数总计 3000 余万。著作、论文等研究成果获国家奖 10 余次。其丰硕成果，不敢说是“前无古人，后无来者”，但在语文界的确是凤毛麟角，令人叹服！

辩证思维，和谐统整——走创新之路

回顾中华人民共和国成立 60 多年来的语文教学，大都在坎坷不平的道路上曲折前行。由于语文教研尚缺乏教育哲学的理论指导，又缺乏教学实验的论据支撑，加之受其他因素的影响，语文教学虽进步很大，但问题不少。

反思语文教学的发展历程，矛盾可谓层出不穷。如中华人民共和国成立之初的文道之争，加强思想教育和重视语文因素之争；20 世纪 60 年代语言和文学的分合之争，烦琐分析与精讲多练之争；20 世纪 80 年代的形象感染与思路教学之争；20 世纪 90 年代注重情节分析与强化训练之争，语言训练与诗意审美的语文教学之争；当下对工具性和人文性的轻重掂量及如何统一之争……

周一贯深知，语文之外的因素我们无法掌控，但在语文教研上选择何种方法论来探究，则可以从自身做起。当然，选择什么样的方法论和时代发展状况息息相关，也跟个人在语文教学实践中的亲身经历密切相关。

诚然，事物皆可一分为二，例如语文教学中的学生与教师、主体与客体、自主与合作、预设与生成、语言与思维、理解和运用、知识与能力、认知与情感、课内与课外、基础与创新，等等。正是事物的矛盾斗争推动着事物的运动发展，但这只是问题的一个方面。过分强调矛盾斗争，或者只停留在矛盾斗争的层面上，则可能顾此失彼、非此即彼，易走极端，用一种倾向掩盖另一种倾向，使事物陷于矛盾的旋涡中。20世纪60年代，当时的中共中央高级党校党委书记兼校长、哲学家杨献珍在讲课时引用了明代哲学家方以智《东西均》中的“合二而一”的观点，被有心人利用，遭到了严厉批判。周一贯对此深有体会。他认为，世界本来就是多样的统一和统一的多样，因此他赞同儒学大家庞朴“一分为三”的观点。他认为“一分为二”中相互对立的“二”，在一定条件下是可以统一的，统一后的“一”就是新的“一”，和原初“一分为二”中的“一”相比，已经发生了质的变化。就如文与道在语文教学中既是对立的，又是相容的，二者相互促进，共同提高。当然，在教学中如何找准二者的汇聚点，还需要我们在实践中继续探究两极融通的规律。

何谓规律？事物之间的内在的本质联系，就是规律。科学的方法论有助于我们探索语文教学规律。周一贯勇于探究，勤于思考，善于透过现象看本质，从诸多纷乱繁杂的头绪中，理清它们之间的关系，找出它们各式各样的对立矛盾，并相继统一于教学活动之中，防止长期形成“对立斗争”的思维惯性，避免语文教学中许多思维上的“过度”与“不及”。例如消除“预设”与“生成”的矛盾，共融于教学现场；消弭“学路”与“教路”、“文路”和“编路”的矛盾，使之融汇于教学过程中；减少“多元感悟”和“价值引导”的冲突，统一于师生平等对话之中；化解“熏陶”与“训练”的对立，统一于科学的有效训练之中。

周一贯善于运用辩证思维处理教学过程中的诸多矛盾，坚持用融通形成合力，从而产生了良好的教学效果。在课堂中，利用“教会”与“学会”的智慧提升，“敏感”与“钝感”的智慧应对，“机遇”和“机智”的智慧把握，“示强”和“示弱”的智慧转换，等等，使学生获得了知识，培养了能力，增长了智慧。

几十年来，周一贯总是在不停思考，不断产生新思想，提出了一些颇具创意的观点和主张：1984 年 11 月提出了语文教学的文体观，出版《文体各异　教法不同：小学语文教学漫笔》一书；1994 年 10 月提出训练的实践意义和人文价值，出版《语文教学训练论》一书；1994 年 11 月提出“非法即法”的观点，出版《语文教学方法论》一书；1998 年 10 月提出“工具性和人文性统一观”，和 21 世纪初颁行的语文课程标准的观点一致；1998 年 10 月提出优课的辩证统一观，出版《语文教学优课论》一书；2000 年 8 月提出“软设计”“弹性设计”的概念，出版《阅读课堂教学设计论》一书；2000 年 10 月提出“语文尝试教学”模式，出版《小学语文尝试教学设计》一书；2002 年 4 月提出“研究性阅读”概念，出版《“研究性阅读”教学探索》一书；2004 年 7 月提出“语文教研案例法论”，出版《语文教研案例论》一书；2005 年 6 月提出“儿童作文教学体系”，出版《“儿童作文”教学论》一书。

此外，他还呼吁繁荣语文教学评论，重视语文教学传统经验，关注家常课优良品格的研究，倡导“以学评教”，提出诗意的生本理念，强调“坚守课堂教学主流价值观”，等等。

课如其人，文亦如其人。回顾一贯先生教学与研究之路，深感他的学品、文品、师品的“一贯”。有什么样的学品就会有什么样的文品，也就会有什么样的师品，贯串其间的始终是人的品格修养。难能可贵的是，半个多世纪以来，一贯先生辛勤劳作在小学语文教研的园地上，孜孜不倦，从不懈怠，始终如一,一以贯之，终成为我国小学语文教学研究的一代名师。今年是一贯先生从教 65 周年，特撰此文，以表敬意，并祝一贯先生体健笔健，永葆学术青春。

2015 年 4 月

（杨再隋：华中师范大学教授，中国语文报刊协会写作教学专业委员会学术顾问。教育部义务教育语文课程标准和普通高中语文课程标准审议专家组成员，教育部全国中小学教材审定委员会审查委员，教育部、财政部“国培计划”专家库首批专家。）

“一贯”的意义阐释与思想映照

· 成尚荣 ·

两千多年前，孔子谈论自己学问的时候曾说，“吾道一以贯之”。其实，何止是做学问呢？做人也应“吾道一以贯之”。面对越来越纷繁复杂的学科，当今的专家还能“一以贯之”吗？面对越来越浮躁的社会，当下的名师们还有人能“一以贯之”吗？回答当然是肯定的：有，比如周一贯老师。

正如名字中的积极暗示和热切期盼，在语文教育研究上周一贯老师坚守了 65 年，一以贯之，从未改变，更从未放弃，“一贯”成了他的情怀、精神和品质。正是这“吾道一以贯之”，使他的语文教育与中华优秀传统文化相契合，使他始终有根、有魂，从根中生起中华美学精神，显现着先生之风，而先生之风，山高水长。我们应当恭恭敬敬地称周一贯为先生。

周一贯先生以自己长期以来的实践告诉我们，一个人成功的秘诀是什么。是什么？是专念。用美国心理学家埃伦 · 兰格的话来说：“专念是一种积极的思维方式，是思维中的蓝海——创造各种可能，积极留意新事物，随时能敏锐地发现环境中细微的变化，随时调整自己的反应。”① 看来，专念不只是一种坚守的执念，而且是一种敏锐、一种对新事物的关注、一种拥有无限可能性的创造。周一贯先生之“一贯”正是坚守中的调整，执念中的发现和创造，是“一以贯之”和“与时俱进”的统一与融合。一贯，是可贵的守望和创新精神。

再从风格的角度来看，周一贯先生 65 年只做一件事——小学语文教学研

① 孙云晓、埃伦 · 兰格《“专念”让这一切充满乐趣》，见于《中国教育报》2016 年 5 月 5 日第 8 版。

究与实践。65年啊！这是一种治学风格。有人将学者分为两种：狐狸型与刺猬型。狐狸型什么都知道，知识面较为广泛，可止于多而略显表面；而刺猬型只做一件事，求精准、求深刻。显然，周一贯先生属于刺猬型的治学风格，他心无旁骛，一心一意，潜心研究，静心思考。他的语文教育研究，越来越科学，越来越深刻。正是这样的治学风格才让周一贯先生一直站在小学语文教学的制高点上，俯瞰语文大千世界，又抬头仰望语文辽阔星空。一俯一仰之中，一贯先生的学术品格、学者人格得以锤炼和淬化。一贯，是治学的风格，做人的品格，以至风骨。

假若我们把关注的视野转向对人生意义的探求，就会发现，一贯先生有着一贯的价值追求、一贯的意义创造。一贯先生的一生，再次证明了一个人生哲理：人的存在需要有意义；人生的意义不是别人赋予的，而是自己创造的；人既可以是人生意义的创造者，又可以是人生意义的破坏者。人生的意义让一贯先生静水深流，让一贯先生深耕谷底。静水深流、深耕谷底，让他探求了语文之道、改革之道，而语文之道、改革之道正是为师之道、为人之道。道也，形而上也，规律也，创造也，人之生命也。但一贯先生之道，又不仅是形而上，而且是形而下，甚或是形而上与形而下的统一，用周一贯先生的观点来谈，由此有了“一分为三”的和谐。一贯，核心价值的追求，终极意义的创造。

我们自然可以做如下的概括：周一贯先生是我国小学语文教育界的精神导师和专业导师。他已成为一种文化符号，昭示着教育和研究的情怀与理想，闪烁着人生意义的光彩。今天，我们与他有约，就是与思想有约、与精神有约、与专业有约、与人生意义有约。永远与一贯先生有约，因而我们也完全可以做到“吾道一以贯之”。我们应当像周一贯先生那样，用“一贯”去为自己的一生寻找最好的证明。

周一贯先生不仅揭示了一个语文名师成长的奥秘（用他的话来说，其实很平常，并无奥秘可言），而且，回答了当今语文教育研究，以至教育研究的三个方面的问题。

其一，语文教育，小学语文教育需要领军人物。如果把小学语文教育比作一支浩荡的队伍，那么这支队伍里一定要有一个领跑者；如果把小学语文教育比作一支优秀的合唱队，那么这支合唱队里一定要有一个领唱者。领跑者、领唱者，应该是领军人物。无疑，周一贯先生是全国小学语文教育的领军人物。虽然他有特级教师、教研员、教研室副主任等头衔，但他更广为人知的身份是被广大教师所认可所欢迎的教坛引路人，不妨称作“民间英雄”。自然，我们想到两个问题，一是教学流派的追求与形成，需要这样的“民间英雄”；二是“千课万人”培训活动，既需要“万人”，也需要“一人”。这“一人”就是领跑者、领唱者。

其二，语文教育研究需要理论。何为理论，用梁启超的话来解释，那就是“学”与“术”的结合，理论不应排斥“术”。理论从何而来？来自书斋，也可以来自田野，来自实践。周一贯先生就是在肥沃的实践土壤里培育了理论，丰厚，鲜活，扎实，亲和，管用。周一贯先生是创造理论的人，他应当是一位学者。

其三，需要推动教学改革、教育研究。但是推动的力量在哪里？既在官方，也在基层，还在民间，在于“第三种力量”。“千课万人”培训活动走的道路形成的“第三种力量”，创造了“第三空间”。随着改革的深入，越来越需要“第三种力量”。周一贯先生为这“第三”做出了积极的探索，做出了创造性贡献。

捧着这本《师道一贯》的文稿，一位位名师、专家在我眼前浮现，他们可亲可敬，其中周一贯先生的形象尤为鲜明而光辉。向名师们致敬，向专家致敬，向周一贯先生致敬！

2016 年 5 月

（成尚荣：江苏省教育科学研究院研究员，原国家督学，教育部基础教育课程改革指导组专家，教育部中小学教材审查委员。）

从教盈甲子　立言周一贯
——贺周一贯老师从教 60 周年

· 王松泉 ·

乐为人师而届满六秩，口授笔述又能周延涵盖教坛一贯的岁月，无论境内海外，两者兼备者恐不见多。容我赘言，或有从教盈甲子者，却非立言一贯者；或有立言一贯者，却非从教盈甲子者。恕我孤陋寡闻，在我有限的视域中，两者兼备者，在绍兴乃至浙江的小学语文界，似乎仅周一贯老师一人。盖因他从教奇早，15 岁便为人师，至今教艺广益，教风远扬；尤因讲学笔耕一以贯之，片刻不辍，著述宏富，优质高产乏人匹敌，数量之众迄今无出其右者。现虽高龄，却仍活跃在当代教苑文坛，难能可贵。

此生有幸，能与这样的老师共时、同事又同行，可谓获益匪浅！

与周一贯老师共时，那是一种时运。早在 20 世纪 60 年代初我就与他相识了，当时我在绍兴县柯桥区校供职，他在钱清区校任教，同样担任学区总辅导员。其时团县委对学校团队工作非常重视，几乎每月都召集学区总辅导员到县政府集中学习、交流、研讨，或者外出访问、考察，活动有声有色，内容多姿多彩。正是在这意气风发、风华正茂的 20 多岁年月，我与周一贯有了第一次见面：眼前看见的是一个清秀俊朗、落落大方、豁达沉稳的瘦高个儿帅哥，一表人才。其实在此之前，我已从团县委学少部长李青云大姐那里掌握了各学区总辅导员的名单，当时周一贯已以才华和业绩闻名于县内团队工作和教学界。那时每区有一个总辅导员，总辅导员在政治、业务和社交方面可谓得天独厚，往往是学区领导尚未了解的重要信息，总辅导员可以先了解；学区领导还未看到的内部文件，总辅导员可以先看到，更有机会接触一些“内参”，是一般基层领导和老师平时难得看到的。回校以后，就由我们总辅导员先向学区领导汇报那些重要信息或内部文件精神，然后在教师大会上传达。这期间，周一贯老师还在钱清区组织了有意义的访问和考察活动，各区总辅导员就在他那里联谊、交流，至今我还保存着当时活动的照片。他书法出众，因此团县委在赠送各人宝贵学习资料和书籍时，常请他题写各人的名字。我曾不禁遐思，以他的资质，若转攻书法美术，现在必定是位著名的书画家。你看他那位与他志同道合的贤内助，他的崇拜者和追随者黄华蓉老师，退休后热衷摄影，现在竟成为绍兴频频获奖的摄影家。现在，四五十年前那批“老革命”式的总辅导员们都已年逾花甲，或到古稀耄耋之年，早就退休了，但若偶有晤谈，提及当时的工作和生活无不念叨周一贯，无不怀念。

与周一贯老师同事，则更是一种缘分。1979 年 8 月，我从柯桥区校调到钱清区校中学部工作。当时周一贯老师担任区校的副校长，由于他的推荐，我受到了领导的青睐，学校要我担任中学部的业务负责人、全区中学语文教研大组长。周一贯老师还把他儿子送到我班上就读，因此我们之间又增添了一层教师与学生家长的关系。他在业务上主攻的是小学语文，我当时教的是初中语文，同是语文教学研究的志愿者，因而就有了更多的共同语言。那时我若承担语文观摩教学或文艺节目排演任务，他和其他老师往往会热心地出谋划策，使得《春》《变色龙》等公开课和《我们做了个机器人》《飞鸽魔术》《他是谁》等节目和活动，都大获好评，一经报道，竟在全市、全省乃至全国产生轰动效应。至今有的课堂教学实录还被作为师范院校的典型教例，有的节目还被老同事们津津乐道。当然，我们切磋更多的就是语文教学研究。在许多场合，我发现周一贯老师所具有的并非一般的才华，而是一种超乎常人的睿智。他目光高远，思想深邃，不但口才出众，“舌耕”强人，而且文采斐然，“笔耕”奋捷。就在我们的切磋声里，他从 1981 年开始陆续在全国公开发行的教育刊物上发表一篇又一篇教学研究文章，从此伏案不息，一发而不可收，著作等身，直至今日仍不懈怠。我在钱清区校中学部的两年，正是与周一贯、宋允南、娄赫民、高利泉、杨燕等名师相互切磋的两年，也是与张爱珍、沈张龙等领导相识相知的两年，是我收获极其丰硕的两年。那两年，我既收获了一批互相勉励的教坛好友和感情真挚的优秀学生，又收获了一批根植一线的研究成果。1979 至 1981 年短短两年间，我工作负担虽重，除了教语文、当班主任，负责中学部工作、全区中学的语文教研，还要教其他多门课程，承担教育教学的一些观摩活动，以及地方政府交办的一些社会工作，但公开发表的文章却是往年的数倍，这是此前无法企求的。为什么无人下达任务又无利益驱动却能如此高产？究其原因，应归功于改革开放的宏观背景和钱清区校的人文环境。回首这两年的经历，我发现，享誉已久的“钱清现象”的一个重要成因，是宽松自由的学术氛围。周一贯老师等名师在钱清已久，他们一贯的敬业精神和探究意识是营造良好学术氛围的基础，融入这样自由的天地，自然可以凭借自身的价值取向，去实现美好的愿望，为社会做出应有的贡献。

共时，同一片时代蓝天，可以互通声息、互相提醒；同事，共一个单位部门，可以互助合作、促膝研讨。然而，作为同行知己，即使不在同校共事，也可以互为照应，惺惺相惜。1981 年，我调入绍兴教师进修学校，后来又调至绍兴师范专科学校。在与周一贯老师分开后的长长一段时间里，虽然大家工作很忙，见面不多，但仍常有联系，互赠论著。20 世纪 80 年代末，在全国轰轰烈烈的教学改革热潮中，全国语文板书学研究中心在武汉华中师范大学成立，而这时周一贯老师作为著名的小学语文特级教师，在小学语文板书研究方面的成就已卓然超群，应当是全国小学语文板书研究当之无愧的学术带头人。因此，顺理成章，他当选全国语文板书学研究中心的学术委员会副主任。后来这个研究中心扩展为“全国教学艺术研究中心”，他又被聘请为学术顾问。在此期间，他的语文教学论著被我国著名语文教育家、当时国家教委教材审定委员、全国语文教学法专业委员会会长朱绍禹先生所瞩目，朱先生对他的研究成果和研究精神给予很高的评价，并要我转达了他的赞誉和鼓励。1991 年，周一贯老师还应邀参加了朱绍禹先生主编的我国第一部《语文教育辞典》的编写工作。2006 年我退休后，虽仍有学术、教学和社会方面的事务，但工作压力相对减轻，于是“旧情复燃”，每年都要安排两次左右与周一贯老师等钱清友好老同事夫妇们的温馨聚会，或茶叙，或访故，或考察，或旅游，每次都是相聚甚欢，尽兴而归。最近几年，浙江省政府下大力气开展培养农村中小学骨干教师的“领雁工程”，在这类重大工程的师资队伍中，我认为周一贯老师这样的名师是不可或缺的。于是，此后绍兴文理学院凡承担省市级小学语文骨干教师“领雁工程”等培训班、研讨会，必请周一贯老师到场讲学和指导，其他活动也频频邀请他，他的声情并茂的报告每每获得教师学员的交口赞叹。

我国现代著名诗人刘大白曾云：“少年是艺术的，一件一件地创作；壮年是工程的，一座一座地建筑；老年是历史的，一页一页地翻阅。”是的，创作过了，建筑过了，现在老了，难免要翻阅历史，检点过往，尤其从教已满甲子，更需要回顾自强历程，提炼切身经验，利于他人借鉴。今天算来，我与周一贯老师已有近半个世纪的交往。我参加工作虽也较早，16 岁便充任民办中学教师，当时还未成年，应该说是一个“童工”；而周一贯老师竟比我更早，15 岁就正儿八经地登上了讲坛。如今，我已渐近古稀，暮色苍茫，他虽长我 5 岁，满头华发，却仍然谈笑风生，神采飞扬，声若洪钟，一身朝气，形象地显现了“名士之乡”一代名师的不凡风采。

“从教盈甲子，桃李满天芳。”周一贯老师不光是绍兴教育界的一张亮丽名片，不光是浙派小学语文名师的杰出代表，而且已成为我国小学语文教学的一位流派型名师。诚然，大凡欲成为具有广泛影响的名师，其成长过程大致经历“技术型合格教师—艺术型优秀教师—流派型名牌教师”三个阶段。周一贯老师自 15 岁从教开始，正是这样一步步走来，心怀莘莘学子，燃烛吐丝，甘为人梯，开智育德，育美强心，扎扎实实地实施了多项教学改革，孜孜矻矻地累积了大量一线的教学经验。尤其在实践“言教—身教—慧教”的崇高事业中尽才教书，潜心育人，从而获得了特级教师的终身荣誉，并以小学语文教师的身份评上中学高级教师，登上世人眼中为师者毕生从教的巅峰。

“立言周一贯，著作等身看。”周一贯老师不但是语文教育研究领域的知

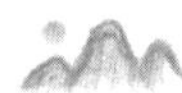

名学者、教育科学理论的普及者，而且已成为一名独具特色的语文教育家。人们常说，大凡具有相当理论造诣的名家，其研究水平的提高大致经历“主观经验型—客观描述型—科学解释型”三个阶段。周一贯老师在教学与研究相结合的过程中，正是这样一步步走来，置身浩浩学林，厚积薄发，引经据典，新意迭出，切理会心，兢兢业业地钻研和应用科学理论，洋洋洒洒地形成了一大批烙有周氏印记的个性化研究成果，尤其在追求“学术—学识—学说”的艰难天路上不懈求索，长途跋涉，是一个永不自满、永不止步的探索者，成为全国小学语文教育研究界的一面旗帜，为我国小学语文科研领域创造了宝贵财富。

周一贯老师是个成功者，就一般人来说，既是应当学习的，又是不易学习的。若要学习他，就得总结他的成功之道。他的成功之道何在？综合先天、后天、环境、教育、机遇等主客观因素，我认为，天资聪颖是基因，识见累积是基础，思维品质是基点，一贯勤奋是基质，人格风度是基调。就一定意义说，“周一贯”就是“素养周全，矢志一贯”的代名词，每个人都可以从他身上获得丰富的教益。

是的，周一贯老师是令人敬佩的，他的60年教龄之身正是一个有待开发的富矿，研究他的语文教育思想应是广大教师，尤其是年轻一代小学语文教师的任务。至今他从教已有60年，在这值得纪念的日子里，我衷心祝愿周一贯老师学术之树常青，健康之旅长远！

2010年5月31日于古越廊桥风和苑

（王松泉：二级教授，中国高等教育学会语文教育专业委员会学术委员会名誉主任，浙江省高师语文教育学研究会会长，浙江省哲学社会科学专家，绍兴文理学院原中文系主任，全国优秀教师。）

“一以贯之”的语文教育生命观
——《周一贯口述：“一以贯之”的语文教育生命观》序言

·王松泉·

人生在世，身处不断流淌的生命长河，每天都可能收获意想不到的欣喜。这不，相识相知半个多世纪，自以为十分了解周一贯先生，岂料，当我读完这部书稿，却惊异地发现，在我面前亮相的，竟是一位需要刮目相看的“陌生的老熟人”。

是的，长我5岁的周一贯是我的老熟人。这位我国当代小语界的杰出领军者，是我在学界最早、最久的朋友，没有之一。记得10年前在他75岁华诞、从教60周年时，我曾特地为他写过一篇评论。此生有幸，能与这样的老师共时、同事又同行，可谓获益匪浅。与他共时，那是一种时运；与他同事，则是一种缘分。共时，同一片时代蓝天，可以互通声息、互相提醒；同事，共一个单位部门，可以互助合作、促膝研讨。然而，作为同行知己，即使不在同一个学校共事，也可以惺惺相惜。多年来，我们经常互相切磋，交流论著，组织活动，奖掖后进，一起办成了不少有意义、有影响的好事。熟稔莫逆，可谓知音。

然而，就是这样一位老熟人，如今面对季科平这位正高级教师、特级教师热切而深入的追问，终于毫无保留地敞开了心扉，让我们看到了他因长期低调而深藏不露的成才秘诀。正是凭借这些秘诀，多年来，他不断地突破自我的“高原期”，一次次展示着令人惊艳的转变，让人耳目一新。

在这部书稿里，周一贯以其朴实、自信而睿智的口吻，通过问答，叙说并论述了他一以贯之的语文教育生命观，将他毕生忠诚从事的事业及其虔诚

研修所得的成果，归结入自幼萌生、少壮力行、盛年充盈、晚年精进的生命学说之中。这一连续不断、一以贯之的语文教育思想，不但是我国小学语文研究界学术成果中一抹耀眼的亮色，还是当代语文教育领域最具人文情怀和时代气息的宣言。

生命观，是人们对于人类自身和自然界一切生命体的一种态度，它包含人生观，是世界观的重要组成部分。其实，中西方文化都把生命作为一个重要的范畴，因为它关乎人类的终极关怀。但据说，在西方文化中，它侧重于体现以知识为中心的科学主义，因而西方人理解生命凭借的是科学的、探究式的思维方式。例如苏格拉底的“认识你自己”和黑格尔的“绝对精神”等，都体现了理性和逻辑思辨的精神。而在中国文化中，它侧重于体现以生命为中心的人文主义，理解生命凭借的不是科学理性的探索，而是价值意义上的人文关怀。例如梁漱溟认为中国文化的重点是解决生命的问题，冯友兰认为中国哲学是关于人安身立命的学说，牟宗三也认为中国文化的核心是生命的学问。

至于语文教育生命观，我想应该是一种从根本上着眼于参与语文教育活动的学习者和引导者的生命成长和发展的语文教育态度。有学者认为，语文的世界是生命的世界，语文教育的过程是生命的过程。这是为什么？我国当代著名语文教育家顾黄初说：“生命始于交流，交流促进思维，思维催生感悟，这是生命历程的三大标志，而这一切都得凭借语言（言语）。这就是我的语文教育生命观的要义。”周一贯同样认为：“语文是人类的生命家园，成功的语文教育必须从生命观上去建构，而成功的语文课堂又必然会是学生生命流的汇聚和激荡。在这里，生命体是根本，学生就是一个鲜活的生命体。”他说：“坚守生命课堂的主流价值——全体学生的学习和发展，比什么都重要。”他认为，语文课堂不是接受教师讲深讲透的平台，而是要让每一个学生的“生命体”，呈现真实的“生命态”，燃起旺盛的“生命欲”，激发蓬勃的“生命力”，汇成奔腾的“生命流”，真正让语文课堂充满学生的生命活力。他还认为，“认知体”和“生命体”在这里是不一样的概念。在传统教育意识指导下的学生，多被认为是一个接受知识的“容器”，是一个“认知体”，教育无非就是一种“特殊的认知活动”。于是，在人们的教育行为中，我们只看到了灌输知识成为至高无上的追求，在忙忙碌碌的传递知识的过程中，学生的多种生命发展需求被冷落和遗忘。然而现代教育理念指导下的学生，学习机理不应只是“被动接受”。有些地方，他要质疑；有些讲述，他有意见；有些说法，他还要提出挑战。这样的学生，就不只是接受知识的“容器”，而是鲜活的、有独立见解的“生命体”。周一贯谦虚地说：“我的这种语文教育生命观的主张，并非完全来自系统的课程，而只是对从事一辈子农村语文教育的一种自我体验。”

相较于流行的同类观点，周一贯更是旗帜鲜明地将生命观的主体定位于师生，在主张致力于学生生命成长发展的同时，还强调了语文教师生命成长发展的重要性。他说：“我的语文教育生命观的一个基本观点是教师自我生命的专业修炼，永远是语文教育成功之道最重要的基石。……真正的成功的专业修炼，第一位都源自自我生命的不懈追求”，因为“语文教育是需要用生命从事的事业”。他之所以十分强调教师专业修炼的个性化，还因为教师的专业修炼是追寻个体生命发展的必由之路，“教学生活力是一种教师的专业自觉”。值得钦佩和赞赏的是，身为教师的他身体力行，能充满自豪地宣称：“正是在关爱学生生命发展的课堂上，我才感觉到自己旺盛生命力的跃动。”

周一贯的语文教育生命观，无疑是符合教育哲学原理和时代进步要求的正确的教育思想，是理论和现实相观照、教育主客体相统一的正确的教育主张。

我与周一贯曾因熟识而相知，因相知而共勉，现在又因其转变而感到惊艳，因而思齐。诚然，见贤思齐，是人们共同的心愿。那么，我们应该向他学习什么呢？

周一贯一以贯之的语文教育生命观，平凡却又壮丽地融汇成他的语文人生。这中间，他的经历、成就和贡献是我们很难学到和获取的，例如，他开始从教时年龄那么小，正规学历那么低，执教时间那么长，教研论著那么多，

培养名特教师那么多，退休后的成果那么丰厚，坚持语文教育生命观那么久……但是，他毕生沉浸于语文天地的那种志趣、风尚、理想、精神等当是我们在师资队伍建设中最该学习的典范，例如，他的坚守，他的勤勉，他的求新，他的热忱……

坚守，勾画了他生命的底线。

世上不乏能坚守岗位的人，但像他那样自 15 岁起终身从事小学语文教育事业，一以贯之，长达 70 年之久的，并不多见。是他，把“一辈子只做一件事”当作自己的座右铭，他自勉道：“一个人，一辈子，只做一件事，勤奋做人，低调处世，吾道一以贯之。”由此可见他对教育事业，尤其是对农村语文教育有着矢志不渝、坚如磐石的执着信念和高尚志趣。他认为：“一个真正的专业人员，生命未到尽头，总会对自己的专业情有独钟，不放弃，不抛弃。”正因为他始终本着这样的信条，所以，一旦失却这种坚守，就将被他视为突破了他所勾画的生命底线。他立足于县级以下的农村乡镇，为此还主动放弃了调入城市工作的难得机会，最终把一辈子都奉献给了农村教育事业。人们常说，生命在于行动，行动体现生命。周一贯为语文教育坚守了一辈子，也行动了一辈子。他曾明确表示：“事业与生命同在，一息尚存必当守望教育。”他坚守至今，行动至今，心无旁骛，执着痴迷，令自己的语文生命始终充满活力，朝气蓬勃，也使我们十分钦佩地领略到他人生的最大志趣。自然，我们并不要求所有人都一成不变地固守原有岗位，当社会使命和个人志趣需要自己转换阵地时，我们也该顺应时代和内心的呼唤。周一贯能坚守于语文教育的生命天地，正是社会使命和个人志趣高度统一的抉择。

勤勉，充实了他生命的底气。

世上不乏勤勉努力的人，但像他那样以初中学历勤奋自学、勉力著述，一以贯之，获得如此丰硕成果的，并不多见。他的坚守，正是为了更好地勤勉奉献。我常说，在周一贯故土“名士之乡”绍兴的历史上，南宋诗人陆游作为勤勉治学的杰出代表，“六十年间万首诗”，鲜有匹敌者；我国现代思想家马一浮著述宏富，终成“一代宗师”……而周一贯在勤勉治学上则并不亚于先人。他人如其名，自从与语文教育结缘，在一贯勤于“目耕”和“舌耕”的同时，更一贯勤于“笔耕”，编著出版了上百本教学用书，这在全国语文教育界无出其右者，尤其退休以后的22年，他的一系列著作接连问世。我在为他另一部论著作序时曾说，面对他的新著，不知不觉中想到一个有趣的问题：有谁知道，出书百本以上的高产作家有哪些。我隐约记得有英国约翰·克莱斯、美国艾西莫夫、法国大仲马、国人张恨水等文艺领域的绝少几人。除却文艺界，在从事教学研究的学者之中，出书百本以上的，恐怕就鲜有所闻了。然而，眼前这部新著，竟是周一贯的第182本作品。加上1500余篇教研文章，总计字数竟逾4000万！他视勤奋自学和勉力著述为生命，这种勤勉的品格为他殷实了生命的底气。是啊，常年不息的孜孜以求，常人不及的累累硕果，使古都绍兴这位小学语文特级教师实至名归，顺理成章地成为驰名全国的语文教育家。

求新，见证了他生命的底蕴。

世上不乏求新创造的人，但像他那样善于思考，在小学语文教育界源源不断地推出创新性见解的，并不多见。他的勤勉，正是为了更好地求新创造。他的每本书、每篇文章、每次发言，总会有不少新意。这并不容易。在被称之为信息时代、网络时代、数据时代或智能时代的今天，知识更新神速，科技发展迅猛，原有的许多常识和原理已被颠覆。在日常生活中，更是出现了堪称奇思妙想的各种科技成果。在这样一个瞬息万变的新时代，老人中除了知识更新较快的专业工作者，许多人已很难适应。而周一贯，作为一位八旬老人，竟能通过各种信息渠道，把握小学语文教育的现状和走向，每年为小学语文教育刊物提供一年来语文教育改革和研究的综述与评价，提出具有针对性的见解，实在是难能可贵，这种目光和才能，折射和见证了他生命的底蕴。诚如潘新和先生所说，周一贯对我们小学语文教育教学改革提出了一些思想，一些理念，这个贡献，这么多年来一直为我们小学语文教育界珍重，并且到现在他仍然站在课程改革的前列。“周老师这么多年来，提出过很多很多真知灼见。……在人文性和工具性争论激烈的背景下，提出了‘一分为三’的观点，这个观点我觉得很有价值，这是真知灼见，反映一种教育的智慧，就是把对立的‘二’，融合为一个发展性的‘三’，这个‘三’就是学生的发展、学生的自主学习。”周一贯的求新精神，是一种时代精神。他自幼积累的知识，在一生的语文教育生命活动中，都通过求新，化作了对语文生命奥秘的深层探究和对语文教育生命开发的创造发明。是啊，一名学者，在满腹经纶的同时不能没有创造。因此，几年前，在一次同他一起参与的会议上，我曾说到，我们平时经常要求学生“读万卷书，行万里路”，这从增长学问的角度来说虽然无可非议、值得倡导，但是从增长学问的最终归宿而言，它却有着很大的局限，因为我们为人处世，最终目的不光为增长学问，而是应像周一贯先生那样，将创新作为一种理想，不断升华与探索发展，造福于事业。我们千万不能仅仅止步于远远不够的“读万卷书，行万里路”，而应当在这两句传统名言的基础上，再补上特别重要的两句，成为完整的“读万卷书，行万里路，探万物秘，造万民福”！我们不光要多读书，多见识，更要多探秘，多创造，从而在人文和科技领域，在经济和社会发展中，取得更辉煌的成就，为民族、为世界、为万民、为后代做出更大的贡献。

热忱，映衬了他生命的底色。

世上不乏为人热忱、乐于助人的人，但像他那样不计付出、乐于提携，培植了这么多名优小学语文教育师资力量的，并不多见。他的求新，正是为了更好地热忱树人。他的热忱则出于他的爱心，出于他自觉承担的生命责任。他退休后曾在7所学校任顾问，穿行于城市与农村之间，或指导教改实验，或探讨办学方略，或带教青年教师……21年来，他通过担任学校或教研机构顾问、担任名优教师专修班导师、招收入室弟子、开办讲座、辅导教研、个别指导等形式和途径，培养和扶植了一大批小学语文骨干教师，其中他指导的名优教师专修班期限不少于3年，结业的学员达157人，连同历来带导的青年教师，总数达300余名。他还协同有关机构和组织，热忱地在当地举办了“越语文”的许多教学研讨活动。周一贯这种因爱心而激扬的热忱，成为贯穿他一生的崇高精神，映衬并显现了他生命的底色。通过多年努力，他所指导的许多人现在已成为小学语文教育名师、学科带头人、高级教师、特级教师，乃至正高级教师。而他自己虽是特级教师，却因退休较早而不能再评更高的职称。然而，他却窃喜自己带出的学徒均有成就，而且多有超过他职称的正高级教师，有的甚至是相当于三级教授的特级教师，他们都是他心底的骄傲，因为他们都是他语文教育生命的延伸。有人说："一个教师最大的悲哀就是教出来的学生超不过自己！"周一贯是小学语文界的一座高峰，但他却热切地盼望老师们能超越他，而且欣喜地看到一些年轻的后学正在努力超越他。确实，"只有这样，世界才能不断前进"。为此，我们必须"让有信仰的人讲信仰""让优秀的人培养更优秀的人""让好老师不断涌现"，从而在语文生命的天地里，迎来更多像他那样优秀的教师。

今天，尽管周一贯先生被我戏称为"陌生的老熟人"，但"需要刮目相看"却是真的。在语文教育生命长河的未来岁月里，可以预期的是，他仍将为我们不断带来惊喜。在祝愿他学术之树常青的同时，希望他保重身体，衷心祝福他健康长寿！

2020 年教师节于古越廊桥风和苑

语文教坛的奇迹
——在周一贯先生从教65周年暨80华诞庆贺活动上的发言

· 吴忠豪 ·

尊敬的周一贯老师，诸位专家，各位语文教育界的同人：

很高兴有这样的机会，在周一贯老师从教65周年暨80华诞这样的盛会上发言。刚才杨教授是大学教师的代表，张化万老师是一线老师、教研员的代表，我是兼两者于一身。为什么这样说？因为我做了25年的教研员，和周老师是同行，又做了15年的大学教师。周先生是全国小学语文教师的典范，也是我们教研员的杰出楷模。周老师堪称语文教坛的奇迹。他是一棵常青树。从教65年，这么漫长的教育生涯，如今还依然活跃在语文教坛，而且能够在语文教坛起到引领作用，这是绝无仅有的。我记得还有一位老先生，高寿的张田若老师。张老师90多岁了，偶尔还出现在小语界的一些活动中，这个也是很难见到的。周老师的思路敏捷，还很健谈，对我们整个小语界所做出的贡献和所起的作用很大。现阶段，还在引领小语界，和我们老师亲密接触的，便只有周老师了。这是奇迹。

周老师高产，他的“笔耕”心系勤劳，令人叹为观止。170本著作，1400多篇文章，这是什么概念？老师们，不可想象。“著作等身”这个词已经概括不了周老师的著述了。170本著作叠起来有多高？我觉得是前无古人的。周老师真的是我们的楷模与典范，真的是一个奇迹！

当然，周老师的奇迹我觉得关键还在于他做出了很大的贡献。周老师这么多年来，提出过很多很多真知灼见。我是认真拜读了周老师的一些著作。当然，170本著作，我读过的零头还不到，这个很难为情。周老师这些年来一直是我们语文课改的领头羊，引领着我们语文课改的方向。2007 年，周老师在人文性和工具性争论激烈的背景下，提出了“一分为三”的观点，这个观点我觉得很有价值，这是真知灼见，反映了一种教育的智慧，就是把对立的“二”，融合为一个发展性的“三”，这个“三”就是学生的发展、学生的自主学习。在语文教育界，2001 年颁布的课标强调了感悟，淡化了训练，导致有些人谈训练色变。这时候，周老师大声疾呼，语文训练作为语文教育的一个重要组成部分，只要有教学存在，就会有训练存在。语文教学不管是过去、现在还是将来，都离不开训练。周老师这个观点其实也是一以贯之。1994 年周老师就写了《语文教学训练论》，当时就阐述了“语文训练”和“语文感悟”之间的辩证关系。2005 年，周老师又提出了“儿童作文”的教学体系。当时，各式各样的流派作文竞放，如“新概念作文”“疯狂作文”等。周老师提出“儿童作文”，就是小学生作文要摆脱学科作业这种模式，强调自由表达，与规则指导有机结合；同时，也要重视道德和社会责任感的培养。这一作文体系，是我们小学作文教学改革当中的一个重要的理念，应该说是独树一帜。

儿童作文更强调儿童本位。2006 年，在西方现代教育思想理论，比如后现代课程、建构主义、接受美学、多元智能等对中国语文教学产生影响的时候，周老师提出了“重认千年语文教学的传统经验”，我觉得这个观点非常重要。他发表了一些呼吁留住传统经验的重要文章。应该说，在西方各种理论影响广泛的时候，他的理念对我们坚持中国母语教育的传统，在坚持传统精华的基础上兼收并蓄，具有很多启发，这是真知灼见。2008 年，周老师又提出了“生本课堂”，坚守语文课堂教学的主流价值。当时，我记得我们语文课堂教学中，各种流派风行一时。有些课堂教学已经变味，变成了教师才艺展示现场，语文课堂变成了舞台，教师成了演员。周老师及时提出语文课堂应该是生本课堂，强调了学生的自主学习，强调了学生的主动发展。2015 年，周老师又出版了一本《语文智慧教育的教学智慧》。周老师在这本著作中提出了语文教育的“四主理念”，我觉得这“四主理念”提得真好，语文教育的“主体”是学生，“主业”是学生的学习和发展，“主线”是学生的实践和运用，“主策”是力求学生思想的解放、个性的独立和智力的超越。这些观点平时都能见到，但周老师把它们总结成“四主”这样一个教学理念，就成了独到的见解，特别是“主业”，语文教学的“主业”到底是什么，母语学习，我们要坚守什么，周老师将其归结为学生的学习和发展。“主线”是学生的实践和运用，这个观点我觉得太正确了。这么多年来，我们一直强调语文课程的综合性特点，综合性特点其实隐藏着一个潜台词，强调的是学生的思想品德教育、情感态度、价值观的发展，这是对的。其实，语文是一门学习母语的课程，所以 2011 年版课程标准明确提出：语文课程是一门学习语言文字运用的综合性、实践性课程。这个定语当中，有对语文课程性质的重新鉴定，这里面谈到了综合性，但我觉得强调的是实践性。在现在的背景下，我们应该充分认识到，语文是一门实践性课程，所以课堂的主线不应该是老师讲授，而应该是学生的语文学习实践，所以周老师重申“主线”应是学生的实践和运用。周老师在这一次大会会议手册“卷首语”中，又提出了“从生本到学本”这样一个课堂教学常态。我觉得这是周老师语文教学思想的最新发展。语文课堂以学生为本，以学生的学习为本，“从生本到学本”，这是周老师语文教学思想的深化和发展。今年 3 月份，我曾经在浙派名师的“经典课堂”活动上说过：语文教师教学有三种境界，第一种境界是“教课”，现在还是有不少老师在教课；第二种境界是教课程，语文是用课文来教学生学语文；第三种境界是教学生，这是语文教学的最高境界。于永正老师曾经对我说过一番话，其中让人印象最深的一句就是：“我 50 岁以后，才知道语文怎么教。”我说：“于老师，能具体解释一下这句话吗?”他说：“50 岁之前，我只是在教语文，50 岁以后，我是在教学生。”我觉得这句话含义非常深刻。一位语文老师是教学生学语文的，但是你必须心中有人，你应该是教学生。周老师的语文教学理念围绕着学生的发展，他不断在思考，在探寻我们语文教学的正确方向。周老师从教 65 年，65 年来一以贯之，一辈子做好一件事，就是做好小学语文教学研究、小学语文课堂教学这件事，是一个宏伟的事业，这是我们的民族之根。周老师是全国语文教师的楷模，也是我终生应该学习的榜样，向周老师致敬，并祝周老师健康长寿，学术青春永驻！谢谢！

2015 年 4 月

（吴忠豪：上海师范大学教授，上海师范大学初等教育系原系主任，教育部、财政部“国培计划”专家库专家，中国高等教育学会语文教育专业委员会小学语文教学法研究中心副主任。）

思想高地　理论智库
——周一贯先生的语文教育思想的理论特征与价值

·戴正兴·

周一贯先生的语文教育思想和他对语文教育理论的贡献，已广为人知。对他的语文教育思想的特征与价值的研究，将帮助广大语文教师从周先生的语文人生中，汲取推进语文课程改革的勇气和智慧。

凸显语文课程的基本理念

周一贯先生是“语文人”中积极的探索者，不倦的思想者。他的语文教育思想，是以生命哲学为根基的，已初步形成了自己的体系。在我们的认识里，周一贯先生的语文教育思想体系，是以“语文教育生命观”为核心，以“六大理论”为支柱构成的。

1.“生命观”是周一贯先生语文教育观的总纲

周先生在语文教育中，在对生命做自我开发的同时，实现着关爱学生的生命发展，构建并不断完善着“语文教育生命观”。“生命观”是他语文教育观的总纲。他始终认为，语文教学改革要以唯物辩证观点的哲学思想为指导，要从生命活动的层面观照，方能促进其健康发展。他的两篇标志性论文特别受人们关注。一篇是发表于《人民教育》2006年第10期的《教育：开发生命的事业》，另一篇是发表在《今日教育》2007年第11期的《一分为三：让对立的“二”和合于生命发展之“三”》。两篇论文共同表达一个观点：语文教育应当统一于人的生命开发，和谐融通于人的生命活动。

2.“六大理论”是周一贯先生语文教育思想的理论基石

周一贯先生的语文教育生命观，提倡“一分为三”辩证统一的哲学思想，作为他的语文教育思想的核心，不是虚设的，也不是空泛的，而是实实在在的，它有“六大理论”支柱作为基座支撑着。周先生提出的六大理论已出版成书，即《语文教学训练论》《语文教学方法论》《阅读课堂教学设计论》《语文教学优课论》《语文教研案例论》《“儿童作文”教学论》。这六大理论不仅有共同的逻辑起点，突出以“人的生命”为中心，而且也有内在的逻辑结构。

在《语文教学训练论》中，周先生提出训练的导向问题，从“训练”这个历史的经典命题出发提出了改革方向，详尽分析了“训练的实践论意义”。

在《语文教学方法论》中，周先生比较系统地提出了语文教学的方法体系，强调了语文教学的方法和思路。

在《阅读课堂教学设计论》中，周先生率先提出“软设计”“弹性设计”理论，正确地阐释了预设的相对性和局限性，强调了课堂生成的意义和价值。

在《语文教学优课论》中，周先生创造性地提出了教师优化课堂教学的六大意识，即目标意识、主体意识、竞争意识、质量意识、创新意识和活动意识。

在《语文教研案例论》中，周先生认为“对教育理论的研究固然重要，但对教学实践的研究同样不可缺少”。实践性是他阅读教学思想的价值特征，长期的语文教学实践，决定了他的理论研究紧紧围绕语文教学实践进行。他指出，教育理论的真谛和教育变革的秘密正隐藏在教育、教学的实践经验之中，以叙事为基础的案例研究，是一种实践研究的好方法。周先生的理论一直在不断丰富，不断发展，给人以全新的启示。

在《“儿童作文”教学论》中，周先生认为，21世纪是儿童的世纪，全社会更为关爱儿童的心理特征和生命发展，正是从这个意义上提倡儿童作文是时代的召唤。

周一贯语文教育思想的体系已经自成一家。他的语文教育思想体系的形成和发展，是和语文新课程改革紧密相连的。在严谨的学者眼里，周先生的这几部教学著述也许算不上具有宏大理论体系的学术巨著，然而这几部著述像一面镜子，折射着语文教育在课堂中的实体存在，让我们真切地感受

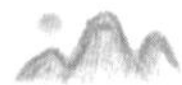

到第七次到第八次课程改革理念的曙光。这几部著述已成语文教育改革、语文发展史上的小系统，是周先生语文人生、语文教育思想、语文教育实践的全景展示。

引领语文课程改革向纵深发展

周一贯先生是“语文人”中积极的探索者，不倦的思想者，也是不断收获的强者。

他15年有15个研究专题，被人誉为“杏坛巨擘，教坛先锋”；25年有126册教学专著，堪称语文教育写作的“珠穆朗玛峰”；65年有1400篇教研专论，让人叹为观止，被人称为“教育奇才”。他“求索创新，一以贯之，笔耕不辍，蜚声海内”，朱作仁教授曾评价他“在小语研究中做出了卓越的贡献，他的贡献是全国性的”。

1. 对“生本课堂”的探索，帮我们拓展了理论视野

新课程改革已进入一个崭新的发展阶段，即浸润着哲学思想和发展观的内涵式发展，在“新常态”背景下，理念的更新、思想的丰盈会聚焦在“以生为本”“以学为重”这个新颖、敏感的话题上。周先生认为“以生为本”“以学为重”不仅仅是一种语文课堂的模式转型，它关系到课程改革的全局战略，关系到未来人才培养模式的根本改革。他提出，应从课程改革全局出发来审视“教学观”。周先生在严谨的学理分析的基础上提出颇有见地的“化教为学”“还学于生”的策略思考。

2. 深度关注语文教学生态的修复

针对课堂教学的高耗低效，周先生在《语文教学通讯》2010年第七、第八期合刊上率先提出“低碳”课堂的学习生态观念。

语文课堂教学的高耗低效，已成为历史性的难以承受之痛。周先生借鉴当下“节能”“减排”“低碳”已成现代生活方式这一现实，从自然大生态与课堂小生态的密切联系出发，提出“低碳”课堂的学习生态理念。他认为，只有追索低碳课堂，才能实现语文教学的“渐近自然”，修复课堂生态的平衡。

3. 推崇并研究具有个性特色的先锋观念和创新设计

周先生凭借对语文教育敏锐的观察力，长期以来，一直为青年教师掌舵护航，引领他们不断探索语文教育的真谛。在语文课程改革的进程中，涌现出一大批颇具影响力的教学流派，有王崧舟的“诗意语文”、刘云生的“心根语文”、孙双金的“情智语文”……他们凭借对语文教育的睿智，大胆开展语文教学实验，取得了令人瞩目的成绩。

4. 积极探索好课的本质特征，提出测定好课的“天平”

有效教学，可以说是教育教学永恒的追求。语文教育的有效性是以课堂教学为载体的，而提高课堂教学的有效性，又有赖于“好课”的导向和推动。周先生不遗余力地关注着这一领域，对一线教师创造的极其宝贵的课堂教学经验，进行了系统总结和理性升华。

5. 高度关注和研究“名师文化”，为深化发展名师事业殚精竭虑

对于小学语文名师的研究，周先生给予高度关注并着力研究“名师文化”，为深化发展名师事业殚精竭虑。他的《名师文化：小语界不落的彩虹》一文，从中华人民共和国成立以来小语界名师的成长历程和教学实践的角度做深度探讨，分析与梳理名师文化的特征和内涵，探寻名师形成的机制与规律，为我们展示了名师的文化之光。

6. 引领人们在千年视野内寻找语文教育传统，进行“寻根之旅”

语文教育改革要把“根”留住，已经成了语文界的共识。在新课程改革语境下，因“乱花渐欲迷人眼”而招致的实际困境中，周先生的《在千年视野内寻找语文教学的传统》一文，带着我们踏上一番寻“根”之旅。

综上所述，周先生的语文教育专著和众多教研文章，见证了语文课程改革的历程，总结了课程改革的经验，提出了诸多新锐观点，在领跑小学语文课程改革方面产生了重要的影响，可谓泽被教坛，恩泽后学。

周一贯先生用先进的教育理念对语文教育进行开拓性、独创性研究，求索在基层践行和时代哲思的交汇点上，是非常值得我们探索的一个个案，一种现象。思想者永远是先行者，今年周先生虽已 80 高龄，但他依然活跃在小

学语文界，做着自己的终生奉献而永不言倦。研究周一贯先生的从教之路和治学之道，无疑会对广大语文教师的专业发展产生积极的影响。

2015 年 4 月

（戴正兴：镇江高等专科学校丹阳师范学院教授，长期从事师范教育和中小学语文教学研究，曾获师范院校曾宪梓教育基金会奖。曾参与全国语文教学大纲的制订和语文教科书的编写，先后在《课程·教材·教法》《中小学教材教学》等刊物发表文章百余篇，出版专著《小学语文课改 40 年研究 1978—2018》等。）

启智扬思　引领创新

——周一贯先生经典的理念与新常态思维

·戴正兴·

全国著名特级教师周一贯先生，在小学语文教育这片沃土上辛勤耕耘了60余载，始终挺立在语文教育研究的潮头，为我国当代小学语文教育奉献了千万余字的丰厚著述，是名副其实的语文教育研究专家。

在当下小学语文界，他的写作之勤、著述之丰、创意之新，恐怕还没有人能够超越。这一切皆源于他对语文教育事业不灭的信念，源于他对语文教师专业成长之道的把握。这“成长之道”就是他个性化的“耕耘”方式，即教师的“舌耕（上课）”“目耕（读书）”“笔耕（写作）”三者并举，相得益彰，共同构成了他作为一个语文教师的生命状态和专业生涯。

写作是一种厚积薄发的心理过程，但它更是一种思维奔流、智慧激扬的创造性劳动，其结果是构建起阡陌纵横的动态文脉系统。

凭借创新思维，传递语文新课程理念

在创新成为发展的动力与源泉的时代，需要大量具备创新思维的创新型人才。创新思维不受现有知识的限制和传统方法的束缚，能从多角度、多侧面、多层次、多结构思考问题，从而提出新观点、建立新理论、发现新事物和新规律，使人们向更高、更新、更复杂而广阔的方向迈进。

周一贯先生是一位创新能量充沛、创新精神活跃的大师。细细考察周先生的语文教育思想和语文教育理论，不难发现，勇于开拓、善于超越的学术创新思维品质是他成功的重要原因。周先生语文教育的“真知灼见”，提出于两次语文课程改革的大潮之中。

在语文课程改革的大潮中，周先生把传递崭新的课程理念视为一种义不容辞的责任，并积极投身其中。在第七次语文课程改革进程中（20 世纪 80 年代中期至 90 年代后期），他的《语文教学方法论》（1994 年）、《语文教学训练论》（1994 年）、《语文教学优课论》（1998 年）、《阅读课堂教学设计论》（2000 年）、《小学语文教学改革研究概观》（1992 年），这四“论”一“概观”的问世，引起了语文界普遍关注。在《小学语文教学改革研究概观》中，他着眼于语文教学的课程体系，为全面开展语文教学整体改革提供诸多前沿信息，使语文教学园地更添了一道春色。

周先生的四“论”，虽然出版于 20 世纪，但其中的一些观点却很有前瞻性，我们已经不难从中感受到第八次课程改革理念的曙光。这种理性的前瞻，在当时不仅是一种对教学实际状态的深刻反思，更是具有理念创新意义的可贵发现。

如 2001 年《全日制义务教育语文课程标准（实验稿）》颁布后，周先生着眼于未来语文教育发展趋势，2004 年出版《语文教研案例论》，2005 年出版《“儿童作文”教学论》。周先生总能站在课程改革的前沿，提出一个个新的命题，生成一个个新的理念观点。创新者永远是先行者。

创造性思维能力，除了要有极强的前瞻意识，还需要有丰富的想象力。周先生多思善想，留给读者想象的空间，他的创新性思维在他的著述中得到了充分的体现。例如，他在《浅论涵泳》一文中，在提出语文教学要“把根留住”时，文章是这样表述的：传统的汉语教学基本规律是“根”，外来的“水分”和“养料”都要通过“根”来吸收，根深方能叶茂，本固才能枝壮。语文教学改革不仅要“把根留住”，而且要使根系更加发达健壮，才能使“中国语文教学”这棵大树欣欣向荣、生机无限。这段话读后使人领略到其中哲理的智慧。

再比如，他的《多元感悟：像雾像雨又像风》《名师文化：小语界不落的彩虹》，都能借助丰富的想象给人留下巨大的阅读张力。

依托辩证思维，构建“语文教育生命观”

辩证思维是最高层次的思维，是理性认识的高级阶段。它的特征是以对立统一规律作为指导，使主观认识和客观现实相符合。综观周先生的诸多课题研究，他始终坚持科学的、辩证的态度，始终着眼于语文的性质规律，建构并不断完善着“语文教育生命观”。

他认为，生命是一个高度和谐的统一体，语文教育也应当强调辩证统一的一面，这就是要“一分为三”。如果说“一分为二”强调的是它们的对立性，那么“一分为三”的“三”强调的就是它们的统一性，对立的两方复归于统一。他同时认为，“一分为二”没有错，但这只是思维过程的一个阶段，在“一分为二”之后还应当“合二为一”，这个合成的“一”便是“三”，即和谐融合于高度统一的生命发展。他这一特色鲜明的“语文教育生命观”给人以更多的启迪，唤起人们更深的思考。

周先生回顾语文教育的历史轨迹，语文教育一直在“一分为二”、对立斗争、大破大立的崎岖小路上，左右摇摆、跌跌撞撞地艰难前行。他坦言，从“对立斗争”的视角审视语文教育，非此即彼，是对生命的割裂，则语文教育只能陷入死谷！若以“一分为三”的辩证统一观点看待语文教育，寻求生命活动之和谐统一，亦此亦彼，则语文教育定能走出误区！周先生这段话，展现的是他语文教育思想的核心价值，传递的是他对语文课程改革的真知灼见。

随着语文课程改革的深入发展，周先生不断完善自己的理念，在他的著述中我们随时都能看到语文教学领域内最新的理念阐述，闪耀着辩证思维的光辉。比如，他在探索“儿童作文”教学体系的构建时，主张“儿童作文”教学体系应当建立在儿童精神基础上的“自由写作”与“规则写作”的有机结合。在探究“好课有效交往”如何注重统一性的要求时，有相当详尽的阐述。

利用批判性思维，探寻“教与学的统一”

批判性思维是一种反思和质疑的方法和精神气质，是和谐社会民主精神、科学态度和创新意识的基础或必要条件。美国学者多拉·豪维尔指出：“批判

性思维和创造性思维是推动未来知识社会前进的主要动力。”

周先生的语文教育观不仅表现在宏观视野上，也体现在微观思辨中。他善于对一些教学现象进行敏锐的判断，在思辨中修正，在质疑中提升。通过“反常”的思考，探寻调适的对策。主要体现在以下三方面：

其一，在论及学生的学习自主性时，他以幽默的笔触写出《语文教师“懒”亦有道》一文，发表于《小学语文教学》2009 年第 6 期。他认为，语文教师“懒”一点，其实是一种教学智慧，是“智”的另一张面孔。这样的“懒”，从本质上说，是为了让学生“勤”。语文教师的“懒”是“懒亦有道”之“懒”，是从“智”中琢磨出来的“懒”。

其二，课堂上“抓而不紧”往往作为一种不良倾向受到指责。周先生基于一分为二的“反常”思考，在《小学语文教学》2008 年第 12 期发表《课堂：“抓而不紧”是“善抓”》一文，他强调，课堂教学与一般工作相比，有其特殊性。由于师生同处共时空的课堂现场，教师的活动不可抓得太紧，必须为学生的自主学习留出足够的空间，让他们享有充分的自由，以适应有差异的不同学生的学习发展。周先生认为，正是从这个意义上说，教师在课堂上应当“抓而不紧”，“抓而不紧”才是“善抓”，才是“真教”，才是“抓”到了点子上。他提倡“抓中有放”“寓抓于放”，教师要尽量淡化“抓”的痕迹，并将其融合在“放”的自然状态中。

其三，周先生凭借对语文教育敏锐的观察力，直面课堂教学中的矛盾，寻求理性的认识。他认为，尽管新课改的一个重要指向是尊重学生的主体地位，但在教与学、师与生的矛盾中我们看到的还是“教”的过度强势，“师”的过分张扬。面对这样的课堂困境，他提出一个很朴素的对策，就是教师需要“悠着点”。

教师为什么需要“悠着点”，并怎样“悠着点”，周先生发表于《小学语文教学》2008 年第 5 期的《课堂教学应“悠着点”》一文对这个问题给予了充分的回应。他从学习者出发，从人的生命限度的性质、活动的规律进行阐述，提出 5 条理由：1. 教师“悠着点”是为了“让学于生，还权于生”。2. 教师“悠着点”是倡导“因学设教，因势利导”。3. 教师“悠着点”是追求“无痕教学，无为而治”。4. 教师“悠着点”是反思“欲张反敛，欲取反与”。5. 教师“悠着点”是体现于“无为”处而“无不为”。周先生的每一个观点，都会把人们的思考引向深处。

周先生追根刨底地探究问题，所表现出的正是批判性思维的精神气质：审慎的心态，多元的价值取向，追求公正性和合理性。

周先生用先进的教育理念，以缜密的思维方式对语文教育进行开拓性、独创性的研究，是值得我们探索的一个个案。今年周先生虽已 80 高龄，但他依然活跃在小学语文界，做着自己终生奉献而永不言倦的事业。研究周先生的思维特征，无疑会对广大语文教师的专业发展产生积极的影响。

2015 年 4 月

试论周一贯先生专业发展的样本价值

·汪　潮·

教师专业发展有“类”之理和“个”之道，“类”是对“个”的概括和提炼，“个”会深刻地影响和丰富“类”。周老先生小学语文专业发展之成果是一份宝贵的精神财富，作为样本的“个”，可以引发对小学语文教师专业发展的普遍性思考。

专业发展的历程

让我们以时间为线索，去追寻周先生教师专业发展之路的形成过程。

1. 一以贯之

一种信念。信念是思想最坚实的核心。一个有信念的人，他的人生道路就会走得更快、更稳、更远。我不止一次听周先生说过：“我能收获从事语文教学实践与研究的无限乐趣，源于我播种了对中国语文教育事业的不灭信念。”他的人生经历可用一组数据表达：部队文化教员3年，初级师范轮训2年，小学（村小、镇小）教师30年，县教研室副主任10年，退休至今20年，从教共65年。65年来，他的工作、生活乃至业余兴趣都是围绕小学语文教学研究这个圆心转动的，着实令人敬佩。在某种意义上，“周一贯”就是“教学研究周全，小语信念一贯”的代名词。

一种人生。一位智者说过：在生命的旅途中，目的地并不重要，重要的是与什么相伴。周先生65年与小学语文为伴，成就了他的“语文人生”：语文即我，我即语文。我把周先生的专业发展大致分为5个阶段：部队文化教员（扫盲），小学语文教师，小学语文教研员，从事小学语文教师培训和小学语文教学研究。周老先生的身上体现了“一”的坚强意志：一个人，一辈子，做好一件事，一件语文事。西方一般把教师的职业周期分为 5 个时期：入职期，稳定期，实验和转变期，平静和保守期，退出教职期。中国一般把教师的职业周期分为 7 个时期：专业预备期、专业形成期、专业成长期、专业高原期、专业更新期、专业成熟期和专业退化期。这样的划分不适用于周先生。两种划分有保守期、高原期、退化期，它们在周先生的专业发展历程中不曾有过。

一种担当。周先生出生在农村，任教于农村，研究也大多在农村，可以说，他是中国基层最普通的小学语文教师和小学语文教学研究人员。但是他对农村小学语文教育敢于担当、勇于奉献、勤于奋斗，做出了大城市里的人很少有的成绩。农村是一片待垦的土地，也是希望的大田野。可见，能否成才，主要不是取决于环境和条件，而是取决于个人的内心有多强大和坚定。苏轼诗云："春山磔磔鸣春禽，此间不可无我吟。"作为一名教师，理应以此为自己的座右铭。

周先生专业发展的历程，是中国小学基层教师成功的一个典型样本，折射出"每个教师都可以成功"的道理。每个年轻教师都可以从周老先生的专业发展中得到启示，并找到适合自己发展的完满答案。这就是今天我们研究周先生专业发展的意义所在。

2. 以学处之

自学。我经常思忖：学历高低与事业成败有无关联，如果有，相关性又有多大？周先生毕业于初级师范学校，这是他的最高学历。但是他立志自学，奋发努力，且卓有成效。在初级师范学校读书期间，他每天早晨 6 点起床晨读，晚上看书到 12 点。他假期留校，利用两个寒假和一个暑假自学大学中文系的主干课程。他不仅自学过系统论、控制论、信息论等学科理论，还广泛涉猎符号学、社会学、民族学、效率学、文化学、生态学，甚至模糊理论、全息原理、笔迹研究……可以说，周先生是小学语文教师自学成才的典范。

书缘。平日里，周先生与书结下情缘：教书、爱书、看书、买书、藏书、写书……他购买了很多很多与小学语文有关的书籍，自费订阅了很多很多与

中小学语文教学有关的刊物。他家的书房——容膝斋，真可谓是书的海洋。当下的人往往以“乐”为生活追求，周先生却以“读”为生活方式，并乐此不疲。他的生活日程表中几乎没有休息，只有博览群书和著书立说。

学力。65 年来，周先生用他的勤奋治学造就了小学语文界的“高学力”，正式出版专著 170 本，发表文章 1400 余篇，共计约 3500 万字。据我所知，周先生大概是 1981 年开始正式发表论文的，至今已持续三十几年，平均每年出版 4.8 本书，平均每年正式出版或发表 100 万文字，那么用“著作等身”形容周先生一点也不为过。这实在是教育界的奇迹和创举，令人震惊，让人叹为观止。我们不禁要扪心自问：我写了几篇文章？我又出版了几本书？

3. 以静思之

周先生曾经说过：“成功之道即沉潜之道。”他以“静”的性格，静坐在他的书房容膝斋，静静地探索着小学语文教学理论和实践的各个领域和各种问题。这使我想起了《道德经》第十六章中的六个字“致虚极，守静笃”。他的专著《语文教学优课论》《阅读课堂教学设计论》《“研究性阅读”教学探索》《“儿童作文”教学论》等都是潜心研究之成果，对当前的小学语文教学改革和发展具有重要指导作用。我曾反复拜读，并将其作为我主办的省级名师培训班的必读教材。

思想者永远是先行者。毫不夸张地说，周先生的小学语文教学思想指引着当代小学语文教学的发展方向。小语教育路上，高手引路，他功不可没。早在十几年前，我的导师——浙江大学教育系的朱作仁教授就赞誉：周先生的贡献是全国性的，他是当今中国小学语文教学研究的杰出代表。

专业发展的元素

1. 教育哲学

大凡具有理论造诣的名家，其研究过程大抵是“主观经验期—客观描述期—科学解释期”，周先生也有这样的经历。他在“科学解释”上潜心探索，自始至终把教育哲学作为其研究的理论依据。“我深感语文教学的改革要以唯物辩证的哲学思想为指导，从生命活动的层面观照，方能促成其健康发展”，周先生这样动情地说。

早在初级师范学校读书时，周先生就在青年教师的指导下自学了《辩证唯物主义》《历史唯物主义》和《政治经济学》。拜读周先生65年来的著述和文章，不难发现其中充满了辩证法："一分为三"、原点思维、求本之道、教学生态、田野课堂、软设计、主流价值，等等。例如，他指出："语文的工具性和人文性应当是一回事，而不是两张皮。加强语文教学的人文性确属必要，但不能以消解或淡化工具性为代价。"这些见解是多么深刻而富有哲理。

2. 传统文化

周先生思考和研究的又一大亮点是古今结合。他善于对小学语文现实教学问题进行"寻古式"解答，显示了他非常深厚的文化功底和古典修养。

早年，周先生就挤时间系统自学《中国文学史》《古典文学》等书籍。甚至走在乡间的小路上，他也随身带着《中国文学》，以背诵经典诗文为乐。他的著述对古典文学引经据典，旁征博引，颇有文化气质。周先生拥有丰富的传统文化和古典文学修养，这使得他的研究如鱼得水，游刃有余。

不久前，周先生对我说：中国的语文问题要用中国式的思维方式去思考，用中国功夫去解决。中国语文教学有自己的特点：品味、意会、涵泳。这是与中国传统文化密不可分的，又是与传统文化和古典文学密切相关的。

当今青年教师，对新的教育理念和新的信息接受较快，而对民族的、传统的教学经验知之不多。这两者的信息不对称，容易导致母语教学的固有本色消失。传承和发展中华优秀文化、传统经验和古典文学，是教师专业发展过程中必不可少的元素之一。

3. 专业经验

专业发展有一个著名的公式：成长 = 经验 + 反思。这其中，经验是基础，反思是提升，这同样适用于周先生的专业教研历程。

专业经验之一：30年村级小学、城镇小学的语文从教经历和10年小学语文教研员工作经历。

专业经验之二：身有多项与小学语文教学有关的兼职，如：浙江省小学

语文教学研究会副会长、浙江省义务教育教科书小学语文编委会副主编、全国尝试教育理论研究会副会长、浙江省《教学月刊》杂志的兼职编辑、小学语文骨干教师研修班导师等。

专业经验之三：65年来，周先生几乎研究了小学语文课程、教材、教学、评价、管理等领域的各个方面。而且，这些研究都是基于实践中存在的问题展开的。“我信奉实践研究，乐于在实践中获取信息，在梳理信息中研究问题，成了我的成功招数。”他的著述有教学专著、教材、教学参考、教学论文，以及教学日记、教学随笔、教学札记、教学案例、教学调研、学习手册等原生态教学生活的记录和思考。凡是涉及小学语文教学的问题，不管难易，不分大小，他都竭力探索。周先生的众多研究已非常细致而深入，真可谓：“天下难事，必作于易；天下大事，必作于细。”

由此可见，从经验中易锤炼出思想，丰富的经验造就了周先生丰硕的成绩。“基于经验”成为周先生思考和研究的一大特点。世界上有许多事也许可以由他人替代，唯独“经验”是无法由旁人代替的，因而它具有促进专业成长的价值，弥足珍贵。正如哲人所云：理论是灰色的，而生活之树常青。

专业发展的品质

让我们从教师专业发展的角度，去把握周先生教师专业发展之路的智慧与品质。

1. 专业积累精神

一是资料积累。古人云：“且夫水之积也不厚，则其负大舟也无力。”“积累出智慧”，是对周先生研究生涯的最好写照。周先生把研究的“信息库”分为“内储系统”和“外储系统”两部分。内储系统主要是各种笔记和卡片、剪报和书刊等。在他的书房容膝斋就有几万张资料卡片、几尺厚的听课笔记，还有自费购买的几千册书刊。外储系统指的是公共资源，可随时借阅。内储系统力求熟悉，寻找方便。外储系统力争广泛，渠道通畅。他的《小学语文教学改革研究概观》《小学语文尝试教学设计》《小学语文优课精彩片段评点》等著作，都是他对所收集的教学信息进行综合研究后写成的。小学语文博物馆中珍藏着周先生的大部分作品，我拜读了其中一部分，真可谓信息海量，视野前瞻，精彩纷呈。是那些日积月累的卡片和笔记，帮他源源不断地保存了新的信息，产生新的组合效应，让他形成新的观点。可以说，他是中国小学语文教学研究的一位集大成者。

二是时空积累。不少人惊异于周先生怎么会有那么多时间来学习和写作。周先生平时写稿多用钢笔书写，要写成3500万字，该用多少时间？然而时间的奇特就在于你若珍惜它，它则可以“以一当十”。只有在懂得时间可贵的人的手里，时间才能增值。“我感恩于农村教育，正是农村的朴实和偏僻，使我能低调地沉潜其中，赢得了许多宝贵的时间。”周先生如是说。

请看周先生的“时空观”：无时不用（巧用闲暇时间、全面利用时间），无处不思（爱思、善思），无孔不入（读书、写作、讲学、培训），无事不研。再看周先生的“资料观”：资料的储存“以内驭外”，资料的筛选“从博返约”，资料的组合“巧连妙接”，资料的调整“死里求活”，资料的扩展“由此及彼”，资料的创造“推陈出新”。这些厚积薄发的做法，是不是能为我们青年人树立标杆？

2. 专业工作方式

周先生是一位普通的语文教育研究者，与大家一样，命运并没有特别垂青于他。他的成长之道就是他的个性化耕耘方式：“舌耕”（上课）、“目耕”（读书）、“笔耕”（著书写文），三者并举，互补互促，相得益彰。如果说语文教学是一丛欣欣向荣的鲜花，那么，“舌耕”是它的本，“目耕”是它的根，而“笔耕”则是开出的花、结出的果。周先生曾以唐代诗人刘禹锡的《陋室铭》为范，撰写了《“舌耕”铭》《“目耕”铭》和《“笔耕”铭》，希望广大年轻教师多加学习，从中体悟语文教师专业成长之真谛。

我特别赞赏周先生的“笔耕”。教学写作是小学语文教师的一种专业修养和生存状态。文章的张力，是人格的张力。写作的维度，是精神和思想的维度。从某种意义上说，周先生的语文专业发展史，就是一部语文教学写作史。从周先生的作品中，可以明显看出他个人研究的选题、观点的演绎和成

果的展示过程。

3. 专业理想追求

时下不少人把专业理想定义为“出名”，而周先生却坚持另一种“静养”的追求。周先生人生理想的三个关键词是“思变”“超越”“守望”。

（1）思变。如果说初级师范两年的学历是“穷”，那么他“穷则思变”；农村教师的生活是“土”，但他“土能生勤”，农村小学教师一样可以有自己的生命风采。他曾说，在弱势的生命中，往往会蕴含着强势的血脉；动荡的时代会是成功的土壤，底层的历练正是高处的风光。这是一种锲而不舍的追求。

（2）超越。人各有志，志有所系，情有所钟。人生在世，确实很难超越环境，很难超越自我，但是周先生一直在尝试超越。“在夹缝中图发展，在扬长避短中出成果。”周先生谆谆告诫我们：“语文教师像蚂蚁一样劳作，但可以如蝴蝶一般生活。”这是一种凌空超越的追求。

（3）守望。“以语文教育事业为毕生的守望，可以让人一直乐此不疲地做下去，这与是不是退休无关。”周先生坚守、执着，“事业无悔，岁月无憾，求索无涯，诲人无倦”，此言掷地有声，振聋发聩。2010 年，在他从教 60 周年之际，他写了《并非尾声》一文，在文章的最后他由衷地呼唤：“感恩事业！感恩岁月！感恩生命！”这是一种自强不息的追求。

更难能可贵的是，周先生退休已 20 年，但他退而不休，或著书立说，或研讨学术，或培养青年，或指导教改……他的《语文教学优课论》《阅读课堂教学设计论》《小学作文教学新概念研究》《“研究性阅读”教学探索》《“儿童作文”教学论》《语文教研案例论》等代表性专著，都是在他退休后写成并问世的。周先生曾自信而自豪地说：“我认定只要生命存在，对生命的开发便没有完结。”这又是何等崇高的精神追求和人生信念！

“以其终不自为大，故能成其大”，我从周先生小学语文的专业发展之路中涌出了这样的专业感慨，不知你的感想如何？

2015 年 4 月

（汪潮：浙江外国语学院小学教育研究所所长、终身教授。浙江省中小学作文专业委员会理事长，浙江省小学语文30人研究小组理事长。教育部国家级培训计划专家。华东师范大学国家级培训讲座教授，上海师范大学兼职教授，南京师范大学国家级培训主讲教授，丽水学院兼职教授，杭州师范大学硕士生导师，淳安县政府特聘专家。出版个人专著9本。）

试论周一贯先生的学术创新品格

· 王崧舟 ·

人类发展的历史就是不断创新的历史。无论在什么领域，凡是出类拔萃、成绩卓著的人物，都是创新能量充沛、创新精神活跃的人物。称周一贯先生为这样的人物，他是当之无愧的。

周一贯先生是全国著名特级教师。他在中小学语文教学和研究园地里已经辛勤耕耘了 50 年。50 年中，他曾先后应邀在全国各地讲学、指导 190 余次；50 年中，他曾在省级以上的报刊中发表教育教学论文 850 余篇，约 350 余万字；50 年中，他曾正式出版教育教学专著 90 余本，达 1190 余万字；50 年中，他曾主持、参与和指导了 100 多项教育科学研究课题，其研究文章和实验报告发表于省级以上报刊的就多达 50 余篇；50 年中，他指导过众多优秀的青年教师，其中被评上各级教坛新秀的就多达 100 余人。周一贯先生的优秀事迹先后编入《中国当代教育名人辞典》《中国语文名师辞典》《浙江名人辞典》等。可以毫不夸张地说，周一贯先生在当代小学语文教育领域做出了卓越不凡的贡献，是浙江小学语文教育界的一面旗帜、一个典范。

周先生成功的原因当然是多方面的。其中有他志存高远、一览众山的学术境界，有他坚忍不拔、滴水穿石的学术毅力，有他才华横溢、才思敏捷的学术禀赋，有他指点江山、激扬文字的学术豪情，有他兼容并蓄、博采众长的学术智慧……细细考察周先生的治学道路，不难发现，勇于开拓，善于超越的学术创新品格是他成功的重要原因。

周一贯先生博览群书，厚积薄发，笔耕不辍，著述等身。早在 1984 年，他就出版了个人的第一部学术专著《文体各异　教法不同：小学语文教学漫笔》。专著从本体论的角度对语文学科的教学方法做了独到的分析和阐释，引起了全国小语界的关注。进入 20 世纪 90 年代，周先生更是笔走纵横、势如狂澜。《小学语文教学改革研究概观》《小学语文学法大全》《语文教学训练论》《语文教学方法论》《语文教学优课论》《阅读课堂教学设计论》《小学语文尝试教学设计》……一部部闪现着创新智慧光芒的学术专著如雨后春笋般蓬勃而出。这些学术专著，或在理论建树上灵光一现、自成一家，或在研究思路上另辟蹊径、别具一格，或追踪热点而独领风骚，或“乘虚而入”却独开先河，或用新视角探索老问题，或据大原理解读新概念，其学术研究一扫传统局促干瘪的习气，呈现一派挥洒自如的气象。

《语文教学优课论》是周先生迄今为止出版的学术专著中在全国小语界影响最广最深的一部。因此，研究周先生的学术创新品格，就不能不关注他的语文教学优课论。“优课”是一个相对宽泛的概念，因而对这一概念的界定就很难有一个统一的标准，不同学者在不同著述中对此多有不同的表述。具有创见的是，周先生从一个鲜为人知的角度对优课的内涵做出了自己的阐述。他认为，对优课，我们当然可以从不同角度加以描述，但根本上是教师组织课堂教学意识的优化。他创造性地提出了教师优化课堂教学的六大意识，即目标意识、主体意识、竞争意识、质量意识、创新意识、活动意识。六大优课意识涵盖了关于优课的一切具体标准，从观念和境界的层面对优课做出了科学的界定。与那些更具操作性的优课评价标准相比，周先生关于优课标准的描述具有更深层次的哲学意味。用“高屋建瓴、高瞻远瞩”喻之当不为过。

正是以六大优课意识为统帅，周先生从“设计方略”“结构探新”“过程运作”“课堂训练”“控制策略”“调节技巧”“语言艺术”“评价机制”等八个维度对语文优课做了独到、丰赡、富有激情和个性的论述。对语文优课的设计方略，最具独创性的当数他对“深读阶段”的阐述。他对语文优课的深读设计提出六大策略：提炼，求意宜深；切入，示意宜精；变序，创意宜新；沟通，表意宜活；融合，用意宜谐；延伸，立意宜巧。周先生借鉴微格教学的规律和特点，对优课的语文课堂训练艺术进行了独特的微格剖析。他认为这样的研究具有下述良性效应：一是变难为易的基础效应，二是化大为小的分解效应，三是聚中求比的集中效应，四是由此及彼的放大效应。这种创造性的探索，有助于语文课堂训练的理论研究和实践操作，同时也为语文的优课研究开辟了一条崭新的道路。对优课的控制策略，周先生更是应用系统论和控制论的基本原理，对诸如“参与”“选择”“竞争”“尝试”“暗示”“协同”等内在机制做了深入的探讨。对优课的语言艺术，周先生也有自己的独到见地。他认为，语言的清晰度是课堂语言的生命力所在；语言的形象化则使课堂语言“通电”“带磁”；语言的真诚感受能让课堂语言成为接通心灵的桥梁；语言的灵活性使课堂教学富有应变力；语言的鼓动力就如交给学生“一把火”；而语言的幽默术则使课堂语言充满了智慧的光芒。

正是周先生的学术创新品格，使他对语文优课的界定、论述、剖析、描绘、探讨充满了创新精神和创新意蕴。《语文教学优课论》一书也因此风靡长城内外、大江南北，无数语文教师将此书作为自己的看家法宝，诸多教研机构将此书列为语文教师继续教育的必读用书。

针对语文优课中普遍存在的只有平面推移、却无立体发展的“高原现象”，周一贯先生在国内率先提出了课堂教学的“硬设计”和“软设计”概念。他指出：课堂教学改革，要在建构以学生为主体的新模式中实现新攀登，就必须从改革课堂设计做起。传统的以教师为中心、以传授为途径的阅读教学，其课堂设计是以教师的主观指令为基础，并以教师权威的刚性机制加以驱动，严重缺乏以学生为主体，从学情出发，做相机诱导、临场处理的弹性机制。因此，要确立以学生为主体的课堂教学，就必须实行“硬设计”与“软设计”相结合、以“软设计”为主的策略。

鉴于课堂教学的特殊性，周先生指出，“软设计”在课堂教学中具有独特的地位和意义。其一，从当前课堂教学的主要弊端看，应大力克服以教师为中心的权力主义和命令作风。时下的课堂教学，学生的主体地位依然不能得到真正的确立，学生学习的主动性、生动性依然十分欠缺，“呈现—灌输—接受”的传统模式依然没有完全打破。因此，课堂教学改革亟需以学生为主体、以学情为依据、以相机诱导为手段的“软设计”的介入。其二，课堂教学本身具有很强的动态性、即时的生成性。课堂教学活动是一个富于变化的共时空群体活动，主体、客体、本体、媒体之间关系处在不断转换之中。这种不断转换的关系，使课堂教学活动充满了动态、即时的生成性。因此，实际的教学进程，既不是由教师单方面决定的，又不可能在设计时加以全部预测和规划。如果教学设计完全是刚性机制，教学活动必然只能呈现单向的强制牵引，上课就成了教师演示主观编制得十分细密的教案过程。学生只能跟着教师亦步亦趋，无主体地位可言，也就谈不上主动、生动地学习了。其三，从大量优课实践看，课堂教学又是极富创新机制的。诸如对认知错误的处理、学生质疑的引导、意外干扰的应变、课堂灵感的触发、现场需要的调整等，都说明课堂设计还是具有高度的可塑性的。课堂设计，说到底只是教师对学情的一种预测，至于如何实施，还得充分根据真实的学情加以灵活应变、见机处理。这就赋予课堂教学的“软设计”以特别重要的意义了。这种对课堂教学“软设计”的地位和意义的论述，可谓“见人所未见、发人所未发”，一词一句都强烈地闪耀着创新思维的火花。

不仅如此，周先生还步步深入、条分缕析，对“硬设计”与“软设计”的内在机制进行了纵横正反的比较。在教师定位上，“硬设计”是教师主观行为的一种体现，“软设计”则是教师主导行为的一种体现。在教学实施上，“硬设计”教程细密，实施中教师赶教案、抢时间，有意掩盖学习矛盾、操作呆板等问题，教师赶学生“钻圈套”、回避学习和思考的过程。“软设计”教程粗放，教师留有时间做临场处理，有意寻找学习矛盾，操作灵活，教师相机诱导、展示学习和思考的过程。在学生定位上，“硬设计”否定学生的主体地位，“软设计”保证学生的主体地位。在周先生看来，以“软设计”为主的课堂教学，必须重自学、重尝试、重争议、重活动、重过程。一言以蔽之，就是必须把发展的主动权毫无保留地交还给学生。唯其如此，才能真正解决课堂教学中的“高原现象”。“软设计”的思想及其工艺化研究，对广大出现“高原现象”的语文教师尤其是骨干语文教师来说，无疑是当头棒喝、一声春雷。原先的诸多困惑消除了，诸多迷雾澄清了，诸多阴霾驱散了，真有拨云见日、阳光灿烂的感觉。

新世纪的第一年，周先生又以其特有的学术敏感和直觉，在《福建教育》上接连发表了《研究性阅读：新世纪的课题》《从阅读教学发展轨迹看“研读”》《名师优课中的“研读”探索》《研读起步：从“通读”课文到“读通”课文》《在提炼主线中探求研读专题》《“研读”课堂交流中教师的“片言只语”》《研读模式的“常”与“变”》等一组文章，在国内首次提出了“研究性阅读”概念，并系统地阐述了他对“研究性阅读”的构想和探索。周先生指出：“研究性阅读，是借鉴了研究性学习理论与阅读教学，指学生在教师的指导下，以研究探索的方式来自主地阅读获取和运用的一种阅读课堂教学模式。”他认为：“在世纪之交，我们探讨研究性阅读问题，不仅有其客观的时代背景，也有着阅读教学本体自身发展演进的内在规律。”他强调：“研究性阅读关注的不是研究成果的多少、学术水平的高低，而是强调阅读内容的丰富性和阅读方法的自主性，强调发展，强调质疑精神的培养，强调学生收集、分析、归纳、整理资料，学会处理反馈信息，学会独立思考和创造性地解决问题。”周先生提出的研究性阅读，是对语文课程标准所倡导的“自主、合作、探究的学习方式”教育理念的一种回应，是对阅读教学模式的变革和发展的一种突破，是人文精神、生命意识在阅读教学中的一种折射。

说这是一种回应，是因为研究性阅读有其特定的含义和属性。在双边活动上，研究性阅读特别强调学生的主体地位，强调学生的自主感悟、自主发现、自主探究、自主质疑、自主求解，摒弃了传统的“消极接受、机械记忆、被动仿效”的教学境地；在基本方式上，研究性阅读强调以“研究探索的方式”来学习，在阅读活动中围绕研读专题，让学生去主动地收集、分析、加工和运用信息，学会处理反馈信息，学会独立思考和创造性地解决问题；在价值取向上，研究性阅读更强调研究、探索、发现、创新的过程，注重学生的参与实践和参与体验，认为过程本身就是一种独特的价值体现。

说这是一种突破，是因为正如周先生所阐述的那样：比之背读、讲读、导读，特别是眼下的阅读教学中较为普遍存在的以情节分析讲问为主的课堂模式，研究性阅读有着截然不同的操作特征。它注重全员参与，着眼点是全体学生的参与研究。它注重探究过程，强调探究过程本身对提高学生研读能力的作用。它注重诵读感悟，注重学生在研读中主观感受的表达，内心情感的流露，个人见解和智慧的展现。它注重实践运用，把研读过程视为学生对语文知识、语文能力、生活经历、人文积淀、个性精神的综合运用。

说这是一种折射，是因为研究性阅读契合了人文学科的基本特点。这一特点决定了语文教学本质不仅仅是教师“教语文基础知识、训练语文基本技能、强化解题方法”，而是学生在老师指导下从人类优秀文化中汲取丰富的精神养料，以健康的心态和积极的取向去关注社会、关注人生，在言语交际中学习捕捉、筛选、加工和运用信息，以此来提高自己理解和运用祖国语文的能力，提升自己的文化品位和生命质量。可以说，研究性阅读为学生语言和精神的协同发展提供了一种新的有效的操作平台。

周先生关于“研究性阅读”的论述和探究，为语文教学如何实现工具性与人文性相统一的教育目标提供了具有开创性的途径，研究性阅读必将成为继“导读教学”后又一具有里程碑意义的阅读教学新模式。

赫拉克利特说过：“太阳每天都是新的。”周一贯先生说过：“优课是有创新意义的课。”那么我们完全可以这样说，周先生的学术研究是有创新意义的研究，周先生的学术成果是有创新意义的成果。50年的学术研究，周先生不但奉献给中国语文界丰硕、璀璨、崭新的智慧结晶，更奉献了他勇于开拓、勤于思考、敏于感悟、善于超越的创新精神和品格。较之学术成果，也许这样的精神、这样的品格、这样的境界才是永远不朽的，才是永远值得我们敬仰和效仿的。让我们共同学习周先生强烈的创新意识、高度的创新敏感、大无畏的创新勇气和出类拔萃的创新才干，为中国语文界的改革和发展做出自己更大的贡献。

2002年1月

（王崧舟：杭州师范大学教育学院教授，博士生导师，全国著名特级教师，中央电视台《百家讲坛》栏目主讲专家。开创“诗意语文”，构建“新成功教育”，先后在全国开设观摩课2100多节次、做讲座1200多场次，其语文课在中央电视台、中国教育电视台播出。全国劳动模范、全国五一劳动奖章获得者、浙江省十大育人先锋、“中西部农村义务教育国家级远程培训”小学语文主讲教师、“浙江教育资源网”特级教师工作室首批专家、浙江省小语会副会长、杭州市小语会会长。）

周一贯“儿童作文”教学思想漫读

· 管建刚 ·

《小学作文创新教学》从2003年第6期开始，连续发表了周一贯先生的《“儿童”作文宣言》(一)至(五)篇，在2004年第11期上又首开了关于儿童作文的专题论坛。据我所知，周先生还在《人民教育》《语文教学通讯》等多家报刊上，发表了关于“儿童作文”“儿童语文”等多篇论文，并于2005年正式出版了34万字的专著《“儿童作文”教学论》，深受广大语文教师的好评。鉴于“儿童作文”一直是《小学作文创新教学》积极倡导的一个研究话题，本文拟就漫读周先生的“儿童作文”教学思想之所得，在这里作一述评。

“儿童作文”，一个贴近儿童真实写作状态的全新概念

“儿童”是个常见词，“作文”也是个常见词，将这两个常见的词结合到一处，使之成为一个全新的概念，却还是在周一贯先生的《“儿童作文”教学论》中第一次见到，初见它即有一种似曾相识的亲切感。“儿童作文”这个概念的提出，是建立在周先生对当前作文教学现状犀利的剖析之上的。我，一位身处教学一线的老师，不管何时读到周先生的“‘应题’的束缚”“‘应体’的拘泥”“‘应命’的违心”“‘应法’的尴尬”“‘应套’的就范”“‘应试’的无奈”这“六应”现状的描述与分析，都会感到触目惊心，受益匪浅。呈现现实的丑陋总是显得残酷，可也只有将残酷的现实搬到面前，让人睁大了眼睛去看，才能刺激麻木的状态，从中获得教学清醒。“这种‘命题’与‘作文’分治的方式，往往造成教师要求写的学生觉得无话可写，而学生想写的又与命题不符的现象……当然就更谈不上学生在作文中能够自由表达了。”“社会发展到今天，文体恐怕就有成百上千种了。而我们的作文教学却还是‘记叙文’

一枝独秀。”“学生若想得到满意的作文成绩，就必须亦步亦趋，小心谨慎地猜度老师的用意，揣摩老师的喜好，讨得老师的欢心。”……应该说，周先生所提及的这些问题，并不新鲜，但是这些并不新鲜的问题，在我看来，再提上100次也是必要的。提出问题到解决问题有一个相当漫长的过程，有多少一针见血的问题在漫长的解决过程中被逐渐遗忘，问题于是还是问题，甚至成为更大的问题。命题要让学生有话可说，至少叶圣陶先生就曾大声呼吁过，但直到今天，这个问题还是个问题。剖析问题后，周一贯先生提出“儿童作文”这个全新的概念，他认为：提倡“儿童作文”，就是要反对传统的、成人化的“小学生作文”；提倡“儿童作文”，就是要让作文回归儿童，成为儿童表情达意、书写真我、乐于参加的生活活动；提倡“儿童作文”，就是要反对流行的“伪作文”；提倡“儿童作文”，就是要在作文中尊重儿童的天性，呼唤儿童的灵性，激发儿童的悟性，张扬儿童的个性；提倡“儿童作文”，就是倡导心口一致、情理一致，体现健全人格和健康人性的“新作文”。

必须提到，“提倡”背后重要的认识背景，那就是将儿童看作儿童，将孩子看作孩子，“儿童作文”只是儿童用笔说的话，要宽容儿童说话中出现的认识上、表达上的错误。即便是成人，都会犯或大或小的错误，会有这样那样的笔误、口误，作为成长中的儿童，他们用笔说的话中出现一些认识上的问题，完全正常。“儿童作文”下的儿童，有犯错误的权利，有说错话的权利，用周一贯先生的话说：“他们（指儿童）说得不太好是正常的，而说自己的话才是最重要的。”

“儿童作文”的几个关键词

1. 写真

写作就是用笔说话，某种程度上讲，写作这种说话方式的严肃性，更甚于用嘴说话。然而写作中说假话、空话、套话的现象十分严重，以至21世纪来临之际，语文课程标准“教学建议”中将它慎重地写了进去：“要求学生说真话、实话、心里话，不说假话、空话、套话。”作文中不说自己想说的话、要说的话、有感而发的话，而要说一些违心的话、迎合他人的话，这不能不说是一种痛苦，痛苦渐而麻木，渗进灵魂，那将是很可怕的。钱理群教授说："培养一个人怎样写作，在另一个意义上就是培养一个人怎样做人。""在作文中为了得高分这样一个功利的目的可以说假话，那在现实生活中也会为了功利的目的而没有操守可言，什么事情都可以做得出来。这种情况是十分可怕的。"周一贯先生以翔实的材料，展现了这种可怕的后果。他说："作文教学的种种问题，归结到一个根本点，是将充满真实的人性之美的最富有个性的学习和创新活动变成了枯燥、机械、虚假、编造的应试训练。失落了学生个性写真的作文，是没有灵魂的作文。"学生作文不敢写真实想法，这与当前扭曲了的作文评价标准有着直接关联。直到今天，作文评价取向依然限制在所谓的"积极""健康""典型"上，一个小孩子的生活能有几件"积极、健康、典型"的事？没有的话，只能根据评价需求来编造。"儿童作文"就是还作文于儿童，让儿童用自己的声音说自己的话，用文字的方式表现自己的童真童彩、童心童声。应当说这种表现才是最"积极""健康""典型"的，因为这种表现是在用文字写真童年，捍卫童年。

2. 生命

可以这么说，在不可抗拒的应试教育的今天，已经鲜有学生懂得"写作是为了自我表达和与人交流"这个道理。这不是学生之过。已经很少有教师把让学生懂得"写作是为了自我表达和与人交流"这个道理，看成作文教学上的一件最重要、需要迫切来做的事情。很多教师都把这一写在课程标准上的话，看成是虚无缥缈的空中楼阁，以致到后来，连语文教师都忘了写作除了应制、应试之外，还能为了什么。写作教学就这样沦丧在方向的迷失里，盲目地走啊走，走得很累，也很糊涂，很多文科考生上了大学，对写作依然无好感。"儿童作文"的提出，正是对这种写作生命流失的抗争，它认为，作文"是生命的独白和心灵的对话"，"是人们表情达意、书面交际不可缺少的工具，是一种十分重要的生命状态和生活行为，它与人的心灵、情感有着最真实、朴素的联系"。作文是人的一种说话方式，人类有使用有声方式来交流的需要，也有使用无声方式来交流的需要，文字是所有"无声方式"中最常用的交流方式。作为一种生命的独白和心灵的对话，作文有着比用嘴说话更大的优势：人内心的话语，用文字的方式表达更妥帖。这就是为什么有那么多的人喜欢上网聊天、喜欢摆弄手机发短信。反思今天的儿童为什么对作文不感兴趣，为什么出现了很多平时说话挺流畅、一到用笔说话就疙瘩起来的孩子，周一贯先生道出了一个重要原因：“学生作文的刻板僵化、做作矫情，不是学生不会书面表达，不是学生句子不通、条理不清。问题在于作文的底子没有打好，不太清楚作文就是生命与生命之间的真实表达与真情交流。”一个有志于作文教学实践研究的老师，一定要牢记这句话，一定要在展现作文的“生命与生命之间的真实表达与真情交流”上花力气、下功夫。

3. 自由

人有着追求自由的本能。人也有着躲避不自由的本能。今天的作文给学生带来了太多的不自由：命题的不自由，章法的不自由，文体的不自由，技巧的不自由，思想的不自由，情感的不自由。如此多的不自由，学生怎么会对作文产生好感呢?“我们希望建立‘儿童作文’这样的概念，目的正是把‘作文’归还给儿童，让他们能够在‘作文’这个天地里，尽情地倾诉个体生命的知、情、意、行，自由地表达儿童心灵的喜、怒、哀、乐，而少有种种规矩的困扰和章法的束缚。”周一贯先生这段论述，清晰地道出了“儿童作文”的自由特质。为此，周先生呼吁作文教学要“淡化命题”“淡化章法”“淡化文体”“淡化技巧”，要把作文的“人本权”还给儿童，把作文的选材权还给儿童，把作文的立意权还给儿童，把作文的话语权还给儿童，把作文的拟题权还给儿童，把作文的表达形式权还给儿童。人有着追求自由的内在要求，一旦感觉这样东西不自由，就会失去追求的兴趣。写作教学只有让学生自由自在地写，把胆子写大了，想怎么写就怎么写，想写啥就写啥，想写多少就写多少，只有让学生感觉作文有着如此美好的自由时，学生才会去追求作文，会觉得作文是一种幸福生活方式。学生只有在作文中“大胆地往前走”时，才会看到或秀丽或雄浑或奇异或平常的语言风景，才会在美的赏阅和创造中采摘到属于自己的语言之花，才会把语言的美当作生命的美一样来守候和追求。作文是心灵的产物；心灵王国最本质的特征是自由。当作文教学千方百计要让学生字数达到多少，内容必定怎样健康向上，又必须有怎样的框架和规范时，学生必将因此感受到不自由的痛苦，对于不自由的东西，人有一种躲避的本能，学生失去了追求作文的勇气，作文的生命活力也势必被扼杀在萌芽状态，存活的，只是应试作文，无血无肉无灵魂的新八股作文。

“儿童作文”中，“自由写作”与“规则指导”的关系

“儿童作文”教学同样无法回避“规则指导”，也就是常说的作文训练。长期以来，“自由写作”一直附庸于“规则指导”。“自由作文”被看作“规则写作”的延伸和补充，其结果往往是“自由表达”的被迫消解。对此，周一贯先生提出了自己的论见：“在‘儿童作文’中不是没有规则和技巧，只是应当沉淀在充满生命活力的童真意态后面，渗透出规范写作、善于表达的功能。生命的真情投入和自由表达永远是‘儿童作文’教学的‘魂’与‘本’。”“我们说‘儿童作文’不是技术活儿，不是说‘儿童作文’就没有方法、技巧。问题是这些方法、技巧，或者说规则、手段，都不能代替儿童要表达的个体生命和自我心灵。对作文来说，显然是后者比前者更为重要。”对于周先生的这些论述和观点，我举双手赞成：“自由写作”优于“规则写作”，“规则写作”是为了更好地服务“自由写作”。为什么这么说呢？

写作教学的终极目标是自由写作。一个人学习写作，最终目的是在广阔的生活、生命领域进行存在性写作，而不仅仅是作业性写作、考试性写作、工作性写作、生存性写作。生存性写作不是终极目标，它只是人生存的手段。训练作文、应制作文、应试作文隶属于生存性写作，是生存性写作中的低级属性。写作的快慰来自放松、自由、个体的心灵表达，来自自我生命存在的确证与弘扬。当前以训练作文为主的教学模式，导致学生把训练作文奉为上帝，把自由的心灵作文看作是可有可无的“随便练练”，这严重违背了写作教学的本质意义，歪曲了写作生命的本真状态。也许有人会说，多数人从事的是生存性写作，存在性写作只是少数人的事。事实上，一个地区或国家，文明程度越高，素质越高，越是需要存在性写作。

写作教学重在唤醒学生的自主写作。教育是一种服务，教师的“教”服务于学生的发展。对于写作教学来说，只有唤醒学生自主写作的状态，学生的写作才会有健康、美好的发展。写作教学最重要的不是训练，而是唤醒学生的写作状态。每个语文老师都清楚，引导学生进行旷日持久的自主写作，是一件艰难的事情，其艰难程度，超越了作文技能训练。作为技能，毕竟有“技”可寻，而引导学生主动而持久地写作，焕发学生积极主动的写作状态，关乎学生内在的写作生命动力；而人内在的动力，看不见、摸不着，不可捉摸，无从着手。我的“作文革命”的核心，就在于唤醒学生真正的写作状态，在于不断地激励和鼓舞学生以更好的状态去自主写作。作文训练，也只有在“唤醒、激励和鼓舞”学生写作的状态之后，才能显示出它的价值来。作文训练的重点是作文技能；自主作文的重点是使学生拥有一种积极的写作状态，乃至写作人生、言语人生。显然后者更重要。

作文技术的学习更多地渗透于阅读。“教阅读教得好，更不必有什么专门的写作指导。”对叶圣陶先生这句话，我有两层理解。一是作文技术学习可以渗透到阅读教学中。以《船长》一文为例，课文写两船相撞后，船长哈尔威沉着镇定地指挥营救工作，中间有一段他和机械师的对话，那一段对话没有提示语，读来节奏紧促，语气紧凑，很好地体现了当时紧张、紧迫的气氛，教师完全可以引导学生研究此处不写提示语的好处。再如《山谷中的谜底》，从一个自然现象引申出一个哲理的篇章图式，《给予是快乐的》一文中的悬念应用……李海林先生在《言语教学论》中指出，阅读教学纠缠于内容，不关注言语形式，是当前语文教学中的一个较为突出的问题。确实如此。如果在阅读教学中注意“言语图式”的渗透和积累，那么作文训练就可以淡化很多。二是既然作文技能教学可以渗透于阅读教学中，那么写作教学的重心势必会从作文技术的训练转移到作文兴趣的激活上，阅读教学教得再好，作文兴趣的激活、作文态度的端正，还是需要专门的组织、引导和激励的。所以，这时的“规则指导”就会如周先生所说，已不再是纯技术活儿的训练，而更会关注如何让儿童的生命表达和交流更真实鲜活，更准确生动。

反观当前的作文教学现状，“规则指导”“写作训练”依然占据主导地位，“过分看重作文的技巧性，应该说由来已久了，而且颇有愈演愈烈之势……无形中作文技术成了决胜一切的力量，如此运作便必然会使学生作文只求技术，又因为太求技术反而带来不少作文的僵化结构、相似模式、类同情节、套用语言……如此不一而足的负效应”。在这一教学现状之下，“儿童作文”的本质属性得不到有效释放，“儿童作文”这一全新概念得不到真正落实，也就在所难免。为此，我做一些延伸性的分析，做一些力所能及的呼喊，期盼着“儿童作文”的要义能够在教学一线得到生根发芽，期盼着每一个儿童都能写出属于自己的生命本真的作文——“儿童作文”。

“儿童作文”下的师生关系：平等中的保护

“儿童作文”呼唤学生“我手写我口、我手写我心”，呼唤本真作文、本色作文，呼唤儿童以纯真的童眼书写纯真的童心童言。一个人写自己想说的话、内心的话，应该是一件痛快酣畅的事，学生为什么不能乐此而为呢？有一个重要的原因是师生间的不平等关系。用周一贯先生的话说：“在作文中，儿童没有真正的话语权，这不是危言耸听。”当教师的话语霸权泛滥，当学生感受不到教师的平等与亲切，学生就不敢说自己想说的话、内心的话、本真的话。师生平等是实践“儿童作文”的第一要素。怎样衡量师生间是否平等？一个显著的指标是：学生敢不敢在作文中责问、批评老师。教师在和学生交往的过程中，不可能是完全公平、公正的，教师也是普通人，何况学生之间的事本来也大都是“公说公有理、婆说婆有理”。教师在学生心灵的天平上，又是一个极为特殊的筹码，一旦教师的评判与学生的固有的认识不同，对学生的震撼将是巨大的，“情动辞发”，这些本应是极好的写作素材，如果学生感受不到师生的平等，如果学生感觉不到教师和风细雨的亲切，即便教师把“写真”“生命”“自由”喊得再响，学生依然不敢说、不敢写，只好把这些话语闷在肚子里。可以这么论断，教师和学生亲近密切的关系，对“儿童作文”教学的实践有着重大影响。

教师和学生存在着两种性质的交往，一种是工作交往，一种是非工作交

往。工作交往，是指课堂教学中教师和学生的交往；非工作交往，是指课堂教学之外的教师和学生的交往。课堂教学中的师生交往，有着学习任务，有着纪律要求，即便师生之间是平等的、互相尊重的，这种交往大都止于一种优良的工作关系，而不能进入轻松的、完全放松的亲密关系；小学生分辨能力低，控制能力也差，为保持有序有效的学习，教师以其特有的权利维持课堂，也无可厚非。师生间亲密关系的养护，主要在于非工作交往。班主任为什么与学生的关系比其他任课老师更亲密？主要原因是班主任在非课堂教学实践里与学生交往的时间要大大多于任课教师。

当教师“弯”下腰来，当师生之间形成一种友好、亲切、伙伴式的关系，儿童的作文将如周一贯先生所期盼的那样，成为“天性的自然流露，没有掩饰，没有矫情，没有造作，是儿童纯真感情的语言的直率表现”。一旦学生的作文“没有掩饰，没有矫情，没有造作”，教师所要做的第一要事不是批改、不是指出这样那样的不是，而是保护、呵护、养护学生的言语天性、言语个性。周一贯先生认为，儿童有两套话语体系，一套是面对教师和家长的在正规场合使用的公共话语，有着四平八稳的成熟和少年老成的郑重，但是这多半是处于无奈，假装门面，是“必须这么说”；另一套是小伙伴间海侃神聊或真情交往时使用的，那才是实话实说、原汁原味的童真之言。教师是学生作文的第一读者，这个“第一”，不仅是时间上的，更是就阅读者的重量级而言的。教师对学生习作所表现出的评判态度，对学生的写作有着极为重大的影响。面对学生幼稚的童真之言，教师一定要集聚欣赏心情、心存保护之念，只有让学生用自己的声音说话，学生才能享受到说话的快乐，只有让学生用自己的声音说话，学生才会在一次次的锤炼中获得属于自己的言语个性的发展，我们才能看到一篇篇极具个性的“儿童作文”。在成人的宽容和保护之下，“儿童作文”才能真正成为周一贯先生所言的“儿童生命世界中的一方绿洲，精神世界中的一片蓝天，心灵世界中的一股甘泉”。

毋庸讳言，教学一线以及儿童作文的现状与周一贯先生构建的“儿童作文”之间还有一段距离。理论的构建需要高于现实，而现实因理想的彩旗而富有追求的朝气和活力，在这个意义上，“儿童作文”这面旗帜需要在现实的生活中尽情飘扬！

2010年10月

（管建刚：江苏省苏州市吴江经济技术开发区长安实验小学副校长，著名特级教师，正高级教师，国家“万人计划”教学名师，全国优秀教师，出版了《我的作文教学主张》《我的作文教学革命》等20多本专著。）

对“越语文”地域文化的开发研究
——《“越语文”课程地域文化开发研究》序言

·王松泉·

阅读周一贯老师的书稿是一大乐事，他这些文章，不像那种专玩文字、风花雪月、无病呻吟的“美文”，也不像那种光掉书袋、盘桓故纸、从无创新的“学问”，而是一篇篇言之有物、极富启迪、催人奋发的“建言”。见到他的书稿又是一种惊喜，几天前茶叙时，刚得到他一本书，还没看完，这不，转瞬间他忽又整出一本新书来！不过，定神一想，觉得也不必大惊小怪，因为这实在已经是他多年“笔耕”生涯中的一种常态，他是每年都要出好几本书的。记得在一次迎春团拜会上，我曾说他“快笔如风”。那时，我送了他“新意长浓”“年高情重”“快笔如风”“乐在其中”四段话，有老师马上听出来，我是在祝贺他和大家“新年快乐”。是的，此情此景尚在眼前，现在他竟越发是新著频出了。眼前这部“越语文”研究论集，你可能不知道，这竟是周一贯的第183本编著！——是啊，常年不息的孜孜以求，常人不及的累累硕果，使这位古都绍兴的小学语文特级教师成为驰名全国的语文教育家实至名归。与此同时，他所提携的第二作者张幼琴，那位从瓜渚湖畔走向“十里湖塘”的才女，也成长为荣获全国小学语文课堂教学评比一等奖的“越语文”教坛新秀，并晋升为中学高级教师。

之所以最先关注这一点，全是因为“越语文”。你看这部书稿，全书凡三大部分，既剖析了“越语文”之事理，又追念了“越语文”之师承，更探究了“越语文”之史迹。既以“越语文”理念为核心，又以“越语文”精神为主导，更以“越语文”史实为依凭。而这一切，都与“越语文”有着直接的关联：研究目标如此之集中，正是“越语文”的精髓之所在；研究精神如此之执着，正是“越语文”的能量之所在；研究收获如此之丰盛，正是“越语文”的贡献之所在。可见它力图解决的是何用、何人、何事三大问题。而这三者，也正好分属于无论哪一项学术研究都势必涉及的研究方向、研究主体和研究对象这三大基准维度。

若论研究方向，周一贯正是“越语文”价值的秉志追寻者。

早在 2005 年，周一贯就钟情并致力于“越派语文”的探索与研究，一篇《打造“越派小学语文教学艺术群体风格”论纲》拉开了“越派语文”研究的帷幕。此后他源源不断地发表了许多很有见地的文章，在省内外形成了广泛影响。2016 年 4 月，他还特地邀我前往具有人文传统的浙光中学旧址钱清小学，征求开展“越派语文”研究活动并建立陈列馆的意见。承蒙他和同道们的青睐，认同我关于发扬“越文化”光大“越语文”的建议，将研究方向确定为“越语文”。本书中《从“越文化”到“越语文”》一文，反映了周一贯对“越语文”概念及研究方向的确认。在他和董建奋、莫国夫、何夏寿、鲍国潮等名师的推动下，经过一段时间的群策群力，“越语文”陈列馆、“越语文”名师坊、“越语文”大课堂以及“越语文”期刊等研究平台逐一建立，“越语文”的各项研究活动开展得有声有色。2018 年 11 月，在绍兴市教育局的支持下，绍兴市“‘越语文’研究专家指导委员会”正式成立。这期间，周一贯秉志追寻的正是“越语文”特有的价值，本书不少篇幅反映了他一系列的追寻过程和追寻成果。他说：“‘越语文’源远流长，应是一部皇皇巨史。这是一代又一代的绍兴语文人呕心沥血、毕生耕耘所创造的一笔巨大财富。”我十分赞同这一观点，对于“越语文”这笔巨大的历史财富，“越语文”教师群体义不容辞地担当着发扬光大的重任。

确实，“越语文”源远流长，因此，我们现在探究“越语文”的渊源沃土，就颇含当代生活的考古学意味。尽管史学家们都说“所有的历史都是当代史”，尽管“越语文”系当代人所命名，但“越语文”绝不是绍兴人心血来潮、突发奇想的空穴来风，而是稽山镜水间如稽山般顽强坚韧、如镜水般

鲜活灵动的真真切切的客观存在。“越语文”，广义地说应该是古越浙东一带的母语，即包含越地方言、绍兴官话以及当代“绍兴普通话”在内的语言文字、语言文章、语言文学、语言文化。简单地说，广义的“越语文”就是越地母语。狭义的“越语文”，则是“鉴湖越台名士乡”的语文人，包括历代名士和当代名师那种体现“越文化”精神和理念的母语传承育人活动。这种母语传承育人，有的是著书育人，有的是教书育人，有的则是二者兼而育人。简而言之，狭义的“越语文”特指绍兴的语文教育。“越语文”，就社会交流而言，它包含谐趣斑彩的越地方言；就学校教育而言，则有着别具一格的个性特色。这种个性特色就是它与生俱来固有的基因和胎记。正是在长期的历史文化演进和母语教育实践中，“越语文”逐渐浸润并渗透了越地先贤勤谨、越地文人涵蕴、越地名士大气、越地学者理性等地域性格元素。为此，我把“越语文”的个性特色表述为“越风勤谨、越味涵蕴、越胆大气、越识理性”相融合的“风味胆识”。我认为，“越语文”教师群体应当像周一贯等众多名师那样，为此而由衷自豪。有此凭借，我才有底气大胆说出：“欲知母语如何听说读写，试看越地别样风味胆识！”

若论研究主体，周一贯正是“越语文”探骊的卓越领军者。

研究“越语文”，主体自然是践行“越语文”的广大教师群体。而周一贯，无疑是这支研究队伍的领军者。多年来，他身体力行，不但撰写了大量有关“越语文”的研究文章，而且倡导和组织了许多有关“越语文”的研讨活动，同时从中培养了一大批“越语文”的优秀教师。他关于“越语文”的研究成果，除了本书所收的篇章，还有散见于《教学月刊》等杂志的许多文章，更有与“越语文”相关的不少编著。与此同时，他协同有关机构和组织，举办了许多“越语文”的教学研讨活动，包括在“千课万人”等规模较大的全国性研讨活动中，会同张伯阳等广泛推介“越语文”示范课、观摩课；与特级教师董建奋一起，组织开展“越语文”名师工作坊全国性的课堂教学观摩展示活动；与特级教师何夏寿等一起，认真组织全国性的“越语文”大课堂观摩活动；与鲍国潮、傅海炎、洪志明、陈建新等一起，筹建“越语文”

陈列馆；与特级教师董建奋、莫国夫、何夏寿等一起，规划和开展“‘越语文’研究专家指导委员会”的工作。在这一系列活动中，他还争取到杨再隋、汪潮、王崧舟、潘庆玉、吴忠豪、杨文华、裴海安等一大批名家名师的大力支持。他在名师培训班的基础上，通过教研活动和平时辅导所培养的小学优秀语文教师，不少已成为特级教师乃至正高级名师，他们都是小学“越语文”教师群体中的佼佼者。这中间，周一贯自然功不可没。

作为研究主体，周一贯还着力探讨了被视为研究重点之一的“越语文”课堂教学群体风格。本书中的一篇《“越语文”的文化地貌和群体风格》，正集中反映了他对这种风格的体认。他此前就主张，以“胆剑精神”的越文化传承，打造小学“越语文”教学艺术群体风格“亲—和—醇—美”。这一主张得到小学“越语文”同行们的响应，特级教师金明东也撰文《探寻“亲—和—醇—美”的语文教育之道》。记得在一次研讨活动中，我曾表示，周一贯和金明东对“越语文”课堂教学风格的提炼非常中肯。这种风格，一言以蔽之，就是“越语文”“风味胆识”中的“越味”涵蕴，具体内涵则相当丰富，值得不断深入探讨。而深入探讨的过程，将是不断发掘、充实、校正和完善的过程，也是不断发扬光大的过程。记得我曾补充过“精”“实”二字，因为我觉得，“越语文”教师群体中，那种精益求精的精神，那种服务于课堂随机生成的精心的教学构思，那种讲求实效的扎实行动，以及实际产生的教学成果，是特别值得肯定和赞赏的。我愿有更多的老师在周一贯等名师的带领下，继续进行有益的探讨。

若论研究对象，周一贯正是“越语文”内涵的生动体现者。

在《越语文》创刊时，周一贯要我来写《发刊词》。我在那里面说：“‘越语文’的研究客体，是越地古往今来社会、家庭和各级各类教育机构的各种语文教育现象；研究对象，是语文教育的规律，尤其是越地语文教育的特色；研究重点，则是当代越地语文教育改革的实践经验和理论贡献。”现在看来，周一贯正是“越语文”上述各项的生动体现者，他本身就是“越语文”的研究客体、研究对象甚至研究重点。

是吧，研究“越语文”，你说能绕开周一贯吗？不消说，作为研究对象的“越语文”特色“风味胆识”，在周一贯身上就都有着生动的体现。越风勤谨，追求的是高效，周一贯是也。“越味”涵蕴，追求的是品位，周一贯是也。越胆大气，追求的是卓越，周一贯是也。越识理性，追求的是学养，周一贯是也。所以我敢说，越中多才俊，何人不勤谨？周一贯尤甚。越中多学问，何人不涵蕴？周一贯尤甚。越中多砥砺，何人不大气？周一贯尤甚。越中多稳慎，何人不理性？周一贯尤甚。“越语文”陈列馆对此有着颇为全面的介绍。不说别的，光说他的“越风勤谨”，就是绍兴十分显眼的“中国之最”。尽管绍兴历史上，陆游作为勤谨治学的杰出代表，“六十年间万首诗”，鲜有匹敌者；马一浮著述宏富，终成“一代宗师”……但周一贯在治学勤谨上却并不亚于历史先人。他人如其名，与语文教育结缘近 70 年，一贯勤于笔耕，如前所述，竟能出版 180 余本书，这在全国语文教育界无出其右者。现虽已退休，且 84 岁高龄，仍每天伏案写作。他的勤谨之风影响和带领着年轻一代不断精进，为绍兴乃至全国小学语文教学的改革与发展做出了绍兴人特有的贡献。在不断精进的过程中，这位全国小学语文教育界的成就卓著者，理所当然地成为闻名遐迩的特级教师、权威专家，还形成了自己的教育思想。小学语文教学刊物专门为他印行了人物专辑，广西教育出版社为他出版了抢救性的当代中国语文教育家口述实录，北京师范大学出版社在“教育家成长丛书”中也推出了《周一贯与语文教育生命观》。教育界的众多名家如朱绍禹、朱作仁、袁微之、李伯棠、钟友山、邱学华、吴立岗、张田若、崔峦等以及多家刊物相继为他的成果集题词，向他表示祝贺。这是小学语文教育界十分难得的殊荣，也是“越语文”教师群体中不可多得的范例。

周一贯是我长达 56 年的挚友和同事，是我同行朋友中的骄傲。应他盛情邀约，我不揣浅陋，欣然写下以上琐语，权以为序。

2019 年仲夏，越城廊桥风和苑

融汇古今：周一贯语文教育研究的路径启示

·鲍国潮·

从事语文教育工作65年，周一贯先生对语文教育规律全面深入的把握，对语文教育发展态势敏锐前卫的感知，对语文教育实践细腻扎实的探索，已然成为小语界独树一帜的研究存在。分析其研究的路径策略，把握其研究的思维方式，不仅有利于周一贯语文教育思想的继承弘扬，更是对后学良好的示范引领，具有很强的现实意义。

在横向上对实践经验做全景式扫描

小学语文教育研究总体上活跃、丰富、多元，形成了诸多鲜活的经验，呈现出不拘一格的局面。然而不得不承认，小学语文教育研究的许多成果仍然停留在经验层面上，依然采用“我认为”式的主观表述，不能及时转化提升为准确反映语文教育规律的理性认识。从这些经验中吸取精华，揭示规律，提升小学语文教育研究的科学水平，就成为周一贯语文教育研究的自觉追求和内在品格。

早在20世纪90年代初，周一贯先生就先后编著了《小学语文教学改革研究概观》《语文教学方法论》等著作，对各地语文教学改革信息进行了最大程度的系统收集与整理，内容包括识字教学、阅读教学、写作教学及口语交际等诸多领域。这些经验的收集整理，看起来受到当时“信息论”“方法论”等思想的影响，好像只是一些信息的具体罗列，实际上却渗透了周一贯先生的语文教育价值判断，体现了一位语文学人的认识水平。联系这些著作，我们可以感觉到，周一贯先生的语文教育研究是建立在大量事实研究的基础上的。占有大量教学事实，以此为研究起点，正是周一贯先生的研究品格。

20 世纪 90 年代后期，周一贯先生把研究视点转到了特级教师群体研究上。在周一贯先生看来，特级教师这一群体，是教育思想与实践经验的“富矿”，他们身上充满了教育教学变革与精进的精神。这些特级教师的变革性实践，为中国小学语文教育研究探索提供了丰富的思想资源和实践参考。周一贯先生这一方面的研究，有《中国小学语文教学名师精品录》《小学语文名师课堂教学经典设计》，以及大量散见于各地报刊的名师课堂教学实录点评。周先生这些收集、整理、点评工作，以课堂教学思想发展脉络为经，以广大小学语文特级教师实践探索经验为纬，展现出小学语文界改革名师的“人物长廊”，为小学语文界积累了丰富的研究材料。

当然，周一贯先生还十分重视专题性实践经验的总结梳理。如 21 世纪初出版的《小学作文教学新概念研究》，就从儿童作文的历史经验和当代认识出发，全景式地整理记录了当代小学作文教学改革的前沿信息，极具参考价值与启发意义。

周一贯先生对当代语文教育实践探索经验所做的整理、点评，可谓是全景式的扫描，既体现了他对教育实践智慧的尊重，更体现了他对语文教育实践发展态势的深度把握，因而显现出独有的高度与广度。

在纵向上对历史经验做选粹式摄取

中国语文教育历史十分悠久，在漫长的历史发展过程中形成了丰富的遗产。继承并丰富中国语文教育思想，是当代语文教育人的历史责任与使命。“古为今用”，对千年以来的语文教育历史经验做选粹式的摄取，一直是周一贯先生的情感所系。他经常不无担心地表示，当前有许多小学语文教师在研究发展中存在着“信息不对称”，缺少对历史的了解，不知道语文教育的问题从何而来，研究成了无根之木。因此近年来，他又把许多精力投入对中国古代语文教育思想的梳理、萃取中。

2008 年 1 月 17 日，周一贯先生在《中国教育报》发表长文《在千年视野内寻找语文教学的传统》。这篇文章，标志性地体现了周一贯先生对中国古代语文教育思想的认识。他写道：“传统是无法改变的历史，是川流不息的时光之河，可以生生不息地一直流下去……如果我们不重视在批判中继承，在继承中发展，中国语文教学许多宝贵的传统经验，也会在时代新潮的冲刷下，由淡化而至消亡。这绝非危言耸听。”这充分表现出他作为一名语文教育工作者的历史责任感与使命感。他在文章中提出，我国语文教育的传统经验，有许多与汉字、汉语的学习规律相谐相融的地方。这是中国语文的“中国心”。由此，他提炼出“注重识字”“本于诵读”“体察涵泳”“重视习练”等传统经验，为当代语文教育研究提供了参考视点。

站在历史的维度上，我们不难看出，语文教育具有极强的地域性，在文化发展中展现出五彩斑斓的地域风貌。关注语文教育的地域存在，有助于推动语文教育向更多元的视角、更丰富的风格发展。从 2010 年起，周一贯先生在《教学月刊》开辟专栏，研究“浙派语文”。这一专栏以“人物”“大事件”“专题”等丰富灵活的形式，对浙江历史上著名语文人物、语文事件、语文思想发展做钩沉、梳理、解读，意在挖掘浙江这一人文重地的语文教育思想资源，梳理并认识浙江小学语文教育的历史根基，为当代小学语文教育提供更多的理论滋养。

2014 年，周一贯先生将多年收集的中国古代语文教育言论结成一集，从中国古代多种文论、诗话、文章学、教育学等著作中选取了 500 多条言论，从语文教育的当代视野出发，对这些言论进行个性化读解，形成了《中国古代语文教育言论读解》一书。该书以宏阔的视野、翔实的资料和深入浅出的解读，展现了中国古代语文教育思想的博大精深和当代语文教育思想的风起云涌，具有很强的史料价值。

尊重汉语文教育的历史，不仅是一种方法与策略，更是一种态度。小学语文教学改革必须基于历史经验，站在巨人的肩膀上前行。在这一方面，周一贯先生为我们做了良好的示范。

建构小学语文教育研究的当代形态

读懂实践、读懂历史，是为了更好地关照当下，畅想未来，建构语文教育的当代形态。从出版的多种著作来看，周一贯先生正是在“融汇古今”的

路径上建构着小学语文教育研究的当代形态，并以此践行着他对小学语文教育研究的时代使命。

《语文教学优课论》与《阅读课堂教学设计论》，是周一贯先生语文教学研究的“姊妹篇”。前者更多地侧重于课堂教学的价值研究，试图在理性认识层面更加清晰地把握优课的特点、规律、风格；后者则更多地侧重于课堂教学的策略研究，试图在实践上更加有效地探索优课设计的观念、策略、方法。两书相互映衬，出版后引起广泛关注，深受小学语文教师的喜爱，对于推动小学语文课堂教学研究，提高其科学化、艺术性水平起到了积极作用。这两本书在对“语文教学优课”与“阅读课堂教学设计”做历史审视的基础上，剖析了大量实践案例，建构起富有周氏特色的“优课观”与“设计观”。

而《语文教学训练论》《“研究性阅读”教学探索》《语文教研案例论》和《“儿童作文”教学论》则是周一贯先生对语文课程改革的积极响应和自觉探索。众所周知，语文课程改革探索一路充满艰辛，“加强语言文字训练”“研究性阅读培养创新能力”“案例研究”“回归儿童作文的本真”等命题都曾经是语文教育研究的热点。周一贯先生能顺应时代需求，一方面从历史与现实的维度不断充实这些命题的研究探索，对这些命题的认识不断丰富深化；另一方面又通过大量的实践研究，提供了相关的路径与策略。这二者的有机融合，使周先生总能超越同时期的研究水平，而令自己的研究成果更具有穿透力，并由此令自己的学术生命常青。

融汇古今，既是周一贯先生小学语文教育研究上的路径选择，更是他个人鲜明的治学风格。他深刻地启示着我们，每一位研究者都如同桥梁一般存在着，都必须站在历史与现实的交汇点上奉献自己的思想与实践。这正是每一位语文教育工作者必须拥有的研究姿态。可以相信，这些特色与风格，将对当代小学语文教育研究产生积极而持久的影响。

2015 年 4 月

（鲍国潮：青年名师，高级教师，浙江省教坛新秀，浙江省春蚕奖获得者，师从特级教师周一贯、张化万及儿童文学理论家蒋风等。出版了《中国古代语文教育言论读解》《新课标 新作文 语文 三年级 上》《名家笔下的老绍兴》《同课异构：小学语文新备课参考·六年级下册》等著作。现供职于绍兴市柯桥区教师发展中心。）

纵笔凌云　立言一贯

——周一贯先生语文教育研究评说

·白金声·

绍兴自古文章地，这里山清水秀，人杰地灵，素有“古越文化之邦”的美誉。周一贯就是鲁迅家乡的一位教育奇才。他，1936 年出生，特级教师，从教 67 年，退休前，曾任浙江省小学语文教学研究会副理事长、浙江省义务教育教科书小学语文编委会副主编、绍兴县教研室副主任等职；发表文章 1400 多篇，出版学术专著 170 多部，总字数已逾 3000 多万。在当下中国小语界，他写作之勤，著述之丰，研究之广，探索之深，创意之多，无人出其右，是名副其实的语文教育专家。

周一贯语文教育研究，萌芽于当代中国语文教育潮起潮落的大背景之下，形成于改革开放以来语文教育大改革大发展之中，成熟于 21 世纪之初语文课程新一轮改革之时。他在追求“学术—学识—学说”的艰难天路上不懈求索，以实践积累、理论积淀、历史继承、西学借鉴为基础，经历了“主观经验型—客观描述型—科学解释型”的艰苦历程，终于成为名副其实的小学语文教育研究专家。下面着重谈两个问题。

语文教育研究的主要阶段

1984 年，周一贯任绍兴县教研室副主任兼语文教研员。此前 34 年间，他做过部队文化教员，教过小学、初中，当过区中心小学副校长，教育教学经验十分丰富。如果从结束农村中小学教学生涯，开始专职语文教研工作算起，到如今，周一贯这棵小语界的“常青树”研究语文教育也已经 34 年了。这 34 年，大体可分为 3 个阶段，依次为：教研室工作阶段（1984—1996 年），从职位退下阶段（1997—2000年），走进新课改阶段（2001年至今）。

1.教研室工作阶段

1984年，他被调到县教研室，任语文教研员，同时又担任教研室副主任，分管小学教学。在这10余年的时间里，他置身浩浩学林，厚积薄发，兢兢业业地钻研语文教育理论，出版了10多种主要的学术专著，如《文体各异　教法不同：小学语文教学漫笔》《小学语文教学改革研究概观》《语文教学训练论》。

（1）《文体各异　教法不同：小学语文教学漫笔》

1981年，周一贯在《辽宁教育》第3期上发表了他的第一篇研究文章《谈谈谜语的教学》，从此一发不可收，到1983年底，共有45篇大小文章见诸报刊。诸如《浅说寓言和寓言的教学》《浅谈语文教材中的儿童诗》《散文和散文的教学》《小学应用文教学之我见》《略谈小学语文教学中的童话》《科学小品课文教学管见》《关于小说的教学》等。他将这些文章进行了重新梳理，结集出版了《文体各异　教法不同：小学语文教学漫笔》。专著从本体论的角度出发，以漫笔的形式，对语文学科的教学方法做了独到的分析和阐述：不同体裁的课文，应有不同的教学目的、教程教法；可从体裁特点入手，分析课文思路，设计课型和板书。这本书有理有例，行文活泼，有很强的针对性，立刻在全国小语界引起了广泛关注。20世纪80年代初，全国小学语文统编教材的体例是讲读课文、阅读课文、独立阅读课文和半独立阅读课文，当时的语文教学只重类型而无视文体，这本书的出版，提出语文教学的文体观，无疑是一个突破。

（2）《小学语文教学改革研究概观》

在我国小语界，周一贯是一位特殊的人物，他没有高学历，走上工作岗位时，手里拿的是一张非正规的初中毕业证书。然而，他的语文教育理论，在我国却产生了广泛而深远的影响。他是自学成才的学者，走的是一条“个性化”的治学之路，最终成为全国小语界的一员宿将。他说：“教学研究和治学之道，其创新成果的产生，靠的就是各种信息不断从多方面、多角度、多

层次的碰撞、融合、分裂和变化的运动。”为此，他以滴水穿石、绳锯木断的毅力，几十年如一日地去营造个人的“信息库”。在电脑尚未盛行的年代，就已经有了数十本剪报，数十本笔记和几万张资料卡片。就是这些日积月累的剪报、笔记、卡片，使他源源不断地获得新的信息，产生新的组合效应，形成新的观点。《小学语文教学改革研究概观》这本书，全部是在信息汇集研究的基础上写成的。这一治学成果，不仅使他的研究紧密联系了改革的前沿性课题，而且也开拓了理论视野和思维空间。《小学语文教学改革研究概观》全书 30 万字，内容涵盖了语文教学的各个方面，如拼音教学、识字教学、阅读教学、作文教学、听说训练、学法指导、板书设计、课堂提问、语文考试、整体改革、情景教学等，或巡礼，或鸟瞰，或撷英，或说要，或总揽，或述略，或纵观，或概说，不一而足。一本《小学语文教学改革研究概观》，就是一座 20 世纪 80 年代语文教学改革研究的信息库。

（3）《语文教学训练论》

叶圣陶说过，“语文是培养能力的课程，所以不能单纯地传授知识，要让学生反复地受到训练”，“最要紧的是训练语感”。周一贯根据叶老的命题，对语文训练问题进行了广泛而深入的研究。1994 年，他出版了扛鼎之作《语文教学训练论》。在这本专著中，他提出了一系列“训练观”：第一，训练的实践论意义——训练是学生的实践活动，而实践是认识论的第一和基本的观点；第二，训练的教学论意义——教与学和训与练，都本质地体现了教师主导、学生主体的密切结合和互动互补；第三，训练的素质论意义——训练不只是语文知识技巧的操练，而且包含了深刻的人文内容，关系着学生整体素质的优化。他认为语文训练的基本特点有四个方面，即综合性特点、整体性特点、情感性特点和交际性特点，包含智力的开发、情意的熏陶、习惯的培养和人格的养成等。这些思想新意迭出，切理会心，对小学语文教师有很大的实践指导价值。

2. 从职位退下阶段

从职位退下后，周一贯“壮心未与年俱老”，有了更加开阔的空间，生命与事业同行的步子也迈得更大了。或文海放舟，或耕耘桃李，或各地讲学，频繁的活动要求他必须抓紧学习，去研究来自教改前沿的各种信息，提炼成自己的认识。这个时期，他出版了两本代表作，一本是《语文教学优课论》，另一本是《阅读课堂教学设计论》。

在《语文教学优课论》中，他创造性地提出了教师优化课堂教学的六大意识，即目标意识、主体意识、竞争意识、质量意识、创新意识、活动意识。六大课程意识涵盖了优课的一切具体标准，从观念和境界的层面对优课做出了科学的界定。与那些更具操作性的优课评价标准相比，他关于优课标准的描述具有更深层次的哲学意味，用"高屋建瓴""高瞻远瞩"喻之当不为过。

在《阅读课堂教学设计论》中，他率先提出了"软设计""弹性设计"的理论，正确地阐释了预设的相对性和局限性，强调了课堂生成的意义与价值。同时，他还指出"软设计"必须"重自学、重尝试、重争议、重活动、重过程"，比较全面地阐述了"软设计"的理论。他的"软设计"理论一经提出就引起了全国语文教育理论界和实践界的关注，给人诸多的启示。

3. 走进新课改阶段

2001 年，新一轮课程改革拉开了序幕。《全日制义务教育语文课程标准(实验稿)》是语文教育新理念的高层次的集中展示，全方位反映了新世纪中国语文教育改革的价值取向。在语文课程改革的进程中，周一贯的视野更开阔了，他依据《全日制义务教育语文课程标准（实验稿)》的精神，进行了科学的理性思考和真诚的实践探索。从新一轮课改到现在，他更是笔走纵横，又撰写了 100 多篇文章，诠释了新的课程理念，演绎了新的课程文化，在课程观、教学观、学习观、教材观、学生观等方面取得了最新的成果，这充分说明其引领小语教坛的才情和活力。这里我主要对其中的两本著作进行简单评述。

(1)《"研究性阅读"教学探索》

新世纪的第一年，周一贯以其特有的学术敏感和直觉，在《福建教育》上连续发表了"研究性阅读"系列文章，在国内首次提出了"研究性阅读"

的概念，并系统地阐述了他对“研究性阅读”的构想和探索。在此基础上，2002 年 4 月，他出版了著作《“研究性阅读”教学探索》。

什么是“研究性阅读”？他指出：“就是让学生在教师的指导下，以研究探索的方式自主地进行阅读，以获取认知、激发兴趣、陶冶情操、提高阅读能力和运用语言能力，优化语文综合素养。研究性阅读贵在‘研究’与‘阅读’的有机结合、融会一体。让学生在初读课文、通读课文的基础上，引导出研究深读的一两个问题，放手让学生去自读探究、合作交流。以这种一两个研究主问题来取代教师的逐段烦琐提问，目的在于突出重点，把阅读主动权、时间支配权和空间活动权真正还给学生。”研究性阅读，符合语文课程标准倡导的课程理念。这项研究，已经为实现师生平等对话，落实学生自主、合作、探究学习，培养创造性阅读能力，开辟了广阔的前景。

(2)《“儿童作文”教学论》

在新课改语境下，为摆脱传统“小学生作文”的学科作业意识，摆脱偏重技法、崇尚形式、为他人立言的严重积弊，解决传统作文教学“应题”的束缚，“应体”的拘谨，“应命”的违心，“应法”的尴尬，“应套”的就范，“应试”的无奈，校正在“新概念作文”导引下已经产生的某些“灰色作文”、“疯狂作文”和“新套话作文”的负面影响，提倡作文教学要放飞心灵、真情实说、自由表达，2005 年，周一贯出版了《“儿童作文”教学论》。

“儿童作文”不就是“小学生作文”吗，为何要另立名目，为“儿童作文”立名？他认为，“小学生”与“儿童”是两个完全不同的概念。“小学生”着眼点只在于一个学历阶段，表现一种学历程度。严格地说，当小学生的不一定是儿童。而“儿童”则是生命历程的一个特定阶段，是人生之旅十分重要、十分珍贵的驿站。“童年”会对每个人的终身事业发展产生极其重要的影响。他提倡用“儿童作文”这一概念来代替“小学生作文”这一概念，就是希望作文不仅仅是一种语文作业，一项写作技巧训练，它首先是儿童生命的自由表达和真情交流，表现出强烈的尊重儿童生命的语文教育哲学观。儿童作文就是一种“儿童文化”，他强调“儿童作文”，就是要在作文中尊重儿童的天性，呼唤儿童的灵性，发展儿童的悟性，张扬儿童的个性。

语文教育研究的重要特点

周一贯靠着他坚强的毅力和不懈的努力，通过“志学—自学—治学”的艰难历程，沿着“实践—认识—再实践—再认识”的认识路线，不但成为一位优秀的语文教育研究工作者，而且成为全国小语界领军人物，堪称语文巨擘，教研宿将。纵观周一贯语文教育研究的34年，我们不得不感叹其丰富性、学理性和超前性。然而，在所有的特点当中，“广、深、实”大约是最不能忽视的品质。

1. 广泛性

广泛性是周一贯语文教育研究的主要特点之一。语文，它无时不在，无处不在，它巨细无遗，无微不至地表现着大千世界，它可以渗透到社会的每个角落。所以，无论是教材还是教法，无论是教师还是学生，无论是课内还是课外，周一贯都“无处不思，无孔不入，无事不研”。甚至可以这样说，当前语文课程教育的方方面面，没有一个方面不在他的关注之中，没有一个方面不在他的研究之列。他研究语文教育，“既述且作”，著作等身，或一体化，或姊妹篇，或序列式，表现出明显的内在联系。如《语文教学训练论》《语文教学优课论》《阅读课堂教学设计论》《语文教研案例论》《“儿童作文”教学论》和《小学语文教学改革研究概观》，这五“论”一“观”再加上《“研究性阅读”教学探索》，就构成了他语文教学研究的完备系统。

再如，1997年，他在《浙江教育》发表了关于语文教学艺术的七篇文章：《优课的解题艺术①》《优课的导入艺术②》《优课的提问艺术③》《优课的讲解艺术④》《优课的讨论组织艺术⑤》《优课的作业设计艺术⑥》《优课的课堂总结艺术⑦》。1998年，在《福建教育》又发表了关于语文教学艺术的七篇文章：《优课的教学节奏》《优课的穿插之美》《营造课堂教学的高潮》《优化教学的点拨术》《课堂教学的蓄势》《优课的过渡和照应》《语文课堂教学的剪接》。这两组文章珠联璧合，纵横交错，互为表里，相得益彰，对语文教学艺术做了全方位的探讨。如果将这些文章汇编到一起，不就是一本“语文课堂教学艺

术论”吗?

再比如，周一贯十分乐于为一些全国著名的特级教师、名家高手做个人教学风格或流派的研究并撰文。他曾为浙江的王燕骅写过《有境界自成高格》，为上海的贾志敏写过《贾志敏：追求语文教学的本真》，为浙江的贺诚写过《诗的语文教学和语文教学的诗》，为江苏的孙双金写过《孙双金：情智语文的魅力》，为山东的张伟写过《球形教学的艺术风格》，为天津的靳家彦写过《“导”能养性，“读”能通神——靳家彦的导读教学艺术》，为上海的徐根荣写过《论到至处品自高》，为北京的窦桂梅写过《窦桂梅的创造力》，为江苏的于永正写过《简朴清新：于式语文流派的常青品格》。这些文章对改革开放以来的小学语文名师成长历程和教学风格做了深度探讨，分析和梳理了名师文化的特征和内涵，展现了名师们特有的人品、学品、师品。这些文章一部分发表在《人民教育》上。如果把这些文章集结在一起，不就是一本“小学语文名师论”吗?

在语文教育研究的前沿，在这个领域的广度上，周一贯所取得的成绩是令人震惊的。黑龙江省教育学院小学语文教研室原主任秦锡纯给他的函中说：“您的教研领域很宽，许多文章能解决教学中的难点，给教师和教研人员的帮助很大!”这话千真万确。

2. 深刻性

这是周一贯语文教育研究的第二个特点，也是最能衡量其学术成就的标尺。一个人的科学研究要创新，既要全面又要深刻很难，但他显然做到了，他的许多研究成果不仅具有开创性、前卫性，而且具有引领性、深刻性，实现了多项“零的突破”，经得起时间的考验。

他说：“搞我们这行，眼睛光盯在小语教学上是不够的，还需要有一些渗透意识。如果用一句比较‘文气’的话说，我是以小语教学研究为圆心，向其他学科做全方位的思维辐射。教育学、心理学、数学、生物学、美学……特别是现代科学方法论——信息论、控制论、系统论，我都怀有一种特殊的兴趣。在快速变化的时代里，一切过去的知识都会因为新信息不断涌现而贬值。当代社会需要一种对最新学科和最新动态有较强敏感的人。”20 世纪 80 年代中期，他从语文教学研究战略发展的趋势上提出问题和研究问题，将控制论、信息论、系统论、符号学、全息理论引进到语文教学研究中，发表了系列文章，如《从“信息论”说精讲》《用模糊理论改进阅读教学》《从“信息论”看跳跃式讲读》《用全息理论改进阅读教学》《语文教学与符号系统》《从“缩微技术”谈板书设计》等。仅从这些论文题目看，就能把人们的思考引向深入的层次。

大家都知道，周一贯是浙江绍兴人，作为鲁迅故乡的学者，写文章不能不谈及鲁迅。这是因为，鲁迅是中国现代最伟大的文学家和思想家，鲁迅是我们民族精神的一面鲜艳的旗帜，鲁迅是我们母语教育一条奔腾不息的精神之河。我读过多篇周一贯谈鲁迅的文章，都与小学语文教学有关，如《亲近真实的鲁迅》《把鲁迅还给孩子》《以鲁迅的儿童阅读理念瞻观今日》《鲁迅：读图时代应当仰望的背影》等，除了第一篇之外，其余 3 篇均发表在《中国教育报》上，而且后两篇都是整版刊发，这说明周一贯其人、其文的影响是非同小可的。

2007 年，他为《今日教育》撰文，以辩证唯物主义思想为指导，大气磅礴地提出了“语文教育生命观”。文章分三部分：1. 宏观视野：辩证地思考“语文”是什么，“语文课程”是什么，“汉民族语文课程”又是什么，用民族文化教育的精华塑造生命；2. 中观视角：辩证地看待语文课程教与学的统一，用“以生为本”的课程主流价值观润泽生命；3. 微观视点：辩证地运用课堂的智慧教学与教学智慧，用“有效交往”的实践发展生命。通篇的主题是语文教育应当统一于人的生命开发，和谐融通于人的生命活动。他认为，生命是一个高度和谐的统一体，语文教育也应当强调“辩证统一”的一面，这就是要“一分为三”。如果说“一分为二”强调的是它们的对立性，那么“一分为三”的“三”强调的就是它们的统一性，对立复归于统一。他同时认为，“一分为二”没有错，但这只是思维过程的一个阶段，在“一分为二”之后还应当“合二为一”，这个合成的“一”便是“三”，即和谐融合于

高度统一的生命发展。他回顾语文教育的历史轨迹，语文教育一直在“一分为二”、对立斗争、大破大立的崎岖小路上左右摇摆，跌跌撞撞地艰难前行。他坦言，从“对立斗争”的视角审视语文教育，非此即彼，是对生命的割裂，则语文教育只能陷入死谷。若以“一分为三”的辩证统一的观点看待语文教育，寻求生命活动之和谐统一，亦此亦彼，则语文教育定能走出误区。他的这些话，振聋发聩，非常深刻，展现的是他的语文教育思想的核心价值，传递的是他对语文课程改革的真知灼见，给人以更多的启迪。

3. 实践性

实践性是周一贯语文教育研究的价值特征。辩证唯物主义告诉我们，理论源于实践。语文教育实践是语文教育理论研究的源头活水，同时，也是检验语文教育理论正确与否的唯一标准。反过来，语文教育实践也需要在一定的语文教育理论指导之下进行，才是自觉的而不是盲目的实践，也才能起到检验理论、不断补充和完善理论、发展理论的作用。

首先，周一贯具有丰富的实践经验。在进入绍兴县教研室之前，他直接从事中小学语文教学工作长达 30 多年，是一位优秀的语文教师。30 多年的语文教学实践，使他对我国当今语文教学现状有了全面的了解，对语文教学实践过程中积累的经验和碰到的问题有深切的理解，对语文教学研究方向和研究重点有准确的把握。这既是他得天独厚的优势，也是他与那些来自大专院校的理论工作者的不同之处。

其次，长期的语文教学实践，决定了他的理论研究必定围绕语文教学实践进行，保证了这些理论的实践针对性。理论来自实践，实践之树常青。语文教学的实践活动，不断向工作在语文教学第一线的实践者提出问题，不断要求从事语文教学研究的理论工作者回答语文教学实践提出的问题。作为一个来自实践第一线的理论工作者，强烈的事业心和责任感要求他自觉调整自己的研究兴趣和理论积累，针对语文教学实践的重点和碰到的难题，确定自己的研究重点和研究课题。如针对教学实践中碰到的语文阅读教学如何由应试教学向素质教学转轨的问题，他从语文阅读教学的理论到语文阅读教学的改革和程序性设计，进行了系统的研究和具体的回答。他正是在不断回答这些问题的过程中逐步建立起自己的语文阅读教学理论体系，这样的理论体系无疑是以实践为本的。

最后，他的理论研究，目的性非常明确，就是为实践而研究，为解决问题而研究。他的语文阅读教学思想，虽然蕴含了非常丰富的理念，也有很多前沿的理论，但都是为了指导语文阅读教学的实践服务的。因此，在他的著作和文章中，理论是和实践紧密结合在一起的，理论是为实践服务的，理论是真正指导语文阅读教学实践的。无疑，在我们的语文阅读教学研究中，非常需要先进的教育思想和科学的教育理论，迫切需要建立一套符合我国教育实际的理论体系，以使我国的教育能突破理论和观念的限制，科学健康地可持续发展。历数周一贯的著作，不管是研究阅读教学的，还是研究作文教学的，许多都是在实践中产生的，其中既有教学的实践和编辑的实践，也有讲学的实践和课题研究的实践。他的研究成果，始终伴随着不间断的语文教育实践，其皇皇巨著都具有“周氏”的实践特色。

2018 年 6 月

（白金声：全国优秀教师，省特级教师，重庆文理学院兼职教授，哈尔滨市双城区教师进修学校教师。黑龙江省优秀中青年专家，享受国务院政府特殊津贴，曾获曾宪梓教育基金会奖。）

他的生命，一辈子绿在希望的田野上
——读《周一贯口述：“一以贯之”的语文教育生命观》

·白金声·

我称周一贯为大先生，他德高望重，乃小语界的泰斗。不但我这么认为，许多大家也如是说。崔峦：“周一贯先生是浙江乃至全国小语界的一面旗帜。”成尚荣：“周一贯先生是我国小学语文教育界的精神导师和专业导师。他已成为一种文化符号，昭示着教育和研究的情怀和理想，闪烁着人生意义的光彩。”王崧舟：“周一贯先生是一个传奇。他以小学毕业的文化程度迈入教坛，却成就了大师级的学术建树。”

面对众多赞誉，大先生却十分淡定，他说：“我是一个十分平常的小学农村教师，在我的身上集中了许多的‘平常’，在一个‘平常’的地方，在一段‘平常’的时间里，从一个‘平常’的起点，以‘平常’的经历做了一件‘平常’的事。”

近日，捧读《周一贯口述：“一以贯之”的语文教育生命观》(周一贯口述，季科平整理)，对此，我深有感触。

大先生出生在农村，任教在农村，研究也在农村，是中国最基层、最普通的小学语文教师和小学语文教研人员。这位一生安心于江南水乡田野平畴的“凡夫俗子”，却创造了小语界的许多之“最”：用功最勤，著述最丰，影响最大。其实，大家都知道，大先生是全国小语界的一座高峰，一座不可逾越的高峰。他思想深邃，谦恭虚己，已经成为一个文化标签。

这本书，大先生以其朴实、自然而睿智的口吻，通过答问，叙说并论述了他对语文教育生命观的理论思考和语文教育“一分为三”的哲学命题，将他毕生忠诚从事教育及虔诚研修所得的成果，归结到自幼萌生、少壮力行、盛年充盈、晚年精进的生命学说之中。这一连续不断“一以贯之”的语文教育思想，不但成为我国小语界学术研究成果中一抹耀眼的亮色，更成为当代语文教育领域极具人文情怀和时代气息的一个宣言。

扎隐农村，“目耕”不断

这里的“目耕”就是读书。大先生云：“智不在高，多读养心；身不在富，有书就成。斯是教业，博识为本。目织亿万里，神交五千年。哲思纸上得，学识读中生。可以会先圣，交今贤。无邪说之乱耳，少蝇利之熏心。后生得呵护，薪火赖承传。在下云：何劳之有！”

大先生在小学三四年级就开始读章回小说。最早读的是《荡寇志》，之后又读《三国演义》。六年级时，读《石头记》《隋唐演义》《官场现形记》等。此外，还边读边翻一些笔记小说。

初级师范毕业，初为人师，为了弥补“先天不足”，大先生阅读了《辩证唯物主义》《历史唯物主义》和《政治经济学》，为后来研究语文教育打下了哲学基础。之后，又专攻了《说文解字》《中国文字学》《词汇学》《教育学》《心理学》《语文教学法》《中国文学史》《外国文学史》。这些专业书籍使大先生传道受业有了合理的知识结构，在教育实践中能更好地发挥他的聪明才智。

1984 年，大先生奉调绍兴县教育局教研室，任副主任，分管小学教研。为了在语文教研中种植思想，种植智慧，他不仅学习了系统论、控制论、信息论等新兴科学理论，还广泛涉猎了与语文教学邻近的学科，如符号学、社会学、民族学、效率学、文化学、生态学乃至模糊理论、全息原理、信息缩微技术，以期拓宽语文教学研究的思维视野和理论空间，及时抓住教学研究前沿的新课题。

扎隐农村，“舌耕”不停

这里的“舌耕”就是教书。大先生云：“位不在高，启蒙为尊；酬不在丰，百年树人。斯是教坛，担当神圣。学而不显厌，诲人不知倦。专业本朝阳，一心为明天。可以诉宏志，抒才情。去利禄之争斗，除名位之浮沉。师

生如挚友，童心养天年。在下云：何累之有！”

1952 年，大先生开始从教。从绍兴县皋埠区仁渎完全小学，到樊江乡中心小学，再到钱清镇中心小学，一干就是 32 年。这 32 年，大先生一直坚守在农村语文课堂上。即便后来当了少先队总辅导员、副校长，分管钱清区方圆 50 里内的教育辅导工作时，他都兼任一个班的语文课。在这 32 年里，大先生对语文教学做的一个重要研究课题就是让孩子喜欢语文，只有孩子喜欢语文，他们在课堂上才会真情地投入，充分展示出他们的生命活力。

1984 年，大先生来到县教育局教研室，从基层一线的语文教师，成为从事教学研究的专业工作者，这是他语文教育专业生命的一个重要转折点。其时，他已年近半百，但雄心不减当年。为了了解全县小学教育现状，他从田野调查入手，常常是朝伴旭日，暮披皓月，奔波于会稽山间，流连于宁绍水乡，参与实验，指导教研，检查教学，亲自上课，听课评课，在全方位的视野里把握情况，一直忙到退休。

1996 年，大先生果真退休了。退休，对谁来说都是一个人生拐点，但大先生似乎不一般。对他来说，“人生还有下半场”，那就是培训教师，为他人作嫁衣裳。创建名师工作室，举办名师研修班，登台讲课，传道受业，醉心名师培养。从绍兴县到绍兴市，再到全国各地，很多优秀语文教师都曾在大先生的门下学习过，本书的整理者季科平就是其中一位佼佼者，最终被评为特级教师、正高级教师。

扎隐农村，“笔耕”不辍

这里的“笔耕”就是写书。大先生云：“才不在高，有勤则灵；识不在玄，有诚就行。斯是斗室，唯我独耕。笔驰云霄上，脚踏大地行。一句三思得，乐从心底生。可以品韵味，抒性情。无是非之乱耳，少应酬之劳顿。胸臆得宣泄，精神获飞升。在下云：何苦之有！”

从发表第一篇文章到现在，大先生持续活跃在小学语文科研论坛上已经 40 年了。这 40 年，虽有岁月更迭，但大先生伏案永不息。他的研究，从主观经验上升到客观描述，又从客观描述迈向科学建构，洋洋洒洒，浩浩汤汤，创作了一大批烙有周氏印记的理论成果。发表教育文章1500余篇，出版教学著作180多部，优质高产乏人匹敌，数量之众迄今无出其右者。“立言周一贯，著作等身看”，从某种意义上说，大先生的语文专业发展史，就是一部语文教育写作史。在我的书房里，就有大先生的5部论著:《语文教学训练论》《语文教学优课论》《阅读课堂教学设计论》《语文教研案例论》《“儿童作文”教学论》。再加上我最近购买的《“研究性阅读”教学探索》《语文课堂变革的创意策略》《周一贯与语文教育生命观》等，总共有10多本。这些书的原稿全是用笔写成的，在这个QQ、微信、微博等社交软件满天飞的时代，大先生还保持着用笔书写的古雅习惯，尤显可贵!

如果说语文教育是一丛欣欣向荣的花木，那么“目耕”是它的“根”，“舌耕”是它的“本”，而“笔耕”则是它开出的“花”和结出的“果”。大先生一个人一辈子一件事，那就是耕耘农村语文教育，不求闻达，静待花开。

祝愿86岁的大先生在追求“学术—学识—学说”的天路上，韶华永驻，青春常在!

2021年10月

思想者永远是先行者
——《周一贯口述："一以贯之"的语文教育生命观》荐读

·戴正兴·

新近出版的《周一贯口述："一以贯之"的语文教育生命观》属国家出版基金项目。为确保本书的权威性和专业性，丛书的编辑部特邀柳斌先生担任总顾问，郭振有先生担任学术顾问，范海涛女士担任技术顾问。

全书以周一贯先生"语文教育生命观"为总纲，由"始于童年的生命拷问""奋发：生命是条'单行道'""发现：语文教育是生命的家园""课堂秘妙：探索生命活力之源""热衷于'教学设计力'的研究实践""退而不休：全力承办'名师工程'""市名师班：关注阅读教学改革的生命发展""'名师工作室'与'儿童作文'的生命意绪""对语文教育生命的哲学思考""一生回首：丰盈教师的自我生命"等部分组成，共同构成了周一贯先生作为一个语文教育家的生命状态和专业生涯，真实地记录着语文课程改革的进程，是他语文人生、语文教育思想和语文实践的全景展示。本书有一个明显的特点：它不是作者论文的集结，而是以"口述实录（访谈）"的形式，生动地记录着周一贯先生的心灵史、生活史和学术史，是一本极具现场感和厚重感的专著。

周一贯先生是"语文人"中不倦的思想者，积极的探索者。他的语文教育思想以生命哲学为根基，形成了自己的理论体系，其核心是"语文教育生命观"，以语文教育哲学观、价值观、儿童观、训练观以及生态观为支柱。这"五观"不仅有共同的逻辑起点，突出以"人的生命发展"为中心，而且也有内在的逻辑结构。

借助语文教育的哲学思考　完善语文教育“哲学观”

积 70 年语文教学之经验，周一贯先生坚持把教育哲学作为其研究的理论依据，求索在基层践行和时代哲思的交汇点上，使得他的论述观念新、角度新。

周先生在语文教育中，在对生命做自我开发的同时，关爱学生的生命发展，构建并不断完善着“语文教育生命观”。“生命观”是他的语文教育思想的总纲。他始终认为，语文教学的改革要以唯物辩证观的哲学思想为指导，要从生命活动的层面观照，方能促进其健康发展。他的两篇标志性的论文受到人们的特别关注，一篇是发于《人民教育》2006 年第 10 期的《教育：开发生命的事业》，另一篇是发在《今日教育》2009 年第 2 期的《一分为三：让对立的“二”和合于生命发展之“三”》。两篇论文共同表达一个观点：语文教育应统一于人的生命开发，和谐融通于人的生命活动。他认为，生命是一个高度和谐的统一体，语文教育也应当强调“辩证统一”的一面，这就是要“一分为三”。如果说“一分为二”强调的是对立性，那么“一分为三”的“三”强调对立的统一性，使对立复归于统一。他同时认为，“一分为二”没有错，但这只是思维过程的一个阶段，在“一分为二”之后还应当“合二为一”，这个合成的“一”便是“三”，即和谐融合于高度统一的生命发展，他的这一特色鲜明的“语文教育生命观”，给人以更多的启迪，唤起人们更深的思考。

对语文教育改革的哲学思考，是一个宏大的话题。周先生认为，需要借助哲学的“望远镜”和“显微镜”才能全面地审视现实，深层次地研究现实，准确地解释现实，智慧地引导现实，从而使语文教育改革发展，行进在一条康庄大道上。

坚守生命课堂的主流价值　践行语文教育“价值观”

坚守生命课堂的主流价值——全体学生的学习与发展，一直是周一贯先生语文教育实践和研究的重点。

语文课程改革正处在全方位推进的关键阶段，课程改革永远在路上。尽管课改的主题是课程应致力于学生整体素质的形成，但在课堂教学层面上，

学生的学情并没有得到关注。当下，人们太多地关注于课堂上出新的理念、出彩的课件和出众的教师才艺，却漠视了课堂的主流价值。周先生认为，课堂正在从“以生为本”转向“以美为本”，“生本课堂”正在被异化为形式的“唯美课堂”，课堂教学的主流价值正在遭遇遮蔽和消解。周先生在严谨的学理分析的基础上，提出课堂需要出新的理念、出色的亮点，也需要出类的资源开发，但所有这些都应当为“学生的学习和发展”这一主流价值服务。他写道：“课堂教学是不可缺失‘术’的，但更重要的是要有‘道’。我们应当以‘术’养‘道’，切不可因‘术’废‘道’。‘为了一切学生的学习和发展’便是‘道’，这是课堂教学中的‘师魂’，如果‘魂’丢了，那么‘术’又何为呢？”周先生提出的坚守课堂教学的主流价值观，正是他语文教育生命观之所在。

周先生虽年逾八十，但观察问题却尖锐深刻，人们总能在他的闪烁着智慧光芒的论述中，获取前行的信念与力量。

深度关注儿童生命发展　构建语文教育“儿童观”

周一贯先生的语文教育生命观生发出语文教育的儿童观，这是他的思路逻辑。随着语文课程改革的深入发展，他更加关注的是小学语文的儿童本质问题，他关爱儿童的生命发展，构建并不断完善着“语文教育生命观”。2005年10月，他在《人民教育》发表长文《小学语文应是儿童语文》，在文章中他大声疾呼：“我们的小学语文教学，应当更多地关注儿童的心态、儿童的感受、儿童的话语、儿童的兴趣特征和思维方式……一句话，应当更多地去追寻儿童精神。”

小学语文教学坚守“童本”取向，不是一件简单的事。周先生认为，这不仅是因为成人忙于经营自己的“精彩”生活时很容易遗忘了儿童，忽视了孩子；还因为传统教育总是比较强调教师的地位和作用。教师一直处于教学中心，享有绝对的话语权，儿童自然只能习惯于被动和服从。小学语文教学如何回归“童本”课堂？周先生提出，实现“童本”课堂的基本“路线图”可以是“从儿童中来—在儿童中做—到儿童中去”。所谓“从儿童中来”就是教师的课前预设，要从儿童的实际出发，学儿童最需要的东西。“在儿童中做”就是把最充分的时间留给儿童学习实践，教师决不越俎代庖。“到儿童中去”就是课堂的一切教学行为都应当归宿于儿童的有效学习和成长发展。

“关爱生命，呵护童心”“坚守童本，回归常态”等命题都曾经是语文教育研究的热点。周先生能顺应时代需求，对这些命题的认识进行不断丰富深化，通过大量的实践研究，为其提供了有效的路径与策略。

追寻语文训练的生命意态　彰显语文教育“训练观”

周一贯先生凭借创新思维，传递语文课程新理念，他对语文教学如何化解“熏陶”与“训练”的对立，统一于树立科学的训练观，追寻语文训练的生命意态进行了深度的探索。

在《语文教学训练论》中，周先生提出训练的导向问题，从对“训练”这个历史的经典命题出发，详尽地分析了“训练的实践论意义”和“训练的素质论意义”。他认为语文训练是“生命符号”的训练，是传达“心灵密码”的训练，语文训练就是师生的一种生命状态。他对语文训练与人文熏陶辩证关系的认识集中体现在《让语文训练重新焕发“人文情怀”的光彩》《语文训练的生命机制》《新“训练”观：贴近生命的“无痕”之境》等论述中，他提出，在新课改背景下的语文训练要实现对个体生命的关怀，不可能是无条件的，它要以我们的生命意识和相应的教育观念做基础和保障，在传统与现代的结合点上去发掘语文训练内在的生命机制，从而找到一种语言和精神同构的语文训练新策略。

周先生关于“语文训练观”的论述和探索，为语文教学如何实现工具性与人文性相统一的教育目标，奉献了他勇于开拓勤于思考的创新精神和品格。

修复课堂生态的平衡　树立语文教育“生态观”

社会主义需要和谐社会，具有社会性的语文教学当然也需要和谐，需要语文教学的生态平衡。审视当今的语文教育现状，针对在认识上和实践中的许多片面化的痼疾，周一贯先生提出和谐统一的语文教育生态观，树立了语文教育生态观的宏观认识，一是沟通民族文化传统与当代的对立，统一于“母语教育”；二是克服“工具性”与“人文性”的对立，统一于“学语习

文”之中；三是化解“学生主体”与“教师主导”的对立，统一于“教学相长”之中；四是消除生命的自由表达与规则指导的对立，统一于“儿童的精神文化”之中，五是整合课堂多要素的相互对立，统一于生态平衡之中。

针对语文课堂教学的高耗低效，周先生率先提出“低碳”课堂的学习生态观念，语文课堂教学的高耗低效，已成为历史性的难以承受之痛。鉴于当下“节能减排”“低碳”已成为现代生活方式这一现实，周先生抓住自然大生态与课堂小生态的密切联系，提出了“低碳”课堂的学习生态理念。他认为，只有追索低碳课堂，才能实现语文教学的“渐近自然”，修复课堂生态的平衡。

周先生对语文教学的生态平衡做哲学思考，将貌似对立的一些事理做智性的辩证处置，以谋求所形成的合力，使学生获得最佳发展，将必然会给语文教学产生优质高效引领的重要作用。

周一贯先生被誉为“杏坛巨擘，教坛先锋”，被人称为“教育奇才”，他的著述之丰堪称语文教育写作的“珠穆朗玛峰”，是小语界一面旗帜，其秘诀是什么？笔者想一探究竟，做些主观上的归纳，以望有助于广大语文教师的专业发展。

——周先生语文教育研究硕果累累，源于他对语文教育一往情深的厚爱，在人生历练中感悟语文生命，才使他“不知老之已至”仍然意气风发地耕作不止，使他成为令人瞩目的语文教育研究专家。

——周先生的文章有血有肉，源于他注重深入实际，深入课堂，听课、评课、座谈、对话、演讲、参加各种语文教学研讨会，为他的论著提供了实证。

——周先生成为人们公认的撰写语文论文的高手，源于他有丰富的人文积淀，深厚的文化底蕴，缜密的思维，每篇文章新意迭出，将语文领域里探讨的问题演绎得出神入化。

——“为学之道在于厚积薄发”，周先生做学问注重收集信息、运用信息，他针对研究资料从储藏到运用，建立了一套有效的机制。比如，他为作文教学研究，积累了三千多张卡片，通过信息的筛选、组合，找到了作文教学改革的方向。

——周先生被人们誉为撰写语文教育论文的大家，除了他有一定的天赋之外，源于他对语文教育充满激情和勤奋，他笔耕不辍，出版语文教育专论180余本，研究文章1500余篇，是高手，是大家。

……

周一贯先生用先进的教育理念——语文教育生命观对语文教育进行开拓性、独创性的研究，是特别值得我们探索的一个个案，一种现象。他是不断收获的强者。今年虽已85岁，但仍然活跃在小学语文界，终生奉献而永不言倦。研究周一贯先生的语文教育思想、从教之路和治学之道，无疑会对广大语文教师的专业发展产生积极的影响。

笔者推荐的《周一贯口述："一以贯之"的语文教育生命观》是一本能提升一线教师语文素养的好书。全书内容至为宏富，远非前述的几点所能涵盖，只望读者仔细阅读，必将有如闯进"富矿"探宝，有目不暇接之感。

2021年6月

周一贯口述：践行“越语文”的历史镜像

· 鲍国潮 ·

2020 年 12 月，由周一贯先生口述、季科平整理的《周一贯口述：“一以贯之”的语文教育生命观》(以下简称《周一贯口述》) 出版，这是国内首次以口述的方式编辑出版语文名家个人教学与研究史，周一贯先生作为国内语文名家，其口述记录得以列入系列丛书。

周一贯先生为广大小学语文教师所熟知，因为他七十多年的语文实践、教学、研究之路，不仅奉献了具有鲜明个人特色的语文教育研究成果，同时，其本人的语文教育研究之路更具有重要示范价值和借鉴意义。因此，其口述史对于当代小学语文教育研究是一个十分重要的历史镜像。

尤其值得关注和研究的是，近年来周先生致力于打造“越语文”这一地域文化课程。他认为，语文与生活的外延相等，语文必然具有十分强烈的地域性，因此语文教育研究要重视地域性，要从地域文化对人的深层次影响的视角来审视当代语文，同时要在语文教育实践中注重对地域历史文化资源的充分发掘和利用。因此，阅读《周一贯口述》，可以从“越语文”的角度切入，把其视作一份践行“越语文”的历史镜像，为语文教育扎根地域文化提供实践研究的样本。

童年立场：语文学习扎根越地风土

钱理群先生曾说：“通过读书，养成了读书兴趣、方法和习惯；又通过乡土知识的学习，在自己的家园扎根。这样就为学生一生的发展奠定了坚实的基础：一个终生学习的底子，一个终生精神发展的底子。有了这两个底子，以后无论遇到什么，都能从容应对。”从钱先生的这段话可以看出，能让学生打下精神底子的主要是读书与乡土情怀，“越语文”正暗合了这种思想。

《周一贯口述》用近两章的篇幅，回顾了周一贯先生童年时期的语文学习经历和师范求学历程，言谈间透露出对童年经历的无限怀念与珍惜。的确，一个人的语文素养，与其童年时代扎根故乡大地的语文经历有着极高的关联度，周一贯先生能以极低的学历获得较高的语文教育成就，离不开其从童年时代就开始热爱语文并注重从“越语文”中汲取营养的经历。可见，童年时期在故乡大地上汲取的语文营养，是一个人一生学习语文的重要基础。语文教育重视对故乡语文资源的挖掘，是一个古老而崭新的命题。

1. 家庭是接受语文熏陶的重要场域

语文教育是母语教育，其发端即在家庭，家庭是一个人一生语文素养积累的起点，所以家庭是语文熏陶的重要场域。语文教育的成功与否，与家庭中的氛围有着非常重要的联系。越地历史文化积淀深厚，历来注重耕读传家，民间崇尚读书氛围甚浓，周先生老家在萧山坎山，据说是一个望族，办有自己的学塾，其中有不少的图书。家庭中的传统文化氛围很好地熏陶了他，使他从小就热爱语文，埋下终身从事语文工作的种子。

2. 课外是语文自主学习的重要场域

语文学习是一个十分个性化的过程，每个人的语文积累内容、方式、途径等差异很大，这正是语文学习的特点与魅力所在。因此，语文学习尤其要强调自主，而课外正是语文自主学习的重要场域。周先生从小就读家中所藏的传统笔记小说、章回小说，诸如《三国演义》《隋唐演义》之类，即便有许多内容读不懂，仍然一知半解地读下去。到小学高年级，就开始课外搜罗自己喜欢的书籍。及至后来到初级师范读书，也常用课外时间读书、背诵。可见，语文学习须课内课外统筹，方有实效。

3. 乡土是语文创造实践的重要场域

周先生是地道的绍兴人，知故乡，爱故乡，也始终如一守在故乡，绍兴大地是他始终扎根并为之矢志不渝奋斗的语文园地，更是语文创造实践的重要场域。他早年在绍兴乡间的小学从事教学工作多年，同时担负着片区的教

学辅导工作，后又到教研室分管全县小学教学工作，对于绍兴农村小学语文教育的情况十分熟悉。他的课堂教学设计、名师成长培养、儿童作文、阅读教学改革等方面的创造性研究，无不得益于他所扎根的乡土。

生命视角：语文研究彰显越地人格

“鉴湖越台名士乡”[①]，绍兴是著名的名士之乡，具有十分浓厚的名士文化传统，在这些名士的身上，有着十分鲜明的绍兴地域特点，即越地的人格特点。千百年来，绍兴人始终站在历史与文化的交汇处，积极投身生活现实，以鲜明的个性、活力和深刻的思想，致力于立德、立功、立言，表现出顽强的生命力。因此，人文魅力、生命活力和思维张力，构成了越地的集体人格。

《周一贯口述》回顾了周一贯先生语文教育生命观的形成与发展过程，我们可以强烈地感受到越地人格在其语文研究中留下的深刻烙印。周先生认为，每一个学生都是独立的生命体，具有不一样的生命态，而语文课堂就是生命流的汇聚与激荡。

1. 重视经典，体悟人文魅力

绍兴人历来敬畏传统，珍视历史，因此有较好的地域文化传承。表现在语文教学，则是重视经典阅读。周先生的语文教育研究，首重阅读教学研究，在阅读教学研究中，首重经典。周先生对经典的界定，一方面是中华优秀传统文化，另一方面是优秀的儿童读物。他认为二者不可偏废。他在总结鲁迅的阅读观时，概括为四个方面：一是重视读书兴趣的培养，二是提倡多读专业之外的书，三是主张读书与生活实践相联系，四是为成为“完全的人”去健康地读书。从中可见，儿童阅读的经典，须是儿童可接受之经典。

2. 尊重个性，释放生命活力

绍兴人低调，但有个性，无论是在乱世中寻求报国之路，还是在和平中参与经济建设，都可以看到绍兴人活跃的身影，绍兴文化充满了生命活力。周先生十分强调语文教学，特别是课堂教学要释放学生的生命活力，宜从语

① 该句出自毛泽东《纪念鲁迅八十寿辰》(其二)，意为绍兴是古今名人荟萃之地。

言和思维的一体性审视“生命语文”。为此，他提出语文教育的生命观，在宏观层面要用“一分为三”的哲学观点把握语文课程性质，在中观层面用“教学统一”落实学生主体地位，在微观层面以“生命对话”提升课堂质量。

3. 拓展空间，激活思维张力

善于思考、随机应变是绍兴文化的特色，其原因在于绍兴人长期与贫乏的自然条件做斗争以及在南北文化交汇的过程中，思维活跃，充满张力。培育思维能力在周先生的语文研究中始终是一个热点，他重视阅读课堂教学的不确定性，认为要以“软设计”为学生自主学习、深度学习留下空间，“软设计”更加重视教与学关系的处理，更注重教为学服务，把更多的学习选择权和自主权还给学生，从而激活学生的思维张力，推动学生的理解向深度发展，促进课堂质量提升。

文化自觉：语文发展继承越地文脉

语文教育是母语教育，它总是与脚下这一方土地血脉相连，因为母语教育与当地的文化资源紧密相关。顾明远先生曾说：“教育犹如一条大河，而文化就是河的源头和不断注入河中的活水，研究教育，不研究文化，就只知道这条河的表面形态，摸不着它的本质特征。”

《周一贯口述》自觉地把个人的语文研究与地域的语文发展联系起来，既有个人推动区域语文教育研究实践发展的生动叙述，也有地域文化滋养个人语文成长的历史印记，形成了鲜明的个人特色。

1. 敢立潮头唱大风

绍兴精神曾被概括为“胆剑精神”，即千百年来绍兴人敢于亮剑、勇于革新的精神。反映在文化学术上，就是要敢于尝试、敢于创新。周先生一生的语文研究实践，颇多创新之举，如他在识字教学领域中提出的“全方位识字”，是较早利用文化资源推动识字的创新实践；他的“儿童作文”系列研究，主张个性表达，反对一味模仿，一时开风气之先；他的“语文尝试教学”研究，将其他学科教学思想嫁接到语文教学中；他的“软设计”研究，影响了国内对“预设与生成”的研究。

2. 江山代有才人出

教育是桥梁，教师是摆渡人。绍兴先贤历来有开馆授学的传统，王阳明等先贤就曾在绍兴创办书院，周先生身上也带有浓重的“培训者”气息。他早年在钱清区校组织教师教材教法培训，提升了二十世纪八十年代初期小学教师的学科素养；在退休之后，接连组织了绍兴县三届名师工程及绍兴市一届名师工程，先后培养各类小学语文名师 160 多名，极大地提升了越地小学语文名师的整体研究实力。

3. 春风不改旧时波

关注语文教育的地域性，深入研究“越语文”的特点、资源、规律、经验，是周先生的最大心愿，他在本书的结尾深情说道：“‘越语文’的研究，开全国母语课程地域文化之先河，大力弘扬‘鉴湖越台名士乡’的优秀语文传统，体现了语文不仅是一门母语课程，更是直接关系到人的精神建设的一门生命课程。”这是他对“越语文”研究的展望，也是发自内心的语文研究理想。“春风不改旧时波”，他不改绍兴人的本色，也不改“越语文”的底色。

2023 年 2 月

以文化人　育人之道
——评周一贯先生《小学语文教育的文化观》

·戴正兴·

资深语文教育专家周一贯先生是一位创新能量充沛、创新精神活跃的大师。他在小学语文教育这片沃土上辛勤耕耘了七十载，始终挺立在语文教育研究的前沿，为当代小学语文教育奉献了丰厚的著述，继2020年他的《周一贯口述："一以贯之"的语文教育生命观》的出版，如今他的《小学语文教育的文化观》又问世了，展示了烙有"周氏"印记的个性化的研究成果。

《小学语文教育的文化观》以"立德树人"为宗旨，"以文化人"为主线构建五章内容，逐一论述"语文教育的文化之本""语文教材的文化之源""语文教法的文化之策""语文课堂的文化之道""语文素养的文化之光"，揭示语文教育的文化内涵，探寻语文课改的文化路径，每章都闪烁着周先生对语文教育文化观的新锐见解，受到小语界密切关注。

《小学语文教育的文化观》站位高，理念新，为我们提供了新的理论视野和思维空间，这里我仅就其主要特点逐一评述。

秉守"母语特性"，诠释语文教育文化内涵

欲弄清语文教育的文化内涵，必先知道语文是什么，文化是什么，以及语文和文化的关系。

语文是什么？这是语文界不断追问的应然问题。近几年，关于语文的内涵有三种较为活跃的观点：曹明海的"文化论"，余应源的"语言论"，胡尹强的"语言文学论"。也有人曾以"语言文学""语言文化""语言文字"来表达语文课程的内容的宽泛。

文化是什么？文化是一个十分复杂的概念，有诸多定义，一个多见的定义是人类创造的所有物质财富和精神财富的总和。狭义的文化是指社会意识形态以及与之相适应的制度机构等。周先生认为，“无论是物质文化还是精神文化，若要延递、拓展和交流，都必须突破时间和空间的阻隔和制约，这就得依赖于语文”。正是从这样的视角看问题，才能感受到在母语中流淌着的民族文化的血脉。语文承载着文化，文化维系着语文的生命存在。周先生从语文教育的母语特性和语文学科的本质解析语文教育的文化内涵，他认为语文教育的文化内涵不仅限于“语言文字”“语言文学”“语言文化”，还应该有“语文言辞”“语言文章”“语言文史”“语言文明”等，这是对母语整体价值的认知，道出了语文本有的丰富文化内涵。

周先生对语言教育文化内涵做出了属于自己的诠释和演绎，显示的正是中华优秀传统文化的大视野，展示的正是对语文教育文化内涵认知的高境界。

坚守“文化自信”，探寻语文教材文化血脉

中共中央办公厅、国务院办公厅印发的《关于实施中华优秀传统文化传承发展工程的意见》为推动我国传统文化当代发展指明了方向，语文课程标准强调教材编写要有助于学生“增强中华民族自尊心、爱国情感、集体意识和文化自信，形成正确的世界观、人生观、价值观”。语文教材是传承中华民族优秀文化的重要载体，具有优秀的历史文化基因。周先生站在“文化自信”的制高点，用文化学的理论探寻语文教材的文化血脉，挖掘语文教材的文化价值，他对统编语文教材进行系统的梳理，寻古式的摄取，全景式的扫描，就统编语文教材中的“五行文化”“节气文化”“节日文化”“姓氏文化”“属对文化”“隐语文化”“红色文化”产生的渊源、内容、意趣、价值进行了十分详尽的阐述，彰显了语文固有的文化属性。确立统编语文教材的“文化观”，是新时期发展的必然要求。

实现社会主义文化强国，离不开文化价值观所形成的文明内聚力以及文化自信。习近平总书记在党的十九大报告中明确指出：“文化自信是一个国家、一个民族发展中更基本、更深沉、更持久的力量。”在“文化自信”语境

中弘扬“红色文化”是应有之义，周先生认为，红色文化是中华优秀传统文化整体发展中的脊梁和灵魂。统编教材编入的关于红色文化的课文，那些扣人心弦的人物和事件，都体现着一种共有的精神本质，为国为民，奉献世界而一往无前。这正是红色文化课文教学凸显共有精神、本质的必然追求。如何教学“红色文化”的课文，才能在学习语言文字运用的同时充分发挥课文对儿童的育人功能？周先生从“要重视历史背景”“注目儿童本位”“关注问题特点”“凸显精神品质”“链接现实生活”五个方面做了有效的探究，揭示了“红色文化”课文教学的基本途径和重要方略。周先生特别强调，在红色文化课文的教学中，应当以一种更为高远、更为开阔的历史视野，以一种通观古今、纵横天下的方式来呼应，从语文课程的本位出发，更好地实现立德树人的远大教育目标。周先生的真知灼见给我们带来全新的启示。

聚焦“减负增效”，探究语文课堂文化之道

减负增效，建设良好的教育生态，是实现教育优质发展的重中之重。周先生从教学论、课程论、方法论等视角，聚焦减负增效，探寻语文课堂的文化之道和文化之策，提出了从教育实际出发的有效方略。

1.“真学”：实现“还学于生”的教与学的统一

教育文化的本意在于实现受教育者生命的自我发展、主动发展和真实发展。减负增效关键就得让“真学”发生在学生身上，而作为施教者就得找准真学的机理。周先生认为，“教”与“学”的关系，从本质上说，是一种“供给”与“受用”的关系。“教”的“供给”，要能真正调动、满足，进而激发学生“学”的“受用需求”，学生的“真学”才会出现，“教”的效益也才能落到实处。周先生以经济领域“供给侧改革”的理论为指引，阐述了“教育供给侧改革”的价值意义，无疑是十分有益的探索。

2. 语文学习方式的范式转换：语文课改指向深度学习的路向

减负增效，让生命成长更有质量，是新时代教育的重要内核。随着语文课改不断深化，以生为本，以学为重的教育文化理念日益彰显，如何改革课堂教学的学习方式，成为语文界共同探讨的重要课题之一。

周先生提出："我们要构建语文教育的良好生态，让学习方式真正成为学生自主吸纳、处理运用信息与灵活解决问题的过程，以民族复兴培养时代新人，所以必须从最基本也是最重要的环节入手，革新学习方式，实现语文课堂的范式转换。"并就当下出现的"焦点问题探究""比较阅读""合作学习""批注阅读""研究性阅读""项目化阅读""批判性阅读""产生阅读"等八大主要方面进行了详尽的分析，提出了革新语文课堂教学和学习方式的具体路径。

3."思辨"：培养学生核心素养的重要战略路径

在"核心素养"语境下，"思辨"已成为语文课改中的热词，被视为培养学生核心素养的重要实践路径。语文教学为什么要提倡"思辨"，对学生进行思辨训练？周先生认为在语文教学中倡导"思辨"有其特殊的重要性，他从语文的本质特征、语文教学的基本目标、学生学习语文的过程、语文教育文化的质量及发展高阶思维五个方面进行深度剖析。教育的任务是育人，育人的重点是育心，育心的关键是育脑，育脑的内核是思辨。周先生将"思辨"视为语文教学改革的制高点，正是基于这样的认知逻辑，他的这一观点给我们进一步认识"语文核心价值"以深刻启迪。

七十余年来，周先生潜心探索中国小学语文教育理论研究和实践，提出了诸多颇有创意的观点，他由语文教育生命观生发出"儿童观""生本观"，进而生发出语文教育文化观，体现他缜密的思维，严密的逻辑思路。他对语文教育文化观所做的开拓性、独创性的研究，对"以文化人""育人之道"的追寻，彰显他睿智的哲学思考、温润的教育情怀，无疑会对广大语文教师的专业发展产生积极的作用。

2022 年 1 月

相知言说

周一贯语文教育先进思想，为骨干教师的专业成长赋能。

在“周一贯先生从教 65 周年暨 80 华诞庆贺活动”上的致辞

·裴海安·

尊敬的周一贯先生，尊敬的王晨会长，尊敬的各位领导、各位专家、各位名师、各位媒体同行，老师们，朋友们：

大家上午好！今天我们在这春色宜人、风景如画的江南名城杭州隆重集会，共同庆贺周一贯先生从教 65 周年暨 80 华诞。在这里，我谨代表本次活动的 9 个发起单位对周一贯先生表示最崇高的敬意！对大家的光临表示最热烈的欢迎！

周先生是当今我国小学语文界的常青树。从教 65 年来，他以“吾道一以贯之”的执着精神和人生态度，积极探求母语的教学之道，孜孜以求推动我国小学语文教学改革，引领了几代语文教师的教学实践和教学研究。周先生从教 65 周年之际，正值我国语文课程深度改革进入“攻坚克难”的时期，作为语文教育研究部门，我们有责任去发现、研究、提炼周先生的语文教育实践的价值和意义；作为语文媒体人，我们有义务来总结、宣传、推介周先生的语文教育思想；作为一线骨干教师，我们有使命去践行、发展、完善周先生的语文教育主张和举措，大面积提升小学语文课堂教学的成效。正是基于这样的考量，我们发起这次研讨和庆祝活动，希望在小学语文界掀起学习周一贯语文教育思想的热潮，希望广大青年教师能从周先生的成长之路中受到启发、汲取力量，茁壮成长。

周先生从教65年来，他严守“勤奋做人，低调处事，谨持工作，甘于寂寞”的信条；他关爱生命、呵护童心，倡导生命语文教育，开拓了小学语文教育的儿童哲学；他坚持传统、兼收并蓄，与时俱进，提出语文教学方法论、训练论、优课论、设计论，大大提升了小学语文教育教学的可操作性；他利用辩证思维，和谐统整，消除“预设”与“生成”的矛盾，共融于教学现场。他消除“学路”与“教路”、“文路”和“编路”的矛盾，使之融汇于教学过程中；消除“多元感悟”和“价值引导”的冲突，统一于师生平等对话之中；化解“熏陶”与“训练”的对立，统一于科学的有效训练之中，大大提升了小学语文课堂的教学效率。更可贵的是，周先生以他一以贯之的专业精神，影响和感染着一大批中青年教师脱颖而出，走向全国。65年来，他坚守一贯之道，在小学语文教育这块希望的田野上勤耕不辍，正如杨再隋教授对他的评价：“周一贯先生是小学语文园地上辛勤的耕耘者，积极的探索者，不倦的思想者。”65年来，他的学品、文品、人品堪称楷模，正如朱作仁教授对他的赞誉：“周先生的贡献是全国性的，他是当今中国小学语文教学研究的杰出代表。”

为了让大家更好地了解周先生的教育人生和一贯之道，为了让周先生的语文教育思想进一步得到弘扬和发展，本次活动安排了比较丰富的内容和形式。可以预期，这将是一场学术氛围浓郁的研讨大会，这将是一场情真意切的小语盛会，这更是一场继往开来、革故鼎新的展望大会。

此时此刻，我们要特别感谢张伯阳先生和他领导的“千课万人”组委会。为了这场盛会，他们不仅做了精心细致的组织工作——印制精美纪念画册，安排会场和食宿，而且为本次活动全程提供费用支持。这体现了他们高度的学术责任感、超凡的教育良知和卓越的文化品质。所以，我提议让我们以热烈的掌声对他们表示衷心感谢！

最后，让我们共同预祝本次活动圆满成功，共同祝愿尊敬的周先生身体健康、幸福快乐、学术常青！

同时，组委会祝愿与会的各位领导、各位专家、各位名师、各位同人，全体老师、朋友：身心健康快乐，事业蒸蒸日上，生活幸福美满！

2016年3月

（裴海安：语文报社副社长，编审。兼任中华文化促进会儿童文化委员会副主任、中国语文报刊协会写作教学专业委员会理事长。）

先　生

· 王崧舟 ·

这位叫“先生”的先生，姓周，名一贯。

他是我的先生，是千千万万语文教师的先生，也是百年语文史必将铭记和礼敬的先生。

先生是一个传奇。他以小学毕业的文化程度迈入教坛，却成就了大师级的学术建树。先生著述之丰赡，在当代语文界怕是无人能出其右了。他的研究，从主观经验上升到客观描述，又从客观描述迈向科学建构，他洋洋洒洒、浩浩汤汤，创作了一大批烙有周氏印记的理论成果。无人能知个中滋味，他如爱默生诗中的那只小虫，在无数连环缀成的长链上，奋力生成为人，越过了自然的所有峰巅。如果，请先生开列一份曾经读过的书单，恐怕连他自己都难以穷尽。“目织亿万里，神交五千年。”这不是妄议，也不是夸谈，这是先生成就人生传奇的一个诗意注脚。犹记15年前的那个黄昏，先生知我将赴杭州发展，巴巴地送来一方极洗练的歙砚。先生说：“好墨色是磨出来的。”如今想来，这不仅是先生寄予我的殷殷希冀，更是他漫漫学路、上下求索中淬炼而成的人生箴言。

先生将学问做到了极致。他对真理永怀赤子般的虔诚，在语文的家园里，他思索，他叩问，他笃行，他将自己的容膝斋搭建在离真理最近的地方。太多的人在叹息、后悔，但是先生却从来没有工夫怨天尤人。“立体地利用时间，几乎已成为我的习惯”，他坚信天道一定不会失信于一个勤勉劳作的行者。在我初涉教坛的那一年，先生就出版了他学术生涯中的第一部专著《文体各异　教法不同：小学语文教学漫笔》。岁月有更迭，笔耕永不辍。先生一如不老的常青藤，总是先于春天抵达春天。《小学语文教学改革研究概观》《小学语文学法大全》《语文教学训练论》《语文教学方法论》《语文教学优课论》《阅读课堂教学设计论》《“儿童作文”教学论》……一部部闪现着智慧光芒的学术专著如雨后春笋般蓬勃而出。这些著述，或在理论建树上灵光一现、自成一家，或在研究思路上另辟蹊径、别具一格，或追踪热点而独领风骚，或“乘虚而入”却独开先河，或用新视角探索老问题，或据大原理解读新概念，其研究一扫传统的局促习气，呈现一派鲲鹏展翅九万里的大千气象。

先生心中有光。“天不生仲尼，万古如长夜”是古人对夫子的赞美，先生之于小语界，何尝不是一种点灯、一种照亮？犹记 25 年前的那个午后，为指导我的一堂语文课，先生从绍兴赶来，不巧车在半路抛锚，先生愣是徒步半个多小时赶到我的学校。一脸汗水，折射出点点滴滴的修为之光。时隔三载，在我于极度虚弱中教完《我的战友邱少云》一课时，先生以他激朗清厉的嗓音大赞我的课已臻炉火纯青的境地，这一声，这一赞，如火山喷发之光映红了我专业成长的天际。当然，先生的光不总是柔和的，偶尔也刺眼，那是对学界的一种警示，一种告诫，有的只是一片赤诚的善意。在“诗意语文”被人热捧之际，先生几番来信告诫我：要沉静，要克制，要守正。字里行间充满忧患，但每一个笔画都富含金子的价值。在先生的照耀下，“诗意语文”先以骆驼态的谦卑越过文化的戈壁，成长为狮子态的唯我独尊；又从狮子态的狂妄复归于全新的婴儿，清远，宁静。先生心中之光，不仅照耀着越派语文猎猎生风的大旗，令多少青年才俊在他的麾下指点江山、激扬文字；亦使浙派语文大放异彩，开一代风气之先。中国小语界，因为先生的存在，而多了一份永不衰竭的激情、与时俱进的鲜活、纵横捭阖的大气、曲径通幽的精致。

“天涯也有江南信”“壮心未与年俱老”。先生的风范，已成为我故乡一道永远的风景。较之于先生的学术成果，也许，他的涵养、他的风骨、他的品格、他的境界才是中国语文界最为宝贵的精神财富。

云山苍苍，江水泱泱，先生之风，山高水长。

2015 年 4 月

往事并不如烟
——在“周一贯先生从教65周年暨80华诞庆贺活动”上的发言

·王崧舟·

尊敬的周一贯先生，各位先生，各位同人：

今天我们欢聚一堂，隆重举行周一贯先生从教65周年暨80华诞庆贺活动，我作为他的弟子内心充满了深深的敬意和感动。

人们往往以“往事如烟”感叹岁月的流逝，记忆中的旧事如轻烟渐行渐远终至于消失，但是在人生当中并非所有的事都是轻烟，都会消逝。时光流转，有些人、有些事却在我们的心中永远地沉淀了下来，而且时时萦绕在我们灵魂的深处。我和周一贯先生的往事就是这样一种萦绕在灵魂深处的温婉记忆。

我印象中，步入教坛读到的第一篇语文教学论文就出自先生的手笔。我记得那是1984年，这篇文章发表在《教学月刊》上。那时的《教学月刊》是发行量最大、影响面最广、口碑最好的学术刊物。我读的是先生所写的一篇用新的方法教课文的文章，题目叫《用提纲法教王小二》，后来我还在《小学教学参考》上读到先生所写的一组关于阅读教学法的文章，题目叫《阅读教学法纵谈》。我记得周先生一共写了10篇文章，后来我把这10篇文章一一复印，装订成册，爱不释手。我记得自己参加工作的第二年就是用先生文章当中介绍的一种当时很时髦的阅读法，叫直奔中心法，上了《我的伯父鲁迅先生》，并因为这课我被评为当时绍兴市最年轻的教坛新秀。

我后来领悟到，其实一个教师的成长在一定程度上是可以超越时间、超越经验的，这种超越的力量来自理论，而首先赋予我这种力量的正是周一贯先生。我执教的第一堂地方课程的课就是先生点评的。那是1989年，当时课程改革还远没有进入人们的视野，像“地方课程”“校本课程”，这些字眼在当时可能还没有面世，而我的老家绍兴上虞领课改风气之先，编写了一套地方教材。我当时执教其中一篇的文章叫《盖北葡萄》，先生应该还记得。当时先生端坐台下，全神贯注，听我上这堂尚未成熟的“葡萄课”。语文不像语文，科学不像科学，历史不像历史，品德不像品德，这是一堂“四不像”的课。我上得口干舌燥，大汗淋漓。谁知课一上完，先生就走上讲台，紧紧握住我的手，用口音浓重的绍兴官话对我说：“好的，好的，真的好的，地方课程上成这样当真不容易的。”这让我受宠若惊，也给我以强大的力量。我后来还从当时的教研员周鹤林先生那里得知先生在临走之前跟他说：王崧舟是块料子，要好好培养。知遇之恩，无以回报，我必须尽自己的努力去偿还我领受的，至今还在领受的一切。谢谢先生！

我研究的第一个课题也是先生指导的。那是1994年我主持的省电教馆和省教研室联合立项的一个叫“电化教学和语感训练”的课题。我清楚地记得当时绍兴市电教馆组织了一批专家到我的学校进行课题成果鉴定，先生和绍兴文理学院的王松泉教授一起来我的学校指导，当时课题成果的鉴定书还是先生亲自执笔的。先生说：培养语感是一条遵循语文教学本质的道路，而采用电教手段培养语感则是一种创造性手段。这个课题既传统又现代，是对传统和现代融合的一种关注。后来这个成果有幸评上了省一等奖。这与先生的不吝赐教和热情鼓励是分不开的。而这个课题也带来了我从教生涯当中收获的第一个科研成果奖，对我今后坚定走专家型、学者型道路具有重要的意义。

当先生知道我要去杭州时，他送给我一方极润丽的砚台。先生说好墨是磨出来的。他又说：“杭州天地宽，你去一定会有更好的发展。”现在这方砚台就静静地安顿在我自己的工作室，每每看到它，我就会想起先生的教诲。

去杭州后不久，我提出了“诗意语文”的教学主张，想不到当时“诗意语文”反响热烈，中国小语界叫好的、喝彩的、模仿的、借鉴的，数不胜

数，可以说红遍了大江南北、长城内外。但是，先生对这种现象却表现出一种先知般的预感和担忧。他告诫我，要沉浸，要克制，一定不能热昏头脑，忘乎所以。他还专门写了一篇文章，叫《对语文教学“诗性”“诗情”“诗意”“诗化”的叩问》，字里行间充满了忧患，每一个笔画都充满了金子般的价值。

正是在先生的照耀下，“诗意语文”先以骆驼态的谦卑越过文化的戈壁，成长为狮子态的唯我独尊，又从狮子态的唯我独尊复归于婴儿般的宁静。可以这样说，先生那巨大而饱满的生命之光不仅照耀了越派语文的大气，让多少青年才俊在他的麾下，指点江山，激扬文字，也使浙派语文大放异彩，开一代风气之盛。中国小语界因为先生的存在而多了一份永不衰减的激情，与时俱进的鲜活，纵横捭阖的大气和曲径通幽的精致。

没有周一贯先生，也许我的成长会遭遇更多的弯道和陷阱；没有周一贯先生，也许我的专业视角、学术见地会因为思想的单薄、创新的匮乏而流于肤浅；没有周一贯先生，也许我对人生和事业的感悟会失掉某种绚烂之极的平淡，繁华入境的真觉。

桃李不言，下自成蹊！先生已然成为中国语文界几代人的标杆和道路指引，他如一株常青藤，使语文的丛林永葆生命的绿色，又如一棵参天大树，向一代代学人默默标示着精神的高度。是的，高山仰止，景行行止，虽不能至，然心向往之。祝先生福如东海，寿比南山。谢谢！

2015 年 4 月

一辈子，一件事

· 沈小玲 ·

2022年6月15日，在兰花的故乡，绍兴市柯桥区[①]漓渚镇中心小学的大教室里，全校语文老师神情专注，望向讲台。上课的老师挺拔如松，洪亮的声音穿过墙壁，飘散在校园里。讲罢，他从讲台上走下来，继续为老师解惑。他就是特级教师周一贯，今年87岁，他说他一辈子只做一件事——乡村小学语文教育。

一

周一贯原来是没想过教书的。

1936年3月，周一贯出生在绍兴城区宣家坊旧宅。家穷，却坚持供他读书。家里的老人说："人不读书，眼明却盲。"14岁时，他念初一。学校教了两个月，停课了，他只能辍学在家。几个月后，15岁的周一贯为了减轻家庭负担，加入中国人民解放军。指导员黄凤鸣知道周一贯读过书，拉着他，要他教战士们识字。

周一贯看看自己，瘦瘦小小，再看看要识字的战士们，个个人高马大。

"指导员。"周一贯愁道，"我只上了五年的学啊！"

指导员大手一挥："不怕！五年够用了，你放心大胆地去教！"

话虽如此，周一贯还是惴惴不安，他担心自己年龄小，脸儿嫩，难以服众；又担心自己教得差，说得浑，战士没有学习兴趣。他只能拼命去想当年的教书先生是怎么教自己的，然后模仿。

① 2013年，撤销绍兴县，设立柯桥区。

然而战士们对识字的热情，完全超出了周一贯的想象。有战士对周一贯笑道：“小老师啊，我的名字被人叫了十几年，这是我第一次知道它怎么写。”

为提高识字效率，周一贯在教室前后都放上黑板，让不识字的战士坐前面，认字多的战士反坐在后面，他则轮流教两边的战士。

战士们觉得新奇又好玩：“小老师脑子真好使，现在谁坐在最后面，就知道谁识字识得多。”

一年后，在连部组织的“学文化成绩展览会”上，战士们拿出了自己写的便条、家书、日记、字帖、请假条、演讲稿、表扬信，甚至还有检讨书。

战士们写下的一横一竖，一撇一捺，构成了一个个方方正正的字，像钉子似的钉住了那些说过的话，做过的事，想过的诗，他们的过往便有了寻处。

在部队扫盲两年，周一贯感受到识文断字对于一个人的重要性。一个人若是不识字，虽身体健全，却犹有缺憾。他若是识了字，便可以出远门，写家书；可以阅读报刊，研读经典，可以主动获取更多的知识和信息，能够“站”起来，将目光放到更遥远的地方。

让更多的人走得更远，周一贯想，这是值得从事一辈子的事业。

1952 年，17 岁的周一贯从部队转业，到当地民政部门报到，有工业、商业、交通、医务、教育等岗位可以选择，他毫不犹豫地选择回乡村当小学语文老师。

二

只读了五年书的周一贯怎么当老师？

熟悉他的人都知道“一本字典”的故事。

周一贯进部队时年龄小，又没一技之长。他想，人总该学点什么。可周一贯想读书但没书，想买书但没钱。没钱怎么办呢？只能从部队每月发的几毛钱津贴里抠，东抠抠，西抠抠，抠了几个月，终于抠出了一本字典。

周一贯如获至宝，他在每日繁重的训练和教学工作之余，挤出时间多读几页字典。他手不释卷，把雪亮的纸摸得发黄。周一贯每天把新认识的字写在笔记本上，过一星期就复习一遍。至今，他还记得读字典时，老班长许崇来跟他说的话：“人活着，就要不断奋斗。”

读字典，就是一种奋斗。

“小学毕业教小学。”周一贯转业到小学，常有人拿这句话跟他开玩笑。他发奋工作，两年后，上级教育部门派他参加“小学教师轮训班”脱产学习，毕业后相当于初中文化程度。周一贯牢牢把握住了这次机会，在两年学习的暑假和寒假里，他都要求留校学习。期间，周一贯攻读了《辩证唯物主义》。学完后，他意犹未尽，又研读了《历史唯物主义》《政治经济学》等哲学著作。随便哪一本著作都硬得像骨头，他却嚼得津津有味。

在村小工作，晚上与星期天都要到十多里外的乡中心学校学习、开会，当时没有交通工具，全靠步行，去时要一个多小时，回来也要一个多小时。周一贯就带上《中国文学》，一路背经典诗文，背不出来，就掏出书看一眼，一趟来回可以背熟三五篇。走在乡间小径上，看四季更迭，青山绿水，白草红叶黄花，他自得其乐。

事有无常。21岁那年，周一贯咯血，检查后得知是肺结核，有浸润性病灶。众人皆惊慌失措，因为在当年，这种病几乎与癌症无异。周一贯也是惊恐不已，病休期间，他无意中看到《儿童哲学》一书，被其中的理念深深打动，于是他开始了对儿童观的研究，难忍的病痛似乎也因为注意力的转移而得到缓解。后来，他发表了《“儿童”作文宣言》，在全国引发大讨论。

有一年，周一贯胆结石发作住院。医生初步诊断要做小切口摘除，深入检查后，发现情况比较严重，便推翻原有的诊断，重新做方案。周一贯不解，问医生为什么。

医生说道：“没办法，病又不照着教科书长。”

周一贯恍然大悟，他想到了语文教学。没有学生天生就是流水线生产的标品，他们各有各的不同。老师不可以照本宣科，要根据学生的实际情况进行备课教学，以生为本。

这个发现，让周一贯兴奋不已，这是一场手术带来的灵感。随后，他提出教学设计理念，促使广大教师改变备课习惯。

高效地利用时间，细致地观察生活，把对身边事物的感悟跟语文教学关联在一起，这已经是周一贯的习惯。

正规学历只有初中的周一贯，在省级及以上报刊发表小学语文教学论文1500余篇，出版教育专著180多册。当有人向他请教如何做到时，他说："我也知道生吞活剥自然比不上庖丁解牛，然而生命有限，像我这样起点低、起步晚、早年身体又不好的凡夫俗子，不能不计算生命成本，只能在夹缝中曲折前进。"

三

部队转业后32年间，周一贯一直在远离县城的偏远村小、完小、乡小、镇小任教。

周一贯现在还记得第一天上课时的情景。1952年9月，他到绍兴县皋埠区仁渎完小教三年级。有近两年给战士上课的经验，他在课堂上讲得头头是道。孰料，一女孩跟同桌讲个不停。周一贯提醒她，女孩还是跟同桌嘀咕着。"第一节课得立规矩。"周一贯想，"万一班里的学生都跟她学，那我可管不住了。"他便严厉地批评女孩，没想到女孩一脸无所谓的样子。

第二天早上，女孩远远地看到周一贯，很自然地叫"周老师好"，坦然得让周一贯不知如何是好，他不免自嘲："她好像无事发生，我却气得一宿没睡好。"

周一贯反思，心想小孩幼稚、爱玩，有时顶撞老师，并不是故意捣蛋给老师难堪，实则是孩童不懂大人的思维，做出了大人不能理解的事。如此，很多事便有了解释。那个班升入五年级后，女孩当了班长，学习很好。周一贯到另一所学校工作，女孩还特地来看望老师和师母。

后来，周一贯去新安完小教五年级。这所学校条件艰苦，连个操场都没有，学生对语文的兴趣更是寥寥，几近于无。

好家伙，周一贯犯难了。

周一贯想到自己曾在部队里，跟一位战士学过做杖头人偶的手艺。现在刚巧教到了《东郭先生和狼》，他就按课文中打狼武士的形象做了一个人偶。

当上课讲到这位智勇双全的武士时，他从讲台下拿出武士人偶。只见人偶面目威严，凤眼高挑，穿着一身绿底红花缠白蝶袍，身披钩嵌梅花榆叶甲，系一条紫绒飞带。威风凛凛，英姿勃勃。周一贯的手稍稍一动，武士便举起了刀，好似马上就要向那只忘恩负义的狼劈去。

瞬间，教室里一片欢呼。

学生们仔细端详人偶，只见它穿的是纸片裁的铠甲，碎绸布缝的战袍，纸片上画了细细密密的甲片。武士的脸是用纸糊做的，刀是用硬纸板裁的。材料简陋，但对于几乎没有文娱活动的学生而言，它实在太有趣了。

周一贯便建议学生将课文改编成剧本，现在打狼的武士已经有了，只要有东郭先生和狼便可演一出木偶戏。学生们情绪高涨，开始分配角色，修改剧本，调整台词。剧本写完后，他们马上开始对台词，配锣鼓，调节奏，甚至有两名学生已经开始去改编另外两篇课文。

无意间，周一贯激发了学生学习语文的兴趣，他们学得又快又好。他发现只要学生喜欢老师，就会喜欢老师的课，课堂自然热气腾腾，精彩纷呈。

周一贯不仅善于教学，也善于教研。

在绍兴县钱清镇中心小学任分管教学的副校长时，周一贯看到整个片区的民办教师没有受过专业的师范教育，教学水平中等偏差，有的连教学过程都把握不好。周一贯觉得这样不行，他组织民办教师“教材教法”过关活动，定期进行测试。

“我是读完初二教小学的，那时真不懂怎么教书，我的小学老师怎么教我，我就怎么教学生。好在有周老师的教材教法过关活动，我才明白课原来是这样上的。”早已退休的民办教师张小霞回想自己的教书生涯，感慨不已。

不过三年，钱清镇中心小学的教学质量就从全县的尾巴末蹿到了头顶尖，普及教育的质量得到了提高，重教兴研的风气也因此大盛。

每年末，国内几家有名的小学语文教育杂志都会刊登周一贯的年度教育综述，他的书，他的文，他的课，他的言，总是新意迭起，引领语文教育风向。

省会城市频频抛出橄榄枝。浙江教育学院想要调他去编杂志，几年后，

浙江省教委聘请周一贯为小学语文教材编委会副主任，请他专职编写教材。

“大城市不少我一个好老师，但乡村却缺大量优秀教师。”周一贯说，“我想在乡村培养更多的优秀学生。”

周一贯生在乡村，长在乡村，对乡村了解、熟悉而日久生情。在众人诧异的目光中，他选择留在绍兴乡村，默默地在小学语文教育上耕耘，安心于江南水乡的田野平畴，不求闻达。

四

周一贯已退休 27 年，但他依旧在工作。

“周老师，您教过多少个学生？”在周一贯语文教育思想报告会上，有记者问他。

这个可以数。翻一翻周一贯 32 年间每班学生名册，就可以得出结论。

“周老师，那您指导了多少位老师？”记者追问。

这道题可无解了。

1984 年，周一贯被调到绍兴县教育局教研室工作。虽年过半百，但雄心不减。为了解全县小学教育现状，周一贯从 200 余所学校的田野调查入手，他参与实验，研讨课堂，指导教研。坐第一班车去乡镇听第一节课，点评完最后一节课赶末班车回家。朝伴旭日，暮披皓月，奔波于会稽山间，流连于绍兴水乡。

周一贯借助网络管理，建立县区乡三级教育质量网，有效解决了乡村教育地广分散、不便辅导的难点，使全县小学语文教育质量显著提高。

1996 年底，周一贯的退休引发各方热议。

“周一贯老师不应该退休。”

“如果让周老师退休，那语文教育界损失严重。”

“退休年龄是到了，但周老师可以继续做嘛。”

……

于是，绍兴地区多个教育局相继成立“周一贯名师工作室”“名优教师研修班”，请周一贯带班。有三年一期的，也有五年一届的，还有跟班学习的青年教师，共计 300 余人。

他带班第 9 年，很多人不理解。有人说：“你都退休这么多年了，早该好好休息了，这么拚命，你图什么呢?”

作为浙江省特级教师、浙江省优秀共产党员，周一贯不会因为别人说了什么，就停止工作。他说：“干活干活，‘干’的为什么是‘活’，人活着就是要干。”对他而言，退休只是人生下半场的开始，他不会对小学语文教育轻易画上句号。

从周一贯的研修班上，光绍兴县就走出了 12 位特级教师，季科平也是其中之一，受导师影响，她 34 年一直扎根在乡村教育大地上，深耕于小学语文教育。

“青出于蓝而胜于蓝。”周一贯倾自己所能，甘为人梯，希望弟子们超越他。

白山黑水，天涯海角，西域江南，不分寒暑，全国各地都有老师往周一贯家打电话，向他请教语文专业问题。周一贯来者不拒，悉心教导。

周一贯指导了多少老师，其实是没法计算的。

“一个人，一辈子，做好一件事，勤奋为人，低调处事。”87 岁高龄，在小学语文教育领域连续工作 72 年的周一贯先生笑道：“我的生命，一辈子绿在了希望的田野上。”

“吾道一以贯之。”

2022 年 10 月

（沈小玲：中国作协会员，杭州市钱塘区文联党组成员、区作协主席，浙江省特级教师，全国模范教师，全国教育系统巾帼建功标兵，浙江省第十次党代会代表，浙江省第十一、十二、十三届人大代表。）

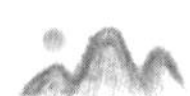

周一贯先生非常人

·董建奋·

在20世纪80年代，我荣幸地成为周一贯先生的开门弟子。1982年底，我参加教育工作不久，学校派我去参加绍兴县小学语文教学研究会年会。按规定参会人员需要上交一篇论文，无奈之下，我写了一篇文章去交差。说实在的，那时的我，真不知道论文怎么写。大约是1983年5月的一天，我们校长兴奋地跑来告诉我，浙江《教学月刊》上有我的文章。我简直不敢相信这是真的，因为我从未去编辑部投过稿。翻开扉页，目录上赫然出现了“阅读教学之管见——董建奋”字样。我向校长借了这期杂志（那时全校仅此一份业务刊物），反反复复地读着这篇文章，一次次地激动着……那种成就感，那种幸福感，那种自豪感，充实了我周身的每一个细胞（因为这是绍兴市北海小学教育史上第一篇在省级刊物上发表的文章）。足足有两三天时间，我一直沉浸在愉悦之中。欣喜之余，我也发现杂志上刊登的那篇文章多处文字已做了精到的修改，几个小标题也做了适当的调整，就连大标题“阅读教学之我见”中的“我见”也改成了“管见”。是谁帮我润色与推荐的呢？我一直百思不得其解。到了年底，学校又派我去参加研究会年会，我的文章获得了二等奖，研究会副会长兼秘书长周一贯先生给我颁发了奖状。他悄悄地问我：“浙江《教学月刊》上发表的文章，你看到了吗？”此刻，我才恍然大悟，原来是周先生帮我修改并推荐发表的。我深深感恩周先生对一个素昧平生的新老师的热忱鼓励。正是周先生的提携，鼓舞了我研究语文教学的信心。而后的每一年，不管有无奖项，我都自觉地写好文章，提交给研究会年会。也是从那时开始，周先生成了我语文教学专业中的引路人。30多年来，在恩师耳提面命的指教下，我学着做些教学研究，渐渐由青涩走向成熟。在与恩师交往的 30 余年中，我也经历或见证了恩师许多个鲜为人知的动人故事。我常常觉得恩师并非常人，当然也有许多个理由可以佐证。

非常人的记忆力。周一贯先生著作等身，有着倚马千言的文才，这是小语界出了名的。他的口才也十分了得，记忆力更是惊人。在我主持绍兴市鲁迅小学与北海小学工作，以及主持绍兴市特级教师工作室、越派名师工作室期间，数次邀请周先生来为老师们做教育教学讲座。每每一讲就是两三个小时，有时为了赶时间，中途也少有小歇。然而，周先生演讲时精神矍铄，声如洪钟，才思敏捷，口若悬河，而且逻辑严密，语言十分干净；引经据典，信手拈来，上知天文，下知地理，古今中外无所不晓。更令人称奇的是他从不带讲稿，就连“只言片语”的提纲都没有。有时请周先生做主题论坛的点评，六七位教师讲下来，他竟然能在不做任何记录的情形下，有板有眼地对每一位教师的观点条分缕析，精准讲评，绝对不会张冠李戴。有时我跟随周先生去区外的学校讲课，每当谈及越文化，他总能如数家珍，滔滔不绝地讲述当地的历史典故、文人轶事、风土人情等，特别是历史事件中的时间、地点等不会出半点差错，大有超越三国张松过目不忘之能。我常常折服于恩师超乎常人的记忆能力。有一次，我好奇地请教周先生，何以有如此高超的记忆本领。先生反问我说：“要你谈谈学校里的情况，你需要稿子吗?”顿然，我明白了。

非常人的意志力。我曾经给周先生算过一笔账：迄今为止，周先生的著作包括 180 余本正式出版的著作，1500 多篇省级及以上刊物发表的论文，4000 多万字的手稿。从 1981 年 3 月在《辽宁教育》上发表的《浅谈谜语的教学》与 1984 年浙江教育出版社出版的《文体各异　教法不同：小学语文教学漫笔》起，40 年间，平均每年的写作量是 100 余万字。先生不会使用电脑，既不能截屏，也不会复制粘贴，所有的文字都是一笔一画写出来的。试想，这需要有多大的毅力啊!

记得有一年暑假，周先生还住在城南老屋，我去向他请教教学问题。先

生的夫人黄老师见我来访，立马将我挡在门外，说周先生正在穿外套呢！片刻，周先生到门口迎接我。只见他满头大汗，握着他的手时，我明显感觉到是湿漉漉的。进入周先生的容膝斋，我感觉如同进入蒸笼一般。狭小的书房两边是通到天花板的柜子，柜子的上半部分放满了参差不一的书籍，下面是没有上锁的两排抽屉。先生递过来一把蒲扇，让我坐下。我顺势看了一下抽屉，瞧见了一沓沓的卡片，随口说了一句“这么多卡片”。周先生似乎猜到了我的心思，顺手打开了所有的抽屉，每一个抽屉里装的都是资料卡片。再定睛一看，每个抽屉上都分门别类标上了记号。靠窗的一边刚好放下一张书桌，桌上摊满了稿子，分明是周先生正在写作。这么热的天，在这么闷热的环境里写作……我顿时对恩师肃然起敬！这一幕也深深地烙印在我的心坎上。2001 年，我有幸参加了教育部举办的首期名师名校长培训班。在北京师范大学学习的 3 个月里，我去得最多的地方就是国家图书馆。我也学着周先生的做法，摘录读书卡片。读书班结束，带回绍兴的就是一箱子书籍与一大沓读书卡片。

我清楚地记得那是 1998 年 5 月的一天，我去看望正在住院的恩师周一贯先生。周先生躺在病床上，双眼蒙着厚厚的纱布。据医生说，他的视网膜脱落了，视线不清，如不加注意的话，可能会失明。这对于一般人来说，可能会极度悲观和恐惧，不敢再过度用眼了。我当时劝周先生，从此不要再看书、不要再写作了。哪知周先生斩钉截铁地表示，一旦视网膜愈合，就要继续他的写作。在周先生出院后的几年里，他有增无减地进行教学研究与写作，平均每年出书量达到 5 到 6 本。这种对教育教学事业孜孜以求的敬业精神，这种顽强的意志力深深地震撼了我，也一直在激励和鞭策着我。

非常人的胸襟。常言道：文人相轻，自古而然。而周先生却并非这样，他从不搞门户之见，不管是谁的弟子，他都会有求必应。他为多名特级教师写过书评，指导过多位全国各地的名师，因此，周先生的“粉丝”遍布大江南北。周先生也常常向我们举荐各地名师的语文教育观点，要求我们放眼四海、广学博览，取人之长，补己之短。绍兴市小学语文教学研究会请来的专家，不仅有初中的语文特级教师、高中的教学名家，还有绍兴文理学院中文系的教授，全国高等教育学会语文教育专业委员会学术委员会名誉主任王松泉教授就是我们小语研究活动的座上宾。每每研究活动前夕，周先生总是叮嘱我说："活动时，不要忘了邀请王教授。你们一定要多听听他的真知灼见。"

由于体制与机制所限，绍兴市小学语文教学研究会已很难开展活动（名存实亡）。周先生对此一直心心念念，多次跟我说，成立"语文教学研究会很重要，很必要，一定得想办法将这个学术组织重新建立起来"。在周先生看来，有了研究会就能聚集一批语文人，就能培养一批语文人，就能带动一大批语文人，"越语文"研究事业就能赓续，"越教育"文化就能得以传承，"越语文"教学就能迭代更新。在周先生的多次游说与奔波下，"越语文"研究会的事终于得到了绍兴市教育局领导的重视和关怀。2018 年 11 月，"越语文"研究专家指导委员会正式由绍兴市教育教学研究院发文成立。首任主任本该由德高望重的周先生来担任，可他却从台前退到了幕后，并向绍兴市教育局领导举荐我担任绍兴市"越语文"研究专家指导委员会主任一职。我怕能力有限，辜负恩师的厚望，一再推辞。而恩师一而再再而三语重心长地鼓励我说："你工作认真，敢于担当，有亲和力，更有号召力，一定能胜任。有什么困难我顶着。"我知道，这是周先生为了培养后学，传好"越语文"教学研究工作的接力棒，对弟子寄托的殷殷期望。

已是耄耋之年的周先生，本该安度晚年，享享清福，可他还不遗余力地为"越语文"教学研究事业计长远，拳拳之心天地可鉴。

非常人的爱生之情。有道是："向阳花木易为春。"作为开门弟子的我，受到恩师周一贯先生的关照会更多一些。在我担任绍兴市鲁迅小学与北海小学两大名校校长近 30 年间，为创建学校优质教育品牌，周先生常常帮我出主意，指导我开展教育教学课题研究。我主持的 5 项省级课题获得浙江省优秀教科研成果和省人民政府颁发的基础教育成果一、二等奖，它们或多或少都倾注着恩师的智慧与经验。就连我正式出版的 5 本专著及一套校本教材，也是在恩师的指导和鞭策下完成的。恩师还常常想方设法为我搭建在全国性学术研究活动中亮相的平台。我主持工作的学校先后承办了全国语文教学与创新教育研讨会、全国首届小学生阅读节、全国第三届经典诗文诵读节等大型语文教育研究活动，我因此有幸结识了不少语文教育专家，有了零距离向全国各地优秀名师学习的机会。

1999 年 10 月，就在我被评上浙江省特级教师的第二年，省语文教育研究会承办全国语文素质教育研讨活动，周先生向组委会推荐我为大会上观摩课。我准备执教四年级上册《船过三峡》(第二教时)，因为交通事故，等我赶到协办学校时，学生已经放学。因此我又被安排在第二天上午第一节上课，不要说施教第一教时，就连预习工作都来不及做。在杭大礼堂里，面对千余人的听课场面，我有点紧张，没能很好地与学生互动，几乎是照本宣科走预设，少有生成。课上得还算顺利，也赢得了老师们的掌声，但我知道自己没有平日课堂上的那种洒脱与灵动，那种对学生主体的包容与尊重。首次为全国性会议上观摩课发挥失常，我懊恼极了。我知道这些不足，周先生应该也能听得出来。再说，他是个追求完美的人，对于徒弟的缺陷，一定会毫无保留地指出。可谁知，周先生似乎知道了我的忐忑与遗憾，他没有提及我的不足，而是找出各种理由来称赞我的教学设计精到巧妙，讲台风格大气，板书规范美观，现代教学媒体用得恰到好处……此刻的我，深深地内疚着，更觉得有负恩师的信任。

2013 年 9 月，师母黄老师突然离世。得悉噩耗，我急忙赶往周先生家里。先生斜躺在客厅的藤椅上，脸色十分憔悴，似乎一夜之间苍老了许多。见我到来，先生起身招呼我。我见恩师如此虚弱，眼泪夺眶而出。先生示意我坐下，简单地告知我师母出事的过程，让我不必担心，他能挺住的。先生见我右臂扎着绷带，敷着石膏（不慎从扶梯摔下来，肘关节骨折），询问我如何伤着的，伤势如何。我临走时，先生一再叮嘱我说：“右臂骨折，尽可能不要动，以免引起后遗症。黄老师的葬礼你就不要参加了，好好养伤吧！”我知道先生与师母几十年相濡以沫，伉俪情深。师母的突然离世，给先生带来的悲痛是难以估量的。原本我是去安慰先生的，结果反倒是先生来关心我了，每每想起这种如父爱般的亲情，我都感动不已。

一路走来，周先生一直亦师亦友般呵护着我，鼓励着我。记得在我担任校长20周年时，周先生给我寄来一张贺年卡，上面写着：“建业建功，贵在真诚守望；奋力奋进，赞在壮心不已。”我知道这是先生对我的激励，也是对我寄托的期许！2004年，绍兴市教育局为我举办了“董建奋语文教学研讨会”，周先生以“语文因主体参与而美丽，课堂因开放生成而生动，教学因超越文本而精彩，教师因研究实践而灿烂”四句话肯定了我的教学与研究所取得的成绩。同时，他在讲话中，又指出“在董建奋身上也证明了既是学科教学专家又是校长，不仅是可行的，而且可以相辅相成、相得益彰。作为校长，因为有了一门学科教学的深厚造诣，专家治校的风采倍增；而作为学科研究人，则因为有了校长的职务支撑，更容易达到群体科研的效益和声势。这是具有时代导向的新一代专家型校长的崛起”。这看似是在向与会者提出倡议，其实，更是对我工作的激励与鞭策。

恩师周一贯先生在我心中播下了对人民教育事业的豪情与忠诚，播下了对语文教学孜孜以求的精神和动力。我虽然已退休，但我学习周先生退而不休，继续研究语文教学，继续做着对越地名师的传帮带工作，我觉得这是对恩师提携与教育之恩最好的回报！

2022年2月

（董建奋：全国优秀教师，全国五一劳动奖章获得者。浙江省特级教师，浙江省功勋教师，浙江省劳动模范，现任绍兴市北海小学教育集团名誉校长，越派名师小语工作室导师，“越语文”专家指导委员会主任。）

我的老师周一贯

·何夏寿·

在小学语文界，周一贯无疑是“入眼率”“入耳率”极高的名家。我认识周老师是在1999年，现在算来，整整十五年了。

那天，我去县城实验小学参加语文名师研修社成立活动。乡下人进城，总是喜欢赶早，到了学校时校门还紧闭着。校门对面柳树下的几条石凳上，坐满了须发皆白的老年人。我知道，那是晨练一族在休息。

“坐这儿好了。”一个亲切的男高音传入我的耳朵，一位穿着藏青背带长裤的白发老人正努力为我腾出一块地方。

我把随身带的厚厚的书稿放下，对他说：“老师傅，您替我看一下书，我到对面去买个包子。行吗？”

“没事，你去吧！”这时，我才注意到老人六十岁上下，长得鹤发童颜，像极了家里张贴的寿星图。“你在那里吃完过来好了，我不走！”他说。

我吃完早餐返回后，晨练一族消失了，只有那位老人还践行着自己的承诺，帮我看着书。我连连道谢。他淡淡地说：“没什么！”

语文名师研修社成立活动开始了，市教研室的阮老师满脸灿烂地把一位老人引到会议桌正前方，用激动得有点发颤的声音说：“各位兄弟姐妹，我们研修社十分荣幸地请到了著名教育专家、特级教师周一贯先生担任我们研修社导师……”

啊，周一贯，这不是替我看护书稿的老人吗？！

阮老师滔滔不绝地介绍着周一贯先生，我却在绞尽脑汁地编织着如何向他表示歉意的言辞。阮老师开始一一介绍我们社员，当把我介绍给周一贯老师时，他不无风趣地说：“这位我认识。刚才我‘顾问’了他的书稿。”

我将事情的经过简单地向大家作了描述。大家听后直叫：“你真行，让专家给你打工！”

我也打趣着回答：“谁让你们不搞童话。在童话王国里，国王和小矮人是平等的。”

周老师对我的作答饶有兴趣：“哎，你怎么说了那么多‘童话’？”

一旁的阮老师赶快对周老师说，他来自以著名儿童文学家金近先生命名的小学，他提出了“童话育人”的教育理念。最近正在编一套校本童话教材……

我乘机送上周老师替我保管过的书稿——那一袋子装在塑料袋里的校本童话教材草稿。

十多年过去了，我还清楚地记得，周老师在打开那袋书稿后，一边翻阅，一边频频点头，赏识之情写在脸上。看了大约五六分钟，他才开口：“这位老师用语文教师的专业眼光，挖掘地方名人金近的相关资源，用童话开展语文教育，编写童话校本教材，绝对符合儿童语文教育方向，此研究大有前景！”

我那时感觉，周老先生的评价是巨人对小矮人的宽慰，甚至是哄骗。但即使如此，我也心满意足了。

从这以后，我成了周老师名正言顺的学生。

有一次，周老师把绍兴市的200多名语文名师拉到我们学校，要我上一节童话写作指导课，上课内容是根据成语“龟兔赛跑”新编一个童话。上课前三天，我把写好的教案交给了周老师。周老师看后对其中的一个环节——“乌龟克隆出一批乌龟和兔子比赛”，提出自己的看法。他认为，这一设计过分突出了玩乐，仿佛一出闹剧，好玩而没有意义，甚至容易产生负面影响。而我一再坚持自己的观点，说小孩子不会想那么多，只是玩玩而已，即使对他们有影响，也未尝不可：社会本来就不是一片光明的，为什么不可以让学生提前“入世”。周老师很严肃地说：“何夏寿，学校教育一定要坚持方向性。这一点，与作家不同，因为作家的作品不一定是教材，当然可以追求个人审

美趣味。但我们是搞教育的。”

见老师说得一本正经，而且也在理，我连忙说：“课堂上我会注意的。”

我这个人，很容易受环境的支配。课上，当孩子们说到“乌龟可以克隆出一批乌龟和兔子比赛时”，我不但没有制止，而且和孩子大玩“群龟戏傻兔”游戏，课堂气氛十分活跃。孩子们的表达欲被彻底激活，大部分学生当堂完成了龟兔赛跑新编故事，但也有不少故事呈现出尔虞我诈的消极内容，我知道挨批是注定的了。

果然，名师班同学们的评课，直批我的“作文价值”有违教育、社会之主流，只重“有意思”，轻视“有意义”，而且还放大了人心之恶、世道之险、社会之黑……

在主持人的邀请声中，我晕乎乎地看到周老师走上了台，我像犯了弥天大罪似的，耷拉下脑袋，接受他的“宣判”。周老师清了清嗓子，用他高八度的绍兴普通话，发表了评论《童话写作的童心主义原则》。一个小时的评课，周老师不看任何稿件，不放任何课件，从传统作文讲到文学创作，从传统童话讲到现代童话，观点鲜明，旁征博引，非但没有批评我的课，反而大为赞赏：“上课之前，我和何夏寿就故事的‘有意思’和‘有意义’有过交流。说实话，我们做老师的指导学生作文往往会突出‘有意义’，包括我自己。但很多时候，学生的思维会被这个‘有意义’限制了，童话作文容易变成寓言作文。今天何夏寿的课堂，恰恰在这方面给了我们启示。在他的童话作文指导过程中，突出了个体的审美体验，注重了儿童对故事的需求，彰显了儿童意识。对于听惯了传统作文课堂的我们来说，这是一种难得听到的文学创作指导课，是作文教学多元化的具体体现。我提议，我们为何夏寿的探索鼓掌！”

会场的掌声驱散了乌云，为我送来了阵阵暖风……

这次活动之后，我与周老师走得更近了。他的家，也成了我生活与工作的充电所。

有一次，在他的书房里，我谈起浙江省作协要我组建一个江浙沪儿童文学教育联盟，为作家进校园、进课堂铺路。周老师一听，大为认同。说实话，我因怕事多生烦，对此“分外之事”并不热心。一段时间以后，我便把这事给忘了。

一天，周老师托人给我送来一本书——《周一贯语文教育60年》。因为是语文专家的纪念文集，出版社做得十分精致。我小心翼翼地翻开了扉页。啊，书的封二居然是2004年周老师给我的题词：智者践行，静水深流。

我紧张、兴奋、欣喜、惶恐，各种情感交织在一起。直到今天，我还会认为，在周老师眼里，我是一只看着山羊吃草会忘了比赛的兔子，一只追逐蜻蜓蝴蝶不好好钓鱼的小猫，需要时时“旁敲侧击”……

我终于建立了江浙沪儿童文学教育联盟，将儿童文学引进了小学教育。周老师很高兴，两次参加我们的活动，听课，做讲座，忙得不亦乐乎。每次活动结束后，周老师总会鼓动我：“其实，你应该为联盟学校上一堂课！”我总是笑笑说“下次吧”。

被周老师催得不好意思了，去年暑假，我对周老师说：“下学期联盟活动，我上一堂童谣教学课。请您现场点评，如何？”

“这就对了。”周老师笑着，对一旁给我们倒茶水的夫人说，“到时，让黄老师给你拍照，做电子相册！”黄老师很开心，十分幽默地说：“到时，让何夏寿潇洒得飞起来！”

可惜，天不假寿。去年九月，黄老师赴青海旅游时，不幸出了车祸，独自驾鹤西去。站在黄老师的遗体前，我半天没回过神来……

死总是影响着生，不管是唯心的还是唯物的。有的人因为“人固有一死”，于是，他们向死而生：更加珍惜当下的“生”，认真地体验“生”，用各种方式延续“生”。而有的人因为终将一死，于是，向生而死：消解一切生的意义，把生的核心定格在吃喝玩乐、纵情享受。

周老师属于前者。送别黄老师的七天之后，我收到了他的亲笔来信，是用小楷写的，内容很短，但极为感人：“感谢您对夫人不幸的关心。今后在语文教学上，如有需要，愿尽余生相助。”

这就是周一贯——语文的钟灵，教育的天使。即使遭遇了天大的灾难，

他依然对教育、对语文抱着一腔忠诚。我知道，周老师喜欢陶潜，他的书房就以陶潜的“审容膝之易安”中“容膝”自诩。周老师一定悟透了陶潜的“死去何所道，托体同山阿”的真谛。

果真，半个月后，我去看他，闲聊中，周老师很坦然地对我谈了他的生死观，其中就讲到了陶潜诗中的此句之意。我正要安慰几句，周老师问：“你那个童谣活动什么时候搞？”

我望着周老师白得发干的头发，满脸的倦容，还有客厅墙上黄老师的遗像，困难地说出：“活动是下个月在浙江浦江县搞，不过，您就——就——”

“怎么吞吞吐吐的，下个月几号？”周老师看出了我的心思，声音远得像从天外飞过来，“上个星期，我去过杭州，参加了语文馆的开馆典礼。”

“上个星期？开馆典礼？”我惊讶地问。

上个星期不是黄老师的“头七”吗？按照我们绍兴的习俗，亲人去世一个月内，至亲是不能参加任何喜庆活动的。否则，会被旁人责怪无情无义、不忠不诚。周老师和黄老师伉俪情深，相濡以沫几十年。黄老师“头七”未满，周老师竟会去杭州参加开馆典礼？

“我请过假的。”周老师凝望着黄老师的遗像。

我看到老师眼里起了薄雾。

周老师起身给我添了杯水，平淡而不无坚定地说：“生死由不得自己，但我可以为我的‘留下’做主。”

就这样，周老师参加了在浙江省浦江县举行的全国首届童话教学研讨会。当满头白发的周老师用他那依然洪亮的绍兴普通话，对全场600多名老师点评着我的童谣课堂时，谁也不会想到讲台上谈笑风生的他，刚刚送走了至爱的夫人，刚刚抹干了伤心的泪水。

这就是周老师，一个从事农村小学语文教育实践研究60几年、著书170多本、撰文1400余篇的教育专家，一个时时督促自己“休将白发唱黄鸡”的“留下”者。

白发为证，周老师用岁月当纸，生命作笔，书写“留下”，其内核是

“善”。善待孩子，善待故土，善待万物……

2014 年 10 月

（何夏寿：教育部师德教育专家，中国儿童文学研究会理事，浙江省作家协会会员，浙江省特级教师，浙江省名师工作室导师，全国“儿童文学金近奖”常务副秘书长，浙江省绍兴市上虞区金近小学原校长。）

恩师如父

· 陶月梅 ·

父亲，我最敬之人。我的父亲是上海锻压机床厂的高级工程师，因此，我的童年吃穿不愁，快乐相伴。生活告诉我，有父亲真好！1972年，父亲因病去世。14岁的我跟着母亲和三个姐妹失去了最有力的依靠，生活日益艰难。初中，高中，回乡务农，当民办教师……尝够了生活的苦涩。夜深人静时，我常常想起父亲，如果父亲还在该有多好!

1977年，国家恢复高考，我如愿考上了中师，毕业后成为一名光荣的人民教师。我被分配到绍兴最知名的学校之一——北海小学任教。一个农民的女儿，立身之难可想而知，我坚信自己的目标和理想，坚持自己的独立和勤勉，一路努力，一路奋斗。2000年4月，浙江省第七批特级教师评选活动启动，我受命申报。可是，一贯不求名利的我对于这次申报很是迟疑。好友楼平大姐知道了这件事，硬生生地叫上我，说是让我去听听周一贯老师的意见。“周老师?”在小语界非常有声望的一位长者，一位可望而不可即的专家。对他，我完全是一种仰视，哪怕有时在活动中看到他，也只是远远地望着。在我心里，他是高大的，是高不可攀的。楼大姐看出了我的心思，说：“你去了就知道了。”

那天晚上，我在楼大姐的带领下来到了周老师家。周老师及其夫人黄老师笑盈盈地迎接了我们。等我们说明来意，周老师立刻说：“这是我们当教师的最高荣誉，我们当然要去争取。”“我们”，我的心里一暖：周老师真好，把我的事也当作自己的事了。接着周老师一页页地翻看那厚达几十页的申报表。我坐在他旁边，逐页提出填表的困惑。看完申报表，周老师宽慰我说：“你平时工作实，肯研究，有成绩。你先自己填，我再帮你修改，有问题我们再研究。”从周老师家出来的那个晚上，我格外怀念父亲。那么多年了，父爱对于我，已经过于遥远。可这一天，与周老师的第一次促膝长谈，我竟然如此真切地在这位慈祥的老人那里体会到了父亲般的温暖。多么熟悉而又亲切的幸福感，那可是只有在我年少时父亲给予过我的感觉。是啊，周老师太像父亲了，眉目清秀，身材挺拔，对我这个并不熟悉的晚辈如此热情、无私。这是一种多么伟大的爱，一种顶天立地的大爱！

从那天起，我走近了周老师。平时，不论是在教学、教育还是在学校管理中碰到困惑，我总是向他请教，他也总是不厌其烦地为我解惑传道，指点迷津。“语文开放教学”是我长期以来在语文教学实践中研究的一个课题。在具体的研究过程中，我碰到过许多困难，几次想放弃研究，是周老师一以贯之的指导与帮助，使我坚定了研究的信心，并使课题取得了丰硕的成果。2004 年，我的著作《语文开放教学论》公开出版，周老师还为书作了序，以示鼓励。

周老师不但是著名的语文教育大家，还是学校管理的“大圣”。“以优秀的学校教育文化，引领学校创新发展”，周老师认为，管理一所学校，就必须坚定地秉承这样的管理理念。十多年来，周老师一直是我学校管理的引路人。我任绍兴市越城区塔山中心小学校长期间，基于学校的传统文化积淀和校园周边浓郁的民族文化特色，提出了“弘扬民族文化，培育国际良才”的办学理念。口号一提出，有个别人士觉得“培育国际良才”口气太大。我把这个信息向周老师汇报，请求他支招。周老师语重心长地说：“塔山中心小学，能够在民族与世界、传统与未来的结合点上，确定学校的发展坐标，定位正确，有前瞻性，学校的实施策略也具有可操作性，我为你们点一个赞。”在周老师的鼓励与指导下，历经数年的努力，塔山中心小学的民族文化教育做得有声有色，硕果累累。

2006 年 2 月，我受命任绍兴市鲁迅小学校长，身边亲朋好友都为我捏了一把汗，因为鲁迅小学是浙江省内的知名学校，而且我的前任校长就是当时的绍兴市越城区教育局局长。我上午去学校报到，下午就去拜访周老师，向他请教，并表达了我的忐忑。周老师一边安慰我，一边娓娓道来："鲁迅小学作为绍兴这一历史文化名城的窗口学校，起点高，因此，学校的再次腾飞应该另辟蹊径。鲁迅小学以先生的英名命名，必须确立以弘扬鲁迅文化构建学校现代教育创新的格局。这不仅是一种历史责任，而且是你引领学校发展唯一正确的选择。"周老师一语道破，我茅塞顿开，我的内心除了对他的敬佩还有满满的感激之情。时间过得真快，转眼十年过去了。这十年，我们鲁迅小学人跟着鲁迅学"立人"，不，应该说鲁迅小学人是在周老师的指点下，一步一个脚印地向鲁迅学"立人"。鲁迅小学，构建起具有地域文化特征和校本特色的"立人"教育运作模式。"立人"教育，展开了鲁迅小学教育新的诗篇。

而今，我已从教近40年，任校长27年，回首过去的岁月，我有付出，但更多的是得到，特别是得到了周一贯老师的无私厚爱，给予我事业上的引领，精神上的激励，信念上的坚守。

师如父，爱如山，树常青！

2016年9月

（陶月梅：正高级教师，全国劳动模范，全国教育改革创新杰出校长，浙江省特级教师，浙江省第十一、十二届人大代表，绍兴市第六、七届人大代表。现任绍兴市越城区名校长工作室导师，绍兴市鲁迅小学教育集团、绍兴市文理附属小学名誉校长。）

先生周一贯

·周　毅·

先生姓周，名一贯，字道原，“一贯”源于《论语》中的一句“吾道一以贯之”，名字是任过县府幕僚的外祖父取的。

先生的一生绝不是风平浪静、安乐顺达的。因为特殊的时代背景，他在那个荒唐的年月里所受的苦痛和压抑，不是我们这辈在蜜罐里泡大的人所能体悟的。但他又很少忆及那些日子，即使偶尔说到了，亦是淡淡的一句：那也是对人的一种磨砺吧，或许没有那些经历，也不会有日后对光阴的倍加珍惜，对人生的特别善待。

先生是外圆而内方的。生于越地长于越地的他，身上有着越文化浸润过的特有品性。处世圆融通达、开合有度，处事刚硬不阿、自有准则。他常说低调是一种聪明的做人方式，是最好的自我保护，是一种大智慧。他说自己这辈子就得益于“生活简单，为人低调”这八个字，他从来不哀叹自己被边缘化，他认为边缘化恰恰是一种难得的幸福。而对身边的人，先生总有一份绵柔恒久、细密周到的爱护。见到停滞不前、懒散拖沓的弟子，他常会及时抽一鞭子，让你在羞愧中警醒反思，重整行装。可只要听到弟子有哪怕一点点细小的进步，他在一声声“好咯”中显得比谁都欣喜。每每与先生座谈，总能强烈地感受到他对社会、对教育、对语文的那份赤子般的热忱和好奇，这是最让人佩服和敬仰的一个语文教育家的纯真品质。总能听到他对当下语文教育的肺腑真言，因为他有着看得高远和直言相谏的可爱秉性。他如炬的目光总是穿过表象，鞭辟入里，看到常人无法企及的东西。

先生是睿智而勤奋的。已过古稀之年的先生，思维之敏捷远超他那些年

轻的弟子。他对于小学语文的思考，常常成为这个领域最前沿的研究话题。与先生晤对，他思想的深度和力度，总使晚辈在汗颜之余顿时启悟，确实让人有“胜读十年书”之感。常年巡回各地做讲座的他，三四个小时的讲话从不需要稿子。他常说，讲几天也可以，东西都在心里。因为有平日的积累，讲台前声若洪钟、底气十足的先生总是那样从容自如，妙语连珠，见解独到。此时的他让人感觉更像蚕儿吐丝，那丝是那样的闪亮、绵长，吐之不尽。著作等身、让人望尘莫及的先生，从不认为自己有今天是因为他有一个硕大聪慧的大脑。他说他最欣赏自己的是勤勉、肯吃苦。对产生不了什么有益思想的闲聊，应时通俗的酒宴应酬，复杂无聊的人际交往，他极少投入他宝贵的时间。教书、买书、读书、写书，朝朝暮暮、集腋成裘，该是他此生最大的乐趣；帮弟子看教案、听课、改论文、搞课题，他总乐此不疲；不顾车船劳顿赴各地做讲座，主持各类研讨活动并做精彩点评，他更是从不言累。也只有在这样忘我工作着的时候，先生才会更加精神抖擞，意气风发，风度翩翩，挥洒自如，让人仰止，才最显年轻、活力和魅力。

先生是寂寞而时尚的。他曾对我说，你有那么多朋友，真好。我说，你的朋友才遍天下吧，那么多全国小语界的专家名师，那么多教育界的领导，那么多出色的弟子，你怎么会少了朋友？“噢，这些是我的同志、同人、同事。”也许，20世纪六七十年代时，先生不可能有很多朋友，也不敢和人交朋友。八九十年代，又见阳光和春天的先生，惜时如金，他可能没有时间交朋友，他最贴心的知己就是书了。他用书来营养自己，洒扫自己，也便有了日后那个厚实深邃、名扬小语界的他。先生常说，寂寞是沉潜之道，一个在思想深处行走的人常常孤独。而一个耐得住寂寞、守得住孤独的人才可能有超于常人的韧性和爆发力。细细品味这些话，实在是先生用自己的人生写出来的。怪不得拥有寂寞和孤独的先生是如此的潇洒和美丽。常年守着容膝斋的先生却总给人时尚前卫之感。日常阅读、视听时，一些在常人眼里稍纵即逝的时尚语汇，他却能特别敏感地和自己最钟爱的语文挂起钩来，反刍、融会、深悟、提升：对牢牢掌控课堂话语权的老师，他会代表孩子们高喊《谁动了我的奶酪》；对无视孩子童年要求、轻视童心童情的老师，他又会替孩子们轻述一句《其实你不懂我的心》……

作为一个俗常的女人，朋友聚会、逛街购物是我的家常爱好，先生说，这些爱好给你带来的可能只是浅层次的短暂的愉悦，不能持久；而事业应是你人生最忠实的伴侣，它是对你最不离不弃、温柔体贴的，工作中找到的快乐是真正的快乐，它能带给人深层次的幸福和享受。一个人应该常思考自己人生的核心价值是什么，从事的事业应该对社会、对人类做出应有的贡献；权力是不可靠的，只有使用权，没有所有权；而实力却是你生命的一部分，它是最可靠的，是别人拿不走的，积蓄实力很重要……常能近距离地聆听先生的专业指导、精神激励、思想引领，实在是人生的一大幸事。

儒雅沉稳的先生若健步行走在古越的阡陌街巷中，就是这个千年古城最美丽盈动的景致之一。气定神闲的他身上所折射出的极有层次和深度的文化气息，和这个积淀深厚、人文荟萃的城市实在有着太多的契合之处。正因为真气内充，先生总给人气韵生动、蕴藉入味之感。很少见先生笑，他若笑了，鹤发童颜的他总是笑得是那么轻松、健康、达观。很多时候，他是个冷静的智者，默默地固守着岁月给予的淡然和尊严。不见苍老和疲惫的他，总有一种宁静的文化风度。不再追求年轻时误以为灿烂的东西，已臻于一种超凡绝尘之境中的他，静静地体会着人生的厚味。

容膝斋南首的墙上挂着一副先生自撰自书、请人雕刻的竹联：安步当车阅世事，清茶代酒养性情。相信热情而宁静、执着而淡泊的先生，会将自己华彩的生命乐章演奏出一个更清雅空灵、恬淡悠然的意境。

熟识先生，是缘，是福。

2009 年 2 月

（周毅：独立语文教师，“学习共同体”研究院特聘专家。曾在鲁迅小

学教育集团、树人小学、秀水小学等学校工作30年，先后担任副校长、校长、党总支书记等职。被评为省市帼建功标兵等，曾获浙江省课堂教学比武一等奖。出版专著《遇见：我的语文我的课》《走过：我的人生我的路》。）

一座永远的“风向标”
——周一贯先生《“儿童作文”教学论》所带给我的

·吴　勇·

记得 2006 年 4 月，去杭州观摩浙江大学组织的“千人万课”活动。课间休息，在会场门口的书摊前发现了《“儿童作文”教学论》，一看作者是周一贯，于是就毫不犹豫地买下了它。

当时，我的“童化作文”研究刚刚起步，不少学理上的问题搞得我焦头烂额，而《“儿童作文”教学论》的出现，无疑是雪中送炭，是我那次外出学习的最大收获。听课期间，一有闲暇，我便迫不及待地扎进这本书中。周先生著作中的一系列论述让我醍醐灌顶——

譬如“儿童作文”的本质：传统的作文教学，说到底是一种完全按别人的要求，用章法规则组织编造的文字作业，这种作业训练的目的则是应付考试得分。它彻底背离了作文的原点：生命的自由表达和真情交流。而提倡“儿童作文”，正是为了把作文交给儿童，让作文回到原点：“儿童作文”是儿童生命的自由表达和真情交流。

譬如“儿童作文”的作为：“儿童作文”要维护儿童的话语权。因为“儿童作文”是属于儿童自己的作文。“儿童作文”应当只让儿童说话，大人最好少“插嘴”。

譬如“儿童作文”的属性：“儿童作文”是儿童文化的一部分。为了保卫童年，人类社会形成了特殊的儿童文化，就是与儿童身心健康发展，特别是情感、情操发展相关的属于儿童本体所有的精神和物质的全部创造成果。它应得到成人的保护和宽容，真正成为儿童生命中的一方绿洲；它的“原生

性”和“原创性”决定了它不应当成为成人文章的“微缩版”。

譬如“儿童作文”的知识观：“儿童作文”反对传统作文过分强调章法、讲究技巧而导致生命真情缺失的不正确做法，但并不排斥一切写作技能、方法的规则学习。儿童习作中方法不是主要的，但是不等于不需要学习技能和方法。

这样的论述为我厘清了理念认知上的障碍，坚定了我的“童化作文”教学信念。渐渐地，在先生的《“儿童作文”教学论》的影响和支撑下，我对“童化作文”教学形成了一个完整的理性建构——

童化是“融化”。走向儿童的习作教学不是儿童与习作的简单叠加，而是儿童与习作在意义层面的相互渗透。走向“童化”的习作教学关键在于一个“化”字，化习作于儿童的阅读，化习作于儿童的想象，化习作于儿童的体验，化习作于儿童的时尚，化习作于儿童的实践。它让写作与儿童的生存、生活、生命融为一体，成为一个精神成长的共同体。这种融化是相互的，对儿童而言，习作教学不再是生命之外的负担，而是生命之内的交流和分享，是儿童生活中一种快乐有趣的言语交往方式；对习作教学而言，儿童是习作教学的内容，儿童是习作教学的资源，儿童是习作教学的目标。

童化是“活化”。当下习作教学，主要凭借教材中的习作训练展开。作为教材，这样的编排，自然有合理的一面；但在习作教学中，如果不在童年的场景的基础上加以“活化”，教学就会与儿童的生活、情趣渐行渐远。一方面，教材上的习作内容只讲究“面”上的适合，常常与“点”上的儿童生活不相关联。作为个体的儿童，每天都有新的故事发生，故事的主角就是自己，而这些充满生命气息、散发个性光芒的生活故事，常常因为教材的限制、教学的局限，被排除在习作教学的大门之外。写作在儿童的意识中就是为了编造另外一个“我”，自然就会搜肠刮肚，痛苦不堪。因此，习作教学需要注入儿童鲜活的“即时性”生活。另一方面，教材中的习作内容充其量就是一个素材，它是成人的思想“制造”，看似“童言稚语”，实质上与真正的儿童言语、儿童文化、儿童情感相去甚远。童化习作教学就是引入儿童文化中的“活水”，激活教材，召唤儿童，以实现写作与生活有机对接。

童化是“转化”。在传统的习作教学中，写作就是一项明晰的任务。习作教学的过程就是儿童在教师牵引下，挤压言语累积，完成习作任务的过程。走向“童化”的习作教学意在转化儿童的写作姿态：在教学层面，以活动为平台，借助“无为”习作情境来遮掩“有为”习作目的，竭力淡化习作教学的痕迹；在儿童表达层面，让儿童体会到写作其实就是一种交往——有具体对象、明确动机、合适方式、真实效果的一种言语对话行为，以自我的主动姿态，借助丰富的言语情境向他人展示真实美丽的童心世界。在这双重转化下，习作教学就会自然无声地融汇在儿童的生活世界中，儿童的写作活动就会自觉地构筑在童年的精神世界中。

童化是“催化”。习作教学的一个重要目标就是培养儿童的写作兴趣，在起步阶段，培养兴趣超过学习技法。可是，在当下的习作教学中，儿童的写作兴趣常常不是来自习作活动本身，而是来自习作活动之外的感官刺激，还没有延伸到儿童的写作状态之中，就悄然消退，于是习作教学常常有“善始”，却难得“善终”。走向“童化”的习作教学，注重催生儿童内在的写作兴趣，并引领儿童不断前行，逐步走向写作情趣——让儿童充分感受到写作就是感情的交流，写作就是心灵的分享。写作情趣生成并不是习作教学的终点，习作教学中更重要的是走向写作的理性智慧，即写作意识的形成。由兴趣到情趣，再到意识，这样的过程不是一蹴而就的，而需要教师站在童年立场上，慢工微火地去精心“催化”，逐渐让写作走进儿童心灵，成为一种童年的文化自觉。

童化是“优化”。在习作教学中，教师担负着“导写”的功能，儿童的职责就是按照教师的指导去写。“子非鱼，安知鱼之乐？”教学过程中，教师始终保持着置身事外的姿态，无法身临其境地融入儿童真实的写作状态中。走向“童化”习作教学有意改善师生在教学中的交往状态，以具体的言语活动为平台，营建起师生共同的习作生活。习作教学的过程，就是教师与儿童构筑共同话语世界、建立对话和交流关系的过程。师生关系的“优化”，可打通教师和儿童心灵之间的屏障，架设起一道互信互助的写作桥梁，使习作教学不再是师生身外的附属，而是心灵的诉求，让习作教学真正成为教师和儿童一种富有情趣、充满向往的共同精神生活。

我知道，在这些认知的背后，先生的思想像一只温暖的大手，托着我肤浅的思考带我逐渐走向深入；先生的智慧像一座鲜明的风向标，指引着我的实践向着明亮那方前行！

随着“童化作文”实践与研究的逐步深入，“童化作文”魅力也日益彰显，参与人员也随之增多，“吴勇‘童化作文’工作室”也随之成立。于是，这本《“儿童作文”教学论》就成了大伙儿的共读书目，这时，一个人的“精神向导”成了一群人的“行动指南”，每每在策略应用、课程建构、课堂组织、局限突破、思维辩证等问题上遭遇分歧时，就会有人捧出《“儿童作文”教学论》，从中引经据典，一句“周一贯先生说……”常常具有拨云见日的功效。

“教育就是回归生命之家，在这样的回归中，我们看到了教育者与受教育者之间各种不同的生命相遇，并因此感受到了教育过程中生命交遇的伟力！”(李政涛语）如今，“童化作文”教学已经走过了五个年头，我与先生在《“儿童作文”教学论》这本书中的“生命交遇”也有了五个年头！其间在张祖庆老师的引荐下，我与先生在电话中有了几次交流，再后来，我带领工作室的部分成员专程去绍兴拜会了先生，每次交谈都与这本书有关，都是从书中的有关论述开始，这本书几乎成为我们共同的语言密码。也正是此时，先生论著中的思想与我的“童化作文”实践找到了生命的交汇点，一股“伟力”在我们彼此心间悄然升起，并逐步弥散，生成了一个共同的精神场域。

2010年5月

（吴勇：“童化作文”教学倡导者，江苏省特级教师，正高级教师，南京晓庄学院外聘教授，获评“有重要影响的全国小学写作教学名师”，现任南京市江宁区教学研究室教研员，南京市名师工作室主持人。）

周一贯先生的学术魅力

·盛新凤·

何谓魅力?《现代汉语词典》的解释是“很能吸引人的力量”。因此，青春可以有魅力，艺术可以有魅力，学术也可以有魅力。从“人物简历”得知周一贯老师自1950年3月从教至今已有67个春秋，一直勤奋地耕耘在小学语文教育实践和研究的沃土上，可谓春华秋实，硕果累累，令人仰望。面对周先生，我们晚生无不为其学术魅力而感动。我虽然没有和他一起工作过，也无缘成为他的弟子，但一样得到过他的很多帮助和开导，也一样为他的学术魅力所陶醉。

周先生的学术魅力，首先表现在他时尚的形象上，他的形象给人强烈的视觉冲击力。很多时候，看到古稀之年的周先生在台上讲课，红衣，雅致的背带裤，映衬着满头银发，再加上昂扬的神情、洪钟般的声音，用现在的流行语来形容：真是帅呆了！当然，学术魅力更是来自他以入世的态度耕耘、出世的态度收获。当你坐在由他营造的教学现场中聆听，虽感觉他普通话不大标准，却总能被他深深吸引。先不说那契合潮流的理念、透彻的阐述，单注意他话中的幽默和穿插合宜的流行语，也足以让你开怀。讲到语文教师的另类智慧——钝感，周先生顺势插了一句歌词“留一半清醒留一半醉”；讲到有些老师在课堂上把逞强的机会留给了自己而忽视了学生，周先生幽默地形容他们的想法“我的课堂我做主”……这些耳熟能详的流行语，常引得大家捧腹。当然，这仅是调味品而已，仔细聆听，你会由衷地感慨，八十出头的老人，思维何其敏捷，目光何其锐利，每一句话都值得你细细思量，每一个观点都会把你的思考引向深入。周先生的讲座，雅俗共赏，让人百听不厌，

如此深入浅出的表达，入木三分的说理，一针见血的剖析，都建立在他 50 多年学习、思考、沉淀的基础上，所以，周先生的时尚，不会流于简单肤浅的调侃，而是一种隐于轻松中的厚重与丰富、深刻与前卫。从 20 世纪 70 年代至今，周先生提出的“语言文字训练的时代发展”“注重教学的行动研究——案例研究”“还学于生”“语文课堂教师‘悠着点’的哲学思考”“儿童作文教学研究”“教学的软设计和弹性设计”，等等，抛出的每一个观点，都针对当时语文教改存在的弊端，引领了教改潮流，让人振聋发聩。《语文教学训练论》《语文教学方法论》《“研究性阅读”教学探索》《语文教学优课论》《语文教研案例论》……100 余本专著的问世，让我们看到周先生的研究不断进入新的领域。周先生，读您千遍也不厌倦！

周先生的学术魅力让人百读不厌，在人格魅力上他也堪称楷模。周先生为人处事质朴真实，那是一种丰富的简洁、深刻的平淡、自信的谦虚。我想这就是大师的风格，知道自己无需矫饰。跟周先生交往，你会想到一个词——磊落。老人笑得磊落，说得磊落，语声朗朗，正气坦荡。周先生对晚辈的帮助和提携可谓无私，用他自己的话说就是“谁我都帮”“我跟谁都没有特殊关系”。周先生说得硬，做得硬，帮人又是实实在在，帮人帮到实处、细处，谁不感激？好几次寄稿子给他，不好意思提修改的要求，只是想让他提提意见。可一段时间后，寄回来的稿子都改得花花绿绿，让人感激。把周先生改过的稿子拿来给我先生看，他也感慨万分，特别提醒我：这些稿子值得好好珍藏，是很好的纪念品啊！现在这样的人真难得啊！

跟周先生交往，算来也已有好多个年头了。这么多年来，跟周先生见面的机会屈指可数，先生对我的影响却很深远。记得对周先生的敬仰，始于由他主编的《中国小学语文教学名师精品录》。当时刚工作不久的我，读着书中颇耐人寻味的经典案例，除了佩服案例作者的智慧外，更佩服那位经典案例的解读者——周一贯先生。我惊诧于他的犀利和敏锐，这些课例在周先生深入浅出的诠释与解析下，变得如此引人入胜！感觉周先生真有“点石成金”的本领，于是很想认识他。2001 年在北京参加国家级骨干教师培训班，碰到了周先生的徒弟——著名特级教师董建奋老师，跟她聊起了周先生，聊起了自己的敬仰之情。董大姐热心地向我举荐，细说周先生是多么平易近人，而且对年轻老师热心帮助，有求必应。但由于我胆小内向，终未能有勇气当面向周先生请教。

2002 年，在湖州市小语会开会时，周先生受邀来做讲座。我在会上上了一节公开课，周先生第一次听了我的《卢沟桥的狮子》，给予了很高的评价，并在会上承诺以后有机会要请我出去上课。周先生没有食言，第二学期便邀我去绍兴上课，并对我的课做了极富针对性的评点指导。以后，我便有了很多向周先生请教的机会。

2004 年，我刚进入教研室，各方面都没有调整好，课也进不了状态。记得第一次《燕子专列》的公开执教，地点在台州市，正好先生也莅临指导。听完课后，周先生语重心长地告诫我，课在滑向不好的方向，上得有点“飘”了，引入的时尚元素太多，不够扎实……周先生的话犹如当头棒喝。回到家后，我开始静下心来，细细分析，反思自己。在经过了一年时间的调整、沉淀后，感觉自己慢慢地又有了以前的状态，创造力被重新激活了，我开始找回了以前的自信。这几个学期的课，自己觉得已冲过了高原期，在进入一个崭新的境界。如果没有周先生的提醒，不知自己还要在黑暗中摸索多久。

2005 年，我开始提出语文教学要追求“两极融通之美”，周先生对此给予了充分肯定，并提醒我研究的基点要放在“融通”上。2006 年，我在语文课堂追求“两极融通”的基础上，进一步将理念提升为“和美语文”。在思考“和美语文”的日子里，周先生给予我更多的帮助，给我点拨，帮我梳理，给予我鼓励，让我对“和美语文”的概念逐渐由模糊变得清晰，对“和美语文”的前景充满了信心和憧憬。每次思维受阻时，我就拿起电话向周先生求救，他总是不厌其烦。电话那头的周先生，声音铿锵，唯恐说了我还听不清楚，有时一说就是个把小时。幸运的我每次都是在满足、内疚、言犹未尽中挂断电话，如果不考虑周先生的身体状况，我还真的愿意继续听他侃侃分析。可以说在我的成长过程中，在我的研究从实践转入理性思考的阶段，周先生

有着十分重要的引领作用。师恩绵绵，山高水长，如果以后“和美语文”的研究能有成果的话，那其中就有周先生的一大半功劳。

周先生的学术魅力真的很美，美得实在、厚重，美得坦率、真诚，美得热情、时尚，美得……还是让我借用陶渊明说的那种境界：“山气日夕佳，飞鸟相与还。此中有真意，欲辨已忘言。”因为说了那么多，总觉得还没说到点子上。我对周先生学术魅力的感受，是一种诗意地栖居在心灵里的幸福，它已成为清澈而又深刻的生命体验，会永远激励我在教育人生的路上前行。

2009年2月

（盛新凤：浙江省湖州市教育科学研究中心小学语文、小学道德与法治学科教研员，正高级二级职称，特级教师，教育部、财政部“国培计划”专家库成员，浙江省功勋教师，浙江省特级教师协会副秘书长。首创“和美语文”教学流派，出版7部教学专著。）

奇迹是怎样炼成的
——与小语名宿周一贯先生交往的记忆片段

· 张祖庆 ·

毫不夸张地说，周一贯先生是小语界的奇迹！就我目前的阅读视野与阅读经历而言，当下中国小语界，写作之勤，著述之丰，创意之多，恐怕没有人能超过周一贯先生。从教58年，编著120多本图书，在中国有较大影响力的教育与教学杂志上发表论文1300多篇。周先生的成就，让人叹为观止。

周先生让人佩服的，不仅仅在于惊人的著述数量，更在于勃郁的学术创新品格。虽年逾古稀，但他看问题“一贯”尖锐深刻，常有振聋发聩之语，警醒着理论界和一线教师，为小语改革之路吹进一股股清新而理性的风。翻阅不同时期有影响力的语文教学杂志，我们总能看到周先生苦心孤诣、筚路蓝缕的身影。一代又一代的小语人，总能在周先生闪烁着智性光芒的论述中，获得前行的信念与力量。从教20年的我，就是读着周先生的文字，聆听着周先生的报告成长起来的。

虽说同是浙江人，但近距离接触周先生，也是2005年以后的事了。2005年以前，周先生之于我，是一个值得敬畏的遥远存在；而2005年，许是机缘巧合吧，我得以有机会渐渐走近周先生，交往日深，我更感佩于先生为人之真、求学之精、著述之勤、对晚辈提携之诚。这几年，周先生常对我耳提面命、悉心指点，我的语文教学核心理念与教学风格的初步形成，受周先生颇多影响。

回想与周先生的交往史，有不少记忆片段，常常在我心头闪烁，它们成了我语文人生中不可忘却的美丽图景——

“教学，要目中有人”

2005年7月，历史名城绍兴。

也许冥冥中，我是必定要走近周先生的。2005年7月初，我接到周先生从绍兴打来的电话。周先生要我在他主持的一个名师研修班上一节课，并做一个关于专业成长的讲座。说实在的，当时我颇感意外。此前从未正面接触过周先生，在先生面前上课、做讲座，确实底气不足。正推辞着，周先生对我说：“关注你已经有一些时日了，在当今浙江年轻语文教师中，你是一个不可忽视的存在，你的课清新而不造作，很有自己的特色。想请你来给老师们上一节课，并做一个专业成长介绍，让更多的老师能够从中受到启发。”周先生的话，让我既汗颜又感动。我没有推却的理由与余地，于是，答应了先生。

7月底，我如约在“绍兴市骨干研修班”上了一节《在大熊猫的故乡》，并做了题为“我和我追逐的梦——与青年教师谈我的语文之路”的讲座。轮到周老师评课了，他从“教材的二度开发”“自主、合作、探究学习方式的有效探索”“游记类课文如何上得有情有趣”这三个角度，对我的课做了充分的肯定，并结合我的成长经历，勉励年轻教师要多看书、多思考。周老师还对我的课提出了很有价值的建议，他指出，以“科学考察报告”的形式来推进本节课是一个创意，但教师在学生汇报之后，将预设的答案在屏幕上一一呈现完事，这似乎不是很妥当。是否可以让学生有自己的理解、形成自己的不同填法？这才是真正的尊重学生。教学，既要有预设，更要有生成！教学，要目中有人！

从此，我记住了周先生的话：“教学，要目中有人！”

“手段，要服从于目的！”

2006年4月，省城杭州。

第一次有幸与周先生在同一个活动中为来自全国各地的老师上课，是在浙江大学理工学院张伯阳老师举办的“本色语文”教学观摩会上。

我上的是第二版本的《詹天佑》。上课前，我看到周先生在主席台就座，于是上前和他打了个招呼，便进入了课堂。上完课后，我向周先生请教了不少问题。周先生照样热情地鼓励我，并指出本节课创意所在和可以改进的地方。最让人感动的是，周先生主动提出要为我这节课做一个点评。

活动结束后，我将实录整理好寄至周先生家中。一个星期后，周先生手写的评课稿寄回杭州，并复印了不少他积累的“原生态教育”资料。又一次，从他的文字中，我感受到他对年轻人的热切期待和无私真诚的关怀。

在周先生对我的点评中，以下话语让我记忆犹新：

“交流好，才是真的好”，这已成为教师修炼教学艺术的共同追求。

追溯本案始末，从字里行间你不难感受到三度创造的那种智性美丽。水无常势，教无定法，教师的引导探究不从常见的由“杰出”“爱国”处入手演绎，而是从“哪些细节让你感触最深”中着眼于归纳，可谓创意独具；而从 1905 年到 2005 年的百年跨越中点化，使阅读教学具有了常读常新的时代光彩。

初读课文能把课文读通，是阅读教学的底线，也是教学全程的基石，实在不可忽视……若能有更多的投入，必然会有更多的收获。

但是读图的轻松有时会损害学生解读的兴趣和能力。所以要不要以图示代读，何时以图示代读，是教师的智慧选择，而孔子的“不愤不启、不悱不发”便是一种准则，“愤”“悱”才是机不可失之时。

周老师的正面肯定，总是那样画龙点睛，慧意玲珑；周老师的教学建议，总是那么切中肯綮、意味深长。

从周老师对我《詹天佑》一课的点评中，我又一次找到了教学的努力方向：教是为了学生的学；任何的手段，都要服从于目的。

第一次造访容膝斋

2008 年 7 月，周先生家。

2006 年 9 月至 2008 年 7 月，我有一段时间和周老师失去了紧密的联

系，原因主要在于我自己。周先生曾在不同的场合多次对我说，像你这样的人，尽可能不要走行政路线，你的长处在课堂，课堂就是你的生命，你要立足课堂，在课堂上建树你的独特风格。但反思这两年，学校有太多纷纷扰扰的事情需要理顺，让我很难沉下心来钻研教学。本来早已有所设想，且在周先生的指点下列好写书计划的提纲，也中途夭折。因此，我有一种无颜见周先生的愧疚。

2008年7月初，我接到了语文出版社刘立峰先生的电话，说想帮我出一本专著，让我尽快动笔，并于8月底9月初交稿。于是，我翻检出两年前列就的写作提纲，带着顽劣学生没做好功课的歉疚，来到周先生的家——这是我第一次到周先生府上拜访。

周先生在他书香满屋的容膝斋接待了我。谈起这两年走的路，周先生没有丝毫责备，他说一直在关注着我，并说我能坚守自己的风格，这很难得。聊了一会儿，我们切入了正题。周先生从当前公开课"华丽课堂""唯美课堂"的弊病谈起，建议我从"高效能语文课堂"的层面入手，建构我的语文教学思想模型。这一次拜访，我还带去了一个新课实录——绘本作文《光屁股大犀牛》(同一个绘本在三个年级的不同教法)。周先生阅后，对我的创意击节称赞，当即鼓励我将这一探索整理成文，并答应为我写个课评，推荐至《语文教学通讯》发表。最让我佩服的是，不到10分钟，周先生便帮我想出了论文的题目和提纲，仿佛这一切都烂熟于他的心中。

从绍兴回来，不到一星期，我收到了周先生写的《"心""图"相融的读写冲击波》，周先生从绘本作文对当前习作教学的意义剖析入手，阐述了这种习作教学的价值取向和指导策略。周先生的评价，又一次让我获益匪浅。后来，我以《适切性：一个绘本的分年级读写互动》为题，写成1.2万多字的论文，刊发在《语文教学通讯》2008年第25期。

满头白发的听课者

2008年7月，舟山沈家门小学。

应《小学语文教师》编辑部李振村之邀，我于2008年7月底赴舟山，参加全国第二届“新经典”论坛，大会安排我两个小时的发言任务。这次会上，来了不少我敬仰的专家学者：张华教授、刘良华教授、张圣华先生、于永正老师等，周先生也在被邀之列。

以周先生的学术地位和古稀之龄，完全可以做完讲座后不用再一直参会。然而满头白发的周先生，从第一天开始，一直到最后一天，始终端坐在沈家门小学的报告厅前排，专心致志地倾听着每一场讲座，时而若有所思，时而颔首微笑，时而疾笔速记。这让所有在场的老师无比感动。我曾对周先生说，听一个多星期的讲座，我们年轻人都觉得很累，您为何不去好好休息？周老师笑笑说，平日里事情多，很少学习、充电，这次难得有那么多的专家、学者，要趁机好好吸收。这一刹那，我似乎忽然明白，周先生何以永远激情澎湃，笔耕不辍，因为他把学习与写作，当作了生命的全部乐趣。

那天，我发言的题目是“走在追寻理想的路上”。我将自己的语文人生和对理想语文的思考，以讲故事的方式和大家分享。发言毕，周先生又一次热情地鼓励我。我深知我的这些肤浅体会，没有多少高深的理论，和周先生他们的学术报告相比，只能算是小儿科。而周先生，总是用这样赞赏的目光，激励着像我这样的年轻人。

当晚，我到周先生寝室，就书稿新提纲向他请教，他提出了很好的建议。

“立体、多彩的语文人生”

2008年8月，杭州。

8月19日，经过一个多月的艰苦奋战，我终于将书的第一稿赶出来了！我将打印稿快递给周老师，并在第一时间将电子稿发给他，请他把关。

两天后，周老师回了电子邮件给我：

祖庆：

书稿第二部分已读，总体很好！建议：

1. 第一节中的“三”，应当调到“一”，也就是先要理念开路，纲举目张。

2. 在上调的“核心目标：高效能语文课堂的灵魂”这一部分中，建议把

标题改为“生本语文：高效能语文课堂的灵魂”。这样能更好地彰显你的语文理念。

3.“生本语文：高效能语文课堂的灵魂”这一节是全书的重中之重，要修改好，突出以下几点：

（1）语文教学的主流价值观是什么？应当是全体学生的学习发展，围绕这一点做阐述十分重要。高效能语文的价值追求和审美取向，就建立在这个主流价值观上。

（2）什么是“高效能语文”要有描述性界定（可联系课标中“语文课程应致力于学生语文素养的形成和发展”这段话）。

4.这样安排，方能紧紧扣住“高效能语文”这一教学理念的个性。其他各节基本可以，围绕这一中心再做润色，工作量不大。

如方便可参考两本书：田志强《有效教学策略》，郭思乐《教育走向生本》。仅供参考。

周一贯

8月22日

周先生的回复，让我信心倍增。按照他的建议，书稿第二部分修改得甚为顺利。两天后，周先生又寄来了热情洋溢的读后感。

回想起与周先生交往的点点滴滴，我似乎突然明白，奇迹是怎样炼成的——奇迹，源于不懈的学习；奇迹，源于不断的反思；奇迹，源于不息的创造；奇迹，源于不辍的笔耕。

周先生，我心中一座永远的高山。高山仰止，景行行止，虽不能至，心向往之。

2008年8月

（张祖庆：浙江省特级教师，杭州师范大学硕士研究生导师，全国首届

“有重大影响力”写作卓越名师，杭州谷里书院创始人。著有《张祖庆讲语文》《童年不可错过的文学课》《光影中的创意写作：46节电影作文课》等十部学术作品。有微信公众号“祖庆说”。）

坚守的执着
——在绍兴市小语会庆祝周一贯先生从教60周年活动上的发言

· 葛银铨 ·

在中国小语界，有一位老教师，他说自己一辈子只做了一件事——小学语文教学研究与实践；但他把用一辈子做的这件事做到了极致。感谢中国博大精深的母语文化为我们沉淀下“著作等身”这个词语，“著作等身”，是对周一贯先生60年小学语文教学研究和实践的最恰如其分的评价。他的论著，影响了中国数十万小学语文教师的语文教学理念，指导着广大一线小学语文教师的课堂教学改革。可以这么说，今天与会的每一位老师，都是阅读着周老师一部一部著作、一篇一篇论文，逐渐成长为小语名师的。

所以，当4月中旬，董建奋校长来电告诉我5月份将举行周一贯先生从教60周年庆祝活动，问我能否抽出时间参加。我毫不迟疑地说，先生从教60周年，是我们绍兴小语界的大喜事，我定当当面祝贺先生60年的辉煌，再次聆听先生的谆谆教诲。

作为全国数十万小学语文教师中有幸经常得到先生指导的幸运儿，与先生20余年交往的无数细节，凝聚在我脑海中的是“敬仰”和“感激”这两个词。

去年2月下旬，我应邀赴宁波奉化为当地小学语文领雁工程讲课。车刚开进锦屏小学校园，就听见从二楼报告厅传出先生的讲课声；当中饭后我进入报告厅，为下午的讲课做准备时，学员们还沉浸在先生上午精彩的讲课中。最让学员们折服的是，先生惊人的记忆力和精妙的语言组织能力。近三个小时的讲座，先生没有纸质讲稿，也没有纸质提纲，全凭脑海中丰厚的积淀和惊人的记忆，条分缕析；而且语言精当，观点新颖，不用做丝毫删改，就是一篇精彩的学术论文。学员们都惊叹，先生的大脑结构一定和我们普通人不同！

先生的学术成就和思辨能力大家都耳熟能详，毋庸我赘述，而先生对后辈的真诚勉励和提携更令我感动不已。

2008 年初，我将后来发表在《语文教学通讯》2008 年第 13 期上的论文《开发课程资源，弘扬母语文化》通过电子邮件发给先生，请先生指点。先生看后，马上打电话给我，充分肯定这篇文章的学术价值，说这是一篇开展语文综合性学习比较完整的、系统的、主旨集中的实践经验文章，尤其选择母语文化作为综合性学习的主题在当前具有前卫价值和提倡意义，同时指点我这样的文章最适合在《语文教学通讯》上发表。在后来的几次交流中，先生一再肯定我这几年从汉字文化入手，致力于小学母语启蒙的研究和实践在小语界的影响力，勉励我一定要坚守自己这独特的语文教学研究领域。正是由于先生的指导和鼓励，我才下决心于 2009 年正式出版了《小学母语启蒙导学读本》上、中、下三册，并在短短的半年时间内，让这套读本在省内外 170 所学校推广使用。可以说，先生对小语研究的睿智和对后辈的勉励，使我充分认清了自己研究的方向，体会到研究的价值。

去年上半年，一位嘉兴的朋友打电话给我，说他有一部个人专著正要交付出版社出版，因景仰周一贯先生的学术成就，想请先生作序，问我是否可以引荐。我说先生一向乐于提携后辈，如果抽得出时间，应该没问题。我跟先生联系后，先生果然爽快地答应了。书出版后，朋友兴奋地告诉我，看过他书的朋友都说先生写的序高屋建瓴，极大地提升了他著作的学术品位。

曾记得，先生为我担任校长的上虞市（现为绍兴市上虞区）滨江小学题写过“止于至善”的题词，而先生的学术成就和人格魅力，已真正达到了“至善”的境界。怪不得这些年每次外出参加学术活动，那些学术界的朋友都羡慕我们绍兴的小语氛围，羡慕绍兴小语界有先生这么一面足以引领全国小语发展方向的旗帜。与先生 20 余年的交往，耳濡目染先生的学识和人品，我可

以肯定，先生是一座富矿，先生的60年教学生涯，有我们后辈享用不完的财富，而传承这笔宝贵财富，个人以为，这才是我们这次庆祝活动的主旨。

首先，先生对事业的执着和坚守。

60年，整整一个甲子。先生的语文教学研究和实践历程，几乎和共和国同龄。“情系教坛满头霜，笔耕舌论默默忙。识得寂寞个中味，桃红李白话西窗。”这是先生在纪念自己从教50年之际写的一首诗，也是先生对事业60年执着和坚守的真实写照。即使退休以后，先生依然继续着自己“语文研究”的生涯：每天至少要审读6万字的语文教学资料，每月至少要写1.5万字的语文教学论文；1996年退休至今，已经出版教学专著10多本，在《人民教育》《中国教育》等刊物杂志上发表论文达1260多篇，至今，他每个月在省级以上报纸杂志发表的文章都在2篇以上。在与同行的交流中，我们经常听到“职业倦怠”这个词，而在先生身上，我们看到的只有职业坚守和职业幸福，“吾道一以贯之”，先生真是人如其名。对语文教育事业的执着和坚守，是先生最大的人生美德，也是我们后辈最应传承的宝贵财富。

其次，对自身教学素养的不断锤炼。

先生只有初师学历，靠自学完成了大学中文系的课程；先生没有不良嗜好，学习、写作是他业余生活的全部。我曾问过先生：您不用讲稿的讲课本领是怎么练就的？先生说：“教师的专业素养是需要不断锤炼的。一方面，通过不懈的学习、强记、积累，在大脑中构建起内在的知识仓库；另一方面，我强制自己在大脑中建立讲课提纲，强制自己不带讲稿讲课，练得多了，就形成了这方面的能力。我相信，人的潜能是无穷的。”看来，先生的大脑结构和我们是一样的，即使现在变得不一样了，也是在反复的锤炼中练得不一样的。也正因如此，已过古稀之年的先生，思维之敏捷远超年轻人；他对于小学语文的思考，常常成为这个领域前沿的研究话题。

再次，对同行的真诚和扶持。

凡成大家者，必学识、人品俱佳。绍兴小语界，得益先生教诲者，数不胜数。“赠人玫瑰，手有余香”，正是先生这份不分朝夕地“为人作嫁衣”的豁达和快乐，才将自己华彩的生命乐章演奏得更为流光溢彩。

最后，衷心祝贺周一贯先生从教60周年！衷心祝愿先生健康长寿！

谢谢大家！

2010年5月15日

（葛银铨：正高级教师，浙江省劳动模范、特级教师、中小学师德楷模、名师网络工作室领衔人。历任绍兴市上虞区滨江小学、实验小学、阳光学校等多所窗口学校校长。2020年9月，担任杭州市下城区教育局教育质量监测中心主任。2021年8月，任杭州市德天实验小学书记、校长。）

容膝斋·暖阳

·屠素凤·

冬日的一个午后，再一次坐在周老师的容膝斋，向周老师请教最近在关注的一个语文研究话题——语文学科教学中的劳动“渗透”。几缕阳光歪着身子从窗子里悄悄地进来了，斜斜地落在书桌上。周老师靠着椅背坐着，眼神穿过窗户，看向远方。他看到的一定是“语文”的整个世界。而今天他独独留意的正是我提到的由“劳动”而展开的一扇语文之窗，“文字是在劳动中创造的”“劳动的审美表达在本质上就是语文”……周老师从“文字的起源在劳动”，一直讲到如何用语文的方法诸如“读劳动”“听劳动”“说劳动”“写劳动”等策略去感受、理解、欣赏劳动，唱响语文教育的“劳动主旋律”。我怕跟不上周老师的思路，打开了手机录音。心里再一次涌起这个怪念头：周老师的脑袋绝不是一般材料做成的。八十多岁的老人，思维何以如此敏捷而开阔，思想何以如此深邃而有创意，观点何以如此有前瞻性而有引导价值。我有些许的走神，盯着他的满头银发，想在银发间捕捉那无数外溢的跃动着的思想灵光。

谈话间隙，看着睿智而慈祥的周老师，一向不善于表达的我，木讷地吐出了藏在心中已久的一句话：“周老师，没有你，也就没有今天的我。”

周老师听后，笑了：“是的，我几乎参与了你专业成长的全过程。”

尝试教学：周老师教我在语文世界里学做人

我于1988年入职，刚入职就遇到了周老师。

我初入职于一所山区小学——原绍兴县漓渚镇中心小学。学校虽在山区，但教学改革做得轰轰烈烈，语文教学改革更是名声在外。学校承担着“全国语文尝试教学研究”的课题，课题的策划和指导专家就是时任绍兴县教研室副主任的周一贯老师。

1988年10月份的一个午后，负责学校业务的谢副校长找到我，跟我说，县教研室的周一贯主任和语文教研员楼平要来学校听调研课，让我好好准备一节课。大概是初生牛犊不怕虎，接受任务后，我没有紧张、胆怯。晚上备课，第二天上午上课。课后交流、指导。周老师说了什么我现在已经忘了，唯一还记得的是周老师讲课时那激越洪亮极具感染力的声音，他肯定我素质不错，鼓励我继续努力。得到了周老师的认可，我很快被吸收进“语文尝试教学研究”课题组，还成了课题组的骨干，多次承担“语文尝试教学”各级各类的研究课。其间，在“尝试”思想的熏陶下，在“尝试”课堂的锤炼中，我迅速成长为漓渚镇的语文教研大组长，获得绍兴县优质课、县教坛新秀等称号。

1992年上半年，新学期刚开学，业务校长再次找到我，让我参加在江苏常州召开的全国语文尝试教学研讨活动，并在会上执教一堂公开课。谢校长补充说，是周老师特意点名让我去参会并执教的，还嘱咐我早早选好课文，备好课，他一有空就会来学校听课。

很快，周老师来了。我们坐在小会议室里，周老师先表扬我课选得不错。他认为，绍兴的老师用尝试教学法执教与绍兴名人相关的课文——《我的伯父鲁迅先生》很有意义，既展示了绍兴教师语文尝试教学的研究深度，也推介了绍兴的一张文化名片——鲁迅。同时，他指出我若要代表绍兴的研究水平在全国尝试教学研讨活动中去执教，还有很多不足。于是，周老师先指导我整理了这堂课的教学框架，把语文尝试任务定为：理解含义深刻的句子。课堂的框架则从学生尝试自主理解入手，再抓住学生的尝试错误，有针对性地指导学生理解例句，收获理解方法，最后第二次尝试用学到的方法理解其他句子。“学”如何展开？周老师告诉我“尝试”中的“导”要“大手笔”“粗线条”，如此，才能保障学生充分试学、有效试学，才能促进学生在尝试过程中实现生命的成长。小课堂、小语文，需要承载起促进孩子生命成

长的大使命。“生命教育”这个教学思想如冬日暖阳，一直影响着我对语文教学的思考和探求。“为生命而教”也是我后来提出“对话语文”教学主张背后的高位理念。

周老师来学校听了几次课，课后细致地指导，从环节的设置、细节的安排，一直到语言的斟酌，可谓是手把手教学。终于，我一个参加工作不满 4 年的黄毛丫头，一个普通的山村女教师，在江苏常州体育馆里，登上了“全国语文尝试教学研讨会”的讲坛，且获得圆满成功。回到绍兴后，我第一时间向周老师做了汇报。周老师也难掩兴奋之情，大声地说：“你是绍兴第一个登上全国讲坛的老师，我们不说‘后无来者’，但绝对是‘前无古人’。”一位长者，用他对语文教学的全部热忱感染着我，鼓励着我。我年轻的内心享受着语文课堂给予我的从未体验过的温暖。

后来，大概是凭着在全国性的语文教学研讨活动中公开执教这个关键事件，工作才 4 个年头的我，获得了浙江省优秀青年教师的光荣称号，同时也被绍兴县教育局当作年轻教师的学习典型。1993 年的一个春日里，我作为优秀青年教师代表参加了绍兴县教育教学现场会。会议中场，周老师找到我，把我带到会场的角落，语重心长地嘱咐我：“可不能骄傲，年轻人要学会‘夹着尾巴做人’，眼界要高，要向远处看，向高处走！”后来，我才知道原来我的“浙江省优秀青年教师”候选人资格是周老师提名的，也是周老师带着考察组来学校考察我在学校的教育教学情况的。学校老师反映说我“不太理会人”，并把这个行为表现解读为我有点骄傲。虽然我知道我从未骄傲过，但是我知道“不太理会人”确实是我性格上和人际交往上的缺点。我终于深切体会到周老师嘱咐我那番话的深意。周老师不仅手把手引领我跨进了语文教学的大门，还用心地教导我在语文教学路上要有隐忍的姿态，学着低调做人，才可以走得更远。

对话语文：周老师教我在语文世界里学做事

1999 年起，我任职于绍兴县教师发展中心，身份从一名教师转为教研员。周老师当时已从教研室退休，返聘于绍兴县教师进修学校，成为绍兴县小学语文名师班第一批学员的带班导师，我是其中一员。刚从教师身份转为教研员身份，我有诸多不适应。好在进修学校与教研室隔得近，我常常跑去周老师办公室请教，周老师也常常给点子、出思路、搭平台。有什么下校调研、诊课的任务时，周老师总会带上我。记得有一次，周老师带我去柯桥小学帮助学校诊断全校语文教师的课堂教学水平。3 天时间，每天听 6 节课，分上午、下午两个时段进行现场反馈。听 6 节课，反馈 6 节课，劳动强度大，却挺能锻炼人的。为锻炼自己，也为多向周老师学习，每次向老师们个别反馈时，我总是抢着先说。轮到周老师跟执教老师交流时，他开口第一句总是说："我基本同意屠素凤同志的意见。这里我再做些补充。"我感谢周老师的包容，他非常细心地给我创造了一个非常舒适的可以尽情言说的空间，在这样的话语氛围里，我拥有了大胆思考的自由和不断进步的空间。

2000 年初，新概念作文掀起了作文教学改革的大潮，周老师告诉我可以带着全县语文骨干教师，做小学新概念作文研究，推进绍兴县小学生作文教学改革，促进小学生作文的个性化表达。他联系了浙江教育出版社，指导我组织了一场全县小学生的新概念作文大赛，同时以作文大赛的素材为研究材料，分析小学生作文的现状，反思小学生作文缺少个性化表达的症结，成立"小学生作文个性化表达策略研究"课题组。在周老师的指导下，我带领全县语文骨干教师进行课题研究，从执教研究课到提出改进策略，从提炼教学观点到生成作文教学促进论点，最后这个课题项目获绍兴市优秀教科研成果一等奖。第一次做课题，就获得了市级层面的一等奖，我的研究自信大大提升，相信自己不仅能上好课，还能做好研究，更能推进全县语文教学研究。

2003 年起，第一轮新课程改革开始，新理念、新概念、新教材给了我们语文人广阔的研究空间。我抓住"对话"的理念，开始思考并实践如何在语文课堂教学开展一场有效对话。陆陆续续地，与对话相关的理论文章、案例、教学设计等在省级及以上报纸杂志刊出 60 篇左右。当我把这些成绩向周老师汇报的时候，周老师颇为高兴，沉思了一会说："对话是教学的本质，你主要做的是在语文教学这场对话实践中，培养学生的对话情怀，提升学生的对话能力。这是你的教学风格，更可以打造成你的教学主张。我看你的教学主张就是‘对话语文’。”周老师的话，再一次打开了我的语文视界，借助周老师的视界，我仿佛看到了属于自己的更高远、更广阔的语文追求。而后，周老师指导我把“对话语文”的相关成果整理成册，并正式出版了第一本教学专著《语文教学有效对话的实践探索》，课题成果也获得绍兴市人民政府颁发的基础教育教学成果一等奖。周老师在给我的著作写序时写道：“‘对话’在她的语文教学里已成为一个纵横左右、贯通上下的核心理念和基本策略，不可避免地会成为她的语文教学思想和课堂风格。”我清晰地知道我还没有到达那个境界，我也清楚地知道这是周老师对我的期望，读着这样的文字，心头涌起的是满满的感动。

评特事件：周老师教我一辈子认准一件事来做

特级教师的称号在我心里近乎神圣，我固执地认定只有周老师那样的专家才是真正的特级教师。然而，每每走近周老师跟他聊起这个话题，他总是鼓励我去试试。我看着身边一起成长的伙伴一个个都成为特级教师，内心开始骚动，于是有了2010年、2014年、2018年历时8年的特级教师评选经历。我在这8年里经历过上课、做研究、写文章的辛苦，经历过梦想破碎的失落、彷徨和焦灼，经历过目标迷失的困惑、无助和痛苦……这中间的滋味大概只有亲历者自己知道。在那段时间里，我很少向周老师请教，有时甚至有意躲着周老师。但是，周老师从没有放弃过我，多次主动打电话关心我的学习和工作情况，鼓励我不要放弃自己的追求。

2014年7月下旬，我又一次没有通过特级教师评审。消息传来，积蓄着的希望瞬间消逝，我感觉自己仿佛随着崩塌的山体急剧向下坠，坠向没有尽头的深渊。我躲进书房，悄悄流泪。

大约过了一个星期。一天早上，我正百无聊赖地翻着一本小说，手机铃声响起，瞥了一眼显示屏，是周老师打来的电话。接通后，电话那边传来了周老师关切的询问：“屠素凤，怎么样?”短短几个字，却包含着极大的信息量，有关心，有安慰，也有担心……我像一个受了委屈的孩子，泪水悄悄滑落。见我不出声，周老师接着说：“屠素凤，你的语文教学水平是有目共睹的，你的教学能力也是大家都认可的。这没什么大不了的，我也曾经有过失败的经历。”周老师在电话那头，向我讲述了他的特级教师评选故事。我默默地听着，倔强的内心开始认可了周老师的观点：“只要我们足够强大，一定会得到大家的认可。再说，在朝着教学理想前进的路上，特级也只是路过的一个驿站。”周老师的话语如暖阳泻下的丝丝温暖，融化了失落、自卑、不甘凝结而成的寒冰。等心情平复后，我专程去探望了周老师。周老师再一次嘱咐我，无论评不评得上特级教师，都不要放弃已经积累了那么多年的专业经验，要相信自己，专注做一件事，一定会有回报的。

2018 年 7 月，我成功被评选为特级教师，12 月又晋升为正高级教师。周老师欣慰地说：“虽然来得晚了些，但终究是实至名归。所以，坚持做好一件事一定可以成功。”我知道这些成绩离不开周老师的指导、支持和鼓励，但似乎任何语言都是苍白的，都不足以表达我对周老师的感恩之情，我只是对着周老师憨憨地笑，然后默默而郑重地接下周老师为我规划的下一个目标：继续努力，做一个有思想的语文教学专家。

在周老师从教 60 周年庆祝会上，我怀着对恩师深深的感激参加了会议，但是，我不敢发声，也没有留下只言片语。在周老师 80 华诞庆祝活动中，周老师再一次邀我参加，我还是没有发声，仍没有留下只言片语。“特级教师”“正高级教师”或许算得上是我向周老师交上的答卷，但我想周老师应该更想看到我继续探究语文教学真谛的执着向前的行动。因为，80 岁高龄的恩师，仍健步走在语文教学的大道上，我辈有什么理由懈怠？朝着恩师前行的方向，继续行走；前途有光，那是恩师托举的暖阳，也是教育召唤的光亮。

感恩，容膝斋里的暖阳！

2022 年 11 月

（屠素凤：绍兴市树人小学教育集团总副校长，绍兴文理学院研究生导师、客座教授。正高级教师。浙江省特级教师，浙派名师培养对象。《小学语文教学》《小学语文教师》封面人物，《小学语文教学》签约作者，出版了《语文教学有效对话的实践探索》等专著。）

穿越时代的“语文训练观”
——重读周一贯老师《语文教学训练论》

·俞东江·

专家著书立说，出版发行虽然只热闹于一时，但他所传递的思想，却可以超越时代，给人以常读常新的感受和启迪。那便是“立说”之难处所在。这不，在我的书柜里就有一本周一贯老师写的《语文教学训练论》（37 万字，以下简称《训练论》），是 1994 年出版的。但这本书到我手里时已是 1999 年。当时我参加了绍兴县的语文名优教师研修班，周老师是我们的导师，他给我们每人发了一本《训练论》。我如获至宝，从头到尾细细阅读，用红笔把重要的句段圈画出来。这本书仿佛给我打开了一扇语文教学的大门，让我对语文教学有了新的认识和理解。

之后的十余年里，语文教学观摩活动风生水起，教学流派异彩纷呈，各种语文旗号令人眼花缭乱。而“训练”一词却淡出了我们的视线，逐渐被冷落。“训练”一词，成了语文教学的一大忌讳，似乎语言这东西，不存在什么训练，只需学生所谓的个性化的、独特的感受和体验，只需所谓的熏陶和感染，即可完全习得。

2011 年底，教育部出台了新修订的《义务教育语文课程标准（2011 年版）》，对语文课程性质做了明确的界定：语文课程是一门学习语言文字运用的综合性、实践性课程。这句话有两层意思：第一，语文课程是学习语言文字运用的课程，课程的目标和内容应聚焦于语言文字运用；第二，这门课程具有综合性、实践性的特点。这使我想起了周一贯老师写的《训练论》，于是，我从书柜里找出这本书再次阅读，果然，又有了新的认识和体会。

为“训练”纠偏：“咬定青山不放松”

提到“训练”，许多人不是很喜欢，甚至不屑一顾。有人把“训练”视为做数学习题或搞题海战术，只为应试创造条件，自然枯燥乏味；有人把“训练”视为体育训练，简单重复，加大运动量；也有人把“训练”视为语文机械抄写，以学生的练习过程取代教学过程，模式单一，刻板重复。其实，周老师在当年的《训练论》中就认为这些看法失之偏颇。

周老师把“训练”分为“训”和“练”两个方面，“训”的目的是指导学生认识规律，“练”的目的是让学生掌握规律、运用规律；“训”是老师的事，“练”是学生的主动活动；“训”和“练”的关系体现了教和学的关系。许多人误读“训练”，认为“训练”全是学生的事（就是做习题），老师可以袖手旁观，可以清闲自在。事实上，“训练”离不开老师的组织、引导、指点和调控。

周老师还指出，语文教学不只是为了掌握语言文字这一思想交际的工具，还包含深刻的人文内容，这是语文课程具有的综合性所决定的。他在书中引用了《辞源》对“训练”的解释：训练是教育学名词。为教学方法之一，所以直接指导学生之意志，而陶冶其品行者也。这说明，即使是传统意义上的“训练”，也不是单指做习题，而是泛指人类为改变自身的自然素质而进行的一种有目的的活动和实践[①]。周老师在《训练论》中专门分析了“训练的实践论意义”“训练的教学论意义”“训练的素质论意义”。把“训练”矮化为做习题，不是“训练”本身的错，而是人们对训练的认识失之偏颇。

周老师在《训练论》中还认为，学生获得知识进而形成能力和熟练技巧，都离不开学生的实践活动，而这些实践活动具体地说就是训练，是学生在特定条件（教师指导）下的自主学习活动。我想，既然语文课程具有实践性的特点，那么，学习语言文字运用同样需要训练，通过教师指导下的训练能使学生获得语文知识，进而形成语文能力和语言文字运用的熟练技巧。为“训练”纠偏，是为了纠正人们对训练的错误认识和运作方式，而不是为了取消

① 见韦志成著《语文教育原理》第 162 页，武汉出版社 1989 年版。

训练，远离训练。“训练”和学习语言文字的运用不是对立的，在本质上是统一的。在20世纪90年代，周老师已经把“训练”认识得如此精当，实质上已为“训练”纠偏做了相当科学的阐述。

树“训练”意识：“留连戏蝶时时舞”

有人说，语文老师要有“语文意识”。什么是语文意识？王尚文教授认为：语文意识是我们在听、说、读、写的过程中，对如何运用语言正确表达、如何遣词造句、如何谋篇布局的一种自觉的、有意识的关注；一句话，就是对如何运用语文的一种自觉。王崧舟老师认为，语文意识一日不可或缺，它是语文的缰绳；缺少这个意识，语文课就难以上成语文课，就要“跑野马”。

周一贯老师在《训练论》中说，语文教学必须增强训练意识，舍此并无他途。这是因为，语文学科的工具性和语言学习的实践性决定了语文教学不单是知识传授和情节分析，更重要的是培养学生联系社会生活运用语言文字的能力，所以训练是语文教学的基本形式。只有通过课堂教学中对语言运用的反复模仿、鉴赏、应用、订正，形成长效积累，才能形成学生的语文能力和习惯。我认为，周老师提出的“训练意识”，其实就是语文教师的语文意识。这种意识就是要自觉关注语言文字的运用（训练），不光要体现在课堂中，还要体现在课前的备课和课后的辅导中。

对于语言文字的训练，周老师引用了叶圣陶先生的一句话“最要紧的是训练语感”，并把“语感”定义为“对语言文字的直觉敏感”。长期以来，语文教学没有逃脱“内容分析”的陷阱，对文本的深度解读、对情感的过度渲染、对资源的无度拓展，都没有触及语文课的“本色”——训练学生的语感，培养学生运用语言文字的能力。

有了这种训练意识，语文教师才会自觉地去关注文本的语言现象，并根据文本的语言特点，精心选择具有某种规律性的符合学生实际的语言现象作为训练的内容；才会自觉地去关注学生的识字、写字、朗读、听话、说话、积累、写作等；才会自觉地去关注学生学习语言的兴趣、情感、态度、习惯等。

分“训练”类型：“无限风光尽被占”

语文教师的训练意识必须落实在具体的语文课堂中，将“意识”转化为“操作”。在语文课中如何安排语文的训练？这是老师们感到困惑的地方。有的老师觉得短短的一篇课文，似乎找不出什么训练点；有的老师觉得训练的形式很单调，想不出更丰富的训练形式；而有的老师又觉得训练的形式很繁杂，不知如何选择；以至于有的老师花了很长的时间备课，课堂上还是因训练不到位缺少了语文味。

周老师在《训练论》中，根据语文训练在课堂教学实际中的运用功能，为我们归纳了十六种训练：基本性训练、常规性训练、准备性训练、常识性训练、操作性训练、诊断性训练、针对性训练、实践性训练、单一性训练、综合性训练、整理性训练、转换性训练、比较性训练、变式性训练、发展性训练、创造性训练。如基本性训练中包含汉语拼音、识字、学词、掌握句型、使用工具书等。常规性训练中包含听、说、读、写、书（写字）的基本技能，读书姿势、写字姿势、执笔姿势的训练也属于常规性训练。操作性训练中有画图设景、实验演示、观察体验、模仿表演等。整理性训练是把零碎的、杂乱无章的语文知识或语言材料，通过整理变得规则、有条理、有序，便于理解、记忆。比较性训练是针对容易混淆的知识或相近似的内容，运用比较的方法突出其相似或相异之处。创造性训练是在学生掌握了有关知识、技能的基础上，进行创新应用，有助于培养学生灵活应用知识的能力。

可见，语言文字的训练是如此丰富！当然，这十六种训练类型还只是基本的、相对的，在操作应用过程中不是孤立的，而是互相联系、互相配合的，有极其丰富的“变式”方能组合成一个有机的训练整体。在进行语文课堂训练设计时，周老师提出了三点基本要求，今天看来，这也正是学习语言文字运用的要求：一是科学化，要体现语文知识、能力、情感的训练目标，符合学生的生理、心理特征，以及学生的认知规律；二是情趣化，能充分体现语文学科的情感性，能激发学生参与训练的愉悦心态；三是效率化，要讲究实效，力避简单的重复式训练和肤浅的形式化训练。

举“训练”范例：“映日荷花别样红”

许多一线语文教师缺乏的不是理论引领。老师们通过培训和学习，对语文课程的理念已经了然于胸，可是说得容易做起来难，实践起来又会觉得力不从心，无从下手，老师们缺乏的是实践的指导。这需要一个个真实生动、有示范借鉴作用的教学案例帮助、指导老师们进行教学实践。将理论与实践结合起来，老师们对语文教学进行语言文字的运用（训练）才会有更形象的理解和吸收。

周老师的《训练论》给我们提供了众多范例，有名师的经典范例，也有青年教师的成功范例，周老师对这些范例都做了评析，特别是最后一章“训练范例论”。周老师把精选的105则训练范例整理成七类：识字训练例评、词语训练例评、句子训练例评、语段训练例评、篇章训练例评、听读训练例评和说写训练例评。细细品读这些范例和周老师的点评，让我们对语文训练有拨云见日之感，平时许多让老师们困惑的语文运用设计问题，在这里都能豁然开朗，不但能提升我们对语文教学理论的认识，还能开阔我们语文运用的视野，有助于老师们对语文训练的应用和实践。

这本书的其他章节，周老师也穿插了很多的训练范例（没有重复的）。这也是周老师的文章风格：不是一味地说理，而是充分利用教学范例来阐述自己的看法，表明自己的观点；又不是绝对的自然主义，并非只罗列零碎琐事而缺失理性思辨和论说的引领，自成逻辑体系。如本书中的《引导：训练调控的基本途径》《少讲、精讲，以练代讲》《从“导读”到“导练”：语文教改的发展趋势》《语文训练要暴露思维过程》《“语文训练的美”和“美的语文训练”》等，这些篇章中都有鲜活生动的论说和范例。有的训练范例，我们拿来就可以用；有的训练范例，我们可以根据自己的思路进行改造，使之更趋完善；更多的训练范例，为我们进行教学设计打开了思路，指导我们寻求最佳的语言文字训练策略。

周一贯老师的《训练论》虽然出版于1994年，所举的教学案例有些针对当时的教材版本，但书中的许多语文教学理念都与后来颁布的《义务教育语

文课程标准》中的理念不谋而合，足见周老师语文教学理念的超前性。尤其是新修订的《义务教育语文课程标准》中增加了强化语言学习的内容，明确了语文课程是一门学习语言文字运用的综合性、实践性课程，与周老师《训练论》中要加强语言文字训练的观点是一致的，都是出于对语文本质的认识。

重读《训练论》，不只是一次“温故”，更重要的是“知新”。《训练论》纠正了一些人对语文训练片面的、狭隘的、功利的看法，坚定了语文教师在课堂中“学语习文”的训练意识，归纳了十多种语文训练的类型，提供了丰富多样的训练范例。此外，周老师在《训练论》中对语文训练的控制、流程、课型、方法、心智、艺术等方面都有翔实的论述和解说。可以说，这是一本在小学阶段学习语言文字运用的百科全书。

重读十年前出版的《训练论》，我并不觉得它过时，因为语文训练是语文教学的根，永远不会过时。语文课只有植根于语文训练，语文的大树才会枝繁叶茂。前段时间，不少语文观摩课过分地强调了语文教学的综合与开放，忽视或脱离了对学生的语文训练，使得学生只是拓展了语文知识，而语言运用的能力却没有得到提高。新修订的《义务教育语文课程标准》出台后，不少教师与专家都意识到了语文训练的重要性，正在努力纠偏，步入正轨。建议各位语文老师读读周一贯老师的《训练论》，会让你在语文教学“疑无路”时，看到“柳暗花明”的景致！

2013年6月

（俞东江：高级教师，任职于绍兴市柯桥区秋瑾小学，追寻“醇正、醇厚、醇美、醇朴”的语文教学风味。曾获得浙江省小学教师学科技能竞赛一等奖，浙江省小学教师课堂教学创新比赛一等奖，浙江省教师教育技术应用能力大赛二等奖。出版了《作文使我们快乐》等书籍。）

落红寄意　春泥护花
——《周一贯序言书评选集》序

·张幼琴·

先生周一贯是当今我国语文界的常青树，更是我的专业导师和精神导师。何其有幸，2009年我能圆梦容膝斋，成为他的入室弟子。自此，常常能与先生相约容膝斋。与先生有约，便是与语文教育专业有约，更是与他的思想有约，精神有约。

为先生整理手稿时，无时无刻不被他勤奋求索、坚守执着的精神所震撼：不必说他曾在省级以上报刊正式发表1400余篇研究文章，如今仍保持着平均每个月两篇的登载量；也不必说他曾正式出版170多本教育著作，现如今仍笔耕不辍，新著付梓不断；单是他为同人好友、青年名师的新著所写的序言、书评，就达百篇之多。当下小语界，不乏研究先生教育思想的理论著述，但对先生所作序言、书评的收集研究却还是空白。作为先生的入室弟子，有责任去研究、总结、推介他的语文教育思想和举措的方方面面，这些序言、书评无疑也是我研究先生的丰盈资源，因此有了要编一本《周一贯序言书评选集》的构想。

读着先生写的序文和书评，我见识到一位学者的风范，他宽厚地包容了青年教师的不足：他们还不够完美，先生给予激励；他们还不够深刻，先生给予提炼；他们成功的背后，是一个有着65年教龄的专家的扶持。

先生的这些序文，不仅体现了他对小学语文繁荣发展的关切，对青年教师专业成长的关心，其间更有着一些极为可贵的语文教学主张。从中，我们可以一窥堂奥，学习研究先生博大而丰富的教育思想。

“序”之于书，有画龙点睛之效。宋代王应麟《辞学指南》中说：“序者，序典籍之所以作。”所谓序文，就是对著述进行说明的文字。随着后世的广泛运用，序的内容可以包括著述缘起、出版意旨、编排体例和介绍作者情况等，也可以包括对作家、作品的评论和对相关问题的阐发。在各种应用文体中，序具有较大的文学价值或史料价值。

根据序文的用途，大致可以将“序”分为两大系统。先说与本书提及的序文无关的系统，即在游宴、诗会、饯送、赠别等场合的即兴之作，六朝以下许多著名的“序”都属之，如王羲之的《兰亭集序》、王勃的《滕王阁序》等。另一大系统则是为书籍所写的“序”，又可分为四类，即书序、文序、诗序、杂序。书序是序文的最早形态，也是现在人们仍熟知熟用的文体形态。

那么，先生所作的序文与书评向我们传递了哪些极为珍贵的价值呢？笔者就其主要内容做以下五方面阐述：

归纳要义，以点明同人著作主旨

有人把序文比喻为“游园的向导”，因为一本书的序言往往举其纲要，对读者来说是阅读的提示和指南。序文一般记录有关著作的写作缘起、目的、经过以及编写体例、结构形式、论述范围等内容，进行要义归纳，观点梳理，使读者在未接触著述正文之前，先对书籍、文章有一个概括了解，所以有的书也称序为导言。因而，一般的读者都有读书先读序或跋的习惯，一篇有见地的序文对读者的引导作用是不言而喻的。本书选编的 60 余篇序文中，先生对作者的教学主张都进行了提炼和归纳，展示了青年名师们百花争艳的个性化研究成果。

如周老师为浙江省特级教师陶月梅的著作《语文开放教学论》（中央文献出版社，2003 年版）所作的序文中，对其“语文开放教育”进行了理论建构。周老师提出语文教育改革亟须“突围”，必须从封闭走向开放，“面向生命”“面向生活”“面向未来”是语文开放教育的要义。

又如 60 余篇序文中，关于小学生习作教学的专著共有 6 本，分别是上虞名师夏伍华老师所著的《儿童作文新走向》（作家出版社，2005 年版）；上虞名师杭渭河老师所著的《快乐的海侃神聊》(中国少年儿童出版社，2006年版)；广东省特级教师张云鹰老师所著的《开放式习作教学》(教育科学出版社，2008年版)；江苏省特级教师管建刚老师所著的《我的作文教学革命》(福建教育出版社，2007年版)；浙江省特级教师罗树庚老师所著的《玩出名堂 写出精彩：小学情趣作文教学》(宁波出版社，2013年版)；《语文教学通讯》(小学版)裴海安主编的《儿童写作：走向真实与自由》(江苏凤凰科学技术出版社，2015年版)。

面对各式各样的作文教学流派，先生欣喜地看到了语文教学研究与实践中的开放视野和研究景观，始终坚持找准它们的课程原点，注重对写作生命原点——儿童主体的定格，这与他2005年就率先提出的“儿童作文”观是一以贯之的。先生在《儿童作文新走向》序中指出，作文教学的“儿童取向”首先要让儿童作文成为儿童文化的一部分，让儿童作文成为一种儿童生活，但也不排斥写作规则的指导，而是让写作规则渗透在“儿童精神”之中。在《开放式习作教学》序中，先生特别强调习作主体要“解放”，这里的习作主体当然是儿童，习作就是儿童真实的生命状态。面对管建刚老师的“作文教学革命”，先生认为他表现出了敢为人先、无私无畏的创新精神，体现了“作文是生命的言说”“作文是公众的言说”的新作文观。先生认为罗树庚老师的《玩出名堂 写出精彩：小学情趣作文教学》是“还学生习作一个本真”，是让作文重新皈依于“玩”，是回到了儿童习作的原点。而裴海安老师主编的《儿童写作：走向真实与自由》则被先生称为“写作好课堂”的一个时代样本，因其充分展示了当下小学儿童写作教学的改革脉动和全新常态——对儿童立场的坚守。

升华学理，以彰显同人著作价值

序文具有明显的评介书籍、文章的作用。这是它有别于著作前言或后记的一个文体特点。无论是作者的自序，或是应约为他人作的序，都具有评介性，区别在于，自序侧重于向读者介绍、阐释自己在书籍文章中所论的论题、观点以及对问题探索的角度、把握的分寸、援用资料情况等；他序侧重于对

书籍、文章在介绍说明的基础上，有重点地进行评论，或总结其特点特色，或评述其学术价值。先生写的众多序文中，就对作者提出的语文教育教学观点、主张进行了高屋建瓴的梳理、提升，凸显了其具有引领价值的语文观。

温州市实验小学校长白莉莉从“创适合每一位孩子发展的教育”这一办学理念出发，出了校本教材《快乐碰碰餐：让孩子在动脑动手中享受“作业”》（浙江科学技术出版社，2007 年版），先生在序中从历史宏观角度，从“基础学力”“实践能力”“育人功能”对作业进行了学理定位，把停留于操作层面的“作业之变”提升为从“机械式”到“情趣式”之变、从“陈述型”到“产生型”之变、从“知识化”到“生活化”之变、从“被动性”到“主动性”之变，从格局与学理上大大提升了作业的价值，彰显了学校的课改成果，其本身就是一篇高质量的、有思考的关于作业的学术论文。

又如越地名师屠素凤老师的《语文教学有效对话的实践探索》（浙江人民出版社，2009 年版），先生在序文中称其是对“对话语文”的非常求索。在序文中更是把她的“对话语文”理论推向了纵深，提出了“对话语文”的“生命论”“儿童观”“语文味”“现场感”“有效度”，并归结成一个统一的集合体，完成理论的建构。据我所知，先生对越地多位优秀教师呵护备至、关爱有加，他们的理论建树很多都出自先生的智慧点拨。如浙江省特级教师王慧琴老师的《语文本体教学的实践与思考》、浙江省特级教师董建奋老师的《语文参与教学论》、浙江省特级教师叶燕芬老师的《语文教育的审美视野》、浙江省特级教师季科平老师的《童真语文》等。

当然，不光是越地语文老师常受先生的恩泽，还有小语界的新秀名师，先生也是不忘扶掖帮助的。“和美语文”倡导者——浙江省特级教师盛新凤老师两本专著《语文课堂：教学走向和美》和《盛新凤：生态文明烛照下的和美教学》都由先生为其作序。先生见证了其成长历程，并把“和美语文”纳入了中华文化的“中和之道”，即儒家的“中和”、道家的“妙和”与释家的“圆和”，这使“和美语文”不仅根植于传统文化，受到中庸文化的烛照，还对接了课堂生态文明，与统一、平衡的哲学观相对照，使知识点隐身于生态的和美导学之中，能力点渗透于生态的和美解读之中，探索点融合于生态的和美争辩之中，拓展点融合于生态的和美运用之中，为“和美语文”重构了课堂生态文明的思考。

联系实际，以扩大同人著述影响

鲁迅先生在世时，曾为许多人的作品写过序文，而他自己的作品也差不多都写有序。序文对帮助读者理解作品是有很大作用的。我们至今还十分缺乏像瞿秋白同志写的《〈鲁迅杂感选集〉序言》这样研究作家作品的论文。该文不仅对鲁迅杂文的战斗作用和社会价值给予了科学的评价，而且运用现实主义的批评方法，正确地阐明了鲁迅思想的发展道路和伟大鲁迅精神的典范形态。这种序文对于读者来说有很大的助益。先生的 60 篇序言亦是如此，不仅能够纲举目张地评价著作的特色、意义、价值和不足之处，更关键的是能基于某些点连接成一条线，并联系当下教改实际，扩大其影响，建构小学语文教育思想，从语文教育实践层面把握语文教学规律，方能居高临下，势如破竹。

《梅林看课堂》（百家出版社，2006 年版）是北京市东城区小学语文教研员吴琳老师的著作。看到此书，先生倍感亲切，因为此书正是当时教育界颇为匮乏的教学评论，2005 年 3 月先生就在《语文教学通讯》中发表《教学实践研究呼唤“教学评论”》一文，大力呼吁小语界繁荣教学评论。因此，先生以“‘看’似寻常最奇崛”为题，信笔写序，语言恣意纵横，感情真挚热烈，可谓一气呵成，字里行间透露出他对繁荣教学评论的殷切期望。先生认为小语界需要理性思维的光照和切磋评论的润泽，教师需要从关注自己的教学实践到学会理性地分析评价，以教学评论进一步促进教学实践。先生不仅是这样呼吁的，也是这样“一以贯之”的。

从 2007 年开始，先生为《语文教学通讯》写年度评刊已坚持 9 年之久，整理一年来刊物的研究轨迹，分析动向，提炼经验，展现出小学语文教育研究的时代风云。这些文章或点评教学现象，或论说教学流派，或欣赏教改风景，或梳理研究成果，旁征博引、深度解读、守望凝思，构成周先生独特的

生命姿态，同时，也形成了他一以贯之的治学方法。读之，令我们对一年的小语风景有了更理性的认识和思考，对自己的教学实践有了更深刻的推敲、琢磨和反思，也加深了与《语文教学通讯》的感情。

先生不仅关怀越地名师的成长，更关心越地名校的发展，关注学校的校园文化。他作为多所学校常年的办学顾问，往往能从学校地域人文个性特点出发，指导学校教学研究工作，培育语文课程的校本特色，提炼校园文化，打造名校品牌。如《直面未来 智慧教育的探索与感悟》（金明东主编，宁波出版社，2012 年版）是柯桥区实验小学校庆十周年的办学成果，也是先生对学校提出“智慧教育，为幸福人生奠基”的办学成果所做的梳理和拓新；《生本课堂的建构与超越》（洪志明、胡水娟主编，宁波出版社，2012 年版）则是百年老校柯桥小学的学校品牌，先生在此书的序言《生本课堂，顺应天意之道》中提炼了学校的办学理念“生本课堂以学论教”，“生本课堂”的教学路径“从学生中来—在学生中做—归学生所有”。此外，还有绍兴市蕺山小学的“新书院”文化（《蕺山新书院国学读本》，叶燕芬主编，宁波出版社，2015 年版）、上虞百官小学的“乡土课程”（《兰芎花开》，夏伍华著，中国文史出版社，2015 年版）等，无不凝聚着先生的智慧与关怀。

奖掖后学，以企盼他们后来居上

一本书的“序”常常请相关领域中德高望重的大家撰写，我想这也是那么多青年名师邀请周一贯先生写序的最重要的原因。他是全国小语界的领军人物，一直站在小学语文教育的制高点，引领了几代语文教师的教学实践和教学研究。因此，小语教学方面的新著能请到周先生作序，是不少青年名师的幸事，他们常常在收到电子稿后，还索要先生的手稿用以珍藏。

邀先生写序的，多是与先生有文交、私交的老师，但也有和先生素未谋面的青年名师。先生碰到这样的请求往往欣然下笔，从不推诿。如先生在为陈汉祥《生活 · 个性 · 创造》一书的序中写道：“我应约为省内外教师、教研工作者出版的书写过‘序’，而且乐此不疲，绝不是因为我比他们高明，也不是为名利所动，实在是出于一个老教育工作者的由衷欣慰：在今天的教师队伍里，有那么多有识之士关注教育研究，特别是对教育实践的研究；有那么多青年教师正在昂首阔步地走向专家教师，不正是生动地预示了中国教育的明天必将更加光辉灿烂吗？”这些序文书评，传递了先生对语文教育事业发展的大爱，聚焦了青年教师专业发展的规律性。

他在为绍兴青年名师陈建新老师的著作《生命的歌唱》一书所作的序文中写道：请别计较青年教师著书会太见稚嫩和太过浅薄，须知千里之行，始于足下；九层高塔，起于累土。应当认为，青年教师“生命的歌唱”从某种程度说，会在同龄人中引来更多的知音，唤起更众的共鸣，从而激起对“生命与事业风雨同行”的向往。我很乐意为《生命的歌唱》作序，是希望借此引发更多青年“生命的歌唱”。

捎带细节，以点化教育情愫

一般被邀请为著作写序言的大家，都与作者有一定的文交或往来，或熟悉作者的品性、学识，或了解作者的成长经历，或与作者有一定的个人情愫。为此，序文中在对作者的学识、人品如实评价，对作者的特殊经历和成书、成文经过予以介绍时，不免带有个人情感，透露出极具生活意趣的个人交往缩影，这也有利于读者结合这些背景材料去理解、领会其作品的内容。

先生曾为沈小玲老师先后正式出版的四本著作写过序，据我所知，先生与沈老师之间亲如父女，每次先生到杭州参加“千课万人”活动，沈老师一定赶来，为的是见见先生。因此，先生笔下不免流露出与沈老师的那份亲厚，称赞她的《风过小铃》(教育散文集)：“在恒常的生活里，她一样可以意象绵绵，雅趣盈盈；从看戏到听乐，从布鞋到旗袍……都可以有不一般的情趣和意蕴。”

《爱满教育》是浙江省特级教师何夏寿老师的教育散文力著。何老师曾以《我的老师周一贯》为题写下他与先生的那段奇缘，17年前“巨人”对“小矮人”说的话不是哄骗，而是预言，更成就了何夏寿老师的传奇人生。先生在《爱满教育》跋中称其为“生命的传奇”“农村小学校长的传奇”“名师的传奇”。其实，先生写就这百余篇序文书评，何尝不是一段传奇呢？

先生耄耋之年仍稿约不断，笔耕不辍。与此同时，又要为青年名师诸多书稿作序，扶掖后辈，提携后进，亲疏不论，需要何等的毅力！这60余篇序文，语言恰切得体，思维纵横捭阖，情感真挚动人，其核心是爱，是先生对教育事业最深沉的爱，对母语教学最智慧的爱，对儿童生命最博大的爱，对后生提携不遗余力、最无私的爱！

搁笔之际，盛夏的骄阳射进我的书斋，脑海里浮现的画面却是明媚的光斑定格在先生容膝斋的横幅上，那是龚自珍的一首《己亥杂诗》："浩荡离愁白日斜，吟鞭东指即天涯。落红不是无情物，化作春泥更护花。"落红寄意，春泥护花，这正是先生淬炼而成的人生箴言，是他最好的人生写照！

2018年1月

（张幼琴：绍兴市柯桥区教师发展中心副主任，特级教师，浙江省低年级教学研究中心委员，之江汇教育广场省级讲师团讲师，第二届绍兴名师。编著有《"越语文"课程地域文化开发研究》《周一贯序言书评选集》等。）

一路高歌
——在绍兴县第三届小语骨干教师研修班结业联欢会上的讲话

·刘发建·

尊敬的周老师，亲爱的黄老师，诸位学长，各位学员：

大家好！

时光匆匆，一晃三年。从柯桥小学的“语文课堂教学原生态”的探寻，到鉴湖源头湖塘镇小的“越派语文教学群体艺术风格”的求索；从稽东镇小的“亲醇和美越派语文教学风格”的激情演绎，到马鞍镇小“本色语文”的真情追寻；从安昌镇小的“儿童语文”的展评，到秋瑾小学“同课异构”的研讨，再到平水镇小的“优课创作”观摩，43位学员，51人次课堂展示。我们沿着导师周老师设定的“在实践中研究，在实践中成长”的行走方式，一路走来，一路磨砺。走得那么踏实，走得那么稳健。在课堂中，我们明白了“识字学词是阅读教学的起点”；在课堂里，我们领悟了“小学语文是儿童语文”的真谛；在课堂里，我们张扬生命的个性；在课堂里，我们燃烧起超越现实的梦想。

我们班的小妹妹俞慧琴同学，凭借她玲珑智慧、清纯阳光的课堂艺术，走进省小语会的赛课讲台，成为绍兴地区一颗冉冉升起的新星。凭借“朴实智慧童趣”的课堂教学艺术，我本人也先后两次走进华东师范大学的“名师大讲堂”。

每一位学员在课堂教学艺术上取得的进步，都得益于导师周老师“在实践中研究”的科学指导。周老师常说：课堂教学是一门艺术，是一门在实践中不断摸索逐渐成熟的艺术。俗话说：师父领进门，修行在个人。但在周老

师门下受业三年，我们深切地感受到：师父领进门，修行在实践。每一次课堂教学展示，课前，周老师都要组织大家系统地学习，明确基本的规律，提出严格的要求；课中，周老师都亲临课堂，细细纪录；课后，周老师都能做到课课点评，全面分析。三年研修期间，我们有的学员总难免因为这样那样的原因缺课、请假。但是细心的学员发现，不管是寒冬腊月，还是酷暑季节，我们的周老师，这位 70 岁高龄的老人，却从未缺席半天。在我的记忆中，周老师仅仅有过一次迟到。大约是 2006 年的暑假，我们骨干班集中在教师进修学校学习。那天天气特别闷热，我们一早赶到进修学校，发现周老师早早就在教室里等候大家了。我们知道，每一次培训，只有周老师等我们，没有我们等周老师的。但是到了下午，原定一点半开始研修的，大家却发现周老师没有来。正当大家觉得奇怪的时候，周老师急匆匆地跑进来了，还没来得及坐下，就向大家道歉："对不起，今天迟到了。黄老师在家里不小心摔了一跤，行动不便，我回家照应了一下。迟到了，实在对不起大家！"

这就是我们的导师周老师，他就是这样的言传身教，他就是这样的勤勉治教。让我们把最真诚的掌声献给我们敬爱的周老师！这里，我还要代表全班同学，对亲爱的黄老师道一声："黄老师，您受苦了！"

我们不但要在事业上以周老师为榜样，在生活上，我们也要以周老师为楷模。善待爱人，热爱家庭。周老师常常告诫我们：幸福的家庭，是事业成功的坚强后盾。

"勤奋做事，低调做人。"周老师的人格魅力深深地影响着每一位学员。南部山区的学员，每一次出来参加研修活动，都是非常的不容易，除了路程遥远，行程不便，在寒冬腊月，冰雪封山，他们更是难上加难。但是，我们细心的学员不难发觉，稽东的范信子、许望红，王坛的张佩华，常常是到得最早的学员。他们身上的勤奋，他们身上的好学，都是秉承了周老师勤奋做事的精神。特别是我们可爱的许望红同学，每一次论坛她都积极发言，每一次开课她都踊跃报名，她深知这样的研训机会难得。他们十分珍惜每一次聆听周老师指点的机会。在台下，他们默默无闻；在课堂上，他们就能魅力四射。把我们最真诚的掌声献给这些最勤奋的女同胞!

最让我们感动的，是我们的班主任季科平老师。每一次研训活动，都是季老师在具体策划和联络。虽然活动的通知早已挂在教育网上，但我们还经常接到季老师的电话，一再提醒我们不要忘记。她就是那样的悉心，那样的体贴，那样的无私。季老师以精深的专业引领我们发展，以无私的襟怀感动我们的心灵。在季老师身上我们看到了周老师弘扬的“教育神圣”的信念。我代表同学们真诚地道一声：“季老师，谢谢您!”

近朱者赤，近墨者黑，近周老师者爱语文、爱写作。周老师从教50余年，笔耕不辍。1000余篇公开发表的学术论文，100余部学术专著，2000余万字的学术成果，成为中国小语界一个神话般的奇迹。3年研修，周老师常常鼓励我们要勤于动笔，从教学叙事的研究，到教学案例的撰写，从精品课堂的设计，到教学评论的构思，他都进行了全方位的指导。3年研修，学员们深得周老师的研究精髓，积极撰写教育教学论文。据不完全统计，3年时间，学员们在省级以上刊物发表语文学科的专业论文200余篇，累计100余万字。学员们在《人民教育》等权威学术刊物发表论文，也是屡见不鲜。一个县级的语文骨干班，能取得如此丰硕的研究成果，在省内外都是鲜见的。在国内小语界，我们常听到业内人士由衷地赞叹：绍兴，永远是一块令人不敢小觑的地方。

通过3年的研修，我们不仅仅在专业技能上得到充分的发展，在理论素养上也得到全面的提升。然而，对于我们来说，这些并不是最重要的。周老师常说，他喜欢和我们青年教师走在一块，可以从我们身上获取很多有益的东西。周老师作为一个从教50余年的教育专家，他说可以从我们青年教师身上学习到很多有价值的东西，这不单单是一个学者的谦虚情怀，我相信这也是一个挚爱教育的长者最真诚的心声。周老师以50余年的从教生命历程，诠释了“教育是开发生命的事业”的真谛。周老师在开发我们这些学子的生命，同时也在开发自我的生命。正是因为周老师摆脱了“教育是博取功名利禄”世俗观念的禁锢，所以他每一天都在享受“开发生命”的醇美芬芳。人世间，

还有什么是比开发生命更富有诗意和更令人沉醉的事业呢?

教育是开发生命的事业,这是一种精神,一种阳光般的精神;这是一种思想,一种落地生根的思想;这是一种信念,一种能无限生长的信念。这才是我们3年研修、终生受用的幸福源泉。

做一个纯粹的人,做一个执着的人,做一个有思想的人。今天,我们这个班结业了,但永远不会解体。因为我们是一个有思想、有信念的团队,无论我们散落在何方,都将继续谱写开发生命的乐章。

如果说,3年前我们能成为周老师的弟子是一种幸运,3年受业是一段终生受用的幸福之旅,那么,3年后,我们结业了,作为关门弟子,我们的身上就担负了一份沉甸甸的责任——薪火传承的责任。越派语文,需要我们传承;儿童语文,需要我们探索;开发生命的神圣事业,需要我们坚守、践行。我相信,只要我们牢记周老师的教诲,担负起"骨干教师"的责任,我们将无愧于周老师的厚爱与栽培。

也许10年、20年之后,我们能再邀周老师、黄老师、季老师共聚一堂,那将会是一场思想的盛宴,那将会是一场演绎生命精彩的华章。今天,我们的目光里写满祝福和幸福;明天,我们的脚步满怀理想与信念。激情燃烧的岁月,留下我们前行的坚实足迹,为了我们的至爱,让我们继续一路高歌。

谢谢!

2007年6月

(刘发建:"五磨教学法"创始人,名家经典阅读周原创者,高级教师,中国鲁迅研究会会员。参与编写《名家文学读本》丛书和《跟着名家学语文》丛书,出版了《亲近鲁迅:落地麦儿童语文课堂》《落地麦田野课堂:耕种语文,成长智慧》等著作。)

感谢生命中有您

· 俞慧琴 ·

人与人的缘分，何等奇妙。有的人，遇见皆是美好。周一贯老师，便是我生命中那份珍贵的美好。

认识周老，从那次讲座开始。

时间得追溯到近20年前，当时我还是绍兴文理学院上虞分院一名即将毕业的师范生，就在毕业前夕，学校为我们请来了当时早已在小语界赫赫有名的周一贯老师来校做讲座，算是给我们这些即将踏上工作岗位的学生送上一份最厚重的礼物。当时的我“两耳不闻窗外事，一心只读圣贤书”，自然不知周老的大名，只是看老师们说起周老时那崇敬的眼神，学校迎接周老时的隆重规格，我隐约感到周老的不简单。就这样第一次认识了周老，第一次聆听了他的讲座，由衷地敬佩这位年逾古稀的老人居然能有如此敏锐的思考力和超凡的语言水平。没有讲稿，却能出口成章，全凭睿智的头脑将演讲进行到底，并且精彩纷呈。关于那场讲座的所有记忆，直到今天，仍清晰而深刻。

2002年8月，我以省优秀毕业生的身份，通过双向选择，进入绍兴县实验小学任教，便有了多次亲近周老的机会。不过，那也仅仅局限于聆听周老的讲座。

2004年的夏天，我有幸参加了绍兴县第三届语文骨干教师研修班，带班导师正是周老。在这之前，周老已经带了两届研修班，这些师兄师姐都已成为绍兴县甚至省市语文教坛的领军人物。能成为周老这一批学生中的四十三分之一，我倍感荣幸。在这里，我无数次聆听周老的精彩讲座：无论是对新课标的深入解读、对课堂范式的全新定位，还是对某一教学行为的深刻剖析，

我一次又一次享受着语文教学精神盛宴的同时，不能不被周老敏锐的教学眼光、独到的教育见解所折服。在这里，我能和来自全县的小学语文教学精英一起学习、一起探讨、一起成长。在论坛上，我们大胆亮相，各抒己见。在课堂中，我们苦练内功，绽放自我。春华秋实，三度寒暑，我们已是行囊渐鼓：知识的丰厚、思想的深刻、能力的提升，无不证明着我们的成长。而三年于我，可谓硕果累累，无数荣誉收入囊中，这是看得见的果，更大的果是那段让我受用一生的学习经历和周老言传身教给予我的关于做人、做语文教育的全部精神财富。这一切，让我从心底里更加敬佩这位老人，不仅是学识，更是人格。

2008 年 4 月 12 日，这是一个值得我铭记一生的日子。在柯桥小学举行的研修班结业典礼上，我和鲍国潮、刘发建、包林军、俞东江四位师兄向周老庄严行拜师礼，正式成为“周一贯名师工作室”成员。那一刻的神圣，至今仍记忆犹新。师兄刘发建曾这样说过：小师妹已是上天的宠儿，可以得到周老师一次又一次的提携和厚爱。是啊！我是何等的骄傲，如今的我已不仅是那四十三分之一，还升格为周老仅有的五名入室弟子之一了。除了深深的感激，很多时候我都在因自己的浅薄和无知而不能承受这五分之一的沉重而惴惴不安。可周老却总是给予我极大的肯定和鼓励，让我在前进的路上多了底气，少了顾虑。可以说在这几年里，周老师给予我的，无论是专业水平的引领，还是为人处事的教诲，都让我刻骨铭心，牢牢定格在我的人生路上。

这是一位怎样的老人啊！对他人，善、真、诚；对语文，一颗丹心，一片赤诚。对我，无比关爱，谆谆教诲。

感谢生命中有您，我的恩师。

您的恩，是三尺讲台上对我的提携。从求学时代到初出茅庐，到褪去青涩的而立之年，再到如今的四十不惑，您就像一面旗帜，始终引领着我在语文教学之路上探索。因为有您，我的课堂之路越走越稳；因为有您，我的笔端开始启航；因为有您，我的理想更为坚定。当我站在一个比一个更大的讲台上时，当我写下一篇比一篇更长的文章时，当我得到一项比一项更高的奖项时，我忘不了您——周老！这，哪一项不是您的功劳？

您的恩，更在于对我精神人格的引领。您对教育事业的孜孜以求，对语文教学的深情厚爱，无论是在您血气方刚的年轻时代，还是如今的壮志暮年，无论是共享天伦时，还是痛失老伴后，都一以贯之，始终不弃，且更显流光溢彩。您已然成为一种崇高的精神，一种神圣的信仰，您的光芒辐射整个小语界，其实又何止是小语界？而我，是何等的荣幸，能入您的门下。您的睿智，您的气度，您的人格，就像磁石般深深地吸引着我。“一个人，活一辈子，怀抱一种信念，做好一件事，足矣！”这是您教给我的人生信条，我记住了！

感谢生命中有您，我的恩师！

（俞慧琴：高级教师，柯桥区名师，曾获绍兴市优质课一等奖，浙江省“教改之星”金奖。开展过70余节次讲座，在省级以上刊物发表文章20余篇。）

“周而不比”“一以贯之”的先生

·李　娜·

先生姓周，名一贯，字道原。先生对自己的姓名与人生的励志有一个很好的解释，即“周而不比”“一以贯之”，两个词语均出自《论语》。“君子周而不比，小人比而不周”，见于《论语·为政》，意为“君子团结人而不互相勾结，小人互相勾结而不团结人”。“吾道一以贯之”，则见于《论语·里仁》，意为“以一个基本思想贯穿学问”。人不可无师，能成为先生门下弟子，是我这一辈子刻骨铭心的美好记忆。

——题记

与周老师相识是在1999年3月，那是我中师毕业参加工作的第三个年头，当时我任教于苍南县金乡镇一所小学。因仰慕周老师在课堂教学上的精深造诣和精辟理论，经校方充分沟通之后，终于得到周老师的允许，用半年时间在周老师身边拜师学习。这样，我就来到了人杰地灵的绍兴，走进了先生的容膝斋。

第一次见周老师，只觉得他身姿挺拔、身材高大，一头闪着银光的灰白头发显得他更加气宇轩昂。周老师的普通话带着很有特色的绍兴味，以至现在回忆起来总会把那有特色的绍兴味和鲁迅文中的茴香豆，以及潺潺流水、弯弯石桥联系在一起，感觉亲切又美好。当天，周老师大致说了学习安排，每日按计划听课、读书、写案例或试教，住宿、吃饭在绍兴市的窗口名校北海小学，校长便是周老师的开门弟子、特级教师董建奋。记得周老师还给了我一本非常厚的《中国当代教育家思想研究》，以及一沓空白卡片，叮嘱我要读书、摘记、写案例，还说他每周都会来听课，并检查作业。

于是我像实习生一样在学校里听课，写听课反思，然后备课，同时紧张地准备着师父的第一次检查。董建奋校长虽主持这样一所大学校，但自己仍坚持执教一个班的语文，这是很少见的。这样，我才有机会听她的课。一周后，周老师如约来到学校，他精神矍铄，步履矫健，根本看不出是一位60多岁的老人。我当时上的课文是《黄继光》，记得周老师表扬我用概念大小分辨“战斗”“战役”“战争”三个词的教学设计很有特点，同时肯定我善于“点火”，活跃课堂，但也指出要学会及时“熄火”，不能让课堂失控……周老师的评课总是非常详尽，每次都从文本解读、教学设计、课堂生成、教学调控，以及未来发展可能形成的风格等进行全方位诊断。他特别强调“教学设计”与“现场生成”的关系，强调要为生成而设计，更要有在生成中调整设计的教学艺术。

学习期间，我不仅得到周老师一对一的教学指导，还可以在周老师给北海小学或外校老师做讲座的时候旁听。周老师讲课有三个非常显著的特点，让人印象深刻。第一，不用讲稿。大多数人讲课若没有课件的辅助根本没法讲，既记不住，又讲不清，但周老师讲课从来不用课件，也不看讲稿，可见他有超强的记忆力。第二，全程站着。那时候的周老师年近七旬，但是他每次做讲座都是全程站着，台上的他“发如雪，声若钟，激情活力笑春风”，实在让人钦佩。第三，讲课内容跨多个学科，体现了他融会贯通的能力，这样的思维结构和认知逻辑富含哲理，极具启发性，怪不得他会受邀成为许多名校讲学的常客。

最让人感动、惊喜的莫过于收到周老师对我多篇文章修改的手稿，那上面总会留下宝贵的痕迹：周老师的每一个字都写得那么清晰、工整，大的修改都会加以说明，有些段落周老师还会不厌其烦地“动手术”，剪下来重新拼贴，甚至还详细指明各级标题用什么字体比较合适……这些手稿都是用红墨水写成，虽有多处修改，但绝无杂乱之感。自己只是一个来求学的普通年轻教师，但在周老师看来却是一件大事，是决不能掉以轻心的。这是一种何等高尚的事业精神！我的心灵被深深地震撼着。

我在绍兴求学的三个多月里，周老师传授给我的是教育理念和教学技艺，同时他对工作、对生活的态度与方式也影响并改变了我。他最会管理时间。师父工作繁忙，行程密集，对约好的时间总是非常准时。他交代过的作业、任务，无论过多久他都能记得清清楚楚，使人根本不敢有丝毫懈怠和疏忽。他最努力刻苦。他的书房容膝斋里一屋子的书，抬头就是那块“容膝斋”的匾额，那是周老师在板上自己手书并雕刻的，两边是一副对联“安步当车阅世事；清茶代酒养性情”。这是周老师自拟自题的生活写照。他外出时不骑自行车，当然也不开车，总是步行，感受世事的是非曲直；他滴酒不沾，只是喜欢喝茶，涵养自己的喜怒哀乐。对联如其人，竟写得如此生动活脱。有一天，周老师打开书架上的十几个文件夹，原来都是他写的教学札记，他教我怎样在日常教学中勤写案例，并给札记分类，以便于用札记的素材写教学研究文章。谈话中还得知他曾经因为阅读和写作疲劳造成视网膜脱落，视力衰退，尽管如此，他依旧笔耕不辍。他也最会鼓励人。对于我这样年轻的职场小白，周老师从来都是鼓励和肯定，让人如坐春风、如沐春雨，充满信心和能量。

时光如白驹过隙，与周老师相识已经 20 多年。都说成长是与往事告别，但于我而言，从入职、发展、出嫁、生子，到换一座城市去工作，经历两次搬家，不少沉重的家什已经在多次精简中所剩无几，而周老师寄来的明信片，改过的文章手稿，他的每一部论著，题过字的每一本笔记本，我总是保存得完好无损，与它们长久相伴。它们激励着我，并时时给予我成长的力量。这种力量，是周老师不同时期题在我笔记本上的赠言：1999 年 6 月“集腋成裘、聚沙成塔、小处做起、方就大业——李娜同志共勉”；2002 年 4 月“持之以恒是成功之道——李娜同志共勉”；2007 年 5 月“厚积薄发、静水深流——与李娜同志共勉”。题词中的深意寄托，我是理解的。同时周老师还常常把赠言写在他的新作上寄给我：《阅读课堂教学设计论》《中国古代语文教育言论读解》《周一贯语文教育 60 年》……这种力量还来自周老师在教育刊物上发表的大作。打开一本新到的杂志，常常会看到周老师的论文，读着这些文章，就像我在聆听周老师的教导。

周老师是1936年出生的，很多像他这样年纪的人，退休之后就在享受生活了，但周老师没有忘记自己的使命，把帮助一个又一个年轻教师当作自己的责任。周老师的案头有来自四面八方的稿件、信件，他都会一一过目，提出修改意见，亲笔回信。受周老师指导的教师数不胜数，我只是众多受益者中的一个。

每每翻阅书册，忆起从前，我的眼中总会溢满幸福的泪水。再多的语言都会显得苍白，我只能在心里默默地感激，虔诚地感恩，并将这一切永远珍藏在心中，成为我生命的一部分。

2022年4月

（李娜：浙派名师培养对象，浙江省网络名师工作室学科带头人，温州市名师，温州市籀园小学教研处副主任。曾获全国青少年文明礼仪优秀辅导员奖、温州市“瓯越情”优秀教师、温州市首届教师学科素养比赛“总成绩”一等奖等荣誉。追求“生本、扎实、灵动、高效”的语文教学风格，著有《爱育有方：陪伴孩子走好小学六年》。）

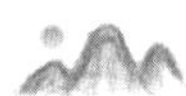

一度春风满树花
——记拜访周一贯老师

· 匡双林 ·

一

“周一贯”这三个字，在小学教育界，不，是在教育界真正的大名，我很早就已经听说过了，也读过周老师的一些文章和书籍。但我不知道的是，周老师和温州道尔顿小学白校长的渊源颇深。

听白校长说，道尔顿建校之初，曾就学校的相关文化、制度征询过周老师的意见。白校长当初还在市区另一所著名小学任创始校长的时候，周老师和一批全国名师就观摩过她开设的整理课程，并给予了很高的评价。在白校长的带领下，我们一起去绍兴拜望 85 岁高龄的周老师。

早上 7 点，我们从温州出发。白校长在车上聊起关于周老师的一个细节。几年前，周老师的夫人去新疆旅游时不幸遭遇车祸，离开了人世。真是晴天霹雳，年过 80 的周老师怎么经受得起这样的打击？白校长也犹豫了很久，想给周老师打电话，但是又怕提起这些事令周老师更加伤心。不打电话，又不知道周老师状态怎么样，实在是挂心，想来想去，还是打了一个电话。接通电话后，周老师根本就没有提他夫人过世的事情，反而爽朗地问起白校长的工作，还挂念起白校长的身体，鼓励她要出来工作，继续做好整理教育。

我当时听到这里，就想起了晚年的杨绛。他们的内心都是如此强大。我真是佩服这些饱经风霜的老人，生死在他们眼里可能真的云淡风轻了。

二

周老师热情地迎接了我们。进入他家，地板上干干净净，几盆刚刚送来的绿萝还没有摆放好。周老师说，绿萝是弟子送来的。白校长向周老师一一介绍了我们。我和周老师握手时，发现他宽大的手掌很有力。或许是我才从风里进来，我的手冰冰凉凉，而周老师的手温暖得很。周老师乐呵呵地说："今天有人要请我出去，我说去不了，我有温州的朋友来访。他们一听有温州的朋友要来，就给我买来了水果。"他说"去不了"的时候，斩钉截铁。我随即看到，茶几上摆着黄澄澄的蜜橘，各色饼干，鲜红的柿子上还有一层微霜，特别诱人，黄白的雪梨也洗得干干净净。

"坐坐坐——"周老师大手一挥，宾主坐下。周老师坐在我们对面的藤椅上。

我和黄校长坐在沙发上，对面墙上悬挂着周老师十来张照片，着红色西装的显眼极了，休闲装则透露出年轻态。让我难忘的是，侧墙上悬挂着周老师夫人的一张侧脸大照片，下面还摆放着一束鲜花，这定然是一生的浪漫了。

白校长和周老师寒暄着。白校长说，本来早就想来看周老师，但是一直没有礼物——白校长口中的礼物是指拿得出手、让周老师认可的成绩。

"这一次带来两件礼物，请周老师过目。"白校长口中的两件礼物，一件是我的晨诵课程体系，一件是红梅老师的整理课程体系。

白校长对我说："你向周老师汇报汇报吧。"——我对白校长、周老师两位特级教师的交流方式感到惊讶不已，不啰唆，没有什么客套话，见面就是工作，开谈就是教育。

我从书包里拿出早已经准备好的材料，半蹲在周老师跟前，向他汇报了道尔顿小学的晨诵课程。

学校课表上有晨诵课，意味着晨诵也是一门课程，既然是一门课程当然要有与之配套的教材。我们学校的晨诵读本与别的晨诵读本不同，特别考虑了文体的全面性。除了诗、词、曲、赋，我还特别加重了对联和明清传奇的比例。当然，也收录了经典日记和书信，让学生感受到母语的精彩。同时结

合我们学校的特质，不忘国际视野，选入一些思想自由、人格独立的经典文章。在晨诵中也注意传授学生阅读策略，比如会用日本俳句和中国古典诗词对读。总之，上到先秦诸子、希腊先贤，中承唐诗、宋词、元曲、明清对联、传奇，下到民国，我们的晨诵教材里都有体现。

听我说了这些之后，周老师显得兴奋极了。当我说到对联的时候，他忍不住连呼几个“好”，竖起大拇指说：“体现中国文化的五座高峰！汉赋、唐诗、宋词、元曲、清联。再结合白校长的整理课，就是晨诵晚省，做到了立足民族，面向世界。”

我做完简单的汇报后，把准备好的材料交给周老师，希望他能给我们一些建议。

轮到王老师给周老汇报整理课程的方案——说起整理课，他明显更加激动。“整理课，是我们民族的东西。除了李吉林的情境教育，就是整理课了。”

王老师汇报结束后，已经快 12 点了。白校长提议我们去用午饭。白校长刚说完，周老师站起来说：“今天我请你们吃饭。”

白校长当然拒绝。

我们一起下楼，王老师扶着周老师，可是他会挣脱开。周老师个头高大，穿着橄榄绿的夹克衫，苍苍白发梳理得整齐，双手插在口袋里，真是潇洒的老爷子。走在小区里，周老师依旧激情澎湃：“我是退而不休，现在还在指导年轻老师，帮他们改文章，推荐发表。”

我说：“这就是周老师的养生之道吗？”

“对，我的养生之道就是有追求。一辈子追求一件事。我就是一辈子做教育。已经做了几十年了。”周老师说到这里，白校长接话说：“周老师给我打电话就说，白莉莉啊，你要出来工作啊！”我们都笑了起来。

午饭就安排在周老师小区门口对面的饭馆。白校长说，之前来看望周老师的时候就在这家店里吃过。但是要过两条马路。先经过一片停车区域，靠近马路边沿处有停车的护栏，我们都有点担心，怕他迈不过去。结果他轻轻松松迈了过去，自然得很。我真的明白了，有时候人的心态其实决定了他的年龄。没老的人有了享老的心态自然就老了，老了的人有年轻人的追求，还是不老。

本来白校长说我们饭后就返回温州，不耽误周老师午休，但是老爷子非常亲切地要我们再回家里坐坐，关于整理课的事，他还没说完呢。在去周老师家里的路上，白校长特意跟周老师提起，我是高中下来的语文老师，平时能写点东西。周老师不忘叮嘱我和王老师，好好跟着白校长踏踏实实地干。我理解，老爷子是希望我们在教书的同时，还要多做学问。

到周老师家后，他拿出一个本子，戴上老花镜，把他的设想一条一条念出来，王老师认真地做了记录。周老师说完还不忘叮嘱我们："要做学问啊，要写专著啊。"

我说，这一次我没有带周老师的书过来，还想请周老师签名呢。老爷子听后起身来到书房——我早就观察了周老师的书房，从地板到天花板都是书，书桌朝着窗户，在窗户和书桌之间放着一把躺椅，显然，这个小天地就是周老师读书学习的地方。周老师拿出一本新书，告诉我们，这是马上要出的一本，出版社刚刚把样书送过来，又拿出几本《语文课堂变革的创意策略》，一一把塑封撕开，给我们签名。

我对王老师说，希望下一次来拜访周老师的时候，我们能奉上自己写的书给周老师斧正。

白校长提议合影，于是我们就在书房里和周老师合了影。

临走时，周老师硬是将茶几上的水果塞给我们——这让我想起小时候从长辈家离开时，长辈给孩子塞水果的那个瞬间。我想，周老师应该也是把我们当作孩子来看待了。我还真拿了好几个蜜橘呢。

三

一天的拜访就这样结束了。走在小区里，我们都感叹周老师的精神劲头，他确实是活到老学到老的典范。更重要的是，周老师给我注入了新的激情。如沐春风正是此刻的感受，初冬里都有了春天的勃勃生机。

两个星期后，我在餐厅的一个角落里吃午饭。白校长过来递给我一张纸，

她没说是什么，我打开一看，竟然是周老师就晨诵教材给我提的建议和意见。一张 A4 纸，是复印的稿子，我想是传真过来的，标题是“关于晨诵读本的几点建议”——周老师还不忘在后面带一个括号，写了“供参考”三个字。分列了七条：

（一）定名《温州道尔顿小学经典晨诵》比较完好。为此，在其他地方不要再有“晨读”之类出现，以示统一。当然也不必再有午读。

（二）全套（十二册）的选文要有整体观，如中国古代的经典，要有汉赋、唐诗、宋词、元曲、清联为主线，国外的和现代的更要注意选择经典，也要有所体现，“经典”之义才可以通得过。

（三）每册前面应有“写给孩子”“写给老师和父母”两篇文字，申明此套书的编辑意图，求得与使用本书的各方面的沟通。要突出“晨诵暮省”的教育思想，将晨诵纳入“整理教育思想”的体系，具有“道而顿悟，志可立达”的办学思想。这两篇文字，可以有相同的地方，也要有分册而异的部分（针对不同年级儿童的要求）。

（四）每篇选文后面应编写三个内容，以方便学生自读：1. 注释（可包括作家和必要的时代背景介绍，编者写）；2. 导读（引导学生自学、自诵的必要启发，包括解读和启迪）；3. 感发（让学生填写，可以是欣赏、质疑、联想和批判，充分发挥自由思想）。

（五）每册最后有若干页，以让学生全册晨诵整理（一、二年级一页，三、四年级二页，五、六年级四页），渗透整理精神。

（六）为集思广益，可设编委会，在主编的组织下，吸收更多的老师参加，这不仅可以使本书更臻完整，而且调动大家贯彻实行的积极性。

（七）请特别注意入编温州地区的名士之作，注重地域文化，如翁卷，永嘉的四大诗人之一，近代的朱自清（虽不是温州人，但在温州中学教过书，当时写有不少名篇，如在梅雨潭写的《绿》）。

面对老先生的这种认真精神，我内心涌出了一种强烈的使命感，若做不好这套晨诵读本，就愧对老先生这份一字一句写出来的建议——字字句句都是这位耄耋语文人对语文的热爱，也是他为人做事的认真精神的体现。

拿到这份建议，数读之下，深感这真是那次拜访的悠然回响。古人说，如沐春风，这或许正是见到周老师的感受。不同的是，这一室春风，久久在怀，期望此度春风吹开一树繁花……

2020 年 11 月

（匡双林：语文教师，散文作家。《中国教师报》专栏作者，《教师博览》签约作家，《温州教育》专栏作者。著有教育随笔集《红楼教育学》，散文集《山高水远，我们终将重逢》。现任职于温州道尔顿小学，长于阅读课程的开发与实践。）

媒体访谈

周一贯语文教育的学术魅力，受到主流媒体的广泛关注。

在教学研究前沿的开拓①
——访小学语文教研员周一贯

·舟　中·

深秋的一天，我来到颇有名气的绍兴城，采访对象是一名普通的小学语文教研员——周一贯。

当我找到县教研室时，周一贯同志正在开会，一群青年教师围着他在讨论什么。因为白天的工作已经排满了，我的采访只好排在晚上。

入夜 7 点钟，绍兴城的灯光连着一片灿烂的星云。坐落在小巷深处的教研室显得特别宁静。打开了电灯，我们在靠近窗户的办公桌前坐下来。这情境不像是一次采访，倒有点像久别重逢的故友在“剪烛夜谈”。

灯光照着周一贯清瘦的面庞，那一双凹陷的眼睛显得别样有神，他穿着一件合身的灰色夹克，给我初次见面的印象他是一个精力旺盛的中年人。

“五十而知天命，可我至今迷恋于‘小儿科’里。”周一贯说这句话，不是感叹，而是发自内心真挚的情感。他向我谈起了从事小语教学研究的经历。

“我对教书挺感兴趣。”中华人民共和国成立不久，他参加了人民解放军，当了一名文化教员，1952 年转业到家乡绍兴县，有几个工作岗位让他挑，可他偏偏挑了个教师。

在 30 多年的教学生涯中，他教过小学、初中，当过区中心小学的副校长，1984 年被调到县教研室，任语文教研员，以后又担任教研室副主任，分管小学教学。

① 本文发表于 1989 年第 1 期《湖南教育》《人物专访》栏目。舟中为《湖南教育》记者。

“我爱好文学、美术，‘文革’前曾发表过一点散文，一度曾想报考美术院校，在素描上下过功夫。到后来，这些追求、爱好、兴趣都被‘小儿科’所代替。”

周一贯把小语教学称为“小儿科”，语意中总带着一种特别的怜爱之情。

“现在，我的工作、生活乃至业余兴趣都在围着小语教学研究这个圆心转动。”

“那么，你是怎样围着这个圆心转动的呢？”我不由得插了一句。

“以前，我喜欢下象棋，自从找了这个‘对象’，我可一盘也不敢下了。”他说得轻松，带着几分幽默。

“我教了30来年书，主要是教小学语文。特别是在教研室工作的几年里，从事小语教研工作，下到全县200多所学校，了解了很多来自一线教师的新鲜经验。我感到脑子里憋了很多东西，想总结、想表达。”

“大概是在1983年，自从发表了第一篇小语教学研究方面的小文章，以后就不可收拾了。”

从这以后，周一贯在教学领域做了全方位的探索：

他参加《语文教育辞典》的编写；论文《普及小学教育与师资培训》参加了联合国科教文组织在杭州举办的“1986年中国小学教育针对性与效益研讨会”；《端正教育思想与改革教法的相关性探讨》一文，经中国教育学会学术论文评选小组审定，参加1986年12月在广州举行的“全国教育思想学术研讨会”；新近写的《重视发展学生的经济思维》，被推荐参加将要举行的沿海发达地区“农村基础教育研讨会”。

为了把研究气氛带进自己所在的县城，他敏锐地捕捉到多方面的新信息，形成自己的新思维。他向广大教师展示了一幅幅闪光的荧光屏：

《阅读教学的思路图示》

《模糊理论在小学阅读教学中的应用》

《“信息论”与“精讲”》

《用全息原理指导语文教学》

《小学作文教学题型的改革》

《语文教学中的符号系统》

《用缩微技术指导板书设计》

…………

从 1984 年到目前为止，他主持设计了本县 4 项重点语文教学、复式教学实验，这些课题已有 10 多篇研究文章和实验报告见诸报刊；出了 7 本书(其中一本是与他人合作)，发表了 308 篇教学研究文章。

“最近，我打算完成《小学阅读教学方法论》和《小学语文教改研究信息综评》等书的撰写工作。”“为了适应社会主义经济发展的需要，还打算与其他同志一道，编一套以发展语言交际能力为体系的农村小学语文教材。同时，在省教委的‘基础教育与人的社会化’实验区——本县柯桥区的学校率先进行实验，下决心拿出一些新东西来。”

“我经常是这样思考的，教育是关系到未来的事业，它需要从事这项事业的人有一种超前意识，只有这样，才能始终处于研究的前沿。”

在教学研究的前沿，在这个领域的广度和深度上，周一贯所取得的成绩是令人称赞的。黑龙江教育学院教研室的一位负责人惊叹道：“您的教研领域很宽，许多文章能解决教学中的难点，给教师和教研人员帮助很大！”一位全国知名的心理学家、语文教学论专家做了这样的肯定：周一贯的“贡献是全国性的”，“是小语教研的佼佼者”。

可是，周一贯对自己做了另一番评价。他说：“这只能算作起点。我能站在这个起点上，也是与组织的支持、教师们的合作分不开的。”

我翻阅着他送给我的几本新著。此时晚风从窗外透进来，我感到的不是凉意，而是一泓心与心感应的热流。我们“夜谈”的兴致更浓了，话题飞向了另一层空间。

“老周，我的一个同事总说你能一下子就抓到一个教学研究前沿的新课题，能给我透一透其中的秘密吗？”

周一贯笑着扬了扬手说：“哪有什么秘密，不过，体会倒是有一点儿。”

他接着说："搞我们这行，眼睛光盯在小语教学上是不够的，还需要有一些渗透意识。如果用一句比较'文气'的话，我是以小语教学研究为圆心，向其他学科做全方位的思维辐射。教育学、心理学、数学、生物学、美学……特别是现代科学方法论——信息论、控制论、系统论，我都怀有一种特殊的兴趣。"

周一贯强调说："在快速变化的时代里，一切过去的知识都会因为新信息不断涌现而贬值。当今社会需要对最新学科和最新动态有较强敏感的人。"

"因此，我做了十几年的努力，终于建立了自己的'信息库'。"他眨着眼，话里带着几分叫人猜度的意味。

谈到这里，周一贯停了下来，拿出一张卡片告诉我："就是这个！"

接着，他做了这样的说明：

为了即时捕捉碰到的每一个相关的新信息，他围绕小语教学研究这个圆心，积累了近万张卡片，作了约二尺厚的笔记。有人曾把卡片比作"知识的雷达"，我深有同感，这是一个做学问人的基本功。对此，我很感兴趣，表示希望看一看。

周一贯同志站起来，转向身后的大书架，抽出了五六沓用铁夹子夹着的卡片，每一沓有100—200张，分门别类，如：教育学、心理学、文学、修辞学等。另外还有一大沓没有分类的、最近摘录的卡片。

我见到的一本笔记本是由六本小学语文笔记簿装订而成的，其中摘录了《教育学》《心理学》《罗丹艺术论》《裴多菲诗选》《人民教育》《外国教育动态》《百科知识》等多篇文章。

还有不少的听课记录，也有即席记下的随感。

每一张卡片，每一面笔记都写得工工整整，透露出作者辛勤的劳动，执着的追求！

"就是这些日积月累的卡片、笔记，使我源源不断地获得新的信息，产生新的组合效应，形成新的观点。"周一贯以一种平静而又肯定的语调做了这样的补充。

夜深了，他起身为我冲了一杯热茶。在灯光下，在晃动的热气中，他的身影显得修长、单薄，“衣带渐宽终不悔，为伊消得人憔悴”，这可是一个把整个身心扑在事业上的人啊！

我接过递来的热茶，笑着问他：“你的效率为什么这么高？”他告诉我：“不错，我讲求效率，但我更讲求下功夫。”

“白天，我要抓教研活动，要下去听课，还有一些行政工作；晚上，读书和写作。”“我几乎牺牲了所有的休息时间，星期天，寒暑假，即使是春节第一天，我都没有放过。”

“不过，‘除夕’这一天例外。这一天一家人团聚，我喜欢炒几个菜——”他笑了，我却沉默了。在此刻，我仿佛触到一颗为事业而跳动的心！

关掉了电灯，我们的“夜谈”在亲切的气氛中结束了。我向窗外望去，绍兴城的夜空依然是星光闪烁。在那密密麻麻的“集合”里，有多少自甘寂寞的星星……

（有改动）

播种在“希望的田野上”[①]

——记绍兴县教研室副主任周一贯同志

· 钱杭根 ·

金秋十月，美丽的西子湖向收获者张开了热情的怀抱。联合国教科文组织举办的“1986 年中国小学教育针对性与效益研讨会”在杭州召开。周一贯带着“收获”——被大会审查吸收的论文《普及小学教育与师资培训》，走上了会议的讲坛。两个月后，他又赴广州参加了“全国教育思想学术讨论会”，他的另一篇论文《端正教育思想与改革教法的相关性探讨》，被中国教育学会学术论文评审委员会选用，在会上做学术交流。参加如此高规格的学术会议，对于一位农村小学语文教研员来说并非易事，它标志着个人学术水平达到一定的高度。周一贯同志从事教育事业 37 年来，始终如一地严谨治教，潜心研究，勤奋不辍。他积几十年教学之经验和研究心得，硕果累累，已正式出版语文教育专著 7 本，在全国性报刊上发表研究文章 308 篇，达百万字。他担任绍兴县教研室副主任，又在浙江教育学院《教学月刊》社任兼职编辑工作逾 6 年，经手编辑的文稿达 70 余万字。初等师范毕业的学历，农村教育的环境，何以能在事业之树上结出如此累累的果实？有人惊奇，有人赞叹，也有人带着一连串问号……

农村语文教学是一片待开垦的土地，但也是希望的田野！

他受惠于时代，时代也选择了他……

“文革”后，百废待兴。一个新时代开始了，但绍兴县钱清镇小学毕业班

① 本文发表于 1990 年第 3 期《小学语文教学》。钱杭根为该杂志记者。

语文等学科的及格率却达不到30%，在全县排在后列。学生垂头丧气，家长心急如焚，领导彻夜难眠。人们迫切希望扭转局面，帮助那些基础太差，学习难以为继的大批农村孩子。其时，县教育局局长慧眼识珠，她把信任的目光投向周一贯老师。

执教农村中小学语文30余年的周一贯老师，只习惯默默无闻地在教坛耕耘，不喜欢显山露水。现在出任钱清区校副校长，施展身手的天地开阔了。既然时代选择了他，他便冷静地思考着救治对策。他感到，我国10亿人口中8亿在农村，83万多所小学中97%在农村，超过1.3亿名小学生中92%在农村……小学语文教学的大头在农村。没有农村语文教学的质量，就没有全国小学语文教学的质量。农村语文教学这片待开垦的土地，也是一块希望的田野。他认定治标须先治本，才能兴教，于是他把着力点放在提高教师群体文化素质和业务水平的刀口上。双管齐下，一手抓教师的教育科学理论学习，一手抓教师的教材教法进修学习。他亲自上讲台，为全区教师讲解语文教学理论，传授实用的教学方法。他制订进修目标，逐年考评，3年内使全区90%的教师通过了教材教法关。他采用激励机制，鼓励骨干教师探索教育规律，总结经验，经过短短的几年，全区教师钻研教育理论蔚然成风，正式出版教育专著3本，在省级以上报刊发表教学研究文章160余篇。

雄厚的教研实力有力地推动了教学质量的提高。周老师上任两年，将全区毕业生（语文等科）的及格率提高到80%以上，在全县名列前茅。这在人杰地灵、竞争激烈的文化之邦绍兴来说的确是件了不起的事。一个教学落后的学区在县教委的正确领导下，在周一贯老师和其同事们的努力下，发生了根本转机。地区的教育工作现场会在这里召开，前来参观的兄弟学校络绎不绝。钱清区校被评为浙江省“五讲四美”先进教育集体，周一贯本人也获得市“五讲四美优秀教师”的殊荣。他的论文《培训语文师资，提高教学质量》在《人民教育》上发表……他播种在“希望的田野”上。

路漫漫其修远，语文教学质量→教研→管理，他找到了一条“因果链”，建构了辅导网络，产生了全方位效应——

1984 年 9 月，周一贯先生调任绍兴县教研室副主任。他要播种的这块“希望的田野”更大了，为了了解全县小学教育现状，参与实验，指导教研，听课辅导，检查教学……他进行了全方位的调查探索。这位年逾五十的实干家，朝伴旭日、暮披皓月，奔波于会稽山间，驻足在宁绍平原，从全县 200 余所学校的调查中掌握了大量的第一手材料，然后运用系统理论，寻找以教研为中心的教学管理整体优化方案。

他深知，要提高语文学科的教学质量，“就事论事”，难以见效，必须先有一个整体化的“场”。他乞效于“网络”，“网络”是促使整体优化的“神经系统”。大千世界的万事万物，都靠网络维系：地表的江河湖泊，宇宙的河外星云，植株的叶脉导管，动物的血管神经……无一不呈网络分布。于是他制定了“三·三制辅导网络”，实行学科教学质量的全面管理。一是“三级辅导网”：县、区、乡三级设专职负责教学辅导的人员，制订了工作目标，各级定期交流经验，取长补短。二是“三级教研网”：县、区、乡三级分别设学科教研大组，中心教研组和基层教研组，按计划开展活动。三是“三级教改课题网”，县、区、乡各有几个自己设计并组织实施的重点教改课题。纵向的“三级”（县、区、乡）和横向的“三线”（教学辅导、教学研究、教改课题），建构了纵横交叉的严密网络，实现了对语文教学等基础学科的有效管理，产生了全方位效应，有力地促进了语文教学、教研质量的提高。现在，全县小学毕业会考语文及格率都在 90% 以上，全县小学生在全国省级以上报刊发表优秀作文 150 余篇。有的小学生还在全国和国际活动中获奖。语文课外活动更是丰富多彩：“皇甫少年鲁迅研究会”“徐锡麟学社”“兰亭少年流觞书画社”“浙光印社”“杨汛少年寻味文学社”……这些小学生语文活动社团，不仅得到国内名人的指导，而且不少作品、活动见诸省级以上报刊和电视。鲁迅故乡的一代文星，正在茁壮成长。

时代召唤改革，改革需要实验。“语文教学与社会”：他在传统和现实、历史与未来的交叉点上寻找课题——

风起云涌的时代呼唤着大开大合的改革，而农村语文教学的改革又需要以坚实的科学实验做基础。1987 年，由省教委直接领导的绍兴县柯桥区“基础教学与人的社会化问题实验研究”正式上马，不久即被列入国家教委“七五”重点教育科研项目。这项试验要解决的是农村基础教育的质量问题：为什么毕业生投身社会后会有许多不适应，除参加考试外就难以体现他们所接受的学校教育程度。基础教育的“基础”难道只应当是升学的基础，而不该是适应社会需要，推动社会进步的“基础”吗？作为这项实验领导小组成员之一的周一贯同志，瞄准了“语文教学与社会”这个焦点，设计了课题。从语言文字是人类社会生活中最重要的交际工具这个特点出发，积极探索语文教学在实现人的社会化过程中的系统功能，从而在新的语文教育观指导下，开展教学内容和方法的改革。作为“社会作文”的实验，他的研究文章《作文教学应面向现实社会生活》发表在人民教育出版社课程教材研究所主办的《课程·教材·教法》刊物上；《作文的社会观和社会的作文观》作为“开篇的话”登载在《小学语文教学》上。作为教材改革研究的成果之一，论文《社会化——语文教材建设应持的观点》在全国第四届小学语文教学研究会上交流，并被刊载在全国小语会会刊上。他于 1987 年在东浦镇开展的“全方位识字教学法”实验，也正是从“语文教学与社会”这个视角出发，把小学生的识字从课堂和教材推到社会的人际环境中。他的调查表明小学生的识字渠道除语文课的有意识字外，还从五个方面在无意中识字：1. 社会环境，如地名、招牌、春联等；2. 人际关系，如亲属、同学、老师的姓名等；3. 其他学科，如数学、常识、音乐等；4. 课外读物，如少儿故事等；5. 电影电视：如字幕、广告等。今天，文字作为一种重要的信息载体，充斥在孩子们周围，使他们耳濡目染。如果识字教学能联系孩子们的社会生活环境，在课堂识字中吸收并强化社会生活中学生无意识字的经验和成果，便能大大激发他们的识字兴趣，强化识字能力，扩大识字量。这一实验两年后即初见成效。有关这项实

验的报告和论文分别刊载于《小学教学改革与实验》和《小学语文教学》(1989年第5期）上。另外，由他设计并组织实施的“伙伴教学法”实验，被誉为是复式教学的一次“革命”。如何使学生在间接教学时克服“个人内向式”的静止状态，进入全方位的信息传输，这是复式班提高教学质量的关键。在教学中开展分组的伙伴辅导活动，使复式教学化静为动，极大地激发了学生的学习主动性和积极性。1986年5月，来自绍兴市五县一区和其他市县的复式教学专家、学者教师，在该县袍谷乡观摩复式“分组伙伴教学”实验课。上课了，只见教师在一个年级从容不迫地进行直接教学。而另一个年级的学生则前后排4人一组进行分组学习，各小组长在小助手统一指挥下，带领本组同学时而展开小声讨论，时而进行互相评改，时而讨论课文疑惑，时而开展热烈竞赛，时而组织学习游戏……这一切都是在体态语言或轻声交流中有条不紊地完成的。实行“分组伙伴教学法”，使学生间充分发挥了信息交流的互补互惠作用。同时，伙伴间的“人际”交往，也有助于形成一种无拘无束的学习氛围，鼓励小组群体积极上进，努力探索。不少观摩者说，“分组伙伴教学法”使复式教学扬了长，避了短，不失为一种农村教学的高效益教法。有关这个课题的多篇介绍文章，已分别发表在《教学月刊》《湖南教育》上。

身居农村并非必然孤陋寡闻，他捕捉信息的双目炯炯发亮，多向思维的齿轮“咯咯”绞动。他在教研的开拓中，实现了自我价值——

作为一位农村教师，偏居一隅，固有信息闭塞，视野狭窄之弊，但亦未必定然。周一贯这位农村语文教师的研究特色，恰恰是以敏锐地捕捉多方面的新信息，形成自己的新思维。他以语文学科的基本特点为圆心，向有关学科领域，向社会整体时空做全方位的思维辐射，分析它们内在联系的规律，从语文教学研究战略发展的趋势上提出和研究问题。请看他已公开发表的若干论文：

《美哉板书》《大哉，板画之为用》《模糊理论在小学阅读教学中的应用》《用全息原理指导语文教学》《“信息论”与“精讲”》《语文教学中的符号系统》《用缩微技术指导板书设计》《努力创造小语研究的良好生态环境》《多样化：当代

作文教学走出低谷》

…………

30 年来，他励志奋进，自强不息，系统进修了《文学概论》《文学原理》《中国文学史》《语法学》《逻辑学》《修辞学》《汉语词汇学》《文字学》《政治经济学》《哲学》等课程，近年来又学习了《控制论》《信息论》《系统论》《符号学》《全息论》等新学科，全面地提高了专业知识。他博览群书，勤于笔记，做了上万张读书卡片，记了两尺厚的读书笔记，建立了一座属于他自己的七彩缤纷的“信息库”。他冒着 30 多年来的风风雨雨，不管是被批判为“白专道路”还是“业务挂帅”，总是认准一个理：身事教育，潜心研究，是党和人民的需要，虽九死而不悔。十一届三中全会后，“教运”跟随“国运”转，笔花喜逐心花开！党和人民没有忘记这位教育战线的忠诚卫士，他多次被评为“优秀教师”“先进工作者”，被聘任中学高级教师职务，获得“优秀专业技术人才”的光荣称号……在他的案头已经成稿将要出版的有《小学生家庭辅导》《小学生语文学法指导》，而正准备成稿的著作《小学语文教改研究信息综评》《阅读教学方法论》等都是 30 余万字的长篇。

他取得了成功，因为他忠诚和勤奋！是党和人民哺育了他，因此他希望把掌声和鲜花还给“大海”！

他在一份“个人小结”中是这样结尾的：“人生朝露，事业千秋。对个人历程的后顾前瞻，已做的虽然不少，但做得不够，未做想做的则更多，因此，这既是‘小结’，也是一个新的起点！”

（有改动）

在理想与现实之间寻求语文教学的真谛[①]
——著名语文教育专家周一贯先生访谈录

·吴　琳·

访谈背景

在实践新课程的过程中，老师们都希望按照新课程的理念来追求一种理想的课堂教学，其中，有经验，有困惑，也有反思。2005年秋，在一场题为"'情感型课文'课堂教学研讨观摩会"的活动中，梅林与著名教育评论家、特级教师周一贯先生进行了一场别开生面的现场对话。这篇对话，或许能给老师们一些启迪和思考，使大家在实践中走出一些误区，从而以更稳健的步伐和更饱满的激情投入新课改。

话题一：如何看"日常课"和"观摩课"

梅林：这两天，老师们询问最多的是关于"如何看课"的问题。手机尾号是5621的朋友说："我是来自苏州的一名青年教师，问一个老生常谈的问题，究竟怎样的课才算是好课？"

周一贯："如何看课"是一个非常重要的问题。这两天我们共收到80多条手机短信，其中很大一部分都是关于"如何看课"的问题。我想说两点：一是如何看日常课，二是如何看观摩课。

我先说说"如何看日常课"。我认为日常课主要应从三方面去看。

第一，从本质来看。课堂教学要看两个本质：一是学科的本质——是不是符合学科的本质；二是学生的本质——有没有促进学生的发展。

① 本文选自上海教育出版社2009年版《梅林对话小语名师》。

每个学科都以自己的本质特征与另外的学科相区别。语文课为什么不同于品德课？关键是语文学科的本质特征是“学语习文”。工具性也好，人文性也罢，都不能离开“学语习文”，丢失了、淡化了语文课的“学语习文”，也就失去了语文课的本质特征，就与思想品德课没有多大区别了。所谓学生的本质，就是要看学生有没有得到发展。关爱学生的生命发展，应该是我们语文课堂要解决的一个根本性的问题。

第二，要辩证地看。我认为“没有缺陷和遗憾的好课”是不存在的。反过来，“毫无启发性的差课”也是不存在的。这里，应了一个普遍的规律，即不管你是怎样的特级教师，上出怎样的好课，总是“智者千虑，难免一失”。反过来，一般的老师上课，即使没有很丰富的教学经验，但往往也有一些地方，能给我们启示。

所以，我们既不能“跪着”听课，也不能“骑着”听课。怎么讲呢？一方面，对于一些专业实力较强的老师，我们青年教师往往是激动地崇拜，是“跪着”去听课的。这样做，失去了自我，失去了自己的思想。而另一方面，对于一些青年教师的课，我们又往往容易“骑着人家的脖子”去听。这无论是对语文教学研究，还是对我们自身的发展，都是不利的。我常常去听一些新教师的课，听了以后，觉得有些东西对我还是很有启发的。我们听课时要有一种辩证的心态，这样，对我们的帮助才会更大。

第三，要个性地看。这一点非常重要。我们要尊重上课老师的个性，尊重他的个体风格。我们的课堂应该是个性化的，不同的老师有不同的个性，有不同的追求，如果我们过分地拿一个标准去套每一堂课，我们学到的东西就会很少。我们为什么就不能宽容一点呢？只要对我有好处，对我有启发，哪怕他有十点不是，二十点不是，我就“只取一瓢饮”，不是对我们也很有帮助吗？

接下来我想说说“如何看观摩课”。我觉得看观摩课和看日常课有些不同。

我给观摩课下了个另类的定义：它是在非常的时间里，在非常的空间中，由非常的人来执教的一个非常的课堂。我觉得很多问题是从这四个“非常”

中引出来的，比如说“非常的时间”。刚才有些老师提到，本应是两个课时上完的，他怎么可以压缩压缩，变成一个课时就教完了呢？（众笑）这就是个非常的时间问题。授课教师觉得要把课上得精彩一点，而时间规定只能上 40 分钟，所以教师就把两节课的内容放在一节课中进行了。如果是日常课，就没这个问题。

梅林：这次大会，给所有的授课教师都是 40 分钟。

周一贯：是呀，所以老师没办法完成一篇课文。再比如“非常的空间”，那么多老师来听课，要说执教的老师一点都不紧张，是不现实的。还有“非常的人”，首先上课的老师是非常的。这么好的机会，谁能不表现一下自己呢？（众笑）如果放在你身上，你做得到吗？我们人类最大的敌人是谁？就是自己。我们都是吃五谷杂粮长大的，要超越自我，是非常不容易的。所以，不管是怎样的观摩课，相对来讲，表演的成分总会多一些。这我们可以理解，因为他是非常的人，我想让他去上家常课的话，他是不会这样做的，你说是不是？

梅林：是的，因为那时就没有这样的非常心态了嘛！

周一贯：另一方面，学生也是非常的。如果我教了一个班，明天要把这个班的学生借出去给别的老师上课，今天我肯定叫每个小朋友读了又读，讲了又讲，做好充分准备，所以我们看到的学生和我们日常见到的学生不是一个样子的。我们平时能做那么多的准备工作吗？所以，我们看到课堂里，两堂课的内容放在一堂课就学完了。识字不用搞，学词也不用搞，读通课文似乎也没有必要，上来一读就是朗朗上口，一篇课文读下来，就像一江春水向东流。(笑声)原因就是：那是非常的人，不是我们日常课堂中的人。

这样加起来，这课堂就是非常的课堂。所以，我有一个理念，不晓得我们的青年教师能不能接受。

梅林：您请讲，周老师。

周一贯：什么是观摩课的最高境界？我认为观摩课的最高境界就是向家常课回归！当然，这个回归，不是简单的倒退，而是在新的层面上对家常课的认同。也就是说，观摩课应该近似家常课，又高于家常课。当然，这样的境界，我们要努力去创造，共同去追求。

这个问题我讲得太长了，谢谢。（掌声）

话题二：如何看待新、老名师的课

梅林：接下来我们要谈的这个话题，与“如何看课”还是有一些关系，那就是如何看待老一辈特级教师与新生代特级教师的课。

手机尾号是5621的朋友问：“就本次活动而言，我觉得新生代特级教师已经超越了前辈。对此您怎么看？”

周老，您被大家公认为小学语文教育的评论家，对于小学语文教育发展的历程您是很熟悉的，对老一辈特级教师，您也曾对他们的教学艺术给予过很多评价。那么，我们应如何看待老师们的这些反映呢？

周一贯：这是一个很尖锐的问题，这个问题回答不好的话，责任我可承担不了。（众笑，继而掌声）

首先我认为，年轻教师超过老一辈的教师，这是很正常的现象。也正因如此，我们中国小学语文教育才有希望，才有美好的明天。

比如，王崧舟老师，他多次说是我的学生，我是他的老师。其实，这是他谦虚，我不过是比他年长一些的同事而已。即使像他说的，我们之间有一种师生关系的话，我认为，他也已远远超过了我。为此，我不仅一点都不觉得难堪，反而觉得自豪。我想，所有的老一辈教师都希望我们的年轻一代比我们强，一代更比一代强。（掌声）

至于本次研讨活动中的老一辈特级教师的课堂，对其中的一些认识，我觉得也是可以商榷的。

比如说，一些老教师的课是不是不符合新课标的精神，我想恐怕不能这么简单地去说。我们进入新课程，对于新课程的认识，青年教师和老教师是不一样的。青年教师更多地是以一种现代的视点进入新课程，他们没有沉重的历史包袱，他们很单纯，可以百分之百地接受新课程的这些新理念。当然，接受的东西是否准确是另外一回事。但许多老教师进入新课程，不仅仅是以

现代的视点进入，还从继承和发扬传统的角度去进入。也就是说，他们是背着小学语文教学这个沉重的历史包袱走进新课程的。在这个历史包袱中，有一些陈旧的、应淘汰的内容，也有许多是值得继承的精华。我认为，我们应从新课程如何继承、发扬中国小学语文教学优秀传统精华的角度去解读老一代特级教师的课堂。只有这样，我们才能更好地完成我们青年一代优秀教师的承前启后、继往开来的使命。(掌声)

梅林： 非常感谢周老师。我想，我们青年教师在看课的时候，可能有些认识也是有失偏颇的。

比如手机尾号是5396的朋友，他说："请问，对于五年级的学生来说还需要像靳家彦老师那样指导学生书写课题、理解词义，进行一些属于低年级该重点训练的内容吗？"

周老，您说，"指导学生写字、理解词义"仅仅是低年级的事情吗？高年级还要不要进行这方面的训练？

周一贯： 就这个问题而言，我们倒真是可以体会到，老一代特级教师，他们更多地继承了我们语文教学的一些优良传统。小学的识字教学，绝对是非常重要的，而不是只有一二年级才要解决识字教学问题。

不知道大家有没有看过学者周汝昌先生发表的一篇小文章，题目叫《会写"钥匙"的大学生……》。文章说的是一个寝室里有六个大学生，有一天，一个大学生要出门了，他晓得有一个朋友要找他来拿钥匙，所以他想留一个纸条。但"钥匙"两个字他不会写，就去问同屋的五个大学生，结果这一屋子的大学生没有一个能写出来。最后没办法他写了个英语单词。

梅林： Key！（众笑）

周一贯： 这是个真事儿。周汝昌先生治学是非常严谨的，不会去编一个瞎话来糊弄我们。这说明什么呢？说明母语在我们许多现代人的头脑中正在淡化。所以，如何强化母语的学习，是今天我们语文教育界，也可以说是我们全民族都应该关心的一个问题。今天我们基本上看不到有多少成功的识字教学。我很欣赏我们一位老师反映上来的问题，他说："这次活动，为什么没有一年级的公开课?”

梅林：是的，手机尾号是 0906 的朋友说：“我们这次来杭州听课受益匪浅，被这些专家深厚的文化底蕴所折服，但遗憾的是，为什么没有专家来上一年级的课，难道一年级的课很难上吗?”

周一贯：所以说，现在的公开课、观摩课，这些非常的做法，使我们很多青年教师产生了一种误解，好像课堂上不必设计识字、学词环节，好像识字、学词不是我们语文教学的任务。其实，我们的母语是用汉字来表达的，汉字本身就是一种文化。它与所有拼音文字国家的表音文字是不同的。它是一个字一个音节，一个形象一个意义，3500 个常用字，不光是个认识的问题。我觉得认字是第一步，接下去还有辨字——哪些字和哪些字容易搞错；还有正字——写错的字该怎么纠正；特别重要的是用字——这个字该怎么用，在哪些情况下可以用。这里面的学问是很深很深的，不要说五年级、六年级的学生，就是我们在座的各位，有时写东西也是提笔忘字的。

梅林：现在老师们用电脑打字的时间要比用笔写字的时间多。

周一贯：对呀，你们用电脑好像没这个问题，但我是用手写的，常常会提笔忘字。你用电脑是因为你有了电脑的凭借，严格地讲，你离开电脑，也应该会写的，不能离开电脑就不会写字。所以，如果我们不重视学生在小学阶段打好识字、学词的基础，我个人认为，这就是对我们民族的犯罪。以后学生到中学里会遇到很多麻烦，会从根本上降低了个人的语文素养。

梅林：看来周老提到这个话题，心情是非常激动的。其实，我们也有很多朋友发来这样的手机短信：

手机尾号是 6161 的朋友，在听过贾志敏老师的课后，说：“虽然没有精彩的演讲和花哨的形式，但却是真正的语文课，真正的读书课，感谢贾老师!”

手机尾号是 3279 的朋友说：“听了老一代特级教师的课，我觉得就该这样扎扎实实地上。他们对语言文字的分析虽然多了一点，但新一代特级教师的课堂感情色彩太浓了，对语言文字的辨析、对比却相对少了，出现了基础知识教学不扎实的现象。我们该如何走好语言和情感兼顾的中间路线呢?”

我想，这位朋友提出的所谓“中间路线”，应该就是工具性与人文性如何统一的问题，这也是我们在语文课堂教学中，需要不断探索的一个永恒的主题。

其实，本次活动中，于永正老师对教材的绝妙处理，大家一定还历历在目，还有贾志敏老师、靳家彦老师等老一辈特级教师，他们在课堂上表现出的那种扎实的语言训练的功夫，都是值得我们年轻教师好好学习的。

…………

话题三：如何解读文本

梅林：我整理了两天来大家发过来的 80 多条手机短信，并做了简单梳理。

手机尾号是 7498 的朋友说：“我是一个刚踏上讲台的新教师，常碰到的问题是在拿到文本后，不知道该如何对它进行解读和建构，常感觉自己挖得不够。”

周老，关于解读文本，您能给老师们一些什么建议呢？

周一贯：好的，我是这样理解的。从这次活动展示的课堂来看，既有老一代的特级教师，又有中生代的特级教师，还有新生代的教师。我认为他们的课堂实际都存在一个相互学习、取长补短的问题。

我们新生代教师的课堂，我认为有几个“多”。一个是课堂引入的时尚元素多。比如说音乐的元素、图画的元素、信息的元素等。时尚元素多，课就比较活。二是他们开发的资源多，视野开阔，这也是一个很亮的特点。三是他们和学生之间更容易建立亲和关系，也许是因为年龄的关系，更具有一种与小孩子沟通的能力。但是他们也有欠缺的地方。至于欠缺的地方，我想就是刚才梅林所说的，钻研文本的功夫还稍微差了一点儿。我们所听到的不少青年教师的课，其长处和短处是辩证统一的。我有一个说法，叫作“戏不够，资料凑。戏不够，课件凑”。这个“戏”就是钻研文本的功夫，钻研文本的功夫不够，他就用很多很多的课外资料去补充、去凑。

梅林：这是您的独到见解。（众笑）

周一贯：戏不够嘛，他就课件凑。很多很多的课件都放上去了，什么电影啦、录像啦都放上去了。

梅林：在周老看来，这是“戏”不够！（众笑）

周一贯：我觉得这是文本钻研得不够，深入不下去，那么课堂教学时间就多了，多了怎么办？就拿这些东西填充进去。（众笑）

老一代的特级教师现在也有很多要向青年教师学习的。

首先，青年教师掌握现代教育技术的本领，这值得我们学习。受到身体的局限，年纪大的人和年纪轻的人是不一样的，身体状况就不一样。所以，我觉得，对年纪大的人要适当宽容一点，因为年轻人以后也会老的（众笑），我们也会跟不上青年人的。（掌声）

当然，对几位上课的老一代特级教师来讲，他们也应该尽可能地把这种现代的、确实好的教育技术掌握起来。但是，他们钻研文本的功底，最值得我们青年人学习。我觉得，我们多看他们的优点，对我们的成长没有坏处，只有好处。（掌声）

在课堂里，我们一听就可以听出来，一个教师钻研文本的功底深不深。当然，窦桂梅老师是另外一种情况。她具有新生代特级教师的强项，钻研文本的功底绝对也是一流的。那是另类，是教师队伍中的另类。（众笑，掌声）

梅林：刚刚听了窦老师的《晏子使楚》之后，我们有位老师发来手机短信，说：“此课只应天上有，人间哪得几回闻？”（众笑，掌声）

据我所知，窦桂梅老师是个很爱读书的人。读书，对我们提高文学作品的理解能力是非常重要的。

…………

周一贯：是的。至于如何解读文本，我想再说两句。

首先，我认为，我们上好语文课，最重要的应该是钻研文本、把握文本，要始终把这个放在第一位。因为课文在我们小学语文教学中有三个特性：

第一，课文是我们语文课堂教学活动的依凭，也就是说，我们所有的活动都要以课文为依凭，它是我们课堂赖以生存的物质基础。这是它的依凭性。

第二，文本具有前提性。课文在我们上课以前就已经存在了。作家写的一篇篇美文，一篇篇文学作品，在我们教学以前，它就客观存在那里了。现在，我们只是把它作为一个例子用来教学，这是文本的前提性。

第三，我们的语文课决定学这篇课文的时候，文本就有了规定性。超越首先要在解读文本的基础上，不能丢开文本随意地去另外组织很多教学内容。否则的话，我们还要教材做什么呢？对不对？

所以，我认为文本对语文教学的依凭性、前提性和规定性，确定了它在语文教学中的地位。除学生之外，它就是首要的了。我们钻研文本，普遍存在的问题是，我们往往停留在“课文说什么”这个层面。千方百计引导儿童去了解“课文说了什么”。其实，在语文教学中，比“课文说了什么”更重要的，不仅有“课文是这样说的”，更有“课文为什么要这样说”。所以，课文说什么，课文怎样说，课文为什么这样说，是解读文本的三个层次。

我们一些青年教师，在经验不丰富的情况下，往往关注第一层意思——课文说什么，而对于“课文怎样说”就没有深入解读，对“课文为什么这样说”就更少触及了。如果要解决如何钻研文本的问题，我想，大家是不是能够把精力指向后两个问题，即“课文怎样说”和“课文为什么这样说”。

当然了，有的青年教师会说，课文中“为什么这样说”有很多哩！关于这一点，我们不能面面俱到。但是，对每篇课文来说，我们应该选择两三个重点，也就是说你要找两三个生长点，这两三个生长点应该对整篇课文具有较大的覆盖面，有一定的穿透力，去重点研究“课文怎样说”和“课文为什么这样说”。

…………

所以，我们听老一代特级教师的课，我倒是对大家有个建议：我们不要过多地关注他们用不用课件，我们可以更多地关注他们是怎么钻研教材的，能否吸收一点对我们自己的专业发展有益的营养。老一代特级教师已经是我们的宝贝了，不管上苍如何照顾，他们的生命都是有限的，所以我们要像珍爱文化遗产那样珍爱他们。（掌声）

梅林：真是这样。解读文本，钻研教材，对每一个语文老师来说，都是非常重要的，也是很关键的。一些青年教师听课，往往会更多地关注那些异彩纷呈的课件所带来的效果。

话题四：如何看待“诗意语文”

梅林：周老，新生代特级教师王崧舟的课给大家留下了很深的印象。上个月，也是在杭州这个地方刚刚开了“诗意语文”教学研讨会，大家知道王崧舟老师实际上是“诗意语文”教学流派的领军人，在他的课上充分体现了他的“诗意”教学主张。因此，很多老师在听课后发来手机短信，谈了自己的一些感受。

手机尾号是7101的朋友说：“我觉得只有让孩子走进文本，读进去，让文字中的情去拨动孩子的心弦，才能把课上到孩子的心里去。不理想的课往往都是老师激动的表现，缺少的是孩子和文本的对话，而这恰恰是上好语文课的关键，至少我是这么认为的。”

另外，手机尾号是9110的朋友说：“王崧舟老师的课感情浓烈，但这些浓烈的感情和华丽的语言是否也会让学生望而生畏，望尘莫及，从而影响他们的感悟？”

这里还有一位老师刚刚递了张条子上来，上面写着：“诗意语文，虽然反对唯美，但对文本的提升，是否走向一种优美的灌输？”

周老，我知道崧舟老师对您是非常敬重的，因为我多次听他说过，您是他的恩师。今天崧舟出差在外，虽然他家在杭州，但却无法来到我们的会场，不然的话，我们来个现场互动，实话实说，一定是非常有趣的。我想，今天是不是可以请周老先生代替崧舟老师，来解答一下老师们的困惑？（掌声）

周一贯：“诗意语文”是最近王崧舟首创的一个概念。现在这个概念得到了我们广大青年教师的呼应，我们应该看到这个状态很不错。特别是《中国小学语文教学论坛》（现为《语文教学通讯·小学刊》）杂志社也非常感兴趣，在大力地扶植这个课题。我觉得“诗意语文”的“诗意”，实际上是从荷尔德林的那句“人类充满劳绩，但还诗意地栖居在大地上”得来的。

简单地说，就“诗意”而言，不是一个新课题。我们一直以来都有这个

说法。20 世纪 80 年代，我给特级教师贺诚写过一篇教学评论文章，题目就是"'诗化的语文教学'和'语文教学的诗化'"，后来我在《中国小学语文教学论坛》上也发表过一篇关于"诗意"的研究文章。所以，"诗意"是一直以来就有的。现在的问题是，我们很多人对"诗意"有一种误解。"诗意"是什么？"诗意"是人与生俱来的一种智慧。一个人可以少有知识，但是他会有诗意；一个人可以少有能力，但是他会有诗意。

比如儿童的知识和能力，根本不可能和我们成人相比，但是，儿童会比成人更有诗意。我们说"儿童是天生的诗人"，什么原因呢？就是因为诗意是人的天性，儿童比我们成人保留了更多的天性，所以，他们具有诗性智慧。可是，成年人面对各种生活的磨难，变得聪明起来了，天性就少了。现代人有了现代科学技术的武装，在红尘滚滚、物欲横流的社会里边，他们的天性也少了，或者是急功近利了。

"诗意"根本不是我们刻意做作的东西，也不是我们去追求的一种高雅。今天，我们在理解"诗意课堂"和"诗意语文"的时候，我认为普遍存在一种"虚高化"的倾向。我们往往把自己欣赏的风花雪月、琴棋书画、翰墨飘香理解成一种诗意，这是一种误解。如果我们误读了"诗意"，我们就会忽略了发生在我们课堂上的真正的诗意，而把原本不属于我们课堂的诗意，强加给儿童，忘记了小学语文是儿童语文。儿童是简单的，没有像我们大人想得那么复杂，也理解不了大人可以深深体会的那种思想感情。

最近，我在《人民教育》上发表了一篇文章，这篇文章的题目就是"论小学语文应是儿童语文"。我认为我们今天的小学语文课，缺失了儿童精神，我们忘记了我们的服务对象是儿童。儿童思想单纯，儿童文化就是一种平等的游戏文化。 我们把很多不属于儿童的而属于成人的那种思想感情，把很多不适合儿童的那种成人对高雅文化的认识，错误地灌输给儿童，加速了他们过早失去童年。这不是一种好现象。（掌声）

梅林：是的，"诗意语文"的研究与实践是一个崭新的课题，无论王崧舟老师还是广大青年教师，我们的教学实践都应以学生的发展为最终奋斗目标。

有了这样的准则，我们就可以认真审视我们的教学行为，而无论是“华丽的语言”，还是“优美的灌输”，只要是对学生的身心发展有益，又何尝不是一种有意义的尝试呢？

关于“诗意语文”的探索，老师们可以再读一读今年10月的《中国小学语文教学论坛》杂志，那里面用了三分之二的篇幅展现了“诗意语文”的探索之路，读了之后，大家可能对“诗意语文”的理念会有更多的了解。

话题五：给青年教师的成长建议

梅林：老师们，在本次活动中，我还收到了很多短信，其中不少朋友发来自己的感受，很有真情实感，令我们十分感动。

手机尾号是5529的朋友说：“梅林老师，我们来自江苏，是向学校请了事假，自费来参加活动的。出于对教学的挚爱和对名师的敬仰才得以拥有这次宝贵的学习机会，我很是感激。在教师成长方面，专家们能给我们几点宝贵的建议吗？”

周一贯：我觉得我们青年教师处在专业成长的一个最好时期。说一千道一万，就是要做一个有思想的教师。我认为别的都是次要的，关键是要有思想。正像一位前人所说的，人类的全部尊严就在于思想。我们要做一个有思想的青年教师，我们一定要把我们的教学当成一种研究来做。

梅林：让我们不断思考，努力做一名有思想的、研究型的教师，这是青年教师的成长之路。

老师们，让我们带着几分收获，几分思考，带着西湖秋韵留给我们的美好记忆，走向属于我们自己的那一方教育沃土，去实践新的课程理念，去不懈地追求教育的理想。今天，我们是在山脚下分手，总有一天，我们会在山顶上相遇。让我们用执着与激情努力登攀，去领略语文教育的无限风光。

（有改动）

留住传统经验的“根”[①]
——周一贯老师访谈录

·张振清·

编者按： 中国语文教育伴随着源远流长的华夏文化，从遥远的年代走到了今天，有着深厚而悠久的发展历史。新课程、新理念开阔了我们的理论视野，拓宽了我们的思维空间，给语文课堂教学平添了新的生命活力。但与此同时，我们又为“改革与传承”中产生的某些新问题、新倾向而感到困惑。围绕“传统教学经验继承与发展”的有关问题，我们采访了浙江省义务教育教科书小学语文编委会副主编、特级教师周一贯老师。

张振清： 周老师，随着课程改革的不断深入，我们许多一线教师对某些新问题、新倾向感到困惑。在您看来，这与正确地批判和继承我国传统的教学经验有没有关系？您怎样看待当今改革中“继承和发展”的问题？

周一贯： 中国语文教育如果从考古发现最早的文字算起，已有五千年的历史。这正好与中华的五千年文明一样悠久璀璨。如果从春秋时代孔子开设杏坛，执教《诗》《书》《礼》《易》《春秋》算起，也应该有两千五百年的传统了。今天，走进新课改的语文教学，我们为产生的某些新问题、新倾向而焦虑困惑，这其中一个不容忽视的原因就是对中国语文传统教学经验的轻视。其实，传统的并非一定不科学，规律不分古今，我们也并非什么都比古人高明。问题在于我们对如何批判地继承前人的语文教学经验做得非常不够；对中国小学语文教学2500多年的发展历史，了解得非常不够；尽管我们天天都在使用

① 本文发表于2007年第6期《小学语文教学》。张振清为该刊物记者。

汉语，但对表意的汉语与表音的印欧语系的本质区别，在思维方式和学习规律方面的根本不同，关注得非常不够。所有这些方面，我们存在着严重的信息不对称。批判地继承是对待“传统”的基本原则，虽然实行起来并不简单，但是，今日的语文教育，无论有了多少现代化的发展，都不可能丢弃传统另辟一个全新的文化教育生存空间。中国的语文教学是几千年以来一代一代的中国人创造的，语文教学的现代化建设，不能丢弃传统语文教学积蓄的丰富的教学理论和经验。因为这些历经几千年考验的语文教学经验，是我国传统语文教学的精髓，它本质地反映了汉语文的特点和规律，是中华民族一笔巨大的精神财富。没有继承又如何发展，语文教学的健康发展，必须在承传我国源远流长的语文教学宝贵经验中前行。现代的中国语文教学，不能丢了这个“根”。

就人类创造的知识而言，自然科学领域和社会科学领域是不一样的。前者的发展日新月异，知识的陈旧率很高。昔时瓦特的蒸汽机已无法与今天的核反应动力相抗衡；世界第一架飞机的制造技术，比之今天的航天器，也不免显得黯然失色。但在社会科学方面，诸如哲学、史学、社会学、政治学乃至教育学等，情况就不一样。那些先哲前贤的论述，即使过了上千年，我们觉得他们的分析与概括，仍然符合人类生存和发展的规律，而且历久弥新。20世纪80年代，在讨论“面向21世纪”的国际会议上，有西方学者提出：“如果人类要在21世纪生存下去，必须回到2500年前，去汲取孔子的智慧。”21世纪中国的复兴选择了一条和平崛起之路——对外和平，对内和谐，也正是从中国的传统文化中吸取了如“和为贵”“和而不同”“天人合一”等深厚的思想资源。

张振清：如您所说，传统的教学经验的确是中华民族一笔巨大的精神财富。但随着人类社会的进步和教育的发展，今天看来传统的教学经验有精华也有糟粕，我们应如何审视与鉴别呢？

周一贯：我们都知道批判地继承是对待传统的基本原则，但实行起来并不简单。因为传统不是历史长河上的漂浮物，一眼望去便能决定取舍。它沉淀在由更远的历史所铸造的民族心理之中，并成为一种相当稳定的文化深层结构。所以正确分清精华与糟粕就不是那么容易。中国语文教学虽历经数千年，有过许多的变革，但作为本体的汉字和汉语基本没有变。即使古代汉语与现代汉语已有很多不同，但事实上古代汉语的许多字词，依然存活在现代汉语之中，有着一脉相承的密切关系。汉语文作为社会交际工具的性质和功能没有根本改变，中国人学习本民族母语的某些特点的规律也没有根本改变。因此，对于语文教学许多传统的教育理念，特别是提高听、说、读、写能力的方法，因为其中深蕴的规律，是长期语文教学实践经验的积淀和升华，作为高度概括层面上的一些定则，仍然是今天指导汉语文教学的宝贵财富。诸如“不愤不启，不悱不发”“引而不发，跃如也”“学然后知不足，教然后知困”……今天看来仍然可以新意迭出、古为今用，而且应该在今日语文教学的改革中发挥无可替代的借鉴和引导作用。如果过多地对“现代新课程论”“建构主义”“多元智力论”“接受美学”等感兴趣，而对传统的语文教学经验了解不多，这种“信息不对称”的现象，对当今语文教学改革的健康发展是相当不利的。

张振清：在新课改背景下，您认为哪些传统经验是经典，值得我们继承和发扬？

周一贯：第一，文以载道——学文与做人。对传统语文教学特点的把握，离不开中国古代文化，学文总是与“治道”“教化”紧密地联系在一起。这一点，“建国君民，教学为先”之说便是最集中的体现。所以，宋朝的周敦颐就认为“文所以载道也”。元人郝经说得更透彻“道非文不著，文非道不生”，从“文以载道”进一步揭示出“文道结合”的本质。中国语文教学所经历的从“诗教课程”主流到“文教课程”主流的发展历程，也足以看出我国历来总是把习诗学文与治道教化紧密地联系在一起。从先秦百家争鸣到唐宋古文运动前这一阶段的语文教学活动，可以称为“诗教课程”，是以孔孟儒学为育人标准，以诗的审美趣味，提升学习者的品德情操和言语行为的过程，是以培养“厚德载物”“文质彬彬”的君子为目的的语文教学活动。唐代“古文运动”以后的一千多年，则是以“文教课程”为主流，它以唐宋儒学的育人标准为要求，以唐宋古文的审美情趣，提升学习者的品德情操和言语行为为过程，以培养具有忧患意识、旷达个性的文化人为目的的语文教学活动。[①] 回顾新中国成立以来语文教学上的思想内容与语言形式之争、文道之争，乃至工具性与人文性之争，可谓硝烟不断，其共同点便是把语文形式与其承载的思想内容相割裂，这显然有悖于“文以载道”的传统语文教学思想。由此追思“文道结合”的语文教学传统理念，确有其仍须发扬光大之价值。课程课标把“工具性和人文性的统一”概括为“语文课程的基本特点”，无疑是对历史经验的深刻总结。

第二，汉字为本——识字与书写。中国语文教学历来以汉字的认读、书写和积累为基础，因此，十分重视识字教学。汉字是单音节文字，集形符、意符与声符于一体，又兼有形象思维（一个汉字便是一幅有结构的图画）与抽象思维（形、音、义的高度概括与整合）相辅开发左右脑的功能。另一方面，传统经验又证明对汉字的认读必须辅以认真的书写，因为汉字的字形和字义都只有通过反复书写才能增强识记和理解。清朝的王筠在《教童子法》中就提出“蒙养之时，识字为先，不必遽读书”，流传于明代的《教子良规》中也强调“教小儿须先令其认识所读之书之字”“小儿初就学字，固宜以识字为先，而写字尤不可不慎”。“有字乃有文”揭示了汉字在汉语文学习中的基础性和战略性地位。学习语文必须过好识字关，语文教学还得以汉字的认读、书写、积累、运用为基础，这一点不可动摇。当下在低年级语文教学中加强了阅读教学，电脑在教学中普遍应用，但因此带来的识字教学淡化和书写能力降低的负面影响，也应引起我们的高度关注。

第三，读思并重——熟读与深思。苏东坡《送安惇秀才失解西归》云：“旧书不厌百回读，熟读深思子自知。”《荀子》亦有“诵数以贯之，思索以通之”之说。这正说明了熟读深思范文是我国语文教学传统经验所认定的基本

---

① 见靳健《我国古代语文课程的性质、特征及其教育功能》，《教育研究》2006 年第 2 期第 74-77 页。

学习途径。这里的读，不仅是指默读，更侧重于出声诵读。对此，朱熹也认为“大抵观书先须熟读，使其言皆出于吾之口。继以精思，使其意皆若出于吾之心，然后可以有得尔”。熟读深思要达到“言皆出于吾之口”“意皆若出于吾之心”那可是文我一体、深层内化的语感境界。这对于学生来说虽然有些不容易，但确实也是成功的语文教学的必由之路。应当说，强调朗读吟诵而不是默读是有道理的。默读当然会有利于理解文本，但它淡化了对词语本身的记忆，舍弃了词语本体，不利于语言的转化形成语感。而朗读不仅丰富了词汇和规则，而且在声韵的享受中能获得情感体验，可以有效地发展学生的语言。因此，我们不能将熟读成诵一概扣上“死记硬背”的帽子，视作传统语文教学弊端而加以否定。汉语以表意文字为基础，极具“悟性”特点，其语法规则十分灵活，具有很强的意会性，有时可以做不合常规的表达。如“好不高兴”不是不高兴，“高兴死了”其实是很高兴，与“死”无关。汉语的“省略”“隐含”“双关”“象征”等，又使它足以携带许多的言外之意……总之，汉语所具有的音韵之美、形式之美、意蕴之美都决定了熟读深思在语文教学中的重要地位。值得反思的是当代语文教学重讲析、讲问的方式，对诵读却遮蔽和消解了，连学生能够“读通课文”这一阅读教学底线也被排挤到课外的所谓“预习”中去。如何看待“诵读”，不只是一种可供选择的教学方法，还是对汉语特点和学习方式是否认同的根本问题，要不要按照汉语文的内在规律进行语文教学的问题。

张振清：现代信息社会的阅读观十分强调开阔阅读视野，这就需要“速读”博览，这与“精读”是不是有点矛盾？二者之间的关系如何呢？

周一贯：这也正是我要谈的第四点，“本”“参”兼顾——精读与博览。“‘本’‘参’兼顾”是唐朝的柳宗元论古文教学时提出的。他认为重要的经典是“本”，须精读；史集杂类是“参”，须博览。传承此说于现代的语文教学，我们完全可以理解为语文教材是“本”，大都应在课内精读，扩展的课外阅读是“参”，应提倡博览。如此“本”“参”兼顾，方能完整地构建起阅读教学体系。二者之间并不矛盾，这一中国语文教学的传统经验，同样是历久弥新。关于精读，自然“须要读得字字响亮，不可误一字，不可少一字，不可多一字，不可倒一字，不可牵强暗记，只是要多诵遍数，自然上口，久远不忘”（朱熹《训学斋规》）。宋朝的黄庭坚则认为：“大率学者喜博而常病不精，泛滥百书，不若精于一也。有余力，然后及诸书，则涉猎诸篇，亦得其精。”在这里黄庭坚不仅强调了“精读”的重要，也辩证地分析了“精读”与“博览”相辅相成的关系，即精于“一”然后方能反其“三”，这样在精读中习得的阅读能力，并能在“博览”中获得广泛的应用与演练，从而也提高了“博览”的质量，在“博览”中也就能吸取更多的精华了。如何达到“精读”的要求？我国语文教学的传统理念便是要“见疑”与“好问”。另外，“博览”有另一重含义，这便是要广闻博识，所谓“读万卷书，行万里路”。“广见闻、重践行”也是古人语文学习的一条重要经验。语文是一门实践性很强的学科，“本”“参”兼顾而“广见闻、重践行”，无疑也是一条十分可贵的传统语文教学理念。课程标准把“应着重培养学生的语文实践能力，而培养这种能力的主要途径也应是语文实践”作为“语文教学的特点”加以强调，也正体现了对我国传统语文教学经验的传承和发扬。

张振清：阅读是极具个性化的行为。现在老师们非常重视引导学生对文本的感悟和理解，尊重学生对文本的情感体验和独特感受。在这一点上前人有哪些经验值得我们借鉴？

周一贯：这也是很重要的一点，重在意合——涵泳与体悟。汉语是以方块汉字为书面符号的。汉字不仅声美以感耳，形美以感目，而且还以意美而感心。汉字的意蕴美决定了它具有极大的意合性。以汉字为基础的汉语，同样也具有极大的意合性而富于意蕴之美。因此，汉语文教学的一条十分重要的传统经验便是强调涵泳与体悟。这正如王力先生所言：“西洋语言是法治的，中国语言是人治的。”所谓“法治”，讲究的是规律和逻辑；所谓“人治”，讲究的就是直觉感悟，追求韵味和精神。“涵泳”一词，在左思《吴都赋》中就已有“涵泳乎其中”的应用。宋代大教育家朱熹说“学者读书，须要敛身正坐，缓视微吟，虚心涵泳，切己省察”，则把“涵泳”作为语文教学的一种重要方法提出。曾国藩在给儿子的家书中更是把这一传统教学经验解释得十分透彻："涵者，如春雨之润花，如清渠之溉稻……泳者，如鱼之游水，如人之濯足……善读书者，须视书如水，而视此心如花、如稻、如鱼、如濯足，则涵泳二字，庶可得之于意之表。"（《谕纪泽》）这番话，也就是强调读书必须全身心地沉浸在文本的语言环境中去口诵心惟，方能知其意，得其趣，悟其神。正是在这样的"涵泳"中学习者的注意力高度集中于对象，意识处于十分清晰和敏锐的状态，思维也就特别灵活快捷，于是，体悟便由此而生。当然，对于"涵泳"与"体悟"虽然也有持不同观点者，认为忽视了"分析"这个中介，所得的印象不免会有些模糊。但是，这种注重整体把握和意会，却是从根本上体现了汉民族重感悟与重直觉的思维方式，是完全符合汉语文教学的本质特征和学习规律的。这既避免了人为分割的认识局限，又凸显了以语感培养作为提升整体语文素养基础的意识，无疑也是值得我们认真学习与继承的一笔宝贵遗产。

张振清：经常听到老师告诫学生要多读多写，但也有人认为多读多写不太科学，是不讲效率的做法。结合传统经验，您怎么看这一问题？

周一贯：学贵乎勤——多读与多写。多读多写作为我国语文教学的传统经验提出，听起来似乎不太科学，不讲效率，其实不然。对中国语文教学的个性特征来说，它有着深刻的含义。汉字、汉语的意合性，决定了其基本的学习方式是目视、口诵、心惟，从直接的语文材料中去"虚心涵泳、切己省察"，方能明其含义，得其意趣，悟其神韵。能力不是讲会的、听会的，它必须经过实践和训练，这就不能离开多读多写。清代的颜元说得好："讲之功有限，习之功无已。""垂意于'习'之一字，使为学为教，用力于讲读者一二，加功于习行者八九，则生民幸甚，吾道幸甚！"清朝的龙启瑞在《家塾课程》中全面地阐述过多读多写之重要，而且分析了读与写之间的相互关系："大约以看读写作四字为提纲；读熟书（经类及《文选》《古文辞类纂》）以沃其义理之根，看生书（史类）以扩其通变之趣，写字以观其用心之静躁，作文以验其养气之浅深：四者具而学生之基业始立……"对于古人重视多读多写的思想，如果我们能够摒弃一些僵化的、过度的呆板操作，取其精华实质，仍然不失为宝贵的经验。

历史已经翻开了新的一页。然而，语文教学的“根”，汉字和汉语的基本个性特征和客观形成的一些学习规律没有变。因此，前人在几千年的教学实践探索中所累积的经验，虽然不免也有糟粕，但其精华却依然璀璨照人。这无疑是一笔极其珍贵的文化遗产，对于今天的语文教学改革来说，我们需要消除“市场化”的浮躁和时尚冲击带来的困惑，“让血脉再相连”，把这“根”留住。“根深”方能“叶茂”，“本固”才会“枝壮”，在承传中前行，语文教学这棵大树才能欣欣向荣、生机无限。

张振清：谢谢您！

（有改动）

新“训练”观：贴近生命的“无痕”之境①
——浙江省特级教师周一贯访谈

·《教育理论与实践》记者·

记者：周老师，您好！在“编读交流”活动中，有不少老师常谈起这样一个困惑：走进新课程，人们似乎都在回避说“训练”，但对于我们身处一线的老师来说，面对学生掌握知识和发展能力的需要，又怎么能不进行训练？作为教师您认为应当怎样从这一困惑中走出来？

周一贯：不可否认，语文教学确实曾因训练泛滥，人文缺席而导致“丢魂失魄”。在“应试”“争分”的功利驱动下，“题海战”“大运动量”的机械重复训练，实际上已违背了训练旨在帮助学生掌握知识、发展能力的初衷，而发生了严重的异化。这种在训练实施过程中的偏失，不是训练本身的错。新“课改”当然很有必要纠正这种偏失，但完全不必去回避训练。其实在“语文课程标准”中也不是只字不提训练。“语文是实践性很强的课程，应着重培养学生的语文实践能力，而培养这种能力的主要途径也应当是语文实践”。显然，这里的“语文实践”是包孕了训练在内的一个更富有时代意义的概念。在另一处，更为直接地强调了“注重基本技能的训练，给学生打下扎实的语文基础”。因此，教师根本不必去“课内搞感悟，课外抓训练”。必要的、科学的训练是新课程的应有之义。虽然，语文教学不能仅仅局限于知识、技能层面上的训练，它关联着生命的整体发展和心灵的精神建设，但两者是完全可以融合的。正如人活着不是为了吃饭，但人活着却不能不吃饭，

① 本文发表于2007年第11期《教育理论与实践》。

而且人吃饭和从事有意义的活动是完全可以融合，而且必须融合的。

记者：说得有道理，其实训练总是更多地关系到基础知识和基本能力的落实问题，过去，我们就常称之为“双基训练”。在今天新的课改形势下，我们又应当如何去看待基础知识和基本能力问题？

周一贯：这个问题提得好。训练问题，我们应当与“本土研究”相联系。过去说“训练”，指的就多是“双基训练”，这是植根于中国大地的一种教学理念，也可以说是新中国成立以来教育界几代人实践探究的一项理论成果。中国是一个十分强调“基础”的国家，这不能不说与中国长年经济落后、文化科技水平低下、教育基础薄弱的国情有关。因为在我们的国家讲改革、讲发展、讲腾飞，都不能不考虑到从基础发展、先打好基础的问题。在教育问题上也是如此，加强基础知识和基本能力，就成为切实使中国教育质量得到迅速有效提高的重要理论，这也是我国教育工作者对世界教育理论建设的重要贡献。当然，在新课程的背景下，双基教学也在不断地改革与发展，但改革与发展应当是一种积极的传承，而不是简单的抛弃。如何继续发扬双基教学的优良传统，与现代教育理念相结合，也正是双基训练面临的新挑战。课程改革绝不是不要基础知识和基本能力，恰恰相反它应当在新的时代要求下得到新的强化和发展。《中国教育报》(2005 年 6 月 17 日)《今日关注》专栏就载文呼吁过“语文教学要重视基本功训练”，文章就广东省 2005 年高考语文的试卷分析情况指出“语文能力差是今年广东考生的一个突出问题”。所以，我们也要警惕误以为“新课改不要训练 ”而不敢训练所造成的语文教学的“贫血少钙”。因人文缺失而使语文教学“丢魂失魄”固然不好，但因强化人文而忽视训练，导致语文教学的“贫血少钙”也是同样不可取的。

记者：传统总是在不断的发展之中，“训练”当然也同样。那么，在新课改的语境下，今天的训练应该有哪些时代的特征？

周一贯：新课改语境下的语文训练，同样应体现出语文学科丰富的人文内涵和对学生精神领域的影响，摆脱单一的技术层面的束缚。这就要求教师确立新的训练观，即让训练贴近学生的生命状态，融入学生的生命活动，追寻至善的无痕境界。有智者言：至高的教育境界是“大道无形”“大音希声”。无痕的教育正是使孩子在感受不到教育者意图的情况下，于不知不觉中获取了真知，这才是最好的教学效果。语文训练又何尝不可以从教育无痕中获取灵感。虽然，训练是一个过程，有形的操作是它的形态之一，其中甚至很难避免有学生会在耳提面命的情况下，并不完全出于愿景的按指令完成。然而，在教学艺术的层面上，训练也能以讨人喜欢的面目出现，让学生去快乐地完成，甚至使他们不觉得自己是在接受训练。这可以称之为“隐性训练”，如果说无痕的教育是最有效的教育，那么“隐性训练”便是无痕的训练。这也是最有效的训练，是训练的一种至善境界。

今天，我们可以说已经在工具性与人文性的融通层面上，健康地把语文教学改革向纵深推进。人文就在语文中，语文训练也应当而且完全可以充满人文情怀，而并非一定只是为应付考试而去做机械重复的技术操练。如何让训练成为语文教学生态链中的一个和谐环节，使训练更富有情趣，更富有价值，如何更多地去追寻隐性的、无痕的训练境界，激发出训练的生命活力，应当是一个值得大家关注的热门话题。

记者：我对您的新训练观很感兴趣，让训练贴近生命我们应当从哪里做起呢?

周一贯：训练的无痕之境首先需要教师拥有一颗未泯的童心。从本质上说，训练是一种教学的交往行为。教师和儿童构成了交往的平等两方，这就决定了成功的训练设计，不应只是教师单方面从成人出发的一种冷冰冰的强制儿童去完成的技术操练。而应当蹲下身子，多从儿童的视线、心态出发去寻找他们喜闻乐见的方式，把训练的过程融入与儿童的共同活动之中。要求教师有一颗未泯的童心，方能最佳地理解儿童的情绪和需要，让他们在不知不觉中懂得了什么，学会了什么。

全国著名特级教师贾志敏在《两个名字》一文的教学中，引领学生运用“我有……我也有……哈哈，我们都有”这一语言表达形式的训练，我们可以深刻感受到年近古稀的老教师的那颗童心[①]。

“你好，我有一支铅笔。”贾老师主动和一名小朋友握手，并举起一支铅笔。

“您好，我也有一支铅笔。”小朋友高兴地站起来，也举起自己的铅笔。

接着，贾老师亲切地示意这名小朋友和自己一起说：“哈哈，我们都有一支铅笔！”

“你好，我有一副眼镜。”贾老师又走到一位戴眼镜的小朋友跟前，并取下自己的眼镜，高高举起。

显然这个动作令小朋友有些意外，但他迅速做出反应，认真地取下了自己的眼镜，学着贾老师的样子：“您好，我也有一副眼镜。”“哈哈，我们都有一副眼镜！”

轻松愉快的对话，引起了小朋友的兴趣，大家纷纷争着和贾老师对话。这时，贾老师却让小朋友先说，自己后说。孩子们跃跃欲试，被激活的思维犹如潮水冲出闸门。而贾老师，却俨然一位挥洒自如的弄潮儿，以他超人的教学智慧，尽呈神功：

生：“您好，我有一件衣服。”

师（摇摇头）：“一件衣服有什么好稀奇？”

生顿悟：“我有一件漂亮的衣服！”

师（高兴地）：“我也有一件漂亮的衣服。”

合：“哈哈，我们都有一件漂亮的衣服！”

生：“您好！我有一头乌黑的头发。”

师（犹豫片刻）：“你好，我也有一头乌黑的头发。”

合：“哈哈，我们都有一头乌黑的头发。”

不一会儿，全班三十几个孩子，差不多人人都说了一次。这时，贾老师又说：“你们能不能说说看不见、摸不着的东西？”

---

① 案例参见《梅林看课堂》之《两个名字》，百家出版社 2006 年版。

教室里静极了，但却可以感觉到无数思想的小溪在流淌、在跳跃，并腾起一朵朵美丽的浪花。

突然，一只小手高高举起。

生："您好，我有一颗爱心。"

师（激动地竖起拇指，并深情地）："你好！我也有一颗爱心。"

合（欢乐地）："哈哈，我们都有一颗爱心！"

生："您好！我有一个幸福的家庭。"

师（与学生双手相握，并激动地）："你好，我也有一个幸福的家庭。"

合："哈哈，我们都有一个幸福的家庭！"

…………

看似平常的一句话，贾老师对学生的训练却从简单到复杂，从具体到抽象，从平淡到饱含真情，始终和学生一起在平等的交流中实现。他循循善诱，润物无声。孩子们越说越好，不时妙语连珠，神采飞扬。训练已完全没有了人文缺失，单纯技术操作的痕迹。由此可见，教师的童心未泯，才有了对孩子的真情理解和心灵沟通，也才有了如此"随风潜入夜，润物细无声"的无痕训练。

记者："教学无痕""训练无痕"是一种境界，当然实现它们也需要相应的策略，您能具体说说吗？

周一贯：实现训练的无痕之境常常是因为融入了游戏化的氛围。这应当是一个重要策略。儿童文化是一种平等的游戏精神。虽然教学不完全等同于游戏，也不是所有的训练都可以用游戏来代替的，但有些训练却可以融入游戏化氛围之中。儿童在这种游戏中获得的认识或能力，是没有负担的，轻松愉快的，而且是感受深刻的。这样的训练已经把强制性或基本强制性的过程，与儿童在游戏中体验到的自由情感，自然地融合在一起，也就达到了训练无痕的境地。如一位教师在讲授《守株待兔》这一课时，有一个认识这则寓言所含寓意的训练。显然，对三年级的小学生来说，这样的训练是比较抽象、枯燥的。但是这位教师设计了"巧劝种田人"的表演情境，在深读课文的基础上说："我们请一名同学扮演那个守株待兔的农夫，另外请同学们自愿扮演他的邻居或朋友来劝他，看能不能劝醒他重新拿起锄头，不再等待兔子。"于是，一名学生自告奋勇躺在"树桩"（一条凳子）上做美梦。扮演邻居或朋友的学生，纷纷上来劝"农夫"：

——"兔子撞在树干上是难得碰上的，你等得来吗？"

——"兔子不可能不断地撞死在树干上，天上不会掉下馅饼。"

——"你浪费了那么多时间来等兔子撞死，田里的庄稼不种了？你以后吃什么呢？"

——"不要再死心眼了，兔子撞死在树桩上只是偶然发生的。"

——"要劳动才会有收获，干等着是不会有收获的。"

…………

于是，在表演游戏的过程中，孩子们在欢快声里获益良多。"劝说"本身是关爱他人的行为，又是联系实际运用交际言语的能力锻炼，充满了人文情怀。而劝说的内容又正是寓意所在，是个性化解读课文思想内容的极好途径。所有这些训练价值都在孩子的游戏中自然地实现了。

另外训练的无痕之境常常要求教师与学生去共同经历，这也是一个重要方面。因为训练从根本上说应当是教学双方的一种互动。如果说"训"主要是教师提出要求、指点方法、推进过程的话，那么"练"便是学生在教师指导下的行动与实践。在现代训练的理念里，这种互动应当更加密切，成为教师与学生的协调行为、共同经历。实践证明，只有教师与学生之间共同经历心与心的沟通，情与情的相牵，才能使训练更多地达到无痕的境地。

一位老师在教学《题临安邸》时，希望通过朗读训练让学生深层地理解爱国诗人所反映的百姓对统治者南逃后，忘记了国难当头，继续过着寻欢作乐、醉生梦死的不满和愤慨。于是，教师在指导学生朗读"西湖歌舞几时休"一句时，展开了师生一起互动的引读：随着《清明上河图》在屏幕上出现，教师充满感慨地激发学生说："看，多么繁荣的景象，但从金兵踏破城门时起，都不存在了，那些酒囊饭袋葬送了一个汴州，难道他们还能再葬送一个风景如画的杭州吗？看到、想到这一切，你焦急吗？让我们问一问那些权贵！”于是，学生齐读“西湖歌舞几时休”，声音中充满了焦虑。接着，老师又启发：“你们担忧吗？再问问那些酒囊饭袋！”于是，学生再读“西湖歌舞几时休”，声音里充满了忧国忧民之情。紧接着，老师再启发：“你们愤怒吗？戳着那些醉生梦死者的鼻梁骨问问！”学生又一次以愤怒的声音读“西湖歌舞几时休”。此时，大家仿佛就是爱国诗人，借这简洁凝练的诗句倾诉着无尽的愤怒。就在这种师生合作互动的经历中，在这层层推进的“三问”中，学生的每一次朗读，成了真正的“情动于中而言于外”，在不知不觉中真正实现了内化诗情的诵读训练。

当然，实现“无痕训练”的策略有很广阔的创造空间，在这里略举一二，只能是抛砖引玉，无须也不可能极尽其详。

记者：“无痕训练”实际上就是训练在融入学生的生命活动之后的一种自然状态，它应当与教师的意识有密切的多方面的关系吧？

周一贯：教师在教学中所处的组织者和指导者的特殊地位，决定了他在预设和现场生成“无痕训练”中的重要作用。这首先是因为训练的无痕之境常常衍生于教师强烈的语文意识。

什么是语文意识？王尚文教授认为是“教师在听、说、读、写的过程中，对如何运用语言正确表达、如何遣词造句、如何谋篇布局的一种自觉的、有意识的关注。一句话，就是对如何运用语言的一种自觉”。①笔者认为有强烈语文意识的老师往往能够把学生的语文训练活动随机化解在教学进程的时时处处而不露声色，老师的“导”与学生的“学”达到水乳交融、难分彼此的状态，而少有那种因孤立、机械的大块训练，而减弱了作品（课文）整体的感染力。

如一位教师教《五彩池》（人教版第七册）时做了这样的开讲谈话：

师：你们喜欢旅游吗？

① 见王尚文《紧紧抓住“语文”的缰绳》，《内蒙古教育》2005年第1期第24-25页。

生：喜欢。

师：你们都去过哪些地方了？

生：我刚去过大连。

生：去年我跟妈妈去过泰山。

生：暑假里我们一家去了青岛，我舅舅就在那边工作。

……

师：大家还真去过不少地方了。今天老师带你们去一个神奇的地方看看，知道是哪个地方吗？——五彩池（板书）

但是，另一位执教《富饶的西沙群岛》的老师的开场白就不一样了。

师：随着改革开放带来的经济腾飞，人民的生活水平提高了，什么休闲呀旅游呀也就成了日常生活中的话题。你们去过哪里呢？

生：上海。

师：你能说得具体点吗？

生：我们家在一个双休日里去过上海，是爸爸开自家车去的，玩了好些地方。

师：你能用一句话来概括对上海的印象吗？

生：上海是一个繁华的现代国际大都会。

师：说得真好，这一句就把上海的特点给说出来了。请大家在介绍自己旅游过的地方时，也加上这样一句。

生：去年，我去了风景如画、“山水甲天下”的桂林。

生：前几年的一个寒假，爸爸带我去过四季如春、鲜花似海的昆明。

生：我去过如南海明珠一般的特区城市深圳，我小姨在那里工作。

师：大家说得真好，今天我们要学的新课文，也在南海上，叫“西沙群岛”……

同样是以激发旅游情趣为手段的导入，效果却不一样，前者似乎只是为了说说旅游去了哪里，而后者从用一句话介绍一下去过的地方着眼，使导入交流有了浓浓的语文味，渗透了一次颇有趣味的语文训练。

同时，训练的无痕之境常常由教师的教学智慧生成。课堂教学所具有的现场生成特点，带来了许多不确定性，甚至还会遇到意外事件。所有这一切都需要由教师运用教学智慧去调控、去应对。所谓教学智慧，就是教师面对千变万化的教学实际情景和事态，进行感知和判断，在瞬息之间，辨别不确定性中所具有教学合理性的确定因素，以最妥当贴切的教学行为，取得良好的教学效果。在这个过程中，教师借机推进的各种训练，因具有强烈的现场感和情境性，会使学生忘情于此而乐于接受，不会厌烦训练。

在一堂观摩课上，一位教师正在借班教授《啄木鸟和大树》这篇课文。课文中啄木鸟治病救人，大树讳疾忌医的主旨是十分明确的，可是在课堂临近结束时，一个小朋友提出了问题："我觉得啄木鸟不太好，没有爱心，为大树治病只去了一次就不去了，难道就这样眼睁睁看着大树死去吗？如果啄木鸟多去劝几次，大树病重了是会接受治疗的。"这时另一个小朋友接着说："大树在病重的时候，他肯定在喊，啄木鸟，你在哪里？快来救救我吧！我把你赶走是我错了，你就不能原谅我一次吗？"这出乎老师的意料。小朋友的想法很有道理，但认同了小朋友的意见又有违课文主旨。怎么办？教师灵机一动，来了个因势利导，说："这个故事本来是有啄木鸟第二次劝大树、第三次劝大树的情节，因为太长了，课文中没有编进去，现在让我们自己来当'小作家'，把这个故事续编下去好吗？"于是小朋友为课文续编了啄木鸟第二次上门劝大树、第三次上门劝大树的故事，热情高涨。

成功的阅读教学课堂中，学生思想自由、心灵放飞，往往会提出一些教师始料不及的问题。这是好事，因为这正是孩子们被激发出生命活力的体现。这位教师临场应变，所说的话虽不一定有根据，但不失为一个"美丽的谎言"，不仅无伤大雅，而且一举多得；既不损害课文主旨，又满足了学生的求知欲望，而且适时地抓住了一个可贵的教学机遇，为发展课文情节做了一次有趣的创新实践。这便是由教师的教学智慧而生成的一次成功训练。

记者：课文训练的无痕之境，与其他学科训练的无痕之境相比，应当是同中有异，那么语文的无痕训练与语文学科本质特征有哪些内在的联系？

周一贯：中国语文教学历经数千年，有过许多变革，但作为本体的汉字和汉语基本没有变。即使古代汉语和现代汉语已有许多不同，但仍然是一脉相承，古代汉语的许多字词依然存活在现代汉语之中。因此，对于语文教学，许多传统的教学经验由于深层地反映了汉字汉语的基本学习规律，是世世代代的中国人在实践中探索出来的客观经验，仍然是今天指导汉语教学的宝贵财富，如以汉字为本，看重识字和写字；读思并重，提倡熟读与深思；“本”“参”兼顾，主张精读与博览；重在意合，关注涵泳与体悟；以及历史地形成的“多读多写”“精讲多练”等几乎人人皆知的宝贵经验，都与训练有着特别密切的关系。可以说，训练在中国语文教学发展史上有着特殊地位，我们对训练的重视体现着某种深层的本土情结。

另一方面，训练的无痕之境又常常源于语文有着最广阔的应用天地这一学科特征。

在生活中，作为人们思想表达和交流工具的语文，是无处不在的，这也就使语文有了最为广阔的应用天地。而现代教学追求贴近生活的理念，又促使语文教学与生活应用有了最密切的联系。这就为语文训练融入生活应用拓展了广阔的天地。当训练一旦与生活应用情境相沟通，孩子们在热衷于应用以解决实际问题的时候，训练就衍化为学生自身的需求，往往就不再反感于训练可能会有的机械和枯燥，而变得乐于去完成，以满足自我实现。

这是《草船借箭》一文的一个教学片段：

师：大家的交流很好，“立下军令状，三天交十万支箭”（板书），这可是读懂这篇课文的关键之处啊！谁能说说，什么叫“军令状”？

生：军令状就像保证书吧，不过这是军队中的保证书。军中无戏言，这个保证书是要保证完成任务的。

师：如果任务完不成呢？课文中有个词，叫什么？

生：是“惩罚”。

师：诸葛亮如果完不成任务，可能受到哪种惩罚？

生：那肯定是要杀头的。

师：是啊，这可不是开玩笑的。现在请大家想象一下军令状该怎么写。假如你是诸葛亮，你会写出怎样的军令状？别急，要写得正确，还得仔细读课文，到课文中去找根据。特别注意这几点（课件呈现）：1. 军令状是谁写的，写给谁的，各自的身份是什么？在军令状的格式中如何体现？ 2. 军令状中应写明保证些什么（交箭的时间和数量等）？ 3. 军令状的用语要注意什么，怎样表现出诸葛亮的心态？怎样才能写得妥帖得体（如“甘受惩罚”中“惩罚”的意思和“甘”的含义等）？

…………

于是，全班同学兴致盎然地认真读书，动笔代诸葛亮写起了军令状。学生既借此深读了课文，又在自我实现的快乐中不知不觉地完成了一次应用训练。

当然，无论是“无痕的教学”还是“无痕的训练”，这里所涉及的“无痕”，都不是绝对的、从物理学意义上说的，而是相对的、从艺术层面上说的。同时我们倡导“无痕训练”也不是主张所有的训练都应当是无痕的、隐性的；高效的显性训练，同样具有存在价值。训练的无痕之境更多的是一种艺术，一种追求，一种向往，希望训练能更好地贴近学生生命发展的需要，让语文能力的培养与精神家园的建设同构共生，不再令孩子对训练仅有厌烦与伤心的感受，而能真正使他们有所感悟，增添情趣，快乐成长。

（有改动）

教学写作：语文教师的一种生存状态[①]

·《小学语文教师》记者·

记者： 教师希望自己能写点什么，是普遍的心愿，但拿起笔来经常写教学研究文章的并不多。请问语文教师为什么必须从事教学写作？

周一贯： 写作是人类将自己对世界的认识进行书面表达传播的行为，那是言语生命的一种自我实现。美国教育家韦斯特说："写作，包围着你！"说明写作对现代人来说，更是必不可少。随着互联网运用成为一种生活常态之后，人们更离不开网络表达，什么发帖跟帖、QQ 聊天、个人博客、电子邮件发送、参与论坛争鸣……都离不开在网上书写。

可以说，我们已真正进入了一个写作时代，于是"教学写作"也就必然会成为基本的专业需求，会不会教学写作，已成为教师的一种专业素质。

教师都需要教学写作，因为所有教师都需要有生命的书面表达和交流，但是，对语文教师来说，教学写作还有其特殊的价值。这是因为，语文教学的学科本质就是要让学生在学语习文之中去理解和运用祖国的语言文字，并建立起精神家园，这就离不开对言语作品的读写陶冶。教师的教学写作能力如何，会直接关系到语文教师的专业素质。同时，语文教学本身又直接包含着写作教学，作文是语文学科的重要内容之一，教师要教会学生作文，自己首先要会作文；而教师写"下水作文"给学生以示范、以引领，已被实践证明是行之有效的作文教学方法。苏霍姆林斯基为了教学好文学课，自己写下了一千多篇小作文，他说自己这样做"不是为了发表，而是为了教会我的学

① 本文发表于 2009 年第 5 期《小学语文教师》。

生使用语言……当我的作文或短诗触动了儿童的心弦时，他们就会情不自禁地拿起笔来，努力表达自己的情感”。王栋生是一位著名语文特级教师，对此他是深有体会的，他说得好：“写作的实践，使我对阅读教学和作文教学有了更大的把握。作为语文教师，有一些写作的经历，肯定有助于他的教学。”应当说，语文教师与教学写作确实有着更密切的血脉联系，这就难怪中国的许多大作家，鲁迅、沈从文、叶圣陶、老舍、冰心，等等，都当过语文教师。

在《中国教育报》上，曾经有过关于教师从事教学写作的争论。一些同志认为“教师写不好不是最可怕的”，因为教师主要是上好课、教好学生，教师应当把精力放在教学上。但也有一些同志认为“教师写不好是很可怕的”，因为写作不应该只是作家的专利，教师写作也是履行自己的岗位职责、完成工作任务的重要组成部分。显然，认为“教师写不好不是最可怕的”是出于职称评定要教师写论文（教学研究文章）一事说的，因为确实有教师对此比较反感，有的为了评职称也只好用一些不正当手段：拼凑者有之，抄袭者有之，请人代笔者也有之。先不论这种现象本身的是非曲直，光就要教师写一些教学研究文章作为职称评定考核的条件，实在无可非议。因为教师写研究文章应该是分内之事，也是应有的专业素养之一。教师确实应当把精力放在教学上，但“把精力放在教学上”当然也包括对教学进行研究，这就不能排除教师要写教学研究文章了。所以，如果教师不进行教学写作或不会教学写作，确实是很可怕的。

记者：虽然说语文教师写教学研究文章确实很有必要，但不少教师还是会觉得笔下无话，不知道该怎样去表达，这到底是怎么回事？

周一贯：这里的根本问题是我们必须搞清楚教学写作的基本特点和常用文体。

教育有两种存在，一种是教育的理论存在，研究的是教育的宏观问题，多有专业的教育理论工作者，用逻辑思辨的理论语言来表述，写成的便是论文。另一种是教育的实践存在，“教学”便是教育实践的一种主要状态。这多由教学实践工作者（教师）用叙事研究的生活语言为主体进行表述，讲自己的教学故事，写成的就是教学研究文章。教学研究文章也包括了如教学日记、教学随笔、教学札记、教学案例等更原生态的教学生活的记录。这是教学实践密切联系的叙事写作，鲜活而生动，它与那些学院式的、板起面孔说不太明白的所谓“研究论文”是不一样的。

如果说我们把教学札记、教学随笔、教学日记、教学案例、教学研究文章（也有把此称为教学论文的）乃至教学论文、教学专著统称为“教学研究写作”的话，那么另一类“教学应用写作”就不难写了。因为这些都是教师在完成日常教学工作中经常见到的写作行为，如制订工作计划、编写教案、撰写工作总结、起草发言稿（诸如竞聘讲稿、说课稿等），完成各类调查报告和试卷分析报告、写作各类评语（思想品德评语、作文评语等）。

当然，除此以外也还有教学生活中的日常写作，如写信、写便条等。

总之，教学写作并不可怕，因为它是可以用多元话语展示教学生活真相的写作。这里的“多元”不仅指教师可以用各种不同的话语方式，如理性的、感性的、专业的、生活的、议论的、叙事的、抒情的、说明的等，还可以使用多种多样的体裁，来反映学科之内的多面、学科之间的多态、与教学生活相关的多样，以充分拓展教学生活的空间，提升教学理念与实践之间的必要张力。

说白了，其实我们每个老师都早已开始了广义的教学写作，它就在我们的生活中间，问题只是我们如何写得更多些、更广些也更好些而已。

万事开头难：“教学研究写作”如何起步

记者：我们确实早就在做“教学实用写作”了，问题是“教学研究写作”该如何起步？

周一贯：从“教学实用写作”深入到“教学研究写作”，会大大放缓学习教学写作的“坡度”，化解存在于我们老师思想上的“难度”。因为许多教学实用写作与研究写作是一脉相通的，两者之间根本就没有“不可逾越的鸿沟”，如“教学日记”，可以说是教学日常写作，又何尝不是教学研究写作。

另外，如教案与“教学设计”文章，做“经验总结”文章与升华为教学研究文章，都只有咫尺距离，基本上也就是一回事。

“千里之行，始于足下”，我觉得教学写作应当从简单易行的“教学札记”入手，并以此为基础，日积月累，静水深流，积以时日，自然能厚积薄发。法国作家儒勒·列那尔称写点札记是“做文学上的音阶练习”，托尔斯泰则称之为“深耕我要在上面撒种的那块土地的预备工作”。他们说的是文学，教学又何尝不是如此。毛泽东同志给一位老同志的题词中说得更透彻：“今夫百丈之台，其始则一石耳，由是而二石焉，由是而三石四石，以至于万石焉。学问亦然。今日记一事，明日悟一理，积久而成学。高以下基，洪由纤起，在乎人之求之而已。”这说明平日三言两语并不起眼的教学札记之类，积累多了，便是一笔极其宝贵的财富。朱永新教授曾以风趣的表达，在其《“朱永新成功保险公司”开业启事》中明确投保条件：“每日三省自身，写千字文一篇。一天所见、所闻、所读、所思，无不可入文。十年后持 3650 篇千字文来本公司。”理赔办法：“如投保方自感十年后未能跻身成功者之列，本公司愿以一赔百。”有些教育专家也多次表达过同样的意思：写三年形式化的教案，对教师不会有多大帮助；若写三年教学札记，就可以使教师受益匪浅，由此走近名师。当然这并不是说写教案不重要，或不必写教案，而只是强调写教学札记的好处会远胜于形式化的教案。

教学札记是教师在教学过程中把有意义的见闻、读思、得失、成败用文字随手记录下来。它的特点是只要对促成教学反思、积累教学经验、探索教学规律有一定意义的内容，都可随手记录。可以不刻意于章法，不取媚于世俗，不求合于时尚，不精心于藻饰；篇幅可长可短，文字可庄可谐，句式可问可叹，角度可这可那；信笔直书，挥洒自如，有识就录，有感就记。札记的这种随心所欲，可以消除初涉教学写作者对写作的陌生和畏惧，即使对于一个教学写作有素的人来说，也是聚沙为塔、积微成著的基本功。否则，在教学过程中许多鲜活的、细小的但潜藏着重大研究价值的宝贵资料，就有可能稍纵即逝。事实上许多教育大家的不朽巨著，如亚米契斯的《爱的教育》，卢梭的《爱弥儿》，苏霍姆林斯基的《把整个心灵献给孩子》《给教师的一百条建议》，等等，都是以札记教学事例为基础写就的，也须日常记录的累积。

当然，教学札记只是教学写作的一种形式，但它的方便和自由，不仅使它具有人人可为的起码价值，而且是积累资料、深化认识、娴熟驾驭文字不可缺少的手段。从这样的低门槛进入，若能持之以恒，坚持不懈地进行各类教学写作，著书立说就不难实现了。

记者：从写教学札记着手，确实是个好办法，积累多了，自然能从教学札记中生发出有价值的教学研究文章来。但写教学札记开头容易，坚持很难。请问周老师，您是如何由坚持变成终身习惯的呢？

周一贯：人们常常把成功归结为勤奋，但在许多情况下，勤奋往往表现为习惯。那么，教学写作也能成为一种习惯吗？答案是肯定的。因为习惯无非是长期养成的比较固定的行为或动作的特殊倾向。习惯完全是后天的产物，可以自我养成，但一旦形成之后就难以改变。这便是习惯的力量。人的习惯是相当广阔的，既有生活习惯，也有工作习惯和学习习惯。我积60年教学写作之经验，深深体会到从开始的强迫自己写到以后的乐于动手写，品味出心灵表达的快乐，甚至几天不写就会觉得像缺少了什么似的难受，是完全可以成为一种习惯的。

但是，实际上也不缺乏这样的情况，很多教师都写过教学札记，但没过多久就搁笔了，没有形成习惯，而感喟“开头容易坚持难”。记得一位青年教师问过我：“起先往往觉得今天真的没有什么可写的，就不写了。一天不写，两天不写，以后就中断了。应当怎样做才能突破这个难点？”当时，我这样回答：“根据我的经验，如果说有一天你真的觉得没什么可写，那也得写，就写上‘今天我真的写不出’。如果第二天又写不出，再写‘今天我又真的写不出’。这样，我可以保证第三天你就有东西可写了。”后来这位青年教师真的这样做了。结果，起先虽然也有一些“今天我真的写不出”的无奈，但每天写点教学随笔却硬是坚持下来了，逐渐形成了习惯。得益于教学札记的积累，她也就常有教学研究文章见诸报刊，真正尝到了写教学札记的甜头。

其实，这也不是我的发明，我是借鉴了一则名人轶事。大作家果戈理曾经说过，如果有一天没有写，怎么办呢，没有关系，拿起笔来写“今天不知道为什么我没有写”……把这句话一遍一遍写下去，等到写厌烦了，你就会坚持写作了。果戈理的办法确实有很好的心理效应：一是写上“今天不知道为什么我没有写”，虽然没有写出具体内容但却坚持了动笔的行为。播种行为就能收获习惯，养成了每天动笔的习惯，这可能比什么都重要。二是即使写不出也要痛苦地写下“今天不知道为什么我没有写”，其实是一种自责、自警和自励。如此跟自己较劲，就是要挑战自我、超越自我。另外，每天不论写得出还是写不出，都要动笔交账，本质上是为了“促思”，你即使不写也得想想这件事。多想出智慧，只要把那些黯淡的情感和慵懒的思维激活了，心灵便日渐敏感起来，也才会有日后的思潮奔涌和笔下生辉。

案例：教学写作的原生形态和素材积累

记者：在教学写作中我们常常见到案例的运用，教师觉得自己的教学生活中不缺少案例，大可以写写。请问教学案例的写作应当注意什么？

周一贯：“案例”一词在汉语中并不难懂。所谓“案”，这里应作“事件”解；而“例”便可以理解为依据、有代表性的单个事件。所以，在我们的言语中称之为“个案”“个例”“实例”等，大概都与“案例”相近。

“案例”作为一种教学和研究的手段，来自国外。早在19世纪70年代，案例教学被哈佛大学法学院运用，因为教学效果很好，后来又被哈佛大学医学院、工商学院和教育学院运用。20世纪初，案例研究又使西方的教育受益匪浅。正是在这种情况下，案例逐渐成了教学写作的一种相对固定的样式。

对于案例，中外学者的论说中还没有形成公认的、权威的定义。华东师范大学教育系案例研究专家郑金洲有一段话从正反两方面对“案例”有颇为详尽的阐述。他说：“概括而言，案例是含有问题或疑难情境在内的真实发生的典型性事件……对事物静态的缺乏过程把握的描述不能称之为案例；信手拈来的没有问题或疑难情境在内的事件也不能称之为案例；没有客观真实为基础，缺乏典型意义的事件也不能称之为真正的案例。”[①] 在国内，案例研究是与第 8 次课程教材改革一起盛行起来的。新课程体现了教育的转型，而教育转型要求教师的角色转换；教师角色的转换不只是在课堂上，也要求教师应当以研究者的视点来看待自己的教学生活，采取反思的态度，不断优化自己的行为方式。因此，以叙写有问题情境的教学生活片段，并做出相应的教学思考，无疑是最适合教师的教学实践工作要求和言说表达的一种研究方法。于是，案例就这样应运而生，并在教学实践研究中具有参考价值。

在我们的教育教学实践中，每天都在发生大量的事件，但并非每一件事都适合写成案例。这是因为教学案例有它自身的一些本质特征和价值追求。这也是我们在选择、撰写案例的过程中必须深切关注的问题。

一是言说要有情境性。所有的案例都应当是具体的事件，这就决定了它主要的言说方式不是抽象的论理，也不是概述的说明，而是一种细致的情境描述。也就是教师要善于观察教学的生活场景，从开始到结束的某一过程的完整情节，甚至带有一些戏剧性的冲突，这样才能使这个完整的教学情境片段，具有可供反思、讨论、借鉴的基本条件，从中让人获得启迪，实现案例的价值。

二是事例要有真实性。案例虽然也可以说是一个教学故事，但它不应当有夸大和虚假的成分。案例描述情境的语言，也许可能带有一点文学色彩，但事实必须是绝对真实的。即使作者在撰写时对细节做了一些必要的整理和文字加工，但就整个案例而言，应当不失真实的本性。这是因为案例作为教学研究的材料是具有原生性的，只有来自真实的实践，它才具有可贵的教学或研究价值。

三是选择要有典型性。所有的案例都是对事件的描述，但并不是所有对事件的描述都可以成为案例，也就是说，成为案例的事件必须具有典型性。所谓典型性，就是所反映的事件必须具有代表性，能以小见大、见微知著，

① 见郑金洲《案例与教师》，2003 年第 1 期《语文学习》第 25 页。

给人以启迪和教益，具有较大的教学研究价值。因此，写成案例的必须是经过作者严加选择的典型事件。

四是反思要有启发性。无论是作为教学还是作为研究，案例都要有启发性，才能使人读有所得，思有所获。这是案例的魂之所在，是案例之所以能成为案例的应有之意。案例的启发性，就是能促使人产生联想，或由此及彼，从一个教学事件想到与此相仿、相反或相关的许多教学事件；或以小见大，从一个小小的教学生活片段，投射出内涵丰富的教育哲理。所有这些，都足以使人触景生情、浮想联翩，产生感知上的穿透力和认识上的震撼力。

案例的这种启发性，一部分产生于案例中由作者表达的“反思”，这是显性的；更多的产生于读者对整个案例的解读中触发的联想，这是隐性的，是读者在解读过程中获得的新启示。

记者： 案例在教学研究文章中如何运用是大有讲究的。周老师能给我们谈谈这方面的体会吗？

周一贯： 这个问题提得好，其实案例可以单独成文，那是对教学原生态的记录，我们常常可以以小见大，见微知著，悟出其中的一个教学原理或衍生一个很有深度的教学认识。此外，案例也是教学研究的重要素材，积累案例也就是积累教学研究素材。作为素材，案例在教学研究文章中的运用也就会有左右逢源、出神入化之妙。

有叙有议是案例的基本特点，“叙”是在教学生活中发生的事件，“议”是教师由此生发的反思。就在“叙”与“议”的结合上，便有了各种形态。如：

——“先叙后议”式

先讲述事件，然后阐释其中蕴含的某一教学事理。“先叙后议”符合一般的认识规律，即由形象的事件入手，然后从事件中抽象出蕴含的事理，其思维方式是“归纳”的。

——“先议后叙”式

在教学案例中，我们也可以从阐述某一教育观点或反思某种教学理念入手，然后用一段故事加以证实。“先议后叙”往往有开门见山之简捷、高屋建瓴之气势。先作抽象的概括点化，然后再以形象的故事说明，体现了一种“演绎”的思维方式。

——“夹叙夹议”式

在讲教学事件中，分步阐述其中的某一教学原理，形成边叙事边释理的格局。这样写，可以使观点（事理）与材料（故事）结合得更加紧密，避免了叙述与议论截然分割可能产生的僵硬和呆板。作者的随机点化更容易为读者接受。

——“多叙一议”式

为了更深刻地阐明某一个理念，可以把若干个相似的案例或相反的案例组合在一起，然后进行综合的比较议论。这样写成的文章篇幅较长，常常可成为一篇教学研究文章。当然，这里的多个案例必须精选，角度不同而异中又有同，共同说明一个教学理念，不可犯简单重复的毛病。

——“一叙多议”式

如果你捕捉到一个具有丰富内涵的教学事件，也可以在叙事之后做多方向、多层次、多角度、多方位的挖掘，把这一事件的意义和价值进行透彻评析、深度开发。

——“叙议一体”化

写教学案例，也可以只讲事件，将要阐述的教学释理隐性地渗透于故事之中。既然作者的见解已经清楚了，就没有必要在结尾处来一段说理，僵硬地接上一个议论性的尾巴。

——“明叙暗议”式

以叙为主，突显教学事件的过程和细节。“议”只是在叙述过程中片言居要，画龙点睛，隐含在事件的叙述之中。这样的案例更接近于一个教学故事，作者要张扬的教学理念已完全融合在故事之中，犹如雪泥鸿爪，大隐于“事”了。

“教学研究写作”的话语方式

记者：教学研究写作反映的是我们教师的教学生活，它理应可以用我们自己生活中的话语方式来表达，可老师们为什么会觉得表达困难呢？

周一贯：你说得很对。问题在于有些教师还不能体会到这一点。他们总以为写教学论文（教学研究文章）总要有些比较高深的理论，于是，在找不到合适的理论时难免要陷入搜索枯肠的困境，甚至因此失去教学写作的自信。其实，教学写作就是谈论自己的写作生活，更多地要教师以叙事的语体说说自己的教学故事，并把它作为一种教学经验呈现出来，这样会使教师觉得亲切又好懂，易写也爱读。当然，教学叙事不可能不表示某种教育教学理念，但不等于一定要用深奥的理论来表达。陶行知先生在 1926 年 12 月发表的《中国乡村教育之根本改造》一文中就有这样一段话：

中国乡村教育走错了路！他教人离开乡下向城里跑，他教人吃饭不种稻，穿衣不种棉，做房子不造林；他教人羡慕奢华，看不起务农；他教人分利不生利；他教农夫子弟变成书呆子；他教富的变穷，穷的变得格外穷；他教强的变弱，弱的变得格外弱。前面是万丈悬崖，同志们务须把马勒住，另找生路！

陶行知先生的这种语言和行文风格，甚至可以代表他的所有著作的基本特点。这些人人能懂的大白话，全是生活语言，但这并不妨碍陶行知对深邃而前卫的教育理念的表述，当然也没有影响他成为中国近代最杰出的教育家。

再读读下面这段教学叙事，又是怎样用生活语言讲说教学事件的。

导读《记金华的双龙洞》这篇课文，教学正在一个一个向前推进，突然一名学生提出了问题："能通得一条小船的洞怎么能说成是'孔隙'呢？课文中这样说好像不太正确。"这在教师的预设之外，是节外生枝。若要快些解决这一问题，教师用一两句话就可以说通，但他没有这样简单地把答案直接告诉孩子，而是引导孩子自己来解决自己发现的问题。教师启发大家："既然是'隙'，必然是联系前后或内外之间的部分。我们要弄清这名同学提出的问题，就得先看看这内洞和外洞是什么样儿的，与'孔隙'比较一下怎样？请大家仔细读读课文来解决这个问题。"于是，全班学生在认真地默读课文之后，纷纷发表了意见：

——“我从‘仿佛到了个大会堂’‘聚集一千或是八百人’‘不觉得拥挤’等的描写中，体会到外洞是非常大的。”

——“我发现课文中说‘内洞比外洞大得多，大概有十来进房子那么大’，说明内洞更大。比起这么大的外洞和内洞，这中间的孔，应当只是一个‘孔隙’，这样写没有错。”

——“我觉得这只船其实是很小的，课文中说上船后只容‘两个人并排仰卧’，说明这孔隙确实很小。”

——“我补充一点，仰卧在船上过孔隙时，还会感觉‘擦伤鼻子’，告诉我们这孔隙实在是太小了，说它只是个孔隙没有错。”

…………

这时，教师又请大家归纳刚才是用什么方法获得正确答案的，有的学生说是从课文的其他内容中理解什么是“孔隙”的，有的学生说应当是从课文的前后部分中明白什么是“孔隙”的，还有的说读懂课文就要从全部课文中去理解疑难问题。

…………

像这样的叙事，没有什么高深难懂的理论，只是如讲故事一般说了一个教学实践的始末，但它所体现的理念，一样清晰而深刻地印在我们脑海中，而且似乎显得更加活灵活现、亲切感人。

最后我想与老师们共勉的是教学写作是教师精神生命的倾吐。精神生命的困顿和压抑无疑是痛苦的，那么表达和倾吐必定是快乐的。教师是“三耕族”，读书是“目耕”，上课是“舌耕”，教学写作是“笔耕”。“三耕”相辅相成、相得益彰，共同构成了教师的生命状态和专业生涯。一分耕耘，一分收获，我相信我们会因为收获的愉悦而使充满劳绩的耕耘，成为一种快乐的诗意栖居。

（有改动）

在中国小学语文教学改革的折点上……[①]
——周一贯老师访谈

· 陈永华 ·

在《教学月刊·小学版》进行时代转身，《教学月刊·小学版（语文）》恭谦登场之际，本刊记者陈永华同志采访了从教60年，至今依然活跃在小学语文界的周一贯先生，畅叙当下小学语文教学改革态势和语文教师的专业成长等问题。现将访谈发表于后，以飨读者。

当下小学语文教学的实然和应然

记者：周先生，您好！我记得在您的那本专著《阅读课堂教学设计论》中置于卷头的那首诗："情系教坛满头霜，笔耕舌耕默默忙；识得寂寞个中味，桃红李白话西窗。"您60年的语文教学生命之旅，见证了中华人民共和国60年小学语文教学的发展历程，是最有话语权的。您能为我们谈谈当下新课改向纵深推进带来了繁荣，可为什么很多老师会感慨于"语文课越来越难教了"这样的问题呢？

周一贯：出现这种现象的原因是复杂的，但也是正常的。"新课改"若以课标颁布为标识已有七年，课标的制定是面对21世纪信息化、全球化、个性化时代的挑战而做出的积极应答，让小学语文界拓宽了视野，丰富了要素，它带来的许多理念和策略，正在发挥着积极效应，从根本上强化了语文课程的时代建设。可是，正因为新课标为我们拓宽了视野，丰富了要素，让我们接触了许多新的东西，也就难以避免会产生目迷五色、无所适从之感，

① 本文发表于2010年第1期《教学月刊·小学版（语文）》。陈永华为该刊物记者。

似乎觉得语文课变得越来越难教了。当然，另一方面的原因是在我们的语文课程理念得到提升之际，会一时苦于对自己实施能力的不满，觉得力不从心。从更深的原因分析，自然也包含了课标因本身的某些不完善而带来的实施困难。

记者：您说得很准确，应如何理解课标自身的某些不完善也是正常的？

周一贯：课程改革免不了是一个摸着石头过河的尝试过程，创生于课程改革中的课标，即使是一卷纸面上的真经，也难免会在过河的过程中被打湿。因为它只能在实践的检验中逐步完善。课标正在修订之中，就说明了它自身的某些不完善，所以，这当然是正常的。我认为就实施的层面而言，我们必须努力地去践行课标精神，因为它是体现了国家意志的文件；但在思想的层面上，我们又要敢于质疑课标，对在实施过程中遇到的问题做出认真研究，并提出自己的看法，是为了课标能更臻完善。

记者：那么，在新课改的语境下，您觉得目前小学语文教学迫切需要解决什么问题？

周一贯：这事儿说起来头绪就多了。择要而言，我觉得首先在处理继承与发展的关系中要解决信息不对称的问题。所有的现代发展，都是在继承的基础之上。昨天的现代是今天的传统；而今天的现代，又会成为明天的传统……在如此生生不息的发展过程之中，继承是贯穿其中的一条永恒的血脉。课标的初创制订无疑会反思原先的《语文教学大纲》，乃至语文教学传统中的许多“不合时宜”，会更多地考虑如何应对时代的挑战，参考外国母语教育中的某些经验，也会有选择地吸纳西方的“后现代课程论”“建构主义”“接受美育”“多元智能理论”等五花八门的现代思想。这些当然是必要的，可以体现多元文化的优势。但中国语文教学的本位是汉语言文字，从甲骨文的发现算起，有五千年的悠久历史。汉语是以汉字为基础的，汉字是世界上古老而发展至当代仍具有强大生命力的罕见文字，在计算机时代汉字更显风采，已是国际通用的语言文字之一。汉字与如今多数国家所采用的拼音文字相比是不同的表意文字，强调“意合性”，显示出一种“以形示意的文化形态”。每一个汉字兼具“三码”（形码、音码、义码）和“复脑”（即可形象思维又需抽象思维）的特点，独立性很强，以此构成的汉语，也重在意合，其意蕴应在上下文的诵读中体味，重在整体感知。这种特点，在一定程度上，不仅决定着汉语的教学方法和学习规律，也深层地反映出中华文化的特征和东方思维方式。语文学家王森然先生早在20世纪20年代就说过“其他各种的教材教法，内容工具似乎还有可借鉴于他国先例的地方，特有国文，非有我们自己来探索不可”（参见《作文教学概要》）。为此，关注“识字为重”，提倡“文道结合”，强化“诵读为本”，引导“涵泳”感悟，坚持多写多练等历经几千年考验的“中国功夫”仍然是教好“中国语文”的关键所在，任何淡出语文教学传统经验的做法，在继承与发展两头信息不对称，都是会伤及语文教学的。

记者：这方面的问题确实已经反映出来了，这是否也是眼下人们提倡“本色语文”“简约语文”“寻找语文回家的路”的原因所在？

周一贯：应该是这样。当然，我们不能说课标没有提及“继承”，但从实践的情况看，这样的表述似乎不够。因为信息不对称还反映在另一个层面，这就是今天的语文教师队伍，青年教师正在成为主体，他们有限的工作经历，对于纵向的民族语文教学发展历史和传统经验，往往知之不多；而对当代的横向的新理念、新信息（其中有些与时尚捆绑在一起的），则比较容易发生兴趣，接受较快。这当然不是他们的错，甚至可能是他们的长处，但无可否认也是他们的短处。不管怎么说，这两者的信息不对称，容易导致对中国语文教学固有的本色本真的淡化。无疑，这正是当前小学语文教学中存在的一个根本问题。

记者：是的，对语文教学本色本真的淡化，必然导致语文课堂教学的有效性降低。因为语文学科的本质特征是培养学生理解和运用祖国语言文字的能力，必须坚守“学语习文”。虽然语文课程是一门人文课程，但“人文就在语文中”，应该是在“学语习文”的过程中实现的。

周一贯：对，语文的工具性和人文性应当是一回事，而不是两张皮。加强语文教学的人文性确属必要，但不能以消解或淡化工具性为代价。今年6月份，一所大学举办小学语文生本课堂观摩研讨活动，几位大学教授对我说，他们最无奈的是给本科生修改毕业论文，别的问题不说，错别字连篇，病句较多，惨不忍睹。当时，于永正老师也在座，我们只好连声表示歉意，检讨小学语文课没有把学生的基础打扎实。小学语文课堂的有效教学不落实，关键在于该教的没教好，而可教可不教、暂时不必教的，又往往教得太多。其实，在人文层面上的“深挖洞”没有必要，一来有些内容儿童还无法理解，二来以后他们还会学到。“姑苏城外寒山寺，夜半钟声到客船”的意蕴，可以学一辈子，感悟一辈子，给小学生、中学生、大学生讲的应当不一样，但有些教学内容是非得在小学阶段打好基础不可，如识好字、写好字、读好书，养成好的读写习惯，就得在小学阶段打下扎实的基础，让孩子一辈子受用。如果到大学里再去解决这些问题，损失就太大了。

记者：所以，我们都关心一个问题：当下小学语文课堂教学的“实然”能与“应然”走向合一吗?

周一贯：所谓的“实然”就是“实况是这样”；所谓“应然”就是“应该是那样”。当下小学语文课堂教学的“实况”确实有些不尽如人意，距离“应该是那样”还有相当大的落差。如何调整两者的关系，使“实然”与“应然”走向合一，标准只有一个，就是在实践中检验，而不是只到理论领域里去寻找，即以语文教学造就学生语文素养的成效来检验。如果学生连最基本的识好字、写好字都过不了关，就很难说学生有了合格的语文素养，由此我们就得反思当下语文课堂的“实然”，重新明确语文课程的本质属性是什么，并予以积极改进，方能逐步与“应然”走向合一。当然，今天我们强调重认语文课程本色，不是走以前“加强双基”（基础知识和基本能力）的回头路，更不是“翻烧饼”，须知历史常常会有惊人的相似之处，但不是简单的重复。当下我们对坚守语文课程本色本真的认识，是在新课程改革走向开放的语境下提出的，是在语文教学关注人文情怀和文化意念的层面上审视其不足，是对语文课程本位、本色、本体的新的研究和认识。

语文教学群体风格与“浙派”小学语文教学艺术

记者：您曾经对当前小学语文教学的风格、流派和主旋律做过比较深入的研究，并有长文发表，这个问题对语文课堂教学实践研究的推进具有现实意义，您能再谈谈自己的看法吗？

周一贯：走进新课程改革，我们欣喜地看到小学语文教学正在告别粗糙的年代，人们的理论视野开阔了，思维空间开放了，生命个性开朗了，反映在语文课堂上，教学风格更趋多样，在此基础上形成的各种教学流派也渐露风采，成为当下小语界的盛世景观。对于风格、流派，以及与此有关的某些提法，如“本色语文”“诗意语文”“情智语文”“简约语文”“和美语文”等，其本身就是教学的个性精神的自由绽放，体现了语文教学艺术园地的百花齐放，我们应予以充分包容，不必因为“语文就是语文，只有一种语文”，就不可有“本色语文”“诗意语文”等的称谓。其实，诸如“本色语文”之类的说法，不是作为一个名词使用的，它只是一个偏正词组，即“本色的语文”“诗意的语文”……强调的正是语文课堂的某种特色或风格，而不是另立一种语文形态。我们应当给语文教学的实践探索以一个开放的空间，一种宽松的环境，这才会有利于风格、流派的百花争艳。

教学风格、教学流派的丰富多彩、各领风骚，是小学语文教学事业繁荣兴旺的重要标识之一，我们应当为之欢呼。但是，从历史的视平线审视这些多种多样的风格、流派时，便会发现不同的风格、流派有着不一样的生命力，而决定其生命力强弱的根本原因，在于它是否弘扬了中国小学语文教学改革发展的主旋律，是否有着对主旋律的坚信和坚守。胡锦涛总书记在中国文联第八次全国代表大会的讲话中强调“弘扬主旋律，提倡多样化”，也就是既要坚持为人民服务、为社会主义服务的方向不动摇，又要实行好百花齐放、百家争鸣的方针，如此方能繁荣社会主义的先进文化和艺术事业。小学语文教学同样也要实现弘扬主旋律和提倡多样化的辩证统一，才能带来小学语文教学园地的姹紫嫣红，万千气象。

记者：风格当然更多的是指向教师个体的教学艺术品性，但我们也常常看到如“京派语文”“海派语文”“浙派语文”“杭派语文”的说法，记得您也提出过“越派语文”，这种现象对当前小语界的发展繁荣又有着怎样的影响？

周一贯：语文教学艺术风格具有个体性特征，但也有风格相近的群体特征，这便是“群体风格”。它已接近于流派或已经发展成为流派。我认为“京派语文”“浙派语文”等的存在，应当是一种地域性的群体风格或流派。黄鸣奋先生编著的《艺术交往心理学》（厦门大学出版社，1987 年版）就把艺术群体现象划分为艺术地域群体（由地域来连接的艺术群体），艺术世家群体（以亲属关系为纽带连成的艺术群体），艺术同门群体（以师徒关系相传而成就的艺术群体），艺术社团群体（以研究门类、课题工作室等组织形式结合成的艺术群体），等等。我觉得这种分类也同样适合我们对语文教学群体风格或流派的认识。特别是现在名师常常以“工作室”的组织形式引领一个团队，更容易形成一种群体风格。

“一方水土养一方人”，不同地域的语文教学群体风格确实会形成某些共同的文化品格和艺术气质。如北京的霍懋征、王秀云、叶多嘉、许嘉琦等诸位语文名师曾经所体现的扎实、严谨、稳健、厚重的课堂教学艺术，正投射出北京这一历史都城的深厚人文积淀和今日作为政治、文化中心的那种雍容纯正的教育文化特色。而我们从上海的袁瑢老师以及贾志敏、左友仁、徐鹄、万永富等多位名家的教学艺术中，又不难看出其灵动、鲜活、婉约、秀美的共有特色，它与上海这个高度开放的经济大都会的地域文化，也有着一脉相通之处。为此，总观全国各地小语教学群体风格的灿烂星空，你可以看到不同地域文化的投射：齐鲁文化教育的雄奇厚重而风力遒劲；巴蜀文化的深邃大度而气质高妙；吴越文化的精微秀美而骨力非凡；岭南文化的明快刚健却又不失圆润有致……开发和梳理这些有着地域文化特色的教学群体风格或流派，对丰富小学语文教学的艺术品性，凝聚地域的教学研究实力，提升语文教学的优质水准和引领广大教师的协作研究方向，确实具有不可小觑的价值。正是出于这样的认识，我也和绍兴小语界的有识之士，共同打造了“越派语文”的群体风格，即以“和”为核心的“清、醇、和、美”。

记者：是这样，最近几年，浙江教育界一直有“浙派名师”的提法，您怎么看“浙派名师”的形成背景和发展走势？如何保持特色又兼容并蓄？

周一贯：浙江物华天宝、人文荟萃，历史上更是群贤辈出，名师大师如星汉璀璨。光我们绍兴近代的名师就有鲁迅、蔡元培、陈鹤琴、陶行知（祖籍绍兴）、夏丏尊、朱自清等。浙江的地域优势明显，浙北紧邻上海大都会，浙东（宁波）又有早期开放的历史，这都给浙江人以重商务实的精神传统，从深层上孕育了“尊师重教”的文化意识。近年来，浙江的基础教育又一直在高位运转，成果卓著。所有这一切都足以说明“浙派名师”存在的应然性和必然性。如果没有“浙派名师”的出现，那才会是奇怪的。

“继往”必能“开来”，“浙派名师”的发展势头会是前途无量的。不说别的，就我所接触的不少小学教学刊物编辑告诉我，他们收到的稿件来自浙江、江苏的最多，刊用率也是浙江、江苏的最高。这难道不是从一个侧面显示出浙江教师的研究意识和敬业精神？而“浙派名师”也正是从这样的浙江教师队伍里产生的。

当然，“浙派名师”是一个发展中的概念，它的充分发展、成熟离不开全社会的呵护，全体教师的努力，包括像《教学月刊・小学版（语文）》等媒体的指引和支持。这不是一个小圈子可以解决的问题，也无法一蹴而就。群众性的关注、参与，长时期的研究、探索，从丰富多彩的小学语文教学的个体风格中，归结出因深受地域文化熏陶而趋同性的内涵，方能逐步形成“浙派名师”薪火相传的接力群体和精神传承。

小学语文教师的专业成长与专业性学术期刊的作为

记者：“浙派名师”作为一种流派，只是全体浙江教师的代表，所以全体小学语文教师的专业成长问题，始终是我们关注的热点。一般老师教学水平的提高都会经历从简单模仿到思考吸收再到创新提升的过程，问题在于更多的老师往往会在模仿阶段驻足良久，请您谈谈对当下小学语文这种所谓的“山寨教学”的看法。

周一贯：“山寨”原指一种由民间IT力量发起的产业现象，其主要表现形式是从小作坊起步，快速模仿成名品牌。以后“山寨”很快被应用，出现了“山寨电影”“山寨春晚”“山寨明星”，等等，广泛地概括了五花八门的“冒牌”现象。现在，“山寨”这个词已成为对“民间的”“业余的”“带模仿性的”一种调侃式的称呼。据此，我理解的所谓“山寨教学”，所指大概也就是热衷于明显模仿执教观摩课某名师一招一式的课堂教学状态。这是一个非常复杂的问题。首先，模仿作为人类的一种行为特点，体现在各种领域的学习过程之中，语文课堂教学自然也不能例外。问题在于模仿有两种，一种是简单的复制式模仿，完全是“依样画葫芦”；另一种是有个性、有发展的动态式模仿。教学不是简单的复制式模仿可以奏效的活动，其原因是课堂具有不确定性和生成性的基本特点，不同的教师面对不同环境中的不同学生，往往不可能“依葫芦画瓢”，否则会“画虎不成反类犬”。即使是很难避免的有个性、有发展的动态式模仿，课堂教学也不宜在这个阶段“驻足良久”，否则只会影响教师的专业发展。其次，执教观摩课的优秀教师确实有很多方面值得我们借鉴，但这种借鉴不是依葫芦画瓢地去模仿他的一招一式，而应当模仿的是“一招一式”背后的东西，如对教材深入解读的功夫，对教学理念领悟与应用的功力，对教学技能娴熟挥洒的功底。须知从招式学招式，只是“物质”层面的“粘贴”，看来确实便捷，但总是会“水土不服”而弄巧成拙；只有从“精神”层面上的感悟，才会有因地制宜的创生。实践不能指导实践，那是经验主义；只有理论才能指导实践。行为不能指导行为，那是简单的复制；只有思想才能指导行为。所以，只有那些上升到理性的认识，才能在新的条件下释放出新的能量。另外，我们更应当看到今天的某些公开课，也还确实存在着崇尚形式、追求唯美、热衷于教师自我表现的弊端。这样的课堂从根本上模糊了、淡化了课堂教学的主流价值是学生的学习和发展。教师只求自己靓丽出镜和光鲜登场，必然会遮蔽了对学生学情的关注和呵护，而“失学”的课堂实质上也就是“失效”的课堂。这种课堂上教师的“花拳绣腿”，就更没有模仿的价值了。我们说观摩课的最高境界是向家常课的回归，所指就是希望在观摩课中要坚守家常课的优秀品格：以学设教，真诚自然，扎实有效。

记者：如何使教师获得最有效的专业发展，确实是我们大家最关心的问题，在这方面周老师有什么好的意见？

周一贯：教师为了促进自己的专业成长当然需要研究很多问题，而且这些问题会因人而异。但是当前我们都应当引起足够重视的不是教师应当怎么教，而是应当如何导“学”，把课堂还给学生，变成真正的“学堂”。第一，从理念的层面看，我们必须深入感悟教学不是“给予”，而是学习者在教师引导下自己的“获取”。学习是别人无法代替的行为，必须由学生自己来完成。所以，最好的“教”是无痕的，能完全地融入学生自主的学的过程之中，这种“教”，应当只是“导”。叶圣陶先生说过“教是为了达到不需要教”，那么为了“达到不需要教”，我们今天又该怎样教？那就是尽量淡化“教”的痕迹，变“教”为“导学”。第二，从操作的层面看，就必须深入反思小学语文课堂从“满堂灌”到“满堂讲”再到“满堂问”“满堂牵”的这条历史发展轨迹，始终摆脱不了教师主宰课堂的阴影，这是为什么？语文课堂为什么总是解决不了学生主动学习和自主发展的问题。“语文学习可以无师自通”几乎已成共识，这是因为语文课程的知识体系不是直线式排列，而是螺旋式渐进的，一篇新课文，百分之九十八的字、词和句式都是学过的，内容来自生活事件，学生可以凭已有的生活经验去感知。特别是学生学习书面语言的读与写是在已经基本上掌握了口头语言的基础上展开的，有很大的通融性。再加上汉字、汉语所独具的“意合性”，可以凭借熟字识生字，凭借上下文悟含义……难怪有很多教师认为，一个学生如果缺课一个月，数学课他几乎会没法再学下去，但语文课就没有什么大问题，可以照学不误。既然这样，可为什么至今我们的语文课堂仍然放不开学生自主学习的问题，仍然很难落实课标所提出的“自主、合作、探究”这一学习方式改变的要求。第三，再从评价的层面看，怎样的课才算是好课，我们也还是很难从学生的学习状态出发去评价，真正做到以“学”评教，而总是会特别关注教师所谓的教学技巧，异化成为“以‘秀’评教”。这就难怪我们有些公开课越来越走向于“中看不中用”的“花架子”课了。总之，我觉得只有落实了教师“导学”的问题，才落实了学生的发展，也才落实了课堂教学的有效性。所以能真正导学的课堂应当是教师专业发展的必然追求，也是走向名师，成为名师的必然途径。

记者：教师提升自身的专业水平，离不开对教学的反思，而教学写作则是一种将反思“物化”的有效手段。您是《小学语文教师》杂志“全国教师教学写作研究中心”的主任，请您说说这方面的建议。

周一贯：教学写作应当是教师的一种生命状态和生存智慧。格雷·塞克斯说得好——在苏格拉底以前，教师就已经通过写作表达他们对工作的思考。苏格拉底生活在公元前469年至公元前399年，大约是我国的春秋战国前期。这就说明教师要成为研究者是无法不以教学写作相助的。有人说，教师是“三耕族”，即从事着“舌耕”(上课)、“目耕”(读书)和“笔耕”(写作)。这“三耕”是相辅相成、缺一不可的。如“舌耕”的成效，就要以教师的“目耕”(多读书)和“笔耕”(多写教学心得)相助，这是教师的专业功底。说起教学写作，不少教师会望而却步，觉得自己缺少写作技巧，其实这是误解。教学写作的全部秘诀不是写作技巧，而是教师的思想和生活。所谓思想，就是教师对自己的或同人的教学行为有所反思，有所探究；所谓生活，那就是不仅要有教学生活，更要有教学生活力。教学生活是每一位教师都拥有的，但每一位教师不一定都有教学生活力。陶行知先生多次提到过“生活力”的概念，是“为生活向前向上的力量”。教师的教学生活力，也就是使自己的教学生活不断向前向上，即不但热情于教学生活，而且能不断地改进自己的教学生活，创造教学生活。教学写作的冲动、材料和成就就来自这种教学生活力。在倡导教学叙事写作的当下，教师主要是写日常的教学札记，讲自己的教学故事或发生在周边的那些有意义的教学事件或案例，基本上可以以生活话语为主娓娓道来，随手记述。可以不刻意于章法，不取媚于世俗，不求合于时尚，不精心于藻饰；篇幅可长可短，文字可庄可谐，句式可问可叹，角度可这可那。教学写作不一定都是洋洋万言的论文。当然，在一段时间之后，你可以翻检自己的教学札记，挑选特别有感受的，再做些加工整理，投寄报刊，使自己的感悟与大家分享。这又反过来可以强化你教学写作的兴趣。但发表不是目的，只是将自己的经验与体悟，做再梳理和再提升。获发表固然好，未能发表对自我发展也同样有意义。

记者：周老师是专业学术期刊的资深作者和读者，对如何办好专业学术期刊有着丰富的经验，最后也想请您就《教学月刊》新分设的《教学月刊·小学版（语文）》提点希望和要求。

周一贯：我非常感谢《教学月刊》对我的提携和厚爱。说起来，我和《教学月刊》有着很深的缘分。《教学月刊》创办于 20 世纪 80 年代，几乎与我国的改革发展同龄，对全国小学教学改革发展做出了重要贡献。1984 年起，我受聘为《教学月刊》的兼职编辑，每月处理近 10 万字的稿件，直至 1989 年底停刊（数年后又复刊），历时 6 年。现在，《教学月刊》的规模越来越壮大，为了适应新课改的需要，小学语文和数学都有了分科的月刊，我为此深感振奋。教学的专业学术期刊，不仅是研究教学思想、推进课改的重要平台，也是繁荣发展学科教学研究的园地，更是指导教师专业成长的良师和益友。个人觉得《教学月刊·小学版（语文）》应当以“浙派语文”“浙派名师”为依托，面向全国充分展示“文化之乡浙江”的风貌和才情。要敢于研究和讨论语文教学改革、实践中的重大问题和敏感话题，充分体现刊物的前卫性、引领性和研究性。写诗要“功夫在诗外”，办刊也要“功夫在刊外”，特别是要十分重视与广大读者、作者的联系，关心他们的成长需求，反映他们的教学心声，像老一代编辑那样，发扬认真处理来稿，勤于及时联系的敬业精神。编辑是老师的老师，在广大教师心目中有极其崇高的地位。我不太赞成现在有些报刊处理来稿时基本上不理不睬的那种冷漠，也时常听到教师对此表示不满。当然，现在来稿很多，可能处理起来也比较麻烦，当然也做不到每稿必答，但热情地联系作者、读者的原则总是不错的，也是不会过时的。此外，编辑部为了指导、帮助基层学校的教改和教研，建立一些有效的实验基地，以多种形式为教师举办一些“培训班”“大讲堂”之类的活动，也深受教师的欢迎，同时又可以加深与基层学校和广大教师的联系。在这里，由我来说这些话，似乎有点不合时宜。今天，说了太多的话，我当然不能保证我的意见是正确的，但我可以保证它是真诚的。十分感谢您和编辑部给我参与访谈的机会。

（有改动）

60年守望：让小学语文成为真正的“儿童语文”[①]
——周一贯先生访谈

·王冬精·

记者：周老师，您好！到2012年，您从教小学语文已有62年了，而且一直在农村。这在教育界是很少见的。能给我们说说，您为什么能对小学语文教学事业如此锲而不舍吗？

周一贯：我于1950年3月参加中国人民解放军，当时才15岁。在部队，我当文化教员，主要是为战士扫盲。两年后因健康原因转业地方。也许是质朴的战士渴求文化的热情深深感染了我，让我埋下了许身教育的种子。为此，转业地方时在有多种工作可以挑选的情况下，我却要求当小学教师。这好像都出于偶然，与什么“远大理想”无关。但在以后的工作中却真正使我喜欢上了孩子，喜欢上了小学语文教学。我热衷于梳理教学经验，写教学研究文章和专著，则始于20世纪80年代初。当时我都快五十了，“五十而知天命”，我方意识到人这一辈子要真正做好一件事不易。我乃凡夫俗子，一生能够竭尽全力做好一件事就不错了，夫复何求？这才有了毕生守望教育的心，而且坚定地要一直把小学语文教学做下去。觉得它可以与退休无关，而只与自己的信念有关。有人说，小学语文教学是“小儿科”，这话虽然多少带了点儿鄙视，但其实没说错。能让小学语文成为“小儿科”，做起来不简单，正因为“小儿”比成人更难做。2005年11月，我在《人民教育》上发表《小学语文应是儿童语文》，表述了我追求的目标：让小学语文成为真正的“儿童语

① 本文发表于2012年第5期《小学语文教学》。王冬精为该刊物记者。

文”，而不再是“成人语文”的微型版。

记者：60年，基本上经历了中华人民共和国成立以来的语文教学全程。对此，您最大的感触是什么？

周一贯：中华人民共和国成立以来小学语文教学的发展变化是巨大的，应当说是龙腾虎跃的60年，这个成绩足以彪炳史册而成为时代的坐标。但教训也很深刻，不可忽视。我最大的感触是折腾太多，有很长一个时期一直在“对立斗争”的崎岖小路上左右摇摆，跌跌撞撞地艰难前行。如中华人民共和国成立初期的“文”“道”之争，我们批判了“重文轻道”，又形成了“重道轻文”，在20世纪50年代“大跃进”“政治挂帅”等思潮影响下，语文教学的“思想性”被提高到必须排斥“工具性”的不当地位，导致“把语文课上成了政治课”的普遍倾向；以后又出现了语文课思想内容与“双基”训练的矛盾；重视了语文训练又带来了人文的淡出；而纠正应试的僵化训练，又造成了对必要训练的否定；强化了语文的人文熏陶，又滑入了以“人文”代“语文”的泥潭……产生这些折腾的根本原因，一方面固然是辩证哲思的缺失，即我们在刻意纠正某种偏向时，往往会放大地看到它的不好，并予以彻底否定，这样就很容易从一个极端跳到另一个极端，结果就出现了另一种新偏向。另一方面，也是小学语文教学要以儿童为本的理念失落。我们总是以成人世界的功利标准和价值追求，使语文教学在浓重的政治化、意识形态化的影响下，跟随着各种运动，不断变换色彩，遮蔽了对教育对象儿童的认识、尊重和关爱。

记者：中华人民共和国成立以来小学语文教学的发展，确实是“天翻地覆慨而慷”，但问题也不少，您说的“折腾”，就是其中的一个主要方面。我们怎样才能使语文教学不再从一个极端跳到另一个极端呢？

周一贯：极端化是一种片面性，关键在于要树立辩证、全面的哲思。这正如柏拉图所说：“教育就其最高意义而言是哲学。”我们在很长一段历史时期里，过分强调“一分为二”的思维方式，对立斗争的哲学思想。当然，“一分为二”没有错，但这只是思维过程的一个阶段，在“一分为二”之后，还应当“合二为一”，这个合成的“一”便是“三”，即和谐融合于高度统一的生命发展之“三”。如果说“一分为二”强调的是它的对立性，那么“一分为三”就是强调对立之后的统一性，使“对立”的研究复归于“统一”。从“一分为二”的对立看问题，语文教学确实存在着许多矛盾：“教”与“学”是一对矛盾，“师”与“生”也是一对矛盾，其他如“讲”与“练”，“读”与“写”，“课内”与“课外”，“继承”与“创新”，乃至科学性与艺术性、工具性与人文性、思想内容与语言形式等，都存在着两相对立的矛盾。但它们又都可以而且应该统一于人的生命发展之中，这种“发展”就小学语文课程来说，又必然应当在儿童（不是成人）的学语习文提高语文素养的过程中来实现。拿特级教师郑晓龙（北京）的话来说是：“语言文字是个篮子，里面装了思想情感、观点主张、价值取向、思维方式，等等。提起篮子，什么都有了；丢了篮子，两手空空。”当然，这个“篮子”要提好，就得抓它的融通，在儿童发展上的统一。其实把事物细分为二，也许只是为了研究的方便，就儿童的语文素养来说，它本来就是一回事，而不是“两张皮”。所以，只有使小学语文真正成了“儿童语文”，以儿童为本、为儿童享用的语文，才能从根本上避免作为成人世界功利争斗的“工具”而处于不停地折腾之中。当然，这种折腾与事物发展的“马鞍型”“波浪式”前进不是一回事。后者是事物发展过程中很难避免的客观规律；而折腾是人为的错误认识所致。

记者：2011 年岁末，《义务教育语文课程标准》的修订版颁布了。尽管这次是低调亮相，但未能挡住教育内外对这一大事的关注。周老师觉得在课标修订版的语境下，应当对“小学语文是儿童语文”这一话题有什么新的认识？

周一贯：课标修订版的颁布，确实是一件大事。十年课程改革，不管怎么说都免不了是一次“摸着石头过河”的尝试过程。在课程改革中创新的课标，对推进中国语文教学是功莫大焉。但是，课标即使是一卷纸面上的“真经”，在“过河”时也难免会被打湿。因为它必须在实践的检验中逐步完善。

总观课标修订版，加强了时代感、注重实践、降低难度是其鲜明的特征之一。从根本上说，这一切都凸显了教育要以人为本的理念。课程设计的以人为本，就是以学生为本，在小学语文课程中，也就是以儿童为本。如在课标修订版的前言中就增加了这样一大段话“语文课程致力于培养学生的语言文字运用能力，提升学生的综合素养，为学好其他课程打下基础；为学生形成正确的世界观、人生观、价值观，形成良好个性和健全人格打下基础；为学生的全面发展和终身发展打下基础”。这里的三个“基础”，都直指学生的学习和发展，也就是警示我们语文教学不可忘记了学生（在小学是儿童）的学习实际、成长需求和生命发展。这是语文课程的根本所在，一切为了学生的成长和生命发展。

教学要“以生为本”，苏霍姆林斯基为此把教师工作的独特之处，归结为“为未来而工作”。我们这辈人应当留给后代一个怎样的世界，取决于我们将留给世界怎样的后代。教师工作的神圣和光荣全在于此。儿童有着自我发展的本能，就像一棵小树苗，只要没有来自外力的伤害，就可以长成参天大树。这就难怪英国大诗人弥尔顿会说：“儿童引导成人，如同晨光引导白昼。”另一位著名诗人华兹华斯则宣言：“儿童乃是成人的父亲。”正是从这个意义上看，我们应当相信儿童是天生的学习者，之所以当下还有那么多厌学的孩子，是因为过度教育背离了儿童的天性。本来儿童需要学和可以自己学，但教育者却不能放手去指导、鼓励他们自己实践，而在诸如考试、分数、升学、望子成龙等功利的驱使下去逼迫孩子，导致他们失去自信和快乐。孩子的事应当让孩子去完成，这完成的过程就是“成长”。

记者：您说得对，小学语文应当是“儿童语文”。本刊 2009 年第 7 期的卷首语，沈大安同志写的《小学语文还姓“小”》说的也是这个理。您觉得小学语文教学容易忽略的儿童这一特殊主体的主要表现有哪些？

周一贯：小学语文教学要坚守“童本”取向，不是一件简单的事。这不仅是因为成人世界在忙于经营自己的精彩生活时很容易遗忘了儿童，忽视了孩子；还因为传统教育总是比较强调教师的地位和作用。教师往往以“知识垄断者”的身份出现在比较注重知识灌溉的社会里，无形地拥有了主宰教学、主宰课堂的特权，儿童自然就边缘化了。在当下的主要表现如：一是成人化的唯美主义。特别在公开课上过分讲究形式，张扬“花拳绣腿”那一套，这就造成了“以讹传讹”，对家常课的影响很不好。殊不知成人的那些唯美追求，可能会令听课教师赞叹不已，但不一定为儿童所赏识，所接受。二是虚高化的深度解读。教师在解读教材上花功夫本没有错，但“深入”必须“浅出”，更重要的是为了引发儿童自己的解读。如果教师只会“深入深出”，儿童便只能在一旁半懂不懂地听教师汇报他个人的解读体会。三是僵化的全盘预设。教师的预设精细绵密，而教学过程也就成了滴水不漏地“走教案”。在这样的课堂里，没有儿童的现场生成，有的只是让孩子俯首应和，被教师牵着走的份儿。四是浮泛化的人文灌输。语文课程有很强的人文性是对的，但人文何处不在，又何处不是？如果教师不牢牢把握“人文就在语文中”这个度，旁征博引，就会丢开了语文，落入人文灌输的误区，儿童也就只能成为被灌的“容器”。五是边缘化的儿童实践。语文教学的过程应当是教师引领下儿童亲身从事语文实践的过程，这也是课标修订版中所强调的。现在，课堂的有限时间，被上述的四个方面占领，没有一丝缝儿剩下来让儿童做语文的实践活动，又怎么能学好语文！

记者：您说得很有道理，可谓切中时弊。其实您所说的五个方面的问题正是导致小学语文教学的“课改”很难落实建立“自主、合作、探究”这一学习方式的根本原因。

周一贯：对！课堂是儿童学习的平台，本来应当是学生问老师，可现在只有老师问学生。学生不是学“问”，而一直在学“答”。解读课文本来应当是儿童的阅读实践活动，可现在是老师在“文本细读”之后已准备了详细的解读讲析，学生只有听的份儿。关于“探究”课标指的是儿童在“自主、合作”的基础上由自己来尝试，教师则从旁点拨，可现在是老师在备课中做主观的探究，并在课堂上尽情展示“深度”，却缺失了让儿童喜欢的“温度”……所有这些不合理的怪现象，归结到根本一点，就是淡忘了儿童的学习和发展才是小学语文课堂的主流价值。我认为解决好这些问题，应该是从今年新学年起要全面实施课标修订版的重中之重，即真正能为每一个学生提供合适的教学。

记者：“儿童语文”与“生本课堂”必然具有同一性。那么，实施课标修订版，又应当如何重构真正的“生本课堂”呢?

周一贯：让小学语文成为真正的儿童语文，就必须重建能体现儿童文化生活的生本课堂。我觉得课堂教学要实现“以儿童为本”，必须坚持这样的路径图：

第一是“从儿童中来”。在教学中发挥教师的主导作用永远必要，问题在于教师必须坚持“从儿童中来”的原则，才能“主”在点子上，“导”在要害处。否则“主导”无的放矢，就成了凭个人臆想的“主宰”。“从儿童中来”也就是教师的预设要从学生的实际出发，准确反映儿童的学习需求，密切关注学生在课堂上“生成”的学情，随时去调整“预设”，真正做到因学设教，顺学而导。

第二是“让儿童去做”。教学的过程就是学生实践的过程。凡学生能做的，教师决不代劳；凡学生做起来有些困难的，教师也只做点拨，不越俎代庖。一句话，语文课不应以教师的讲问为主，学生只有应答的份儿，而是应当在教师的指导下，让学生自主地去进行听说读写的实践活动。语文是学生可以“无师自通”的，应当有更广阔的“让学生自己实践”的天地。重视学生的实践也正是课标修订版十分强调的根本点之一。

第三是“到儿童中去”。这里把“到儿童中去”置于最后，不仅仅是指现象上回到了学生那里，还指本质上必须由儿童内化“落实”，即学习的结果真正成为语文素养在学生身心上的有效沉淀。

记者：周老师的见解，很能发人深思。小学语文教学，要姓“语”，有强烈的语文意识，紧扣中心：小学语文更要姓“小”，我们的教学对象是儿童，而不是成人，要重在基础；小学语文还要姓“学”，通过学生自主的学习实践来学会学习，而不是以教师的过度讲析，过深挖掘来代替学生真实的

学习过程。这些道理也就是课标修订版中所透射出来的要义之一。它似乎并不深奥，不是远离我们、难以捉摸的东西，却也往往容易淡出圈内人的视界。看来，坚守常识，提升理性、确立信念应当永远是我们共同的追求。谢谢周老师！

周一贯：谢谢您的访谈！

（有改动）

“为谁教”从来没有如此重要[①]
——访周一贯先生

· 陈金铭 ·

牢记“教”是为了“学”

记者：“为谁教”“怎么教”“教什么”三者之间有怎样的关系呢？

周一贯：在语文课堂教学研究的漫长历史中，我们更多地滞留于“怎么教”的求索。古代的语文教学并不单独设科，而与经学、哲学、史学、文学混为一体，传经读典、道统教化，“教什么”是神圣不可侵犯的。于是“教学”便以教师的讲授为中心，谈不上有多少去考虑“为谁教”的问题，自然便只有“怎样教”了。这种浓重的历史阴影一直笼罩着语文教学。

课改给我们许多新的理念，其中之一便是教师不只是教材的被动执行者，他们同时也应当是教材的创造者、发展者。这不仅要参与选编教材，即使是使用规定教材，也有如何因时、因人、因地用教材教（教教材中的什么）的问题，而不只是僵化地去教教材。以王荣生教授为代表的对教学内容的系统研究，甚至使“‘教什么’比‘怎么教’更重要”成了共识度颇高的口号，于是语文课堂教学从“怎么教”到“教什么”有了视界更为开阔的二度拷问。

无论是“怎么教”，还是“教什么”，确实都十分重要。但更为重要的应该还是“为谁教”。小学生是儿童，他们与青少年，与成人有着很大的区别，然而在课堂实践层面往往容易被已成人的教师或研究人员所忽视。

记者：您是指“怎么教”和“教什么”都得植根于“为谁教”？

① 本文发表于2013年第9期《小学语文教师》。陈金铭为该刊物记者。

周一贯：是的。从本质上讲“教”是为了“学”。对此，陶行知先生说得好：“论起名字来，居然是学校，讲起实际来，却又像教校。这是因为重教太过……”所以，“为谁教”答案只能是为学生的学习、发展而教。而学习不能靠一种异己的外在控制力量，它应该是学生发自内心的精神解放运动。所以，只有当学生具有好奇心和怀疑精神时，他才会有充实的内心，才会有对探索的热爱，才会真正认识到认知外部世界的那种美妙和快乐，而在课堂上始终充满生命的活力。

就以“教什么”来说吧，所教的必须是那个阶段的学生学习、发展的生命需求。听一位老师为小学生执教台湾诗人余光中的《乡愁》：“小时候，乡愁是一枚小小的邮票，我在这头，母亲在那头。长大后，乡愁是一张窄窄的船票，我在这头，新娘在那头。后来啊，乡愁是一方矮矮的坟墓。我在外头，母亲在里头。”这确实是一首脍炙人口的好诗，但并非好诗就一定适合做小学语文教材。课堂上，就有孩子天真地提问：为什么长大后，邮票不行了，要变成船票，写信给新娘不是也可以吗？这对成人来说当然不是问题，但对小孩子却成了问题，而且是一个令教师一时无言以对、不知该如何回答的问题。“少年不识愁滋味”，更缺少了“乡愁”的生命经历。所以，于漪老师曾说：“小学语文教材的选文，不能让孩子们在课本里看不到童年。”

再说“怎么教”就更离不开“为谁教”了。教学《夸父追日》这篇略读课文，教师在快下课时，竟发下了袁珂的原作，要学生做当堂比较阅读。问题是原作的篇幅是课文的两倍，难度也更高。显然，教材编者的改写正是为了适合三年级的孩子阅读。现在，教师要展开与原作的比较阅读，显然是在临下课时无法实现的教学价值，只好草草了事，还拖了堂。如果我们能对“为谁教”多做考虑，这样偏重于形式的教法安排，是完全没有必要的。

以“学习者”为中心

记者：为什么说“为谁教”比“怎么教”“教什么”在当下显得更重要呢？

周一贯：从根本上说，“为谁教”关乎对教育原点的坚守：关爱学生的生命发展。原点的本义是指事物的根本，诸如江河的源头、道路的起点、坐标的中心等。教育的原点是对学生生命发展的关爱。“为谁教”自然是一切为了学生，为了学生一切，为了一切学生。这理所当然是“教什么”和“怎么教”的出发点与归宿。即无论是教学内容（教什么）还是教学方法（怎么教），都必须关注学生的现实，因势利导地开发，更多地顺应学生发展的自然规律、自主意向。20 世纪 20 年代朱自清就说过“新的教学法是以学生为本位，教员只加以协助”的话，但实际上中国的教育一直都没有真正以“学习者”为中心。

记者：“为谁教”这么重要，在新课标里有所体现吗？

周一贯：何止是有所体现，实际上，“为谁教”是实施新课标的根本所在。新课标带给我们许多新的教育理念，但一个根本点是语文课程“致力于培养学生的语言文字运用能力，提升学生的综合素养”。一句话，语文应为学生的发展而教。在实施课标的这些年里，我们的教研课题、论坛话题、刊物研讨主题多是诸如“文本细读”“教师理答”“教研磨课”“言意相生”“文体特色”……当然所有这些偏重于“怎么教”和“教什么”的命题确实也很重要，而且是教师专业发展中需要解决的问题，但是对“为谁教”的思考，因其带有相当的隐蔽性而并没有引起足够的关注，也很少有专题的研讨。

记者：具体的例子有吗？

周一贯：可以举出很多。如：学生是学习的主体，要充分激发他们的问题意识和进取精神，关注个体差异和不同的需求。那么，我们在课堂上应当如何激发儿童的问题意识，进取精神在这里又是指什么，是否可以理解前者主要指学生提出问题的能力，而后者主要指学生勇于自己解决问题的精神，教师又应如何敏锐地去发现并满足学生的个体差异，如何才能感受到学生的不同需求，为每一个学生提供适合的教学……

如：阅读教学应引导学生钻研文本，在主动积极的思维和情感活动中，加深理解和体验，有所感悟和思考。那么我们应当如何实现引导学生钻研文本的要求，这与当下教师较为普遍的代替学生钻研文本有什么本质的区别，又怎样在阅读实践过程中去引发学生的体验，去激发他们的“有所感悟”……

如：要珍视学生独特的感受、体验和理解。什么是学生的独特感受、体验和理解，为什么在我们的课堂上会少见学生的独特，造成这种现象的根源是什么。

再如：不应以教师的分析来代替学生的阅读实践，不应以模式化的解读来代替学生的体验和思考。课堂上教师的分析是什么，现在“教师的分析”状态又有什么不妥，为什么学生的阅读实践“不可代替”，“不应以模式化的解读来代替学生的体验和思考”是不是向我们提出了这样一个阅读教学的根本问题，即课文应当由学生自主解读，教师只需必要的引导帮助……

真正的课堂应该是“学堂”

记者：谢谢周老师。以您看，“为谁教”理念下的课堂，应该有什么样的变化呢?

周一贯：语文课堂要真正从“以教为主”转向“以学为主”，其前提必然是先明确“为谁教”。若为学生的发展而教，其“教”的内涵就只能“让学”“导学”，即教师要以学生的自主学习为基点来组织教学活动。山东杜郎口中学校长崔其升曾提出：把学习的权利还给学生，把学习的自由还给学生，把学习的空间还给学生，把学习的快乐还给学生。学习本来就是学生自己的事，课堂应当说就是学生学习成长的沃土，现在却要如此大声疾呼四个“归还给”，也正从一个方面反映出语文课堂“失学”的严重程度。

当然，教与学、师与生的关系应该是辩证统一、共融共和的，但绝不能就据此认为二者的位置是全然对等、平分秋色的。我们可以设想，如果没有了学生，教师的存在就会彻底失去意义，但如果说没有教师，却并不等于学生的存在就完全没有意义。学生还可以通过自学等途径，无师自通地存在发展下去。所以教为学而存在，师为生而服务。在以学习为基点的课堂里，我们要实施的是自学要先于引导，评议要长于讲解，读写要胜于做题，质疑要强于告诉，学生自主解读要优于教师单方授予。正是从这样的视角思考，我们不难明白“为谁教”是撬动课堂教学形态的支点。

记者：“为谁教”的课堂，教师应该有何作为呢？

周一贯：小学语文教学中以“教”为主线的教师过度讲析，一直让我们难以摆脱高耗低效的教学怪圈。崔峦同志提出的“与课文内容分析式说再见”，一针见血地道出了问题所在。其实中国的语文教学一直陷在“分析式”的泥潭里难以自拔。20 世纪 50 年代的“政治思想分析式”让语文课变成了政治课，六七十年代的“课文情节分析式”让语文课变成了故事课；80 年代的“人文蕴意分析式”又让语文课变成了人文教育课。现在提倡关注课文的语言形式，又颇有落入“语言形式分析式”的苗头。

这里我们不难发现不变的关键在“分析式”，教师分析来分析去，必然会消解了对学生学习最为重要的语言实践活动。我们为学生的学习和发展而教，这样的教育，就不应该是灌输的“分析式”了，而应当转化为“导”。所谓“导”，叶圣陶先生说得很明白，不是“全盘授予”，而是“相机诱导”，使学生能“自奋其力”“自致其知”，非谓教师的“滔滔讲说”，学生的“默默聆受”。

真正的课堂是“学堂”，学生会怎么学，遇到什么问题，不是全部可以由教师预测的。教师必须跟着学情走，做相机诱导才成。

总之，为谁教，不仅是怎么教、教什么的根据和依归，而且是当下语文课改最值得关注的突破点所在。

（有改动）

“名师者，实至名归之师焉”[①]
——访著名特级教师周一贯

·《小学语文教学》记者·

记者：周老师，您和您的工作室同人，无论是在本土还是在全国的小语界都很有影响力。我特别关注 2015 年 4 月在杭州市隆重举行的庆贺您从教 65 周年暨 80 华诞的活动，参与者有来自全国各地的专家、教授、特级教师、优秀名师和教育媒体主编等 200 多人。今天，我有机会走访您，觉得很高兴。我看到您的工作室墙上，贴着一句十分醒目的口号：“名师者，实至名归之师焉。”这对您的工作室有什么特别的意义吗？

周一贯：国家强盛、民族兴旺需要教育事业的发展，教育大厦的构筑则需要一支德才兼备的教师队伍，而教师队伍的不断壮大，又离不开名师的引领。这就不难理解，在中国空前发展的教育事业里，为什么名师工作室如雨后春笋般涌现。

但是，在名师工作室的建设热潮里，我们需要冷静思考何谓名师。

“名师”这一内涵丰富的概念，自然可以做多角度的诠释，但是在我们的旗帜上写的只有“实至名归”四个大字。因为我觉得牢记这一点以永远自励，十分重要。

“实至名归”，《现代汉语词典》中的解释是“有了真正的学识、本领或业绩，相应的声誉自然就随之而来”。于此令我们可以永远励志的是，首先不在“名”，而在于真正的“学识”“本领”和“业绩”。只有先具备了这些“实”，

① 本文发表于 2016 年第 1 期《小学语文教学》。

“名”才会到来，实现“名副其实”。

严格来说，名师工作室只是有志于语文教育事业，以成为名师为目标，以更好地服务于教育的一支实践研究团队。千万不能徒有虚名，而必须永远有敬业奉献、锐意进取的精神。因此，我们把这句话贴在墙上，让它成为我们的一面旗帜，永远引领并激励我们向前奋进。

记者：像这样以鲜明旗帜来自励求实的工作室还真不多见。然而实现这样的成长目标，应当也有你们自己独特的路径，周老师能跟我说说吗？

周一贯：冷静分析，名师的成长尽管内因的作用是决定性的，但内因还是会受到很多外部条件的影响，所以总是呈现为内外因的共同作用，其中最根本的是国际的思想召唤和传统的本土情怀。优秀教师在受时代风气感染之前，早已得到地域文化的哺育。谚语云“一方水土养一方人”，不同地方的名师成长，自然也离不开不同地域传统文化的滋润养护和当地政治经济、社会风情的深度影响。这是渗透在血脉和骨髓之中的本土情怀，你无法排解，甚至也无术剥离。本土路线对于“实至名归”的相依相存，于此可见一斑。

当然，在名师奋进的路上，只有本土路线是远远不够的，它必须发展，必须开放，这就必须融入时代，融入国际教育改革的大格局，因为接受语文教育的人要走向世界。所以，本土情怀还必须与国际视野相结合。这就是我们追求“实至”的基本路径。

记者：这条基本路径的方向很准确，你们是怎么具体运作的？介绍国际教改大格局、研究的文章不难找到，而且这种大格局对各地来说是互通共享的，在绍兴你们是如何把名师成长与地域文化传承相结合的？

周一贯：绍兴是一方历史文化灿烂、名人荟萃的热土。早在春秋战国时期，吴越争霸，越王勾践卧薪尝胆，为了复国雪耻，曾提出“十年生聚、十年教训”的国策，把教育提升到了立人报国的高度。“兴教育”自然先要“尊师重傅”，足见越地早就得重教风气之先。作为两千五百年前的越国古都，绍兴成为全国首批历史文化名城之一，成为名士之乡，又是名师之乡，这不是偶然的。从古代首创心学的王守仁、百代师表范仲淹、浙东学派代表人物刘宗周等，到近代的文学巨匠鲁迅、学界泰斗蔡元培、爱心大师夏丏尊、幼儿教育专家陈鹤琴等，可谓大师辈出，星汉灿烂。他们博古通今、学养丰厚，在教育上自然也是别树一帜、风格卓然。为此，我们致力于研究如何以这笔丰厚的精神遗产使工作室尽责尽职，来引领我们绍兴的广大语文教师，便有了对越派语文教学艺术群体风格的追求。

以“胆剑精神”的越文化承传，打造越派小学语文教学艺术的群体风格，我们将其归纳为以“和”为核心的“亲—醇—和—美”四个字，沟通绍兴地区的“四大文化”：名士文化、黄酒文化、鉴湖文化和纺织文化。

亲：以亲切之心、亲近之态、亲和之效，体现了为国爱民、赤子之心的绍兴名士文化内涵；

醇：以汉字之魂、汉语之本、国学之源，体现了醇美芬芳、厚积薄发的绍兴黄酒文化内涵；

和：以和平之心、和爱之情、和谐之境，体现了兼容并蓄、以柔化刚的绍兴鉴湖文化内涵；

美：以生活之美、朴实之美、创新之美，体现了与时俱进、精益求精的绍兴纺织文化内涵。

由于语文教学艺术的群体风格，得民族文化和地域文化的深厚底蕴，是一代又一代优秀语文教师实践智慧和理性探索的积蓄，并在时代发展的前沿得到光照和升华。这就必然会促使语文教学产生优质引领的重要作用，即从文化的内驱力推动语文教学改革，润泽新一代广大语文教师群体，构建并发展语文优质教学体系。此外，群体风格的高度归纳，不仅明确了语文教学的发展方向，推进语文教学的实践和研究，无疑还会促进地域语文教学品位的形成和提升。

记者：打造“越派语文”是对绍兴名士之乡历史文化的承传，也确实为名师的成长找到了文化基因，培育了地方特色。但“越派语文”的风格又如何具体地落实到课堂中去，并使其具有操作性呢？

周一贯：您问到点子上了。我们将“越派语文”的课堂落实，具体为一个运作指向，这就是构建“新时代的师爷课堂”。

“师爷”一词，发端于明朝。严格来说，起自徐渭（徐文长）之应聘于胡宗宪幕府。到了清代，因少数民族政权需要“汉人治汉”，才使师爷聘用有了很大发展，以至有“无绍（绍兴师爷）不成衙”之说。正因为绍兴师爷的主体是绍兴文人，所以“师爷文化”有着浓浓的越文化的品位。

师爷是被官署聘用的职员，流动性很大。如果不被聘用了，就得另外求职，或赋闲在家。师爷赋闲时多数开办学馆，以教书糊口，所以师爷与教师也就有着相当密切的关系。因此，我们不难从师爷文化中获得语文课堂教学的某些启示。

将“古为今用”作为向导，以批判继承的历史唯物主义态度，我们完全可以将某些体现优秀越文化传统的师爷品性，融入现代语文教学之中，成为一种课堂的乡土特质和地域风采。这便是工作室正在潜心打造的“越派语文”之“现代师爷课堂”。

1. “品”为第一，“识”“才”跟上。在师爷文化中，这种“品、识、才”的排位理念，虽不宜机械固化，但首先强调精神品格，自有道理。语文教学课堂涉及的方面也会有很多，但核心无疑应以“母语育人”为首。以汉语文化的源远流长、博大精深来培育具有“中国心”的一代新人。所以，“品”为第一，“识”“才”跟上也是合乎情理的要求。

2. 精通文墨，语文功底深厚。这是师爷群体的共同特点之一。在这方面，挚爱民族母语，具有深厚的语文功底，文墨功夫到家，应当是一位语文教师的应有素养和毕生修为。

3. 甘作幕僚，着重学生主体。师爷也称幕僚，意思是幕后的助手、顾问，主要任务是做谋划、提建议、供咨询。一个智慧教师也应当具有做学生背后推手的意识，既不可在学生面前去作秀抢镜，也不能代替学生包办一切。教师应当“悠着点儿”，鼓励和引导学生自己去学习，大胆去尝试。

4. 圆融和通，与学生亲近相处。师爷的职业特点，既为行政长官之辅佐，又要协调融通八方，所以追求的是一种“外圆内方”的文化气质和性格

特征。教师也应当有“外圆内方”的智慧。《淮南子·主术训》有云：“智欲圆而行欲方。”教师与学生须亲近融合，但不是没有主见，失去原则。外显的“圆”与内在的“方”是辩证统一的。

5. 低调内敛，让学生尽显其能。师爷的特殊身份，决定了他必需低调处事，做到内敛自持。一位优秀教师绝不在学生面前强势压人和高调出镜。有时教师需要“大直若屈，大巧若拙，大辩若讷”（《老子·第四十五章》），一切为了让学生可以大胆动手，放胆实践。

记者： 将“品为第一”“精通文墨”“甘作幕僚”“圆融和通”与“低调内敛”归结为新时代师爷课堂的五个基本点十分精到，也颇为切中当下语文教学中的时弊，但对于国际视野与时代精神会不会离得较远？

周一贯： 确实，“师爷”虽不是钦定的官职，它只是当时文人谋生的一个行业，但因其服务于官衙，难免有封建官府的帮凶之嫌。同时，受历史条件的限制，当时的师爷队伍也确实鱼龙混杂，不缺为虎作伥者。但作为师爷主体，也还是有不少品学端正的人才。作为行业，师爷有其行为规范，称为“幕道”(做幕僚之道)：提出幕友应具有“品、识、才”，三者之中，“品”为首要。“立品”就是心要正，尽心尽言，坚守原则。所以在师爷群体中也是优幕迭出，佳迹传扬。今天以历史唯物主义观看师爷这个群体，其主流价值已经得到充分肯定。其实新的国际教育格局并不排斥古为今用，对历史文化的借鉴，才成就了改革发展中的推陈出新。这就是为什么国际的往往就是民族的道理。尽管“绍兴师爷”是一个封建社会的历史陈迹，但我们将师爷文化古为今用，当然包孕了舍其糟粕，取其精华，使其融入语文课程发展的当代进程之中。这也就是我们所强调的是“新时代的师爷课堂”。

记者： 确实，上面所讲到的“品为第一”等五个基本点，已体现了批判继承中的推陈出新，充分映照了新时代的教学理念，而不是全盘承袭。非常感谢您接受我们的访谈。

（有改动）

教了一辈子语文，出了170多本书[①]

· 胡诚浩　张昊添 ·

说起今年79岁的老人周一贯，很多小学语文教师都很熟悉，都看过他写的书。有着65年教龄的他，始终用书武装自己的头脑。他说书很重要，不仅要多读多看，更要多思多想，而最重要的是学以致用，用好身边的书，写出属于自己的书。

周一贯老人不仅是这么说的，也是这么做的。年近八旬的他依然笔耕不辍，每年都有两本新作出版，最近的一本新书正在印刷。至今他已撰写出版各类书籍达170多本，累计超过3000多万字，在各类学术杂志上发表文章1400多篇，堪称全国小学语文老师中最高产的学界泰斗。

在他的书房里，自己写的书就放满了一整个书架。《小学语文尝试教学设计》《小学生作文常见病诊治百例》……他的书都是用他自身丰富的教学经历，以案例的形式生动展示，深受小学教师的欢迎。

而在他偌大的书房里，除了自己写的专业书籍以外，其他大部分书也都是专业书籍。“只要是和小学语文有关的，我在书店看到就会买回来。很多同行写完书以后，也会送我一本，所以这方面的书我收集了很多。”周一贯对记者说。

在周老的藏书中，字典格外多。周老说，这些字典是教学的基础，如果教师连基本常识都没掌握，就无法教书育人。在他的记忆里，他摆的第一本书就是一本《学生字典》。

---

① 本文发表于2015年2月10日《绍兴晚报》。胡诚浩、张昊添为该报记者。

“那本字典是我读完初一以后，到部队里去教书拿的第一份工资买的。这事已经过去了 65 年，但至今我还记得，从这本字典里，我学到了很多。”周一贯回忆道。

正因为书来得不易，所以他对书的热爱，这么多年都没有间断过。与其他人的藏书不同，周老家的书比较显旧，翻开这些书，里面都有折痕。可以看出周老对这些书已经翻看了好几遍，有些甚至还做着一些笔记。

“做一个藏书家，不如把这些书都用起来，发挥这些书的真正作用，吸取其养分，转化为自己的知识，这样读书才读到位了。”周一贯说。

（有改动）

一生专注一件事：小学语文教育[①]

·钱　峰·

全国特级教师周一贯在我国小学语文教育改革中发挥的作用难以替代，如今80岁高龄依然笔耕不辍。

本报讯　他著作等身，已出版著作170多本；他一生只做一件事，从事小学语文教育一辈子……他就是全国特级教师周一贯。昨天，周一贯老师从教65周年暨80华诞研讨会在杭州举行。

昨天的研讨会由中国语文报刊协会、上海师范大学小学语文研究中心、《语文教学通讯》编辑部等9家单位联合发起。参加研讨会的有来自北京、上海、江苏、福建、湖北、浙江等地的专家、教授、校长、教研员、小学教师等200多人。许多人都说，他们是“周一贯老师的粉丝”，是看着周老师的书成长的。

周一贯被称为中国教育界的“常青树”，是中国小学语文界的奇迹。他走过的路，正如他的名字一样，一辈子做好一件事。昨天的研讨会以周一贯的名字为主题：基层教师发展的“一贯之道”。而就在研讨会的前一天，他还在为小学教师的课点评。现在每天还坚持阅读五六万字，写作四五千字。

周一贯从教65年来，倡导的语文教育生命观、方法观、训练观、研究型阅读模式观、习作教学“个性写真”观已经成为中国小学语文教学改革的风向标，对中国小学语文今后的发展之路影响深远。《小学语文教师》编辑部认为，周一贯老师在推动我国小学语文教学改革中发挥了难以替代的作用，是

① 本文发表于2015年4月25日《绍兴晚报》。钱峰为该报首席记者。

这个领域的一面旗帜。

“我的名字是我外祖父取的，我一生也只做一件事，那就是小学语文教育，我从教的大部分时间都在乡村。”周一贯说。中国国民的素质要提升，提高农村教育的水平很重要，而语文是人的核心素养的重要部分，因此从事乡村教育的意义非常大。

上海师范大学教授吴忠豪评价道，大家说周先生著作等身，其实170余本著作已经超过身高了，另外还有1400多篇论文，周先生80岁依旧笔耕不息，从教65年依然活跃在教育界，学术成果多得令人叹为观止。

浙江省特级教师沈小玲说，因为长期奉献在农村，大家又亲切地称呼他为“乡村教育家”。

来自上虞农村的金近小学校长何夏寿说，周先生扎根乡村教育30年，至今没有离开乡村教育，这给广大的农村教师以更大的底气和动力奉献于农村教育的广大舞台，实现人生的价值。

而在台下，80岁的周一贯鹤发童颜，风度翩翩，思维敏捷，大家说他的养生之道就是值得研究的一个课题。周一贯笑着告诉记者，人生不如意事十之八九，但如果一辈子只专注一件事，就会少生闲气，心情愉快，身体自然健康。

（有改动）

墙内开花墙外红[①]
——中国小学语文教育权威周一贯

·沈卫莉　胡赛男·

周一贯，今年80岁，致力于小学语文教学65年，出版著作174本。初秋的一天，他安静地坐在书房容膝斋（书房名取意于陶渊明的《归去来兮辞》中的一句话“倚南窗以寄傲，审容膝之易安”）里，面对外界对他的盛誉，他幽默地说：“我只是墙内开花墙外红而已。”

一

周一贯的名字，是当过绍兴师爷的外祖父给他取的，寓意“吾道一以贯之”，结果他在小语教学上真的一以贯之了65年。20世纪50年代初，周一贯退伍后站上了越城区皋埠樊江小学的讲台，成为一名语文老师。从此，他再也没有离开过七尺讲台，一直耕耘在农村小学语文教学这块领域，直到1996年退休。其间，他有机会调到省城杂志社当编辑，他选择了放弃；其间，他成了副校长，仍坚持给学生上课。人需要仰望星空，更需要脚踏实地。而农村、课堂、学生就是周一贯的土地。

这位教书先生一直对自己的低学历很自卑，他提出“三耕”法，“舌耕”（讲课）、“目耕”（读书）和“笔耕”（写作），连“文革”期间也照常埋首耕耘。“文革”结束后，挨批挨整的周一贯立即大放异彩，他成了钱清区中心校副校长，分管教育。1983年，他的一篇论文《积极解决矛盾，抓好师训工作》发表于《人民教育》上。从此，这位“三耕族”一发而不可收，相继出版了教

① 本文发表于2015年9月2日《绍兴日报》。沈卫莉为该报记者，胡赛男为该报实习生。

育类书籍《文体各异　教法不同：小学语文教学漫笔》《阅读课堂教学设计论》《“儿童作文”教学论》《语文教学优课论》《语文教学方法论》《语文教学训练论》等一系列书籍。

迄今，周一贯出版的著作达到 174 本，平均每年出书 2 本多。这是一个令人叹为观止的数字，在中国小语界无人出其右。“无他，只是全身心投入，我的生活很简约，在家只做三件事：读书、写作、审稿。”他说。“一个人，一辈子，做好一件事”，这是他的座右铭。

二

偏隅绍兴的周一贯，在中国小语界德高望重，不仅在于他的“教书”，还在于他的“育人”。周一贯的弟子王崧舟至今记得，25 年前的一个午后，周一贯为指导他的一堂语文课，从绍兴赶往上虞，车至半路抛锚，他徒步半个多小时赶到，满脸汗水。时隔三年后，王崧舟教完《我的战友邱少云》一课时，周一贯以清朗清厉的嗓音大赞道：“王老师的课已臻炉火纯青的境地。”前年 9 月的一天，周一贯相濡以沫的夫人因故驾鹤西去，上虞金近小学校长何夏寿去看望他，本想劝慰恩师几句，没想到周一贯开口问：“你那个童谣活动什么时候搞?”“下个月在浙江浦江县搞，您就——”何夏寿说。“你告诉我时间，我来参会，上个星期，我已经去过杭州参加活动了。”他说。周一贯参加了在浦江举行的全国首届童话教学研讨会，他对着台下 600 多位老师，用绍兴普通话点评童谣课堂。谁也不会想到，这位讲台上谈笑风生的老人，刚刚送走了至爱的夫人，抹干了伤心的泪水。“他一生矢志不渝追寻着小学语文教育研究的真谛，安贫乐道，不改其志。因此，他能‘义’结一批人，共同为小学语文教育事业奉献智慧。”钱清镇中心小学校长鲍国潮认为，这是周一贯先生德高望重的内在原因。

三

1996 年，周一贯退休。但事实上他退而不休，办名优教师专修班，出版著作，在报纸上开设“周一贯专栏”，更忙了。一个月总有三分之一的时间是外出听老师讲课，开讲座。有人说周一贯像一位守望者，身处容膝斋，心怀中国小学语文教育。周一贯认为，小学语文教育由两个方面构成，一是对语文传统教育的传承，二是对儿童的认识与把握。只有两者融通，才是小语教学的本真。2005 年，他在《人民教育》发长文《小学语文应是儿童语文》，大声疾呼："今天的儿童，正遭遇可怕的成人化的入侵，过早地告别他们本应具有的童真面目……一句话，小学语文教学应去追寻儿童精神。"

周一贯强调学校应该着重于基础教育中孩子"核心素养"的培养，即孩子人格的成长。孩子潜能不一定表现在学习分数上，学校应该灵活培养孩子，而不是只教孩子死读书。为此，他在"加强语言文字训练""研究性阅读培养创新能力""案例研究""回归儿童作文的本身"等方面，进行了艰辛的探索。这些命题都曾是语文教育研究的热点问题。

从 2007 年开始，他每年在《语文教学通讯》撰写语文教育的"年度报告"，整理一年来的中国语文教育研究得失，分析动向，提炼经验，展现小学语文研究的时代风云。

周一贯在 70 岁那年，也曾说过要放下小语教学研究，重拾钟爱已久的花花草草坛坛罐罐，但 10 年间，他依然活跃在小学教学的第一线。

（有改动）

守望绍兴农村教育的一个甲子[①]

——绍兴县小学语文特级教师周一贯先生从教 60 年特辑

· 吴立云 ·

9 月 10 日上午，“周一贯老师从教 60 周年纪念活动暨语文教育思想报告会”在绍兴县实验小学报告厅隆重举行，早已年过花甲却精神矍铄的周一贯先生从绍兴县教育局局长许义平手中接过“敬师花”——兰花。质朴、坚韧、耐得清贫、甘于奉献……像兰花一样，著名特级教师周一贯先生从教 60 年以来孜孜不倦的执着精神、博采众长的学术智慧以及无私奉献的育人品格，无不昭示着一位人民教师热爱并投身于教育事业的崇高师德。

面对采访，周一贯先生谦虚地说，自己一辈子只做了一件事——小学语文教学研究与实践。

六十载笔耕不辍，如今著作等身依然阅读写作

1936 年，周一贯出生在越城区皋埠镇一户普通的农民家庭。曾在清朝为官的外祖父取《论语》中“吾道一以贯之”之意，为他起名周一贯。人如其名，周一贯自少年便走上了教育之路，并从此坚持了一生。

1950 年 3 月，作为一名 15 岁的初中一年级学生，周一贯毅然参加了中国人民解放军，在部队这所大学校他被称为“小家伙”，也被尊为“知识分子”，担任了文化教员。“也许是那些纯朴憨厚但目不识丁的战士，对学文化的特殊热情感染了我，使我对开启心智的教师职业，萌发了爱慕之心。”周老师深情回忆着 60 年前的这段特殊经历。

① 本文发表于 2010 年 9 月 14 日《绍兴县报》。《绍兴县报》于 2014 年 3 月 20 日更名为《柯桥日报》。

两年后，周一贯转业回家，他毫不犹豫地选择继续从教，由此，便在绍兴县农村小学当上了“孩子王”。只完成了初级师范教育的他，在教学过程中不断学习，每天晚上看书到12点，早晨6点起床晨读，他还自学完成了大学中文系的课程。

在极左思潮侵袭的岁月里，周一贯蒙受着智育第一、“白专道路”、“业务挂帅”种种莫须有罪名，也因此困惑彷徨，但心灵深处还是坚信“做一个好教师的追求不会错”。在拨乱反正的20世纪70年代后期，他的语文课堂开始接待来自县内外的听课老师，也因此享受到做一个名教师的风流和洒脱。1982年，他的教学研究文章开始发表在省内外的教育报刊上。1984年，他的第一本教学专著《文体不同　教法各异：小学语文教学漫笔》也正式在浙江教育出版社出版，由此一发不可收。

“一个‘一穷二土’的农村教师，一样可以有自己的灿烂年华。”后来，周一贯被聘为中学高级教师，被评选为省特级教师，身处农村小学教书，却在《教学月刊》杂志社兼任编辑六年，在全国尝试教育理论研究会任副理事长，浙江小学语文教学研究会任副会长，在浙江省义务教育教科书小学语文编委会任副主编。1984年调任绍兴县教研室任副主任，依然执着并服务于农村教育。

如今的周老，虽然著作等身，但仍然保持着良好的阅读、写作习惯，他每天至少要审读数万字的语文教学论文，每月至少要写1万多字的语文教学论文。

六十载执着守望，只为那一份沉甸甸的责任

“谁说当农村老师没出息？中国教育的大头在农村。我的历程告诉我那是一片希望的田野，谁在那里播种春天，谁就会有金秋的丰收。”回顾60年的执教生涯，周一贯先生把自己的经历比作“耕耘在希望的田野上”。

教育是塑造心灵的艺术，教师需要生命智慧。这是周一贯先生常对年轻教师说的一句话。

周一贯说，教师是一个实践性很强的职业。如今，他在与一些青年教师交流时发现，有些老师抱怨“越教越不会教”。其实，出现这样的困惑，跟

当事老师在教学过程中没有思考、没有总结、没有梳理有关。他们只是重复着课堂教学，而没有将自己的教学过程进行及时总结和梳理，没有形成理性分析，也就往往缺乏教学理论做支撑。

周一贯说，要做个优秀的教师，除了在课堂上授课之外，还要重视“写”，这是他编著书籍最大的心得。“不要热衷于让自己成为核心人物，要甘于边缘化，勤奋做人，低调做事。”周一贯说这就是他的人生理念，愿与广大教师共勉。

在“斗争哲学”统治的年代，我们习惯于“一分为二”、对立斗争，于是教学上也就不断地出现了“翻烧饼”现象。如强调了语文教学的“重文轻道”，又滑入了“重道轻文”的倾向，以后又得倒过来，翻来覆去地折腾着。科学发展的规律告诉我们，“一分为二”虽然没有错，但这只是思维过程的一个阶段，在“一分为二”之后，还应当“合二而一”，这个“合二而一”的“一”，便是“三”，即和谐融合于高度统一的生命发展。在“一分为三”的哲学观基础上，形成了我的语文教育生命观：提倡“一分为三”，要让语文教育中对立的“二”的种种矛盾，和合于学生生命发展这个整体的“三”，实现语文课堂“以生为本”，坚守学生的学习和发展这一课堂教育主流价值观，反对过度的“教”而排斥了学生的学习实践，破坏了学习生态，消解了学习能力，因此，我们必须努力构建新的“高效的低碳课堂”。周一贯发表于《人民教育》《中国教育报》等报刊阐述这一教育思想的文章，就多达100多篇。

周一贯老师的徒弟、县实验小学校长、省特级教师金明东说：周老师在平时经常教育我们，做教育需要有一种大爱，爱自己的岗位、爱自己的事业、爱自己的学生、爱自己身边的同事，周老师他用60年的一言一行诠释了教育的坚守和执着，周老师的这种精神我们应该很好地继承下来。

生命与事业同行。如今，这位虽满头白发却依旧声音洪亮，步伐矫健的智者仍穿行于城市乡村中，或指导教改实验，或探讨办学方略，或带教青年教师，继续着他所追求的“夕阳余晖下的淳美享受”……

周老心声：吾生有涯而教育无涯

教育是没有边界的事业。慈心善举，博大精深！

我是一名小学语文教师，但从事教育绝非仅仅局限于语文课程。我当过校长，退休前有十年时间在教研室分管小学教学，对小学教学的教学研究、质量管理、各门课程的实施过程，自然是分内之事。我教得最多的是小学、初中的语文课，但小学的其他各门课程也都教过。我热衷于学校整体发展的战略规划和形象设计，学校教育文化的开掘和建构。在我的资料库中就有一个“学校形象设计”的专档，在那里有着为省内外 21 所学校所设计的文案。

我是一个退休教师，虽然人事关系上我退休了，但在工作关系上我没有退休，我一直在多所学校任顾问。我为绍兴县带过三届名师研修班，历时七年，有近百名学员结业；我同时也为市、市属学校带导名师班，历时五年，有数百名学员先后参加了研修。退休以后更是我梳理认识、总结经验，从事教学写作的黄金时期，15 年来正式出版的著作就有 60 多本。

我是一名绍兴县的农村教师，绍兴是生我养我的母亲，我能在母亲的身边侍奉孝道是我的幸福，但不经意间，我去各地讲课也结识了全国许多名家大师、青年才俊。我与他们交流，也向他们学习，虽然自感不免有农村教师的孤陋寡闻，但同时也被大家尊称为“全国著名特级教师”而备受关爱。远的不说，就以今年暑假为例，我就应浙江大学理学院培训中心之邀，接连为在浙大举办的重庆、河南正阳、四川宜宾、海南五指山等地的中小学校长高级研修班讲课……

能为绍兴县农村教育服务 60 年是我的缘分，也是我的福分。

（有改动）

诗文拾彩

周一贯语文教育情义绵长，赢得杏坛后辈的高山仰止。

为周一贯先生喝彩

·汪 潮·

今天举行的周老先生从教 65 周年暨 80 华诞庆典大会，意义非凡。首先我祝贺 80 岁高龄的周老先生身体健康、心情愉快！其次祝贺周老先生从教 65 周年，为小学语文教育事业做出了杰出贡献。双喜临门，可喜可贺，因而倍感珍爱！

为参加这个庆典，我去年底就准备好了我的主题发言“试论周一贯先生专业发展的样本价值”，并在工作日程上留出了参加这个大会的时间。但还是因去广州出差，身不由己，无法向周老先生当面表达敬意和感激之情，实为一件憾事。这里，就让我做一个简短的书面发言吧。

从教师专业发展历程看，我认为周老先生的特点有三：一以贯之，以学处之，以静思之。

从教师专业发展素养看，我认为周老先生的构成元素也是三：教育哲学、传统文化和专业体验。特别是，“哲学角度”是周老先生思考问题的一大视角。正是因为他站在了哲学高度审视小学语文教学问题，才使得他的研究起点志存高远，他的研究入木三分，他的研究成果思想深邃，表现出少有的深度、广宽和风度。

从教师专业发展的品质看，我认为周老先生的智慧品质还是三：专业积累精神、专业工作方式和专业理想追求。

三三得九,九九归一。归一为周老先生的教育思想。思想者永远是先行者。毫不夸张地说，周老先生的小学语文教学思想指引着当代中国小学语文教学的发展方向。小语路上，高手引路，周老先生功不可没。周老先生专业

发展之路是一丛奇葩，一份宝贵的精神财富，作为样本的“个”，可以引发对小学语文教师专业发展普遍性的“类”的思考。其意义无比深远！所以，今天的大会，不只是一般的庆典，更是小语发展史上的一个重要里程碑。

作为晚辈，我从周老先生专业发展中涌出了这样的感慨：“以其终不自为大，故能成其大。”这是《道德经》第三十四章中的一句话，也是周老先生的生动写照。

今天，我虽身不在场，却心心相印。拥抱周先生！祝福周先生！为周先生喝彩！

2015 年 4 月 24 日

“一以贯之”，保持生命最活跃的状态
——在“周一贯先生从教65周年暨80华诞庆贺活动”上的发言

· 潘新和 ·

尊敬的周一贯先生，尊敬的各位来宾：

刚才几位先生都分别代表了各方来宾作了发言。我在想，我代表谁呢？我想，我可能跟几位先生不太一样。刚才几位都是圈内资深的学者、教研员或者高校的老师。而我只是圈外人，“流浪汉”，还是属于不太入流的（因为我是半路出家的），并不是正宗的搞语文教学的学者，在这个行当里头我是新手。我说的可能不像刚才几位圈内人士那么精到，那就说点门外话。可能等待发言的老师非常多，我就尽量简洁一些。大概可以用三个词来表达我今天的心情：一个是“祝贺”，一个是“仰望”，一个是“求教学习”。今天是周一贯先生从教65周年和80华诞大喜的日子，当然，我们首先应该为他祝寿，祝他永远健康，永远活跃在我们小语论坛上，希望我们在每一次的“千课万人”活动上都能够见到他矍铄的身影。这是我衷心的愿望。当然，我非常感谢“千课万人”的张伯阳老师给我们提供这样一个平台、机会，让我有幸认识了周一贯先生。应该说，在座的诸位来宾当中，我是认识周一贯先生最晚的一位。用四个字来形容我初见周一贯先生一直到今天的一种感觉，就是相见恨晚。这是第一个词“祝贺”。

接下来我说说第二个词“仰望”。刚才，吴忠豪老师讲了，周先生创造了奇迹。确实如此，我想，的确是三个奇迹，一个是他从教的时间是很早的，15岁当老师，我想在座的有没有啊？可能没有。而且周先生一直从教到80岁。我想周先生90岁、100岁应该还会活跃在小语论坛上，他很健康，仁者寿，他一定会健康长寿。这是一个奇迹，他会永远保持着这个纪录。第三，他持续活跃在小语科研论坛上的时间也是最长的，这么多年的确是“一以贯之”，保持着生命最活跃的状态。“千课万人”会务手册上的卷首语多数是他写的，我们可以感受到他生命言语的律动。周老师，立在那儿，就是一棵大树，常青树，不老松，而且我要加一个：擎天柱，他撑起了小语科研的一片天空。一般的人是做不到的，更重要的是周先生这些奇迹给我们树立了一个精神的高标。高山仰止，让我们知道了无论是教师、学者还是教研员，站在这个讲台上靠的是什么。周先生的研究，他的人生，揭示了答案：一个是德行，一个是学问。我想用《中庸》里的一句话来形容周先生的精神是比较贴切的：“君子尊德性而道问学，致广大而尽精微，极高明而道中庸。”德行和学问是第一位的，老师们，这应该是立身之本。孔子说了，精神务本，本立而道生。我们语文教研的本是什么，我想，应该是德行和学问，不是教法，教法是技。所谓的教学艺术在我看来在学问面前都不值一提。我们今天很多初入教坛的老师们，追求的就是把课上得漂亮、精彩、生动。追求没错，但是我觉得这不是根本。我们今天说的“先学后教”“先教后学”，好像有个天大的差别，我觉得只要你有德行与学问，不论是“先教后学”，还是“先学后教”，都是好课。

如果没有德行和学问，就是“先学后教”了，你一样也教不好。所以不在于这些形式，千万不要落入这样的陷阱里去。我最近在修订我的《语文表现与存在》，就谈到了我们今天的小语教坛中，有很多貌似以学生为本位、以学生为主体的教学。其实从本质上来看，还得看它是否真的对学生的成长有帮助。我看过一些非常好的、真正精彩的课，能取胜凭借的都不是多媒体、某种教法或者某种模式。应该说，周先生的研究给我们的一个启示就是我们的根本在哪儿，我们的家园在哪儿，我们的立身、我们在教坛的成长，该凭借什么。

最后我要讲的是第三个词“求教学习”。作为门外汉，我应该向周先生请教，向周先生学习。他是真正的专家，我充其量只是新手上路！我最近出的几本书，今天带来了，要送给周一贯先生求教，这也是我的一种诚挚的向学之心吧！一本是《语文：人的确证》，一本是《语文：我写故我在》，一本是《不写作，枉为人》。我想，周一贯先生的人生，就是对这些理念最好的诠释，感谢周先生。

（潘新和：福建师范大学文学院教授，博士生导师，文学阅读与语文教育博士点学科带头人，国际汉语应用写作学会副会长，中国现代写作学研究会顾问，福建省写作学会会长。）

三个数字里的情谊
——在庆贺周一贯先生从教 65 周年暨 80 华诞活动上的发言

· 窦桂梅 ·

敬爱的周老师：

时间真的不早了，但是，看到醒目的大字里面的几个数字，我也想说三个数字。

一个最明显的是 65 岁的专业生日。65 岁里头跟各位都有关系，或多或少，或长或短。应该说我和周老师的交往是在“千课万人”上。在 10 多年前，我遇到了周老师，如果没记错的话，我曾经上的是《秋天的怀念》。周老师说：“小窦啊，我发现两个人，一个是王崧舟，一个是北方的你——小窦，你要好好地备课、研究，你要好好地钻研，你会有出息的。”我不知道周老师是不是跟所有的人都这么讲，但我记住了。从那以后，如果说在《小学语文教师》上我又读过了他的文章之后，才突然发现已“触摸”到了一个有学者风范的、能包容青年教师缺点的周老师。就这样，我一来到“千课万人”就联系他。我把曾经在我们学校做的有关语文教学课程的改革材料发给他。我也曾经请求他：我上完课，您一定在那儿，听听您的评价。我不在乎您怎么夸奖我，我在乎您对我未来的成长的建议。真好啊，在一个 65 岁的专业生命里，一个北方的与他并没有直接关系的一个老师，可以得到他的恩惠。这个数字“65”，如果引发开去，我们会有一种怎样的联想？想起了去年新中国成立 65 周年，首届基础教育成果奖评选，我被北京市选中而参报了，并获得了首届基础教育成果奖一等奖。当时我在人民大会堂，当习近平总书记、李克强总理和我亲切握手，我站在那儿的时候，我在想，我是谁？我是一名小学语文老师，我是有着研究主题教学与语文立人方向的一名老师，但我后面有周一贯这样有着 65 年专业生命的人的托起。我觉得，周一贯老师应该是我生命里、专业生命里，一个重要的、不可或缺的人。在这里，请允许我代表自己，代表我们清华大学附属小学所有的老师鞠一个躬。

我想说第二个数字——20 年。20 年前，1995 年，我永远不会忘记的一个暑假里的日子，我接到了一个电话，是我以前没有见过的一个人打来的，后来我见到了，他叫张伯阳。他说："你能不能到这儿来讲讲课？"从那以后，我就和"千课万人"结下了不解之缘，再忙再累也要想尽各种办法来到这里。于是，当了快五年的校长，大家知道，像我这样的性格，包括自身的修养，做一个清华大学附属小学的校长，加上北京市加强均衡管理又让我接管了几所学校，其挑战之大是可想而知的。但是，一旦有"千课万人"这样的活动，我就要来，我要见见这些长者们，我要见见我的同人们，我要看看他们今天到哪儿了，我该怎样努力，而更重要的是，在这 20 年里，我一次又一次见到了周老师，还有见到了这么多在下面就座的同人，你们都是我的朋友，也是我的师长，曾经给我评过课，甚至曾经批评过我。所有的，都会激励我前进，真好！所以，我们今天赶来了。大家知道，我有一个刚性原则，就是从来不会在周一到周五之间出门讲课，我要让孩子们、老师们知道，我是守着、陪伴着他们的。我昨天就跟我的班子人员说了，我说："4 月 23 日，在中华书局，我们清华大学附属小学的学生在那唱响国学经典，参加《新闻联播》的活动以后，晚上我们要赶到这里来。"我知道今天这里有一个华诞庆典，无论如何我要赶上，不管大会给不给我这个机会，我宁可坐在后面静静地听啊！我一直从头到尾把周老师的话听完，几次，我眼含泪水，因为，我也是个农村的孩子。走到今天，有人会说，你小人得志哦，你衣锦还乡哦，你是不是像周老师那样，始终如一，不忘初心，不忘本色？其实，对我来说，不管任何的待遇，任何的荣誉，任何的工资，任何的影响，还是要回归一个普通的农家女孩。就这样，我从一个年轻的女性快变成了一个知天命的女性。20 年后的今天，我又赶来了，而且是急匆匆地赶来了。感谢"千课万人"，感谢敬爱的周老师，在这里，我再次鞠躬，感谢“千课万人”给我们这样一个机会，能够和周老师、和在座的各位，相聚在这样一次精神的盛典。

第三，我还想说一个数字——100年。说起100年，真是巧合呀！清华大学附属小学今年正好赶上100岁，10月17日将举行百年庆典，1915年是冯友兰、朱自清他们倡导建立了这所学校。这个学校，有一个传统——这所学校的校长必须是清华大学中文系的系主任兼任的，到今天，我是第十六任，那种家国情怀，完整人格，照耀着我们，仿佛我们远处和高处的灯塔。这100年里面，我们应该做什么？我想到了周老师，你会说耄耋？看上去很年轻，当然他已经老了，或者说看上去很老，但他依然年轻。年龄能算得了什么呢？清华大学附属小学100年了，它正迎接着新的百年，在新的课程改革下，它需要怎样的坐标？需要怎样的力量和怎样的支撑？这里一定有周老师这样的长者。我要像他这样，我也努力像他这样，今天我已经做了校长，似乎已经不是一名完完全全的语文特级教师，我需要培养团队，我该思考怎样像周老师那样退到后边去，想尽各种办法给我的年轻的、中年的老师提供平台。非常感谢各位，感谢“千课万人”给了我这样的机会。这些年，只要出来，我便带着团队，有他们真好，他们比我还强，比我还卓越，我向他们学习，而这些，不就是甘为人梯，培养了大批名师的周一贯先生们吗？也许，清华大学附属小学这100年里，我们会请周老师到学校去看一看，但，我更坚信的一点是古人的那句——长命百岁，很俗哦！但是等到周老师百岁的那个时候，我也70岁了，到那时候，我们再相聚。谢谢各位！

（窦桂梅：清华大学附属小学校长，兼任清华大学附属小学商务中心实验小学校长，教育学博士，特级教师，国家教师教材审订及“国培”教师专家，语文教材编写组编委，清华大学教育研究院基础教育研究所副所长，东北师大、北京教育学院兼职教授。全国模范教师，全国教育系统劳动模范。）

革命人永远年轻

——在庆贺周一贯先生从教 65 周年暨 80 华诞活动上的发言

· 张化万 ·

各位领导，周老师，各位老师：

上午好!

通知我是要发言的，但非常不巧的是今年 4 月份，我的状态不太好。一直到昨天，我才在医院做完全身检查。但是周先生的会，我是一定要来的。说话呢，我就以一个基层老师的身份，说话最自在。首先，我以我自己和浙派名师工作站学员的身份，祝周一贯先生身体健康，长寿幸福！我跟周老师有很多交集的地方：第一，咱们都是浙江人；都是老年人，我 71，他 80。他是老大哥，我是小弟弟。第二，我和他都是从小学语文老师再当教研员的，但是他当教研员的时间比我长得多。第三，我们都曾经有很长一段时间在研究小学语文教材。我是 20 世纪 90 年代浙江省教育厅九年制义务教育教材的编委之一，周先生是后面修订版的副主编。我们还都是教师教育的工作者。但是我跟他有很大的不同：从生命的长度、厚度、量度来考量，我们是有区别的。我之前在互联网上查过，中国人 2014 年人均寿命是 76 岁，浙江省是 78 岁，杭州市是 80 岁，但 2009 年全国教师平均寿命比全国人口平均寿命少 10 年。非常可怕，现在我估摸着会好起来。老师的待遇好起来了，老师的心态也会好起来。我跟周老师的生命长度就目前而言，他比我长得多。关于生命的厚度，活着不是为活而活，活得要有尊严，活得要有意义，活得要有价值，活得要有幸福感。幸福感这点我跟周老师差不多。但是请大家想想，他每天阅读 6 万字，我不知道诸位是如何估量的，我想加上你们不断地刷屏，

去看，在座的每天能阅读六万字一定是少数，敢说每天阅读 6 万字的请举手，我想不多。周先生平均每天阅读六万字，他每天能写一万字左右的文章，我自叹不如，差距太大。在 20 世纪 90 年代前，就《语文教学方法论》《语文教学训练论》《语文教学优课论》3 本书，而他的著作本身，没有一点虚晃的东西。你把他的书垒起来，量一量，大概就是这个高度。那么，我有啥呢，我想这个是无法等量观之的，差距太大，这是生命的厚度。生命的量度是什么呢？周先生写的东西不是藏之深山，世人知之甚少，而是在全国小语界，在我们浙江小语界是大放光彩的，助益很多年轻老师。20 世纪 80 年代，周先生带绍兴的老师到杭州来听我的课，我在灯下看周先生的文章，感悟他的智慧和魄力。

革命人永远年轻，好像我们现在已经不太习惯说革命人了。但客观上就是如此，看看周先生，他鹤发童颜，精神矍铄，目光如炬。

很多方式的改变，思维方式的改变，最终是生活方式的改变。

但是，他对事业的这种奉献，是他生命中的主流，是他生命的价值，他认为活着就应当是这样的。我相信周先生一定不会想，我哪一篇文章获得了浙江省教育厅技术教育成果一等奖。他写文章是生命的一种状态。他对事业的奉献，他对教育思想的那种奋发，是一以贯之的。对事业的热爱，对年轻人的关照，上善若水，平平常常，完全是一种自然的状态。就好像杨再隋先生，我们见到他，他都会不断地跟我们提示要怎么样，他也不求什么回报，这是他和同伴朋友交流最重要的做人原则。

作为对周先生 80 岁华诞的庆祝，我只想说一句话，让每一个人都按照自己的幸福追求好好地活着，希望 10 年过后，我们依然能够在这个庆祝会上见到精神抖擞的周一贯先生。祝您幸福长寿。谢谢！

（张化万：浙江省特级教师、优秀教研员，现为浙江省小学语文特级教师工作室联盟会长。曾任全国小学作文教学研究会副会长、浙江省特级教师协会副会长、浙江省中小学教师继续教育专家委员会委员及语文学科组组长。）

周老爸，生日快乐！
——在庆贺周一贯先生从教 65 周年暨 80 华诞活动上的发言

· 王雷英 ·

亲爱的周老爸：

您的生日快到了，真想为您唱首歌，敬您一杯酒，为您写一首长长的诗歌，但是千言万语先祝一句：周老爸，生日快乐！祝您福如东海，寿比南山！祝您健健康康，平平安安！祝您硬硬朗朗，能为教育事业再忙几十年！

为什么叫您老爸？因为在我心里，无比感恩您的智慧，您的慈爱，您的教诲，您的点拨，您给予的爱和力量——我不止一次说过，周老师是和我老爸一样的人。何其幸福，在我的成长历程中，时时可见您的教导与鼓励。

记得那时，我还在宁波孙文英小学工作，有一位绍兴籍的同事，她当时正在写她母亲——一位资深小学老师的回忆录，写到她的母亲和周老师您是多年的好朋友……由此，经常往返绍兴、宁波两地的阮老师热心地当起了“邮递员”，我在亲情、乡情的环绕下，充分享受到了周一贯老师不同一般的关爱。

2002 年，我被评为浙江省特级教师，成为浙江省最年轻的特级教师，年轻得志，难免轻飘飘。那时，我收到了您的来信。这封信，我至今珍藏，先生这样写的：“雷英同志，您的事业越做越大，也越做越好，可喜可贺！您在‘如日中天’之际，应当向深度、高度不断攀登！……做一个 21 世纪的校长和特级教师特别不容易。我觉得根本点是要有思想，要通过各种方式（学习、思考、请教别人、外引智力等），逐渐地培育自己的思想……”

如醍醐灌顶，登时眼清目明，之后的我时刻不忘的是，保持清醒的头脑，

保持学习的姿态，这份警醒让我跨越了一个又一个新的高度。如今，我有了我的“新天地”，每一次迎接挑战，每一次需要做出改革，每一次觉得困难疑惑的时候，周老爸的这番话，就又在我耳边响起。谢谢您，周老爸！

记得那年，我在“千课万人”会场教学《乡下人家》，课后，我走下台来，您就在身旁，您端详着黑板上板贴的词语，抬起手来，微微颤抖，但是却很有劲儿，您用带有绍兴口音的普通话，缓慢又清晰地说：“揉图景，揉生活，扣课文词语，拓课外意境……板贴的这些词语多功能，为孩子重组语言服务……朱自清的《春》，倪树根的《笋芽儿》，萧红的《火烧云》语段，都用来激活学生的语义网络……”望着鹤发童颜的您，我除了惊讶您的思维敏捷，更多的是感动，高山流水遇知音般的感动，所有的设计和想法，您都懂……您说“揉读”——掬水月在手，弄花香满衣。那是一种反反复复的读，回肠荡气的读，层层开掘的读，美美品赏的读。您还说，揉读是一种缓读，也是一种复读，还是一种剥读，更是一种赏读，如春雨润花，清水溉稻。

有时候上课者就是这样，当获得理解和支持的时候，感动得想大笑，也想大哭，然后就是释然，轻松，幸福，笃定。您信任、赞赏的眼神给我这种感受，给我不断创新的勇气。谢谢您，周老爸！

在您的容膝斋里，满室书香沉郁，您与我促膝长谈，您与我聊语文，聊读书活动，聊学校管理，聊润泽教育。聊到课程改革，您的眼睛就亮晶晶，放着光，聊到“生本课堂”“言语教学”，您就健谈得很，有些观点，简直可以说有“先知先觉”的灵敏。每次“千课万人”的主题，几乎都是您参与制定的，这一次，您又提出“体验式阅读”和“学本课堂”，我很激动，巴不得立刻向您汇报，我们杭州天地实验小学的新校区在建造之前就规划了一个体验式学习校园的蓝图，希望通过“让我们谈谈”的核心理念和共同体学习，形成“天地”的聊课文化；希望通过学科整合、跨学科融合，以及多学科技能联通的方式，打造孩子们喜欢的体验式学习课程。“体验式阅读”正是“天地”语文课堂生本、学本回归的一条路径。您一定会感到欣慰并且一路指引我们的。

我望着您花白的头发，时常疑惑：八十高龄的人，您的思想何以能“保鲜”得这样好？——是因为爱吧，对教育的爱，对智慧的爱。虽然满头华发，但是一直以谦虚之心，求学，思考，写作，谈论，所以，您的智慧一直年轻，您的灵魂一直年轻，你的眼神里的求索一直年轻，您对教育的爱一直年轻！一定是这样！亲爱的周老爸，请带着我们的爱，就这样一直年轻下去吧！

周老爸，生日快乐！

爱您！

（王雷英：杭州天地实验小学校长，特级教师，浙江省首批高级访问学者，浙江省青语中心副主任，全国特级教师研究中心委员，全国第四届青年教师阅读教学大赛一等奖获得者。）

大河流淌

——写在庆贺周一贯先生从教 65 周年暨 80 华诞活动之际

·黄吉鸿·

认识先生，因为文字。

敬重先生，因为思想。

65 年，168 本书，1400 余篇文章，成就小语界的万千气象！

文字累砌，通向思想之巅，仰之弥高。

思接无涯，扎根语文大地，傲立如山。

先生，像一条河！

大河滔滔，流淌着先生伟岸之人格，自由之精神，独立之思想。

古越，江南，水乡。

灰瓦白墙，乌篷绿柳，曲水幽巷。

因为有了先生，

这里成为全国小学语文教师的精神高地和灵魂故乡。

一个人，点亮一座城。

城里，有一湾碧水，如玉带迂回。

先生依水而居，近水而思，润水而智。

日夜翰墨蘸水，挥洒墨香水韵，书写水墨华年。

您，是一条时间的河！

先生 80 年诞，鹤发童颜，温润慈祥，这是越水赐予的生命之相。

先生才思敏捷，文思如泉，目光清澈，这是秀水赐予的智慧之质。

先生扎隐农村，诗意栖居，宁静安然，这是静水赐予的灵魂之光。

先生若水，上善，处恶，不争，澄明，大气，宽厚。

您，是一条宽阔的河！

65 年奔流，文字大河，涛声依旧。

65 年叩问，苦心孤诣，殚精竭虑。

65 年行走，目光如炬，脚步如风。

先生手中的笔，是一把神奇的智慧之镐，

一头连着先生的心灵，一头接着语文的大地。

似脉管滴血，每字每句每段每篇都饱含着先生的缕缕心血。

如沙漏计时，每时每刻见证先生满头黑发化作天边的积雪。

您，是一条精神的河！

先生特有的高八度绍兴口音，如古越战士吹响的冲锋号角，激越，嘹亮，令人昂扬。

先生特有的高八度绍兴口音，如铁板叫西风，清澈，高亢，让人通身充满不可阻挡的力量。

先生是一个醉翁，

他一辈子沉醉在小学语文的天地里，沉醉在教学写作的快乐里。

每发表一篇文字，生命之河就会浪花激荡，风生水起。

每出版一本专著，小语园地都会弥漫芬芳，姹紫嫣红。

您，是一条青春的河！

今天，我们静静地伫立在您这条大河的边上，望着您，祝福您！

我们，更愿意站成一条河。

站成一条河！

我们，愿意跟着您，奔向小学语文的大海汪洋！

我们，愿意跟着您，见证小学语文的潮落潮涨！

（黄吉鸿：浙江省特级教师，高级教师，浙江省小学语文特级教师工作室联盟副秘书长，湖南第一师范学院“周培计划”小语培训项目授课专家，台州学院教师教育学院兼职教授，宁波大学教育学院小学教育专业特聘导师。出版《语文漫笔》等3本著作，发表文章百余篇。）

一棵树
——送给周一贯老师

· 李振村 ·

一棵树
站在风烟里，
站了七十四年！
思想凝聚成不老的树干。
语言长成了葱茏的叶片。
日月轮回，春华秋实。
你突破了季节的限制，
不断地为大地，
奉献智慧的盛宴。

一棵树
站在风烟里，
站了七十四年！
总有美丽的小鸟，
枝叶间栖息、歌唱。
总有急切的阳光，
枝叶间穿梭、嬉戏。
你以丰富的身躯，
成为鸟的天堂，阳光的家园。

一棵树
站在风烟里，
站了七十四年！
无数的种子撒播大地，
无数的叶子化作春泥。
大地拥抱你，
河流环绕你，
阳光沐浴你。
你生活得如此幸福而坦然，
因为你心中始终涌动着，
成长与创造的信念！

一棵树
站在风烟里，
站了七十四年！
把思想化成文字，
把智慧长成语言，
你的生命，
已经成为经典！

（当时李振村先生是上海《小学语文教师》执行主编。2009年7月他在全国第四届小学语文青年骨干教师研修班学习时即兴创作并朗诵了这首诗。）

那花白的头发
——献给敬爱的导师周一贯先生

·季科平·

那花白的头发
在众多的青丝中显得那么闪亮
从开始的那一刻
一直闪亮到现在
看着这一幕，让人心中感到一阵阵温暖

那一缕缕白发
似乎在叙述一个个故事
这一个个故事的主题
便是学习、学习、再学习
想着这一切，让人心中感到一阵阵激动

那花白的头发
在我们的眼中显得那么可爱
从开始的那一刻
一直可爱到现在
看着这一切，让人心中感到一阵阵甜蜜

那一缕缕白发

似乎在揭示一个个真理
那一个个真理的核心
便是思考、思考、再思考
想着这一切，让人心中感到一阵阵温馨

那花白的头发
在我们的心中显得那么美丽
从开始的那一刻
一直美丽到永远
思着这一切，让人心中感到一阵阵幸福

周老师，我们爱您，永远爱您

（2009年7月，季科平在全国第四届小学语文青年骨干教师研修班学习，现场聆听了李振村先生即兴朗诵的诗歌《一棵树》，很是感动，便当场写下了这一首诗歌，也在大会上深情朗诵。）

仰望一棵常青树

——贺周一贯老师从教五十周年暨语文教育思想研讨会

·贺　诚·

我走向您
仰视
九三年是一个美丽的角度

生命焕发激情
语言　阳光　文字　汪洋
漫漫自山阴道上倾泻
以根之方式
穿越月光的崇敬
种植我心

季节翕动　世事更迭
不变的是精神
俱进的是思想
挟五十年杏坛之灵性
令我　令和我一般的人
享受融融春光
谛听满树的叶子
犹在孔林

于是　两千又两米的高度
有袭青衫　伟岸如大侠凌霄

那棵常青树呵
树荫下　此刻
到处在拔节
噼啪有声

（这首诗作于2002年3月，后刊发于《小学语文教学·人物》2009年第2期。当时贺诚是浙江省特级教师，宁波市实验学校校长。）

好大一棵树

·何夏寿·

一点也不夸张地说，在当今小学语文界，周一贯先生堪称传奇。

才初小的学历，从教 65 年来，著书 170 多本，撰文 1400 多篇，培养名特教师 100 余人。更令人咋舌的是：在大凡名家名师清一色“雄居”大城名城的当下，周老师一天也没有离开过生养他的故土——绍兴农村，一刻也没有摘掉过乡村教师的土毡帽。

2000 年初春，我入选绍兴市农村小学语文名师培养对象。培训方式是每月集训一次，每次 2 天，为期 3 年。班上的学员来自绍兴的五县一区，班不大，才 40 个人，据说是为培养名特教师做准备的。开班典礼那天，绍兴教育局领导宣布：著名教育专家周一贯担任导师！

啊，是周老师！我听得见自己激动的心跳。正想着，教室门口一阵光亮，一个挺拔清瘦的老头健步走进教室，是他——杂志中无数次见过的周老师，白发，红衣，像年画中的寿星。

周老师把“农村真是个广阔的天地”这句话作为开场白，以每一县区为单位，如数家珍似的介绍着绍兴各县区的农村语文名师。讲到上虞了，我自然竖起了耳朵。

周老师先从上虞的白马湖作家群说起，从朱自清讲到夏丏尊，从丰子恺讲到朱光潜。周老师忽然话锋一转，说上虞的语文名家里，还有一位叫金近的儿童文学作家，他一生创作了大量的儿童文学作品，有的还选入我们小学语文教材，如童话《小猫钓鱼》。听到金近先生被导师夸赞，作为金近小学的校长，我顿感脸上生辉。

周老师依然用他高八度的绍兴普通话，响亮地往下说：“金近小学有个叫夏何寿的老师，利用金近先生的童话资源，编写了一套叫做《童话红黄蓝》的校本教材，这个老师很有课程意识。童话与儿童生命贴得最近，最适合开展小学语文教学，很值得推广。下次，我们请上虞的老师带我们去金近小学参观参观。”

“周老师，这位就是金近小学的夏何寿！”同桌笑着指点着我。

我像偶尔考好了试，被老师表扬得喜坏了的孩子一样，站也不是，坐也不是，半弯着身子说：“周老师，我就是金近小学的何夏寿！”

“哦，你就是写《童话红黄蓝》的，叫夏，叫何——夏寿。”周老师的眼睛像春天的阳光，温和、明亮。

下课后，有同学说周老师找你。我走进了设在隔壁的周老师办公室，没想到周老师居然为课堂上叫错了我的名字向我道歉。

周老师如此温和、平易，我不禁有了表达的欲望：“周老师，您是怎么知道我编写了《童话红黄蓝》的？”

“你们教研员阮老师告诉我的。”周老师走到书柜前，从里面抽出了一本书，询问道：“你看，是不是这本书？”

正是我的那本《童话红黄蓝》。

“何夏寿，这本书编得好，很适合做语文课外读物，孩子们肯定喜欢。”周老师示意我坐在他对面，“金近小学在上虞的哪边？”

问到学校的位置，我仿佛矮了一截，有点自卑地说：“哦，很偏很偏的，在上虞的最最北面。”

“这么说你是生活在世外桃源里。”周老师哈哈一笑，不无幽默地说。大概见我一幅颓废的样子，周老师安慰道：“乡村好啊，按我说，与其穿梭在熙熙攘攘的城市里，不如安安静静地遁迹在偏僻的乡村里。”

什么山头唱什么歌。我知道周老师是农村名师班的导师，自然为农村说话，我笑道：“周老师，我一没有门路，二没有水平，进不了城的，安心不安心都在乡下的。”

“门路不知道，水平你有的，这本书就是证明。”周老师拿起我的那本《童话红黄蓝》。听得出，周老师对我的话不满，迟疑了一下，一本正经地说：“不过，你不要小看自己，更不要从本质上轻视农村教育。在农村教书，教农民的孩子有什么不好，这是做雪中送炭的好事。我觉得在农村工作很好啊！你们上虞那么多的大家不都是从农村出来的吗？”

这次课间小谈后，我对周老师的印象并不是太好。

回来的路上，我对几位上虞的同学说：“现在的名师，就是不够真诚。都说爱满天下，其实爱的就是满天下的名城大城，还有名城大城里的上等孩子。没想到周老师也是这样，自己生活在绍兴城里，却口是心非地要我们死守乡野。”

话刚出口，有位同学提醒我：“恐怕你对周老师有误解吧！我听我绍兴的同学说，周老师可是一辈子待在绍兴农村的，直到退休。”

“是吗？”我感到有点意外。

“应该不会错的。”那同学坚定地说，“下个月我们再来绍兴学习，我把我的同学介绍给你。”

大概过了半个来月，绍兴县钱清镇教办组织了全镇十几所学校领导、骨干教师来我们学校参观。闲谈中，有位老师不但证实了周老师终身从事绍兴农村教育的实事，而且还讲了一个至今让我感动的故事。

那是20世纪80年代初，周老师在绍兴钱清区校教四年级，班上有一个家住山区的男生，因为家里穷得吃不饱，饿得没有心思来读书。周老师知道后，先是托其他孩子捎信，让那孩子来学校。后来，周老师起了个大早，打着手电，走了半个多小时的山路，来到了孩子家。

可孩子的家长都出门种地去了。家里只有那孩子一人，赖在床上不肯起来。周老师二话不说，把随身带着的一盒米饭，给了孩子。那孩子一下从床上弹了起来，狼吞虎咽地将饭吃了，然后高高兴兴地跟着周老师去学校。

那孩子后来才知道，这盒米饭，是周老师和他还在读小学的孩子这一天的中饭。那孩子感动得直掉泪，自此以后，不管多饿，那孩子就是没有赖过

一天学，直到初中毕业。这期间，周老师还利用空余时间，从山里捡来细竹枝，扎了不少扫把，卖了钱帮孩子交了好多年的学费，但他从未对那孩子说。只是谎称孩子的学习进步快，学费可以免交的。

“咦，你怎么知道得那么清楚?”我问。

那老师不好意思地一笑：“因为我就是那个孩子!”

啊，我惊讶得半天没合上嘴。

周老师的形象一下就高大了起来。

就这样，3 年农村名师培训班下来，我和周老师走得很近了。他的家，也成了我工作、生活的充电所。

慢慢地我知道，周老师年轻时，有过两次可以离开绍兴农村、在美丽的杭城拥有体面的从业机会：一次是担任浙江《教学月刊》的专职编辑，另一次是担任浙江省义务教育教科书小学语文编委会副主编。但终因周老师深厚的“乡恋”情结，而放弃了进城的契机。

“周老师，人家主动请您进城，您为什么不去呢?”有一次，在周老师的书房里，我终于问了这个问题。

周老师迟疑了一会，看得出，他在努力把记忆连接到了 20 世纪 80 年代初，他喝了口水，仿佛接通了遥远的当年:“《教学月刊》请我好像是 1983 年，对，就是 1983 年，我担任钱清区校副校长。当时，我们区学生的语文质量差得很，合格率不到 30%。这样的成绩简直就是误人子弟！我觉得作为分管教学的我，是有责任的。我以为，要提高学生成绩，首先必须提高广大教师的教学水平。于是，我提出并带领全区老师搞教材教法过关考核，忙得不可开交。教改没完成，我当然不能走。两年以后，你猜怎样?我们成绩合格率提高到 80%，在全县名列前茅了。”虽然是老调重弹，周老师的脸上依然写满了欣慰与自豪。

“那第二次呢?”我喜欢听故事，特别喜欢听真人真事，况且是导师讲自己的故事。

“第二次更要留下了。”周老师的声音就像校园里的那口钟发出来的，坚定，洪亮。“这时，我已经担任了县小学语文教研员，在抓全县农村小学语文教师的教材教法。你说，我能走吗？”

我能说什么呢？在教育界内，一个农村小学副校长，一个县里的语文教研员，根本算不上什么举足轻重的人物。对于一列执意去往城里的火车，任何时候进城都有理由；同样，对于一棵坚定扎根乡野的树木，即便落在悬崖，在崖缝里长枝抽叶，这也是理由。周老师的这种自律，不仅仅是乖巧的履职之举，更是发自心灵的乡恋和舍我其谁的历史担当。

在和老师的长期交往中，我越来越清楚地知道，周老师不仅留下了令人惊讶的等身著作，而且留下了言行一致、终身扎根绍兴农村的故园情怀。漫漫人生路，悠悠八十载，周老师从没有以“志存高远，放眼四海”作豪言，也没有以“舞台更高，事业更大”为壮语，去城市锦上添花，而是以“儿不嫌母丑”的姿态，默默地守望着故乡的人、故乡的土。而这一守，便是白头，这一望，便是永久。

有首赞美大树的歌这样唱道：……好大一棵树……撒给大地多少绿荫，那是爱的音符……好大一棵树，绿色的祝福，你的胸怀在蓝天，深情藏沃土……我忽然觉得，人亦如树，周老师不就是这么一棵多情而温暖的大树么！

我有幸，能栖息在大树下成长！

2015年4月

师道一贯

· 鲍国潮 ·

自从2000年在先生门下受业，再到2007年成为先生的入室弟子，已有15年。15年追随先生，阅读先生的文章，常想起孔老夫子的感慨："时哉时哉！"是啊，一个"时"字，浸透历史风云，饱含人生感悟，更道尽了先生这一辈学人的命运。先生65年的教学生涯，其命运，确可以一"时"字言之，历经各种政治运动和十年浩劫，更目睹改革伟业，及至祖国振兴。然而，就是在这跌宕起伏的时势之中，先生"不变随缘，随缘不变"，应对时势，恒守师道，一以贯之，其为师之道，为学之法，已然成为一种现象，一种符号。知其为师之道，明其人生态度，扬其学术思想，是后学者的责任。

生命姿态：吾道一以贯之

先生名为"一贯"。《论语·为政》有云："吾道一以贯之。"这是任过县府幕僚的外祖父对其的希望，更成了先生一生从教的信条。从教65年来，先生心无旁骛，矢志不渝，以惊人的毅力致力于语文教育研究，取得了令人瞩目的研究成果。教育教学论文1400余篇，各类专著、教学用书170多本，总字数3000余万。这些惊人的数字背后，展现给世人的是一个怎样的生命存在?

先生的起点并不高。由于时代的原因，先生在上初中一年级未及半年时参军入伍，成为部队的文化教员；转业后，于1954年至1956年在嵊县初级师范学校小教轮训班就读两年，相当于初中二年级，这便是先生的最高学历。随后20多年，先生一直为时势所困。直到"文革"之后，先生才迎来语文教育研究的春天。可以这样说，先生真正从事语文教学研究工作，已经是人到中年了。但先生相信勤能补拙，也相信事在人为。他以时不我待的精神，充分利用时间，形成他独具特色的治学方法。

一是广征博引，形成小学语文的“资讯形式”。一个学科成熟的标志之一，在于是否形成富有学科个性的文献方法，小学语文一直被人视为“小儿科”，自然是没有什么文献方法，先生筚路蓝缕，早在20世纪90年代初，就先后编著了《小学语文教学改革研究概观》《语文教学方法论》等，这些著作对各地的语文教学改革信息作了最大程度的收集与整理，包括识字教学、阅读教学、写作教学及口语交际等诸多领域。这些经验的整理工作，看起来受到当时“信息论”“方法论”“系统论”等“新三论”思想的影响，好像只是一些信息的具体罗列，实际上从信息的积聚、筛选和编序之间，已充分表现出周一贯先生的语文教育价值判断，体现了一位语文教研人的认识与思想水平。

二是深度解读，繁荣小学语文“教学评论”。2005年，周先生在《语文教学通讯》撰文呼吁“加强小学语文教学评论”，因为他认为，评论的繁荣，可以推进小学语文研究品质的提升。事实上，20世纪90年代后期，周先生就把研究的视点转到了具体的特级教师研究上。在周先生看来，特级教师这一群体，是一个教育思想与实践探索的“富矿”，在他们身上，充满了教育学的变革与精进精神，读懂他们的变革性实践，可以形成中国小学语文教育的思想资源与实践参考。周先生的《中国小学语文教学名师精品录》《小学语文名师课堂教学经典设计》，以及大量散见于各地报刊的名师课堂教学实录点评，以课堂教学思想发展脉络为经，以广大的小学语文特级教师实践探索经验为纬，展现出小学语文界一条沉甸甸的“人物长廊”，为小学语文界切准了时代脉搏，并积累了丰富的研究材料。

三是守望凝思，记录小学语文的“时代风云”。进入新课程以来，小学语文教育研究更显百花齐放的态势，周先生正如同一位守望者，身处容膝斋，心怀天下事，忧心着小学语文的“家长里短”。从2007年迄今，每年他总会在《语文教学通讯》撰写刊物的年度述评，整理一年来的研究得失，分析动

向，提炼经验，展现小学语文教育研究的时代风云。

广征博引、深度解读、守望凝思，构成周先生独特的生命姿态，同时，也形成了他一以贯之的治学方法。先生曾自称为“三耕族”，即“目耕”“笔耕”“舌耕”，不错，先生一直以耕耘者的姿态行走于语文教育之路上。他的生命姿态，已然与语文教育研究发展合二为一。

语文哲学：道源自然

先生字“道原”，其深意，我辈不得而知。不过，却暗合了先生的语文教育哲学之思，有境界自成高格。周先生的研究，已然抵达融汇古今的境界，这与其道法自然的语文教育哲学有关。《道德经》云：“人法地，地法天，天法道，道法自然。”65年的教学与研究，先生深谙小学语文教育之道，亦须源自“自然”。然小学语文教育处于怎样的“自然”之中？换句话说，语文教育自成一“小宇宙”，却处于一个“大宇宙”中，须从“大宇宙”中构建小学语文教育思想，从语文教育哲学的层面把握语文教学规律，方能居高临下，势如破竹。

在周先生看来，小学语文教育的“大宇宙”是由两个方面构成的：一是语文教育传统经验的继承与弘扬，二是对儿童的认识与把握。在周先生的研究路径中，可以清晰地看到他正是在这两端之间，努力构建着语文教育研究的当代形态。由此可见，先生的语文教学哲学，是一个在两极之间融通的结构，这形成了他研究的“大格局”。

首先，尊重汉语文教育的历史，不仅是一种方法，更是一种态度。小学语文教学改革必须基于历史经验，站在巨人的肩膀上前行。2008年1月17日，周先生在《中国教育报》发表长文《在千年的视野内寻找语文教育的传统》，这篇文章，标志性地体现了周先生对中国古代语文教育思想的认识。在文章中，他写道：“传统是无法改变的历史，是川流不息的时光之河，可以生生不息地一直流下去……如果我们不重视在批判中继承，在继承中发展，中国语文教学许多宝贵的传统经验，也会在时代新潮的冲刷下，由淡化而至消亡。这绝非危言耸听。”他指出，我国语文教育的传统经验，有许多与汉字、汉语的学习规律相谐相融的地方。这是中国语文的“中国心”。由此，他提炼出“注重识字”“本于诵读”“体察涵泳”“重视习练”等传统经验。这些经验的提炼，为当代语文教育研究提供了参考视点。2014年，周先生将多年收集的中国古代语文教育言论结集进行解读，从中国古代多种文论、诗话、文章学、教育学等著作中选取了600多条言论，以中国传统谈论的方式，从语文教育的当代视野出发，进行了个性化的读解，形成了《中国古代语文教育言论读解》一书。该书以宏阔的视野、翔实的资料和深入浅出的解读，展现了中国古代语文教育思想的博大精深和当代语文教育思想的风起云涌，具有很强的史料价值。

其次，尊重儿童学语习文的规律，不仅是一种良知，更是一种使命。2005年10月，周先生在《人民教育》发表长文《小学语文应是儿童语文》，在文章里，他大声疾呼：“今天的儿童，正在遭遇可怕的成人化的入侵，过早地告别他们本应具有的童真面目……童心并非只在童年阶段存在，它可以在一生中发挥出神奇的力量。它是健全人格的开端，是终生活力、创造力的源头，是一辈子自由、幸福的基石，甚至是一个民族和国家健壮活力的标志，所以我们的小学语文教学，应当更多地关注儿童的心态、儿童的感受、儿童的话语、儿童的兴趣特征和思维方式……一句话，应当更多地去追寻儿童精神。”近年来，他四处奔走，宣扬“生本”理念，推进小学语文关注“生本”原点，回归常态。

最后，建构语文教育的当代形态，不仅是一种风格，更是一种传递。每一位研究者，都是一种桥梁性的存在，都必须站在历史与现实的交汇点上奉献自己的思想与实践。周先生自觉地扮演着这一学术传递者的角色，他的每一本著作，都鲜明地体现着这一点。如《语文教学优课论》与《阅读课堂教学设计论》，可谓是周一贯先生阅读课堂教学研究的“姊妹篇”。前者更多地侧重于课堂教学的价值研究，试图在认识上更加清晰地把握优课的特点、规律、风格，后者则更多地侧重于课堂教学的策略研究，试图在实践上更加有效地探索优课创作的观念、策略、方法。两书相映成趣，出版后引起了广泛的关注和持久的影响，深受小学语文教师的喜爱，对于推动课堂教学科学性和艺术性研究起到了积极的作用。而《语文教学训练论》《“研究性阅读”教学探索》《语文教研案例论》和《“儿童作文”教学论》则是周一贯先生对语文课程改革的积极响应和自觉探索。众所周知，语文课程发展的探索一路充满了艰辛，“加强语言文字训练”“研究性阅读培养创新能力”“案例研究”“回归儿童作文的本真”等命题都曾经是语文教育研究的热点。周一贯先生能顺应时代的需求，一方面从历史与现实的维度不断充实对这些命题的研究探索，丰富和深化对这些命题的认识，另一方面又通过大量的实践研究，提供相关的路径与策略。而这二者的有机融合，使周先生总能超越同时期的研究水平，令自己的研究成果更具有穿透力，由此令自己的学术生命常青。

先生曾用“一分为三”的哲思表达他对语文教育“一分为二”对立思想的超越，而其研究的“大格局”不正也有鲜明的“一分为三”之意么？

文化形象：君子周而不比

先生的书房里有一对联云：“安步当车阅世事，方有胸中丘壑；清茶代酒养性情，才成笔底波澜。”这很能反映先生的处世之道。作为一名语文教育研究专家，周先生拥有鲜亮的文化形象。《论语·为政》中讲：“君子周而不比，小人比而不周。”所谓“周”和“比”，其实是一种交往的态度，君子以义合，称为“周”，小人以利合，称为“比”。周先生视小学语文教育研究为终身志业。他甘于寂寞，低调处世，矢志不渝地追寻着小学语文教育研究的真谛。因此，他能以“义”团结一批人，共同为小学语文教育事业做贡献。

他积极推进语文课程的本土化，寻找语文教育的“天时”。语文教育具有极强的地域性，在文化发展中展现出五彩斑斓的地域风貌，关注语文教育的地域特征，从某种意义来讲，就是关注语文教育的历史性，必将有助于推动语文教育向更多元的视角、更丰富的风格发展。从2010年起，周先生在《教学月刊》开辟专栏，研究“浙派语文”。这一专栏，以“人物”“大事件”“专题”等各种丰富灵活的形式，对浙江历史上的著名语文人物、语文事件和语文思想发展做钩沉、梳理、解读，意在挖掘浙江这一人文重地的语文思想资源，重新梳理并认识浙江小学语文的历史根基，为当代小学语文教育提供更多的理论滋养。同时，周一贯先生又积极呼吁加强对“越派语文”的研究，他以自己的理论勇气和学术底气为推动“越派语文”而不遗余力地努力着。他是一位“寻找者”，孜孜不倦地寻找着语文教育的“天时”。

他全心培育语文课程的校本化，植根语文教育的“地利”。最多的时候，先生担任13个学校的顾问，指导学校文化建设，培育语文课程的校本特色。鲁迅小学的“亲近鲁迅”校本课程，北海小学的“诵读经典、品味越韵”校本教材，秀水小学的“绍兴民间文学”儿童读本，柯桥实验小学的“智慧教育”，柯桥小学的“生本课堂”，金近小学的“儿童文学教育”，等等，无不渗透着他的智慧。全心培育语文课程的校本化，使他的文化形象有了更多的地气。事实上，早在20世纪80年代，他担任绍兴县教研室副主任期间，就跑遍绍兴农村，指导学校实践，乐此不疲。他也曾有机会进省城工作，但都放弃了，他愿意面向土地，扎根农村。

他精心指导语文课程的个性化，推动语文教育的“人和”。先生钟爱年轻人，他喜欢年轻人身上的蓬勃朝气。他总能发现每位青年教师身上的长处，总能按照他们的长处“点化”其语文之路。先生为许多教师的著作写过序言，为许多教师的课堂实录作过点评。在他的心目中，语文课程是一门个性化极强的课程，做好个体工作的意义是十分重大的。他在给屠素凤老师的专著《语文教学有效对话的实践探索》的序言中写道：“我们感到语文教育已经告别了粗糙的年代。今天一个肩负教育使命感的语文教师，都得学会在自己的专业生涯中发现黄金，都得在充满行动的思想和充满思想的行动中去成就自己。”他自己不正是最好的示范者么？他总想着把“语文人”都团结起来，一起来奉献智慧。

周先生是一本关于小学语文的书，阅读他，可以增进智慧，提升学术水平。作为他的弟子，更有一份责任与荣誉。如今，适逢先生八十寿诞，我才

疏学浅，写下这些评论文字，内心不免惶恐。然可以自知的是决心学习先生精神、弘扬先生学术之情一直在我内心最为坚实的地方。

祝愿先生安康！祝愿语文教育繁荣！祝愿所有的“语文人”生命常青！

2015 年 4 月

基础教育的大工匠——周一贯

· 白金声 ·

绍兴，中国历史文化名城，钟灵毓秀，物华天宝，人杰地灵。这里不但是水乡、桥乡、书法之乡、名士之乡，而且还可以冠一个名——教育之乡。从越王勾践的“十年生聚、十年教训”，到王阳明的《尊经阁记》，再到清吴楚材、吴调侯叔侄选编的《古文观止》惠播八方，以及近现代鲁迅、蔡元培、夏丏尊等教育大家的层出不穷，这里孕育了很多教育界的核心人物，可谓群星璀璨。历史发展到当代，在古越文明的沃土中，诞生了一位基础教育的大工匠，他就是闻名遐迩的特级教师周一贯。

藏书万卷的容膝斋

1950 年，15 岁的周一贯参加了中国人民解放军。因为有半年初中的文化水平，他居然在部队当上了文化教员，为战士扫盲。后来，他因病转业到地方，当了一名小学教师。

三尺讲坛横亘在周一贯生命的原野上。为了守着学生，守着心中的希望，他全身心扑在学校的工作上。然而，吃了一把草，硬要挤出两杯奶，渐渐地，他感到力不从心了。捉襟见肘的他，为了拥有“一览众山小”的从容与自信，拼命地买书、读书。

书多了，周一贯便企盼有一个书架，给那些贴墙而卧，饱受浊尘、蚊蝇之扰的书找个栖身之地。当时，宿舍就在学校里，校舍又多是祠堂庵庙，能有一个铺位就相当不错了。在无法奢求书房的生存环境里，他在床边的桌子上，用包上纸的砖头作柱，上搁一块木板，这便是他心仪的书架了。以后，他又用废弃的木条、木板，钉了个更像样的书架，似乎就是“升级版”了。

1962年，周一贯结婚了。他有了一个单人寝室和一个旧的四层书架，能把所有的书都排列起来，真是不胜欣喜。他抓紧自学，没有别的目的，只想成为一名优秀教师。于是，一些教育梦想的种子也悄悄地融进了书中的字里行间，只等阳光一照耀就能发芽。然而，好景不长，“文革”开始了，他的梦想全部破灭了……

一声春雷，中国进入了改革开放的新时代。周一贯从一名普通的小学教师变成了分管教学的钱清区中心校的副校长，同时，还兼任了浙江省小学语文教学研究会副理事长、浙江省义务教育教科书小学语文编委会副主编、全国尝试教育理论研究会副会长等职。当时，在提高小学教育普及率的战斗中，如何提升以民办教师为主的师资队伍素质，成为当务之急。周一贯便从抓“教材教法过关”入手，让教师懂得“教什么”和“怎么教”。他的书架可派上了大用场，翻阅小学各科教材教法研究的藏书，寻找有效而又简洁、好听而又实用的讲课思路。晨曦深夜，青灯长卷，他忙碌在书架之前和案桌之上。在步入市场经济后，难免世事纷扰，人心浮躁，人们都在寻找属于自己的精神家园。精神家园不在大小而在有无，有容膝斋可供目耕心织，夙兴夜寐，于愿已足，夫复何求，这应该是周一贯当时颇为得意的理由了。

1996年，不骄不躁、风轻云淡的周一贯退休了，家搬到绍兴南门凤凰岛。子女长大立业了，家居人口少了，住房面积大了，容膝斋也变样了。

凤凰岛寓所，两室一厅。客厅古朴典雅，宽敞明亮，多是古玩、花草和字画。穿过客厅，便是容膝斋。这里除了入户门和窗户之外，四周墙壁全是顶天立地的书橱，满满的一屋子书。从《陶行知全集》到《鲁迅全集》，从《中国教育通史》到《外国教育通史》，从《辩证唯物主义》到《历史唯物主义》，从《系统论》到《信息论》，足有一万多册。周一贯的写字台摆在书房中央，正对南窗，光线恰好。南窗两侧有一副书斋联，上联是“安步当车阅世事”，下联是“清茶代酒养性情”。

周一贯坐拥书城，经常在书橱中逡巡摩挲，在走动中整理思绪，换得自豪，找到愉悦。每当落日余晖消失，白天的嘈杂与纷乱退却的时候，先生泡上一杯绿茶，慵懒地坐在藤椅上，在灯光的笼罩下，手捧一卷好书，鼻翼轻轻翕动，呼吸一口淡淡的油墨芳香，然后在轻柔的音乐声中，让骚动的心归于沉寂，静静地沉到书中去。有人说，苍茫的天空中，鹰是最美丽的风景；有人说，广袤的旷野上，树是最美的风景；周一贯说，愚昧的人世间，书是最美的风景！书籍可以嫁接人生，阅读的最大的意义和价值就是改变。读书不能改变人生的长度，但可以改变人生的宽度；读书不能改变人生的起点，但可以改变人生的终点；读书不能改变人生的物象，但可以改变人生的气象。

以书为友，天地长久，有容膝斋可供目耕心织，夫复何求？

教师成长的铺路石

坊间流传着一首诗歌，题目为“铺路石”：许身路径亦凌空，烈日风霜伴此生。承踩扛压迎送乐，为因大众赴前程。

周一贯就是一块青年成长的“铺路石”，他坚守在最平凡的岗位，任劳任怨，承受压力，吃苦耐劳，甘心奉献他人。就拿培训教师来说吧，退休后，他以老马识途的体验，培养的名师多达120余名，其中已有十来人成为特级教师或中学高级教师；指导结业的名师班学员也多达300余人。在培训班上，周一贯讲教育理论，讲教学方法，讲课堂改革，讲学习革命，他特有的高八度绍兴口音，如铁板叫西风，清澈、高亢，让学员通身充满不可阻挡的力量。

学员们说，认识周一贯，是因为文字；敬重周一贯，是因为思想。绍兴市柯桥区漓渚镇中心小学青年教师张幼琴是周一贯的入室弟子。2009年，山西教育音像出版社工作人员来校录制她的“生本课堂”，周一贯亲自指导她上课，一遍又一遍地试教，一遍又一遍地推倒重来，就这样，她的课终于成功了。张幼琴至今仍保留着周一贯帮她修改的第一稿教案，用蓝色圆珠笔一丝不苟地修改每一个字词标点，工工整整书写着修改建议。那年暑假，她终于敲开了周一贯的家门，走进了梦寐以求的容膝斋。周一贯殷殷教导，信念不变，奋进不辍，成果不断，薪火不竭，希望她能成为终身从事小学语文教学研究与实践的专家型教师。后来，张幼琴成了容膝斋的常客，他们一起磨课，一起研讨，名师出高徒，功夫不负有心人，在周一贯的指导下，张幼琴很快成为绍兴市柯桥区语文学科带头人。

“弟子三千，贤人七十二。”一茬又一茬年轻的弟子，涌现出众多名优校长，绍兴市上虞区金近小学的何夏寿就是“周门弟子”中的佼佼者。2000 年，何夏寿入选绍兴市农村小学语文名师培养对象，每月集训一次，每次 2 天，共 3 年，导师就是周一贯。一晃，3 年过去了，何夏寿学业优秀，周一贯给他题词：智者践行，静水深流。这 8 个字，令何夏寿紧张、兴奋、欣喜、惶恐，他百感交集，师恩绵绵，山高水长，他一辈子也忘不了老师对他的培养。

周一贯扶掖后辈，提携后进，不论亲疏，不分远近，只要找到他，有求必应。吴琳是北京市东城区教育研修学院语文教研员。2005 年冬天，她带着厚厚的一摞书稿，来到周一贯家，向他请教。那天，周一贯端详着书稿，不断地鼓励吴琳，赞美吴琳，建议她把这一篇篇生动的教学评论按“观摩课”“教改课”“研究课”“家常课”分成 4 个板块，每个板块前面再撰写一篇如何看这类课的理论性指导文章。周一贯还建议吴琳再难也要做，这样做了，这本书就不仅仅是一个文集，还是对语文课堂教学的研究者们非常有参考价值的一本学术著作。说完，他当即提笔为吴琳定了 4 个标题：

我看观摩课：采得百花成蜜后

我看教改课：江流曲似九回肠

我看研究课：转益多师是汝师

我看家常课：春在溪头荠菜花

不但如此，周一贯还亲自为吴琳的书撰写了序言《“看”似寻常最奇崛》。正是因为那几篇理论性文章和周一贯为这本书作序，使《梅林看课堂》成为一本有价值的教学研究著作，一经问世，就被数以万计的小学语文老师和教学研究者所喜爱。

周一贯的容膝斋有一幅字，那是龚自珍的《己亥杂诗 · 其五》：“浩荡离愁白日斜，吟鞭东指即天涯。落红不是无情物，化作春泥更护花。”落红寄意，春泥护花，这正是周一贯淬炼而成的人生箴言，是他最好的人生写照！

教育写作的专业户

一个不喜欢写作、不擅长写作的教师是不能底气十足地站在讲台上的。周一贯不但喜欢写作，而且是教育写作的“专业户”，他把学问做到了极致，构成了他独特的生命姿态。从1981年在《辽宁教育》上发表的《谈谈谜语的教学》，到现在已发表1500多篇教学研究文章，平均每月3.4篇；从1984年在浙江教育出版社出版的《文体各异　教法不同：小学语文教学漫笔》，到现在已出版教育专著和读物170多本，平均每年4.2本。这些文章和这些书加起来，总字数超过4000万，岂一个“著作等身”了得！这些令人叹为观止的数字，在中国小语界无人能出其右。

周一贯语文教育研究，萌芽于当代中国语文教育潮起潮落的大背景之下，形成于改革开放以来语文教育大改革大发展之中，成熟于21世纪之初语文课程新一轮改革之时。在追求“学术—学识—学说”的艰难路途上不懈求索，以实践积累、理论积淀、历史继承、西学借鉴为基础，经历了“主观经验型—客观描述型—科学解释型”的艰苦历程，终于成为一位顶天立地的小学语文教育研究专家。周一贯属于刺猬型的治学风格，他站在小学语文教学的制高点上，俯瞰语文的大千世界，又抬头仰望语文的辽阔星空。在一俯一仰之中，他的学术品格，学者人格得以锤炼和淬化。

《语文教学通讯》创刊40年来，周一贯在这个刊物上发表文章达40余万字。从2007年开始，连续10年撰写年度综述，每篇文章，高屋建瓴，广征博引，洋洋万言，字字珠玑。周一贯的年度综述就是一份刊物的年度记忆，这些文章不仅展现出小学语文教育研究的时代风云，而且还为全国小语课程与教学树立起一座风向标。

2018年2月，周一贯的《语文课堂变革的创意策略》惊艳亮相于读者面前。这本书从课程建设、生本课堂、翻转课堂、有效教学、“互联网+”、课堂统整、核心素养、汉语文等8个方面，系统总结了他近10年对语文教学的观察与思考，揭示了语文课堂变革的有效路径和创意策略，描绘了好课的应有样态，为一线语文老师构建魅力语文课堂提供了可复制的范例和样本。特级教师白金声说：“什么是好课？好的语文课到底是什么样的？怎样把握语文好课创意的世纪脉动，开创语文教育的新时代？周一贯先生，站在教育家的高度，运用哲学的观点，从理论到实践，从宏观到微观，从古代到现代，从课内到课外，以自身近十年的观察与思考，对这些问题做了全方位的深度回答。此书思想深邃，案例典型，说理生动，文笔流畅，读后令我茅塞顿开，受益匪浅。”

周一贯是一个“醉翁”，他一辈子沉醉在小学语文的天地里，沉醉在教育写作的快乐里。每发表一篇文字，生命之河就会浪花激荡，风生水起；每出版一本专著，小语园地都会弥漫芬芳，姹紫嫣红。

在当今中国小学语文教学金色麦田里，立着一位老人，他既是这片麦田的耕耘者，也是这片麦田的守护者，一个人，一辈子，一件事，一以贯之，他就是周一贯。

2018 年 6 月

造访容膝斋

· 白金声 ·

容膝斋是书房，书房的主人是周一贯，周一贯是全国小语界的一棵常青树。

我称周一贯为先生。他在我的心目中是高大的，须仰视。

认识先生，是从他的著作开始的。1984 年末的一天，我去哈尔滨出差，逛书店时，我买了一本《文体各异　教法不同：小学语文教学漫笔》的小册子，定价 0.40 元，作者是周一贯。从此，我知道了浙江省绍兴县教研室有一位小学语文教研员，名叫周一贯。他，开风气之先，是改革开放后第一个公开出版专著的教研员。

了解先生，也是从他的著作开始的。1992 年暑假，我去大连开会，逛书店时，我买了一本《小学语文教学改革研究概观》，定价 6.00 元，作者是周一贯。从此，我知道了，在我国小语界，他是一位特殊的人物，没有高学历，然而，他的语文教育理论影响却十分广泛。

熟悉先生，更是从他的著作开始的。1998 年深秋，我去深圳讲学，逛书店时，我买了一本《语文教学优课论》，定价 20.00 元，作者周一贯。这时的他，已经从岗位退下来了。书的封面印有一张照片，照片里先生坐在自己的书房里，头发白白的，腰板直直的；背景是一组书橱，书橱的顶部有一块黄色木板，木板上刻着 3 个大字——容膝斋。

遗憾的是，30 多年来，我与先生一直未曾谋面。他在绍兴，我在哈尔滨。

说来也巧，机会来了。2017 年 12 月，我的挚友何夏寿来哈尔滨讲学，吃饭时，我们谈起了先生，他给我留下了先生的联系方式。

2018年4月1日，风和日丽，我来到了江南水乡——绍兴。经沈园，过鲁迅故里，直奔越城的凤凰岛。这里是先生的寓所，岛内灰瓦白墙，绿柳曲水，好一派古越风情。

先生住在25栋3楼，客厅古朴典雅，多是古玩、花草和字画。先生对我的来访非常热情，又是泡茶，又是洗水果，弄得我坐立不安。

穿过客厅，便是先生的书房。这里除了入户门和窗户之外，四周墙壁全是顶天立地的书橱和书架，满满的一屋子书。先生的写字台摆在书房中央，正对南窗，光线恰好。在这里，先生坐拥书城，目耕心织，激扬文字，指点课堂，这是生命的安顿。

如此气派、豪华的书房，怎么能称容膝斋呢？我产生了疑问。先生操着绍兴普通话大声说："1983年，我调到绍兴县教研室做副主任，好不容易分到了一处40平方米的住房。虽然居住条件有了极大的改善，但一家五口挤在一起，自然不可能有独立的书房。所幸这住宅有一个朝北的凉台，我便装窗封闭，勉强放下一个书架和一张小小写字台。椅子是放不下了，我便找了一个窄窄的包装箱，竖起来当座椅，才可以把双膝勉强塞到写字台下。我为终于有了可以独立的书房而欣喜万分！出于文人的积习，便想给书房起个名。坐在包装箱上，我忽然想到陶渊明在《归去来兮辞》中的一句话：'倚南窗以寄傲，审容膝之易安。'室小仅能容膝易于安身足矣，便欣然命名容膝斋。自己书写后刻在一方木板上，挂在书架上方，真有说不出来的得意。"先生说到这儿，转头望了望窗外。

这时我才发现，南窗两侧有一副书斋联，上联是"安步当车阅世事"，下联是"清茶代酒养性情"。我请教先生，他呷了一口茶，说："这是一副自撰自书的书斋联，虽不免有附庸风雅之嫌，但也确实有自勉之意。以步行代车，可以感受人世百态；以清茶代酒，可以养清净之心。"这副联是刻在竹子上的，道出了先生安贫乐业的生活习惯。

先生一向仰慕陶行知，在他的书房里，一套精装的《陶行知全集》摆在显著的位置上；先生平昔崇拜鲁迅，与鲁迅同乡同姓，一套精装的《鲁迅全集》也摆在显著的位置上。先生还珍藏着一张他与夫人黄华蓉合影的照片，这张照片就挂在写字台的对面，抬头能看见。先生说，一辈子他与至爱的夫人相濡以沫，在凤凰岛寓所，一起慢慢变老了，几年前，她走了，结束了两人世界的生活。说到这里，先生有些伤感，掏出手帕，摘下眼镜，拭了拭眼角。

先生的写字台上，有“文房四宝”，看不见手机和电脑，在这个QQ、短信、微信、微博等社交软件满天飞的时代，他还保持着用笔书写的古雅习惯，发表教育研究文章1400余篇，出版教育教学专著170余本，总字数达到4000万，全是用笔写成的。这些惊人数字的背后，展现给世人的是一个怎样的生命存在？

先生名“一贯”，字“道原”，出生在越城区皋埠镇一户普通的农民家庭里，一辈子扎根绍兴农村，鉴湖情结，快阁悠思，他默默地守望着故乡的人，故乡的土，而这一守，便是白头，这一望，便是永久。他心无旁骛，矢志不渝，在小学语文教学园地上耕耘了近70年，学品一贯，文品一贯，师品一贯，令人叹为观止。

耄耋老人，银发皑皑，目光炯炯，风度翩翩，两手搭在那把老旧的藤椅上，与我促膝长谈两个多小时。聊语文，聊读书，聊人生。沉思时，嘴角下抿，大笑时，嘴角上翘，眉宇间流露出几分自豪与自信。

告辞时，先生送给我一本他的大作《语文课堂变革的创意策略》。这本书刚刚出版，散发着特有的油墨芳香。这是一本系统总结先生近十年对语文教育观察与思考的书，是容膝斋主人的一本力作。白发镌刻时光，书页承载沧桑。一个人，一辈子，“吾道一以贯之”。

据悉，先生正在写《“越语文”课程地域文化开发研究》，还要写《“越语文”发展简史》，正为打造“越语文”这一地域文化课程而忙碌着。

愿先生：椿龄无尽，福寿齐天！

2019年10月

一生只做一件事
——我印象中的周一贯先生

·胡亨康·

小语界有位“语文老人”，满头银发，目光炯炯，穿着时尚；走路昂首挺胸，步履稳健；讲课幽默诙谐，中气十足；写作课堂，指导起来激扬文字——他就是我印象中的周一贯先生。

周先生说：“我一生只做一件事。”针对小学语文教育，他撰写了很多文章，编著写了很多著作，并开创了生本理念、学本课堂、儿童写作观等众多教育理论。他，堪称全国小学语文教师的良师益友。

结缘普陀山

2008 年夏天，普陀山下，沈家门小学，一家教学刊物举办青年骨干教师培训班。专家席上坐着一位银发老者，每天准时来听讲座。听人说，那就是周一贯先生。

乘着会议间隙，我怀着忐忑的心情，拿一篇文章前去请教。周老师很快看完后，第一句话就说“这篇文章可以发表”，然后提出一项修改意见：“在每个小标题前加上一个‘读’字，就更切题了。”我惊讶于他的敏锐，更敬重他的直率，几乎无须寒暄和客套，直接入题，做事如此高效。这可能是他平时“生吞活剥”降低生命成本的读书习惯使然。

晚上，会议主办方安排就餐。当我走进包厢，再遇周一贯先生时，他当即起身热情招手：“来来来，坐这里，我们来认识一位福建新朋友。”我多少有点儿受宠若惊，挨着周先生坐下。

七天的会议结束，在沈家门车站候车室里，当我正为行程匆忙未能与周先生当面道别而遗憾时，却见周先生率着他的一众弟子步入车站大厅。我立即迎上去与周先生握手道别。在佛门圣地普陀山下，三遇周先生，这是不是佛家所说的缘？

想起会议期间我写下的一段话：“日程已排得满满的，明天就是我仰慕已久的周一贯先生的讲座，虽然还没有听到他的声音，但已经感受到他高山仰止的风范。有人说，教师是站着的风景。我想周一贯先生随便在吴越的哪一条阡陌小巷一站，就是一道最美丽的文化风景。虽然他退休了，但他的弟子们又替他站成一排排树、一道道风景……”

造访容膝斋

认识周先生的人，想必了解容膝斋。

“安步当车阅世事，清茶代酒养性情。”这是周先生容膝斋自拟自书的一副对联，勉励自己出门以步代车、赴宴以清茶代酒的生活习惯，与容膝斋——室仅容膝而足以安贫乐业的精神相一致。

余秋雨说：“一个文人的其他生活环境、日用器物都比不上书房能传达他的心理风貌。”容膝斋究竟传达出周先生怎样的心理风貌呢？

对此，先生曾有几段容膝斋抒怀为证：“生活变了，条件好了，物态的容膝斋已成过去，但心灵的容膝斋不可抛弃，室仅容膝而足以安贫乐业的精神，已成为我生命的定格。”“事业与我的生命同在，一息尚存必当守望教育。”“这不为别的，也不因为什么，只是一种向善的人性使然。”

“一种向善的人性使然。”当读到这句话时，我心里不禁为之一颤。苦难也许是人生的底色，一个在残酷生存环境中生活过的人，向善的人性使他悲悯的情感不断地滋长和升华，因此就会对这个世界多一份慈爱与温柔、多一份体谅与温情、多一份理解与抚慰，这个世界也就多一份光明与希望。周一贯先生就在容膝斋里，借手中的笔，为小学语文写下了诸多文章，编写了多部著作，还取得了一系列理论研究成果，就像安徒生一样，在茫茫暗夜中，借“卖火柴的小女孩”点燃了美丽的人性之光。

于是，我萌生了一种向往和冲动——造访容膝斋。终于，在 2010 年夏

天，我乘坐北上的列车，奔赴鲁迅的故乡——绍兴。

一夜的列车，一身的尘埃，满脸的汗渍，寻访到绍兴凤凰岛小区。“胡亨康，在这里。”高楼上的周先生向我挥手微笑，旋即下楼。像老朋友相见似的，那份久违的亲切和熟悉，让人暑气尽消，疲惫全无。

坐在周先生的容膝斋里，品着绿茶，吹着空调，我细细观看，静静回味：容膝斋除入户门和窗户外，四周墙壁全是书架，满满的一屋子书，先生的书桌摆在书房中央，正对着窗户，光亮恰好。我想，坐拥书城的感觉应该就是这样吧。教书，买书，看书，藏书，写书……物化的容膝斋和精神的容膝斋在这里都可以找到缩影和确证。

“寂然凝虑，思接千载；悄焉动容，视通万里。”是的，容膝斋就是这样一块四通八达的宁静宝地。在这里，周一贯先生笔耕叙事抒情、激扬文字、指点课堂，一名小学语文教师，在这里圆了书房梦、教育梦、名师梦……体会着“坐拥容膝斋，无冕亦称王”的快乐。

我们的话题依然是小学语文教育，诚如周先生所说：“我谈的就是语文教育，别的我不谈。”“带着问题出课堂，未必不如带着问题进课堂。”“课堂宜低调进入，消除仰望，更容易与学生达成平等的互动和交流。”“文章好不好，看你在读的时候，想用笔记的东西有多少就知道了。”几乎每个话题语言都是在交谈的当下给出最精当的描述。神来之笔，点石成金，泥土般质朴，田野样真实，像“绿绿的爬山虎”，让人漾起思想的葱绿和观念的生机，周先生呈现在我眼前的都是活的“语文”。

“仰之弥高，钻之弥深”，攻坚克难，厚积薄发，所以周先生总能于平常之中见人之所未见，言人之所未言，发人之所未发。与他交谈，听着他对语文教育的洞幽察微，想到他坐拥书城长年笔耕所形成固有的言语才能和思想智慧，一个古稀老人所呈现出来的内在生命力的强健和伟岸，不能不让人为之折服。

西窗共剪烛

认识周一贯先生，既让我深受鼓舞，又让我感到惭愧。

就在容膝斋里，周先生很认真地对我说："胡亨康，你可以写一本书，关于语文课堂诊断方面的。你的文章分析得很深刻，语言表达有意义也有意思，可读性强。"这话在我听来，无异于石破天惊。他接着说："可以先化整为零，一篇一篇地写，然后分类集成一本书。"我一时不知如何应答，平时出于工作需要和对语文教学的兴趣，偶有所感，涂涂写写，发表一两篇已很满足了，写书，那是从来没有想过的。可先生说得认真，让人不容置疑。时至今日，虽然刊有我文章的样刊已装满了两个抽屉，但书还是没有写成。每每提及此事，在电话里头，我就像一个没有完成作业的孩子般羞愧难当。

至今，我仍保持着每隔一段时间与先生联系交流的习惯，或教学热点讨论，或问题困惑求教，或文章请益。根据先生的生活习惯，我一般选择在晚上7点左右打电话，这是我第一次向先生购书时预约的时间，后来打电话就成了常态。先生很健谈，每次通电话时间都相当长，我担心占用先生时间太多，有意终止。他说，谈小学语文，不会浪费他的时间，说一说等于又梳理了一遍，有些观点就更明晰了，有时还有新的发现，一篇新文章的观点又诞生了。有一次，久未联系，先生主动打来电话询问，他说："现在研究小学语文的人太少了……"原来，他担心我坚持不了半途而废。

一家教学期刊于2013年第5期刊发了我与周一贯先生的一篇对话文章《作文从模仿入门，一开始就走错了路?》。文章的编者按里有一段话："两位志同道合，不远千里竟结成了忘年之交。他们经常通过各种通信手段就当下语文教学中的一些热点话题，做西窗剪烛式的交谈……"这呈现了我与先生一对一、亦师亦友、无所顾忌的对话。这种私下的对话，因为更宽松的环境，更自由的心态，而能迸发出更多的火花……

今年是周先生从教六十五周年暨八十寿辰。我突然想起，当年华君武为晚年叶圣陶画了一幅《喜看草人着新装》的漫画，旁题："八二年五月重读《稻草人》有感作此请圣陶前辈一笑。"画的稻草人是一个小孩子，和叶圣陶并排……都戴着红领巾，就像祖孙俩，一老一少，相映成趣。叶圣陶一生为语文教育写了那么多文章，编了那么多教材，用潘新和教授的话说：

“都为了孩子，为了那些处在无法摆脱生存困境中的人们，那些如‘稻草人’般既无力助人也无法自救的人们，他所做的，就是要给他们助人、自救的工具。”

我突发奇想，如果我是一个画家，我想画一幅画：一边画容膝斋，一边画小学语文“淘宝网”，先生戴着一条红领巾，笑眯眯地端坐其中。以此，作为送给周一贯先生八十寿辰的贺礼，表达我的敬仰之情。

2015 年 4 月

（胡亨康：福建连江兴海学校校长。中国写作学会现代写作委员会会员。长期从事小学语文评课性文章写作，100 多篇作品散见于《福建教育》《语文教学通讯》等刊物，应邀为广东“名思教研”做现场写作评课专家，出版个人专著《评课：对话的艺术》。）

在容膝斋磨课的日子里

·张幼琴·

作为绍兴的小学教师，能走进周一贯老师“倚南窗以寄傲，审容膝之易安”的容膝斋，成为他的入室弟子，应该是每个有志向的语文老师的梦想了。何其有幸，我能圆梦容膝斋，成为他的入室弟子！

周老师经常开玩笑说：“张幼琴的名字，我早有耳闻啊！”可是不擅交际的我，直到2009年才得以近距离接触周老师。那年山西教育音像出版社来我校录制《生本课堂》专辑，作为学校顾问的周老师亲自指导四位上课老师，我是其中一个。至今仍保留着周老师帮我修改的第一稿教案，蓝色圆珠笔一丝不苟地修改每一个字词标点，工工整整书写修改建议，那份感动和惭愧犹在眼前。那年暑假，我终于主动敲开了周老师的门，走进了梦寐以求的容膝斋：三面落地书柜仍无法安置满溢出来的书籍，案上古旧台灯前戴着老花镜仍奋笔疾书的周老师，和南窗前葱绿的吊兰、窗外挺拔的绿树，定格成了我最难忘的记忆。后来，我成了容膝斋的常客，帮周老师处理文稿，向周老师请教问题，尤其是和周老师一起磨课，成了我在容膝斋里的最美时光。

2014年，周老师推荐我在“千课万人”低年级课堂教学观摩会上执教《活化石》一课，我带着满怀的感激和更多的忐忑再次走进了容膝斋。近一个月的磨课经历让我对周老师一以贯之提倡的“生本教育”“学本课堂”，以及在《小学语文教师》（2013年10月刊）上刊发的《“为谁教”，从来没有如此重要》，由此引发“为谁教”的语文课革新命题，有了更具象的解读。

凸显学习方式变革

我带着第一稿教案走进容膝斋，向周老师阐述我对《活化石》一课的文

本解读和初步教学方案，他言辞恳切的鼓励让我倍受鼓舞，他认为这是一堂优秀的低年级阅读教学课，目标明确，落实到位，环环相扣，但是他也婉转地指出这是传统意义上的好课，程序细密、小步推进，在当下课堂教学改革进入深水区时，意味着不再是在方法或技术上做些小修小补，而必须有结构性的改革："从学生中来—在学生中做—到学生中去"的学习实践。我们的教学，从课堂教学的理念到教学手法，从教学方案的整体设计到教学细节的精心安排，从课堂上师生之间的关系到课堂教学结构，都必须而且应该发生根本性的变化：突现大量的、形式丰富的语文实践活动。学生实践活动就是学生由原来的被动接受，转为主动参与语文实践，通过互动讨论、问题发现和探究实践解决语文问题，进而掌握语文智能，实现学生语文智能技能和身心健康的全面发展。

周老师的一番指导给我很大的启发，可是长期任教低年级的我，要在低年级的阅读课堂上进行大刀阔斧的改革，仍是心存顾虑，周老师高屋建瓴的理念能化作课堂操作吗？抱着试试看的想法，我大胆地修改教案，打算第一次试教。本不想让周老师从绍兴赶到柯桥来听我试教课的，可他主动打电话来问试教时间，当我提出到绍兴试教，以免他奔波时，周老师竟心思细腻地考虑到第一次试教成败关系到我的自信心，主动提出搭家住绍兴老师的便车，一早赶到柯桥听我试讲。试教不是很成功，在校长的质疑声中，他仍然肯定我的大胆尝试，并针对课堂中出现的问题马上提出了两个可行性修改建议：

1. 构建大板块的学习实践。

把设计中零敲碎打的实践整合成两大板块，一是作"小小讲解员"介绍活化石，以"小小讲解员"的学习任务驱动学生自主解读，贯穿整堂课的教学，以学生的自主解读代替教师的讲解，化教为学，变革学生听老师讲的传统学习方式。二是制作银杏树的展览标签，把银杏树这一段的讲读完全转化成学生的自主解读，从学生的学习心态上，由被动消极接受向主动质疑探究转变。

2. 充分展开学生的学习过程。

有意义的学习，大多是在做中学的。因为只有在亲历亲为的实践中，学习者才能获得真切的体验。所以，学习语文只能在识字中学会识字，在阅读中学会阅读，在习作中学会习作，舍此别无他途。因此课堂必须让学生充分展开学习的过程，要允许学生犯错，让学生体验从不会到会的学习过程。如对“化石”的理解，教师不直接给出答案，而是通过引导学生自主朗读、圈画关键词等使他们自主解读课文。这样学生在学习过程中内化语言，提升能力，学习才真实地落在学生身上了。

凸显学生本位

试教后，周老师督促我及时修改教案并整理反思，注重学生的课堂实践。两天后，我带着修改后的教案走进容膝斋。周老师戴起老花镜仔细地为我修改教学设计，尤其是对教学目标和设计理念作了提炼指导。后来，我又多次试教，周老师虽未听试教课，却每每接到我的求助电话后耐心询问，细致解答，并反复提醒，课堂中要凸显学生本位。记得3月底的最后一次试教，周老师又坐到了课堂上。试教比前几次成功，他让我谈谈试教感受，我提出自己的疑惑：在学生“学什么”方面，几次试教下来并无多大变化，但学生的课堂气象却大不相同，这是为什么？周老师点头称是，微笑表扬我在课堂上对学情的关注度，并让我整理前后几次试教的实录片段，做自我剖析。在周老师的督促下，我整理并做了如下反思。

什么是“化石”？——从教师告知到学生自主解读

（A）

师：（播放各种化石图片课件）知道它们都是什么吗？（生：化石。）

师：咱们来写写这个神秘的名字。（师板书“化石”，重点指导“化”）你知道什么是化石呢？

生：化石就是动物死后的骨头。

师：亿万年前的动植物，它们因为一些特别的原因被埋入地层，渐渐地都变化成了像石头一样的东西了，这就叫化石。那么什么是活化石呢？让我

们走进今天的课文《活化石》去看个究竟吧！

（B）

师：下面我们跟着小小讲解员的镜头，来一次浙江自然博物馆网上游。（播放课件：植物化石、动物化石照片及标签，学生互相讨论，兴趣浓厚）走进博物馆，你们看到了什么？

生1：我看到了猛犸象化石，恐龙化石。

师：除了动物化石，还有……（生补充：植物化石）知道化石是什么吗？

生2：我知道化石就是一个活的物种死掉以后，它的骨骼埋在土里，后来又经过许多次的变化就变成了化石。

师：了不起，你还知道“物种”这个词，真是个小博士。化石是什么时候的物种呢？是不是只有有骨骼的动物才能变成化石呢？（生摇头）现在说不清楚没关系，我们到课文里去找答案，哪段话在提示我们什么是化石？（生读第一自然段）读着读着，我们发现原来化石就是……把关键词语圈一圈。

生：课文里说，化石就是亿万年前动物、植物，（投影出示学生圈画亿万年前的动物、植物）它们死后，变化成了石头一样的东西。

师：你用圈画关键词的方法自己理解了化石，真了不起。如果亿万年前的动物、植物顽强地存活到现在，科学家们就把它们称为……（生齐说：活化石）我们一起写课题。（师板书“活化石”，重点指导“化”）

思考：第一个片段中针对“化石”这个比较抽象的定义，为了避免过多纠缠，我采取了回避的态度，采取教师直接告诉的方式。但是周老师在电话中反复叮嘱：一定要基于学生学习主体，让他们自主地质疑、解疑，你要相信学生有这个能力！这是学生知识的朦胧处，教师不宜直接给予，而是从学生这一真实起点出发，通过引导他们自主朗读、圈画关键词等，引导学生自主解读课文的说明性语言来解疑。于是有了第二次设计，引导学生通过自主朗读课文理解“化石”，课堂上虽有片刻的冷场，但学生的思维火花却在自主解读课文，获得自主感悟后迸发。

在周老师的不断鞭策下，《活化石》一课得以成功。然先生教给我的，又岂止是一堂课呢？如何“以生为本”，如何物化成果，如何勤于思考，如何坚持教育原点……每一次在容膝斋的促膝谈话都令我获得深刻的启发和无穷的动力，我愿如先生窗前的吊兰，在容膝斋的书香氤氲中，明媚向阳，四季葱茏。

2016 年 1 月

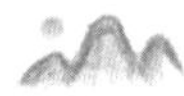

跟随周老师
——纪念周一贯老师从教60周年

·俞东江·

第一次见到周老师是在1994年8月，我刚毕业，正值秋瑾小学招聘教师，我报的是美术。在才艺展示现场，我见到一位目光炯炯、风度翩翩的考官，就把自己的篆刻作品（长卷）交给他看，他连连点头，赞叹不已，并把我推荐给其他考官。那时，我还不知道他就是周一贯老师，只感觉这位考官不一般。

第一次接受周老师的指导是在1997年，学校请周老师“坐堂门诊”，一对一地解答老师们提出的教学困惑。

第一次成为周老师的弟子是在1998年，在孙校长的推荐下，我成为绍兴县小学语文名优教师研修班的学员。此后，我又参加了绍兴市的小学语文名优教师研修班，再次成为周老师的弟子。2008年，我荣幸地成为周老师的入室弟子。周老师桃李满天下，能够得到周老师的赏识和栽培，我一生感激不尽。

周老师第一次听我上语文课是在1999年，当时是绍兴县名优教师研修班的学员为各镇的教师上示范课，周老师听了我上的《我能到中国去了》后，拍了拍我的肩膀，夸我教学基本功扎实，课上得不错。此后，周老师听过我很多课，每次评课，周老师或是夸赞，或是鼓励，或是帮我分析如何改进教学方法，从来没有严厉的斥责。

周老师第一次带我外出上课是在2002年，我们一同参加了仙居县田市镇中心小学的板块研读教学研讨活动，我执教了《比金钱更重要》两课时。

此后，周老师带我去过杭州、宁波、温州等许多地方上课，还多次推荐我在全国名师课堂教学观摩会上献课，使我在一次又一次的公开课中得到了锻炼。

…………

每次与周老师在一起，我们谈得最多的是语文教学，因为这是周老师一生的最爱。今年是周老师从教60周年，而我，跟随周老师是在他退休后的十余年。十余年的时间里，周老师的语文教学思想对我的语文教学有哪些影响呢？

板块教学：追求简约语文

周老师的研究性阅读教学策略，曾一度风靡绍兴。它打破了以往阅读教学一问一答、串问串讲的教学模式。周老师把阅读教学分为“初读”和“深读”两个阶段，“初读”阶段要求扎扎实实地进行字词教学，把课文读通顺，了解课文大意；“初读”是“深读”的基础，“深读”阶段，引导学生围绕研读专题开展研究性阅读。

周老师提出的板块式研究性阅读策略，最明显的优势就是化繁为简。这里的板块是指课文中比较集中而又相对独立的，由问题情境形成的“结构部件”，即教学的过程、教学的内容呈板块状并列而又一步一步地逐层深入。这样的板块一般是一到二个，不超过三个。如教学《蒙蒙细雨》时，我只设计了一个板块：妈妈在这一个细雨蒙蒙的早晨，在家和学校之间走了三次，每次大约用了多少时间？教学《比金钱更重要》时，围绕“纸条”设计了两个板块：（1）这次交通小事故的原因有很多，“我”为什么不把这些原因写进纸条？（2）车主在纸条上只看到“我”的姓名、电话，可他并不在现场，不知道这次事故的来龙去脉，为什么还要感谢“我”呢？教学《桥》时，两个课时安排了三个板块：一座桥、一座山、一座碑。

板块教学使教学流程（思路）更加清晰，使教学过程更加简约，但又不失丰满细腻。对于传统的“串讲式”阅读教学而言，板块式研究型阅读教学策略是一种创新与突破。

阅读起点：倡导课内预习

周老师认为，第一课时应当是“零起点”的。“零起点”指的是学生课前没有预习或没有接触过课文。这样的课“货真价实”，我们能够清楚地看到学生如何在老师的引导下识字学词、读通课文，从不会读到会读，从不懂到懂的正常的阅读过程。

有一年，周老师带我去义乌上课，看了我的《桥》教学设计后，他说：“你的设计很有新意，但词语教学的分量不足。”我解释说：“我采用的是分散学词，只能挑选一部分词语，其他词语的学习只能单独安排一个环节了，但这样做恐怕会破坏设计的整体美感。”周老师说：“词语教学，你不能犹豫，这个环节必不可少。”

周老师经常强调，课时目标的定位一定要准确，掌握生字新词，读通读顺课文，理清文章脉络是第一课时的“根本”，不能把第二课时的“精彩”强加给第一课时。其实我们完全可以把预习放到课内进行，教师在课内指导学生保质保量地预习好课文。周老师说得好：“让每一个孩子学好字词、读通课文，这是阅读教学的底线，是我们语文教师的职业道德，更是我们语文教师的良心所在。”

弹性设计：实践生本课堂

周老师的“弹性设计”理论在全国影响很大。长期以来，我们的教学设计一直以“硬设计”为主，注重教师的深度解读，强调设计的环环相扣，期待课堂的行云流水，而作为学习主体的学生，成了教师的“配合者”，学生的“个性化解读”“多元感悟”“独特体验”却不见踪影，教师成了主宰课堂的人。

周老师提出的“弹性设计”看重的是课堂现场，因为课堂现场具有生成性、开放性，具有诸多变数和不确定性，所以教学设计要给学生留出更多的“弹性时间”和“弹性空间”，教师必须在课堂现场根据学生的学情来调控课堂，做好随时修改的准备，采取灵活多变的教学方略，真正达到“平等对话”，实现“生本课堂”。

《掌声》的第3自然段写到了孩子们的掌声，我先让学生找出这一段话，让学生自己轻声读一读，再师生对读，读完后问学生：这段话中哪些词语引起了你的警觉？就像你在漆黑的夜晚突然发现了一点亮光。这样的设计，增加了教学的“弹性”，学生有了更多思考探究的机会，原本教师的一些提问在学生交流的过程中反而让学生自己领悟了，如第一次为什么鼓掌，第二次为什么还要鼓掌；听到第一次掌声，英子为什么流泪了；听到第二次掌声，英子为什么深深鞠躬。

弹性设计，其实对教师提出了更高的要求，我们要充分相信学生有学好母语的天性；要以各种方式调动学生的听说读写，如以学生的读来代替教师的问，以学生的练来代替教师的讲；要有现场生成的调控能力。

越派语文：追寻绍兴风味

2005年7月，我们与周老师聚谈之际有了“打造越派小学语文教学艺术群体风格”的意向。之后，周老师用“亲和醇美”四个字对“越派语文”的群体风格作了诠释：亲，以亲切之心，亲近之态，亲和之效，体现为国爱民、赤子之心的绍兴名士文化；和，以平和之心，和爱之情，和谐之境，体现兼容并蓄、以柔化刚的绍兴鉴水文化；醇，以醇正的风味、醇郁的积淀、醇香的魅力，体现醇美芬芳、厚积薄发的绍兴黄酒文化；美，以生活之美、朴实之美、创新之美，体现与时俱进、精益求精的绍兴轻纺文化。

我最欣赏的是“醇”，从“醇”字中我感受到了语文教学与绍兴文化千丝万缕的联系，越派语文的课堂色泽，应如绍兴黄酒一般晶莹澄澈；课堂气息，应如绍兴黄酒一般馥郁芬芳；课堂味道，应如绍兴黄酒一般醇厚甘甜；课堂营养，应如绍兴黄酒一般让人神清气爽。越派语文浓郁的语文味，浓烈的厚重感，浓挚的情感力，浓重的艺术美，正是我在语文教学中所要努力追寻的。

在语文课上，我会不由自主地去搜索课文中的“绍兴元素”。执教《夏日绝句》时，我给学生介绍鉴湖女侠秋瑾“身不得，男儿列；心却比，男儿烈”的诗句；执教《自己的花是让别人看的》时，我给学生讲“山阴道上，应接不暇”的来历，介绍绍兴城西南郊外“山阴道”的著名景点以及南宋诗人陆游漫步山阴道写下的“山重水复疑无路，柳暗花明又一村”；执教《威尼斯的小艇》时，我告诉学生绍兴也是美丽的水城，被誉为东方威尼斯；执教《难忘的一课》时，我向学生介绍许寿裳（绍兴县福全镇赵家坂人，鲁迅生前好友，现代著名教育家、文字学家、传记作家）在台湾推广汉语的事迹。这些介绍花时不多，既拓展了文本，又使语文课增添了醇郁的“绍兴风味”。

多年来，周老师对我们后辈的成长倾注了许多的关怀和帮助，他的教育思想对绍兴的语文教育和语文教师都产生了深远的影响。一说起绍兴的语文教学研究，周老师的名字就会脱口而出。

周老师常说“退而不休”，只要生命还在，对语文教学的研究就不会停止。周老师是在用自己的行动践行着一名教育工作者的生命追求。周老师丰硕的理论著述和实践案例，将是我们传承和开发的宝贵财富。我的耳畔时常响起周老师说的：“简单的工作反复地做，而且越做越好，这就是专家；反复的工作，开心地做，而且越做越快乐，这就是赢家。专家加赢家就是大家。”试问，小学语文教学这个“简单”的工作，谁能六十年如一日地专心致志地做？谁能六十年如一日地坚持不懈？周老师是名副其实的大家！

2010年，在周老师从教60周年庆祝之际，真心感谢周老师对我的厚爱和教诲，跟随周老师是我此生莫大的幸运和幸福，真心祝愿周老师健康常在、激情永驻！

2010年10月

受业白首君莫笑　桃李芬芳正当时

——记良师周一贯先生

·董　霏·

这是一间并不宽敞的书房——一盆米兰在窗台上散发着淡淡的幽香，密密的书架上，拥挤着各种版本的书刊。甚至连桌椅板凳和窗台上，也堆满了手稿和杂志。这里是书的世界，这里是书的海洋。在这待命寂然的书页中，使人聪颖和富足的知识正散发着浓郁的芬芳，思绪的翅膀在大地和天空之间翱翔……

作为先生的邻居，我曾无数次看到先生风尘仆仆地回到自己的家中，在那间被自谦为“陋室”的书房中小憩。在这里，先生时而在窗前撰写论文，稍候片刻，又要悉心指导前来求教的年轻人……

古人云：天下翕然师尊之。良师是禀赋特殊的人，沉潜专注，持之以恒，以传道受业解惑为人生目标，以求知写作治学为至上愉悦。在这不多的良师中，先生是最值得尊敬的一位了，先生以他深入浅出的讲述、条分缕析的阐释、循循善诱的教诲、凝重大落的教态、工整遒劲的板书及平易近人的长者风范，旁征博引的广博知识，赢得大家的极高赞誉和无比钦敬，他自然而然地成了我最尊敬的老师。

先生平生服膺“板凳要坐十年冷，文字不写一句空”的格言，在他五十年的教学生涯中，除在教育界默默耕耘外，一直坚持学术研究，从未辍笔。先生极喜书，每日黎明即起，看书、记笔记、整资料、做卡片，一天的工作时间超过十几小时。这种被顾炎武称为“采铜于山”的工作无疑是极其艰巨的，但先生却自谦为“拾麦穗”。正是凭着这种孜孜不倦、日积月累的功夫，先生建立起了他自己的“信息库”，为《语文教学训练论》《语文教学优课论》《阅读课堂教学设计论》《新概念作文研究》《“研究性阅读”教学探索》等著作的完成奠定了坚实的基础。先生众多的著述是一些品位高、具有重要学术价值的佳作，有的填补了学术领域的空白，居领先地位，从中可以寻索出先生终生致力于语文教学研究的轨迹，洞晓其付出的心血，窥见其取得的显著成就和重要贡献。正由于此，全国著名语文教育专家朱作仁教授这样评价先生：“近些年来，您在小语研究中做出卓著的成绩，在外省同志中我时闻对您的称道。可以说，您的贡献是全国性的，您是小语教学领域中的佼佼者，令人称道。”

“学生，一届一届地教；知识，一点一点地积累；人生之路，一步一步地走。”这，就是先生生活的主题词。

先生是个性格开朗、胸襟宽广的人，他不仅以显著的教学成就及其在学术研究中所体现出来的高贵学品赢得学界称赞，而且在他身上突出显现的助人为乐、与人为善、淡泊名利而笃于情谊、平易谦和又奖掖后进的美德，众口皆碑；先生明理处世，他一向把修身养性看作是一个日积月累的过程，是体现自我价值的自觉活动。因此，他无论是在教学实践还是对德行品格，事必躬身践履，终生身体力行。关于这方面的事例，数不胜数，仅从其中举几例如下。

例一，先生 15 岁穿上戎装，很早便投身革命。到转业之时，正值国家政通人和、百废待兴，需要大量人才，这对于一个青年来说，是寻求工作的绝好机遇，但他却毫不犹豫地提出要当一名农村教师，从事教育工作。由此可以看出他不为名利所动和立志献身教育事业的操守。

例二，先生从 20 世纪 80 年代起先后兼任全国语文教学法研究会板书研究中心学术委员会副主任、浙江省九年义务教育阶段小学语文教材编委会副主编、绍兴市语文教学研究会理事长等。可见，先生是知名度较高的专家。虽如此，但他总是把自己当作普通人，从不以专家自居，决不搞特殊化。他社会活动繁忙，非参加不可的大小会议甚多；同时他还身兼七所学校的顾问，带教许多青年教师。可人们眼中的先生还是拎着他那只很不起眼的提包，经常穿行于城市和乡间。

例三，“玉经琢磨多成器，剑拔沉埋便倚天”。先生始终认为，青年教师的成长，是他们长者应该关心的事，我们的教育事业，需要有年轻人来赶上前人，超过前人。他平生爱才若渴，对乡里后学倍加奖掖，手把手地指点年轻教师从事教学研究和实践。先生在1999年因用眼劳累过度导致视网膜脱落而住院，但在住院期间不忘指导来求教的年轻教师，并特别嘱咐家人打电话通知有关老师来他家取稿。桃李无言，下自成蹊。从开办名师研修班授课讲学到接待登门求教者，从素不相识到忘年之交者，先生的弟子已遍布天下。

例四，先生已是六十多岁的人了，今天回到家里，明天又要去外地讲学；先生每年要撰写、整理数十万字的书稿、论文，加上反复修改和思考，工作量已经十分惊人了。可是，先生没有忘记自己的义务，在先生的案头，始终有来自四面八方的稿件、信件，他都会认真阅读，提出意见或亲笔回信。先生真忙，即使把三百六十五个黑夜变成了白天，也干不完自己应干的工作。因为，先生说过：事业无悔，岁月无憾，求索无涯，诲人不倦。人只要活着，每天都迎着新的太阳，进入新的起点！

是的，昨日他的胸中容纳过隔夜的风风雨雨，今日，他的胸中却回荡着关于未来的畅想曲。他的青春已经过去，可是，他的胸怀却更加宽广，像那闪着碧波、荡着泡沫的海面，任那些年轻的海鸥，在他的心的波峰浪谷间飞驰而过。

最后，引撰一联，颂美先生的成就，谨以此作为结语：

文思回翔，绛帐春风三千弟子；德才并美，灵溪妙谛一代良师。

2001年9月

（董霏：高级教师，曾担任绍兴市北海小学教育集团副总校长。曾先后获得绍兴市名师培养对象、绍兴市小学语文学科带头人、浙江省教科研先进工作者和浙江省青年科研标兵等荣誉。）

年轻的老头
——在绍兴县第三届小学语文骨干教师研修班结业联欢活动上的讲话

·李建忠·

看到尊敬的周老师、黄老师依然那么神采奕奕，容光焕发，我非常高兴。其实我这感恩的心和大家是一样的，现在允许我念几句，这是我昨天晚上临时写的小诗，题目就叫“年轻的老头”。

七十余年的人生风雨，
半个世纪的杏坛追求。
虽然已经是满头银发，
却依然清新、醇厚。
在希望的田野上耕耘，
人说年轻而可爱的老头！

这应当是开发生命的事业，
本色语文不要墨守成规，
留住传统经验的根。
您终身学习，终身行走，
终身甘为人梯，
人说年轻而可敬的老头！

您教育我们要善于学习，善于思考，

善于实践，善于总结，
您还说人贵立志，身贵平常，
心贵专一，意贵寂寞。
于是在您的教育下，
我们也学会了学习，学会了行走，
玲珑桃李满天下，何用堂前更种花。
人说年轻而可亲的老头！

这里我想说：“大恩不言谢！”跟在座的一样，向周老师表示深深的感谢！谢谢大家！

2007 年 6 月 23 日

（李建忠：原绍兴县第一届名师研修班学员，师从周一贯先生、于永正先生。曾任绍兴县实验小学副校长，绍兴县柯桥区教育体育局副局长，柯桥区党校副书记、副校长，柯桥区文广旅游局党工委副书记、副局长。现任柯桥区人大常委会华舍街道工作委员会主任。）

一个乡下囡的回答
——在“周一贯先生从教65周年暨周一贯教学思想专题报告会”上的发言

·王 芳·

2015年5月22日上午，在绍兴市柯桥区实验小学的礼堂里举行了一场教育盛会——特级教师周一贯先生从教65周年暨周一贯教学思想专题报告会。我有幸作为原绍兴县第三届小学语文名师班的学员代表参加了此次活动，更让人激动的是有机会在会上发言，能够道出心里对恩师的那份感激和景仰。

——题记

敬爱的周老师，亲爱的学长、学姐和可爱的老师们：

在这样一个隆重的场合，我，一个成绩平庸、名气全无的“小不点儿”，恐怕是周老师所有的弟子中最不才的一个，居然能够站到台上来发言，真正是极意外的事儿。昨天接到要在会上发言的指令后，我曾一度傻傻地坐在窗前，想了很久也不能把这事儿想明白，总觉得有那么一点点不真实，有那么一点点不靠谱。后来，总算找到了一个看起来颇为合理的解释：我好比是班级中那个看起来不太作声、常常走神、叫老师担心的孩子，突然间被指名站起来回答问题，（“王芳，侬来话话看！”）哦，老师是不是想以此来警醒我，点化我？

是啊，那三年的时光，我不正是在周老师的警醒和点化下成长的吗？

刚开始时，我老觉得自己只是一名从山旮旯里走出来的非师范类的名不见经传的乡下人，因而常常自卑地坐在教室的一角，从不敢主动地发出一点声音表示自己的存在。周老师仿佛看出了什么，主动向我询问缘由，我怯怯地说："我总觉得自己是小儿科……"周老师和蔼地笑着："小儿科？小儿科医生最难当呢！"被周老师这么一说，我的心结打开不少：是啊，如果一个人被自己看轻，还有谁会看重你？于是，我慢慢地学习表达自己的想法，慢慢地学习去思考，去做摘抄，去发表一些看起来很稚嫩的文章，以此来证明"我思考，我存在"。

最难忘的事之一便是做摘抄的经历。周老师常常说，厚积才能薄发，每一项研究和发明都需站在前人的肩膀上。于是，我买了好几叠文摘卡，读一篇文章，一定要将其中的精妙之语记录下来。那时候突然觉得，读书读报居然可以"有所事事"，因为要边读边记，看起书来自然就不会"与周公约会"了。读读记记，记记读读，有时记着记着就会产生新的想法，一一整理出来，结合自己的教学实践，组织语言，形成文字，俨然成了一位真正的研究者。三年下来，文摘卡累积了好几盒，摆于案头，随手翻阅，如获至宝。更为宝贵的是居然不知不觉地养成了时刻"爬爬格子"的习惯，但凡有一点感悟都要记录。

很是怀念府山脚下西小路的那段时光。我们 43 名同学总是如约来到那里，多次聆听周老师关于教学方面的耳提面命，"研究性阅读""本色语文""越派小语风格""优课教学论"，等等，这些不但让我见了世面长了见识，更多的则是一次次的自我反省与得到激励。聆听周老师声如洪钟的教诲，感觉浑身充满了力量，总像一只打足了气的皮球。我们暗地里戏称他为"精神的营养师"。在当下生存环境下，这类营养的确要时常供给，否则，迟早是要松懈，颓废直至崩溃。

——不要怨天尤人，那样只会让你意志消沉。

——归根到底要有一颗平常心，要学会放下。

——看庭前花开花落，宠辱不惊；看天上云卷云舒，去留随意。

听周老师讲这些话的时候，我总觉得是一位满头银发的长者在跟我们分享他经受生活的种种历练之后的最真切的体验。不说教，更不空洞，如同一

味熬制了很久的药，医身更医心。翻开那本叫“幸福守望”的结业小册子，我读到了八年前同学们对周老师满满的感恩。

我也找到了自己曾写给周老师的话，请允许我在八年后的今天深情地念给您听——

您是一位神奇的花匠，播下一颗颗叫“思想”的花籽，撒下一粒粒叫“鼓励”的花肥，结下一个个叫“生命”的花蕾。

报告周老师，我的问题回答完毕，您是不是很欣慰？因为那个曾经看起来不太作声、常常走神、总让老师担心的乡下来的孩子真的进步了很多！她从心底里真诚地祝福您身体健康，岁月静好！

2015年5月

（王芳：原绍兴县第三届小学语文骨干教师研修班学员，季科平“童真语文”工作室成员，柯桥区作协会员，兰亭镇班竹小学语文教师，高级教师，柯桥区小学语文学科带头人，曾获柯桥区小学语文优质课一等奖，多次获柯桥区教师论文评比、读书笔记征文比赛一等奖。）

一个农村教师的知遇之恩

· 倪水良 ·

参加工作的头几年，我一直在农村完小工作，学校处于绍兴最北部的海涂，平时除了教几本书就是改几本作业，很少有过对教学研究的敏感与冲动。第一次听周老师的评课，是在当时的绍兴孑民电影院。当我看到满头银发、精神矍铄的长者在台上对每篇课文的独到解读，对每位执教老师的精彩点评，对教学理论信手拈来和对听课老师的积极鼓励，感觉他就是脚踏河岳、昂首云霄的语文长者和智者。 一起听课的老师说，他就是周一贯老师，后来偶有遇到周老师来乡镇讲座评课，每听一次就会热血沸腾一次，不仅仅是因为其广博的学术，更因为他对语文的执着和对老师的殷殷教诲。

在绍兴县马鞍教书几年，慢慢参与一些赛课活动，也在镇上获得些许荣誉，那一年我有幸参加了县名优教师骨干班培训，周老师是我们的导师，我第一次成为周老师门下弟子。我清楚地记得，培训班第一次开课，周老师要求每个老师都要相信自己，脱稿演讲，介绍自己和对语文及自己未来的规划。那一天，我还特意理了个发，轮到我介绍的时候，我说进入这个培训班，我要从头开始，讲好小学语文老师的故事。记得培训的间隙，周老师与我交谈，他说对我的演讲印象很深，感觉我的素质还不错，鼓励我趁年轻要大胆展示自己。聊起工作环境，得知我是从海涂过来，他很有感情地说年轻时曾参加过“围垦海涂”大军，那峥嵘岁月让他至今难忘，并告诫我要发出一个农村教师的声音，地理的边缘并不代表研究的边缘。培训班每个学员依次上课，周老师从来没有缺席过，一节一节地听，一节一节地评。说真的，周老师这么认真地听评，我们怎么能不认真地上课呢？我第一次在周老师面前上的是

《丰碑》一课，上了40分钟，周老师足足给我评了一个多小时，从字词理解到文章解读，从预设到生成，娓娓道来，在我年轻的心里又一次烙下深深的敬佩之情！

那年5月，无锡有个考察团来绍兴考察，周老师点名要我给他们上示范课。课前，周老师还几次要求把教案发给他，几经修改指导，他才让我大胆去上课，于是，我在柯桥开始了第一次的省级公开课《草原》，受到与会教师的一致好评，更树立了我的信心。

那年，《小学语文教学》要求做一期“周一贯老师语文教育名师工作室”的专刊，周老师把我们六个年轻的成员召集在一起，强调工作室奉行“实至名归”的信条，写出好文章，上出好课堂，发出好声音。要求每篇文章要守正创新，把每一篇要刊登的文章和照片都发给他一一修改审核。每次拿回周老师用红笔一字一句修改过的论文、案例，既感动又心疼这位已八十高龄的师者和长者，又教我怎能不努力呢？

每次座谈，听周老师说得最多的一句话就是：要始终做一名老师，做一名好的小学老师，名师是学生培养的。我把这句话铭记于心，不管工作怎么变化，始终把一个小学语文老师的责任放在首位。工作单位不断变化，从普通老师到副校长，再到校长从教24年，坚守24年的小学语文讲台。我也从最初的靠近海涂的村完小，最基层的农村小学教师开始，力争上好每一堂课，带好每一个班级，教好每一个学生，所带学生在全省演讲比赛、全省作文竞赛中多次获奖。个人也先后取得县中师生比武第一名，树人杯比武第一名，市语文优质课一等奖，获得学科带头人、技术岗位能手、十佳青年教师等业务荣誉。

近年来，我自感在业务上似乎有所停滞。每次见到周老师，他总是语重心长地问我：“倪水良，最近在忙什么啊？可不能忘记语文这块田啊，要向更高的目标努力哦！”每每听到鼓励和鞭策的话，我既心动又脸红。2020年我被评为柯桥区名师，当我向全区老师做介绍的时候，我说我永远不会忘记周老师一直对我的扶持和鼓励。当我把这个消息告诉周老师的时候，他为我高兴，并再一次鼓励我：你要努力，你可以走得更远！

在周老师门下受业，他为我指导的文章不下几十篇，经周老师指点修改后，我方能大胆地发表于《小学语文教师》《小学教育参考》等核心刊物；为我指导的公开课也不下数十节，经周老师指导后，我方能大胆地参与赛课活动；跟随周老师追求简约课堂，潜心研究阅读，实践生本课堂，追寻越派语文。

“仰之弥高，钻之弥坚！”周老师在杖朝之年，其魅力和人格越发不可企及，他一生的经历对当今学人有着重要的意义！

2022 年 9 月

（倪水良：浙江省绍兴市柯桥区秋瑾小学校长，高级教师。曾获得绍兴市语文优质课一等奖，被评为区学科带头人、区技术岗位能手、区十佳青年教师、柯桥区名师，积极探索“快乐、简约、高效”的小学语文有效性研究。）

我相信你可以的

——在“周一贯先生从教65周年暨周一贯教学思想专题报告会”上的发言

·季科平·

尊敬的周一贯先生，各位领导，各位老师：

大家上午好！

今天我发言的题目是“我相信你可以的”。从1998年教师节到今天一共是16年8个月零12天，在追随恩师行走的这些日子里，他总是对我说“我相信你可以的”。这是真的吗？我真的可以吗？

当我成为县第一届名师班的插班生时，面对着这么多优秀的同学，我的心中满是自卑。可恩师却告诉我：“不要急，慢慢来，我相信你可以的。”当我第一次开讲县级送教课时，看到恩师期盼的眼神，我是那么的失落，可恩师硬是帮我找出一条条的优点。他说：“我相信你可以的，你一定能上出更好的课。”

原先我从来没有想过我会出版自己的专著，更没想过还会出版第二本；原先我从来没有考虑过，我也可以提出自己的教学主张“童真语文”，可以成立自己的“童真语文”工作室；原先我根本不敢奢望，我可以参加特级教师的评审……是恩师，让这一切的不可能都变成了今天的现实，恩师总是一次又一次地鼓励我“我相信你可以的”，这份鼓励一直温暖着我，他传递给我的是无穷的助我前行的力量。

感谢恩师让我破格成为他的学生，我因此拥有了崭新的起点，拥有了完全不一样的语文人生。感谢恩师选择我担任了县第三届骨干教师研修班的导师助理，让我拥有了更多锻炼的机会，拥有了非同一般的成长经历。感谢恩师选择让我参与从教65周年暨80华诞纪念册的编辑，让我拥有了更多感动的空间，拥有了净化心灵的真切感悟！

从成为周老师的学生那天起，我就知道自己这一生也将与小学语文紧紧相连。“我相信你可以的”，很多时候我为了一次次印证恩师的这句话，唯有不断地挖掘自己的潜力，争取让自己变得更优秀。或许就是在这样的过程中，我获得了一点儿一点儿的成长。对恩师的感激，无法用语言一一表达，可以说是恩师成就了今天的我。革命人永远年轻，恩师就是语文原野上年轻的革命人。那份蓬勃向上的力量，那份始终如一的执着，深深地影响了我！那么，就让我把所有的感激化为行动，向着恩师指引的方向，努力前行，永不放弃，让生命与语文同在！

感谢恩师，感谢大家！

2015年5月

这一场美丽的相遇

·季科平·

如果真有前世，那我就要感谢前世的修行，让我今生拥有了这一场美丽的相遇。我非常清楚地知晓：如果没有和他相遇，我不知道我的语文之路会通向何方……不知道还有多少青年教师也因为与他相遇而爱上了语文，或许他自己都已经无法计数了。

记得第一次见到他，还是 1988 年，那是我参加工作的第二年，在绍兴市嵊县长乐镇校。直到现在，我还是清晰地记得他精神抖擞的模样，那一头乌黑发亮的头发尤其引人关注；记得他激情飞扬的讲座，那富有穿透力的声音犹在耳边。当时，他的手中没有一页讲稿，可他就这样洋洋洒洒地讲了一个上午，整整一个上午，思如风发，语如泉流。那一天，他的名字深深地印在了我的心上：来自绍兴的鼎鼎大名的周一贯老师。1993 年 8 月调到绍兴工作后，我看着一些年轻教师有幸成了他的学生，心中除了羡慕还是羡慕。1998 年教师节前夕，周老师到当时我所在的学校指导教学工作，我终于鼓起勇气向周老师倾诉了这十年来的期待，道出了深藏心底的那份请求。很快，周老师答应让我去小语名师班学习。十年的梦想就这样成真，十年的期待有了最美好的结果，一场美丽的相遇就这样开始了。

一片冰心在玉壶

成为周老师的学生后，我跟随他读了一届又一届的名师班。进第一届名师班，我是“插班生”。读第二届名师班，我成了“留级生”。读第三届名师班时，我做了他的“导师助理”。开始的时候，我只是跟着他做研究。2000 年，我第一次跟着周老师编书，编写《小学语文尝试教学设计》一书，他让我负责其中一个章节。2001 年，我参与《天天创新——小学生智力游乐园》一书的编写，这次他让我和几个老师一起负责其中一册的内容。2006 年，参与编著《作文使我们快乐》丛书时，他让我独立完成四年级一册的内容，字数近 6 万。就这样，一步步走来，周老师由扶到放，由易到难，让我经受了一次次的锻炼。

2005 年 8 月，我调入绍兴县福全镇中心小学，继续分管教学业务工作。周老师说是我开始独立做研究的时候了，他建议我开展教学叙事研究，让学校的每个老师都有机会成为研究者。就这样，我带着老师们开始了“草根式”的叙事研究。慢慢地，我积累了不少素材，有了一些自己的想法。于是，周老师建议我出书，是他一次又一次的点拨和引导，让书的内容从单薄走向丰满，从平面走向立体。在书稿撰写过程中，他帮助我进行了一次又一次的修改和完善。书稿完成后，他欣然写下了文章《“三耕”铭》以示祝贺，是为序。2009 年 9 月，我的专著《语文教学叙事研究》正式出版。

专著完成后的很长一段时间里，我都找不到研究方向，在专业上徘徊不前。一次，周老师非常认真地对我说：“你不能再这样下去了！想一点写一点，这样是比较零碎的。你必须有一个明确的前行方向，围绕这个方向，展开系统的研究才好。”通过一次一次的碰撞和交流，在周老师的启发下，我终于大胆地发出了自己真实的声音——“童真语文”成为我鲜明的教学主张。“童真语文”是儿童的语文，更是真实的语文。在周老师的鼓励下，我成立了“童真语文”工作室。工作室第一次举行专场活动时，周老师亲临现场指导，并勉励我：“‘童真语文’就是真的儿童，在求真老师的引领下，快乐地拥抱真善美的语文。”他肯定我采用“悄悄话”“全班陪读”等独特的方式，让孩子们在课堂中初步拥有了话语权、需求权、选择权。就这样，我在教学实践中渐渐构建起清晰完善的“童真语文”体系。

2013 年 8 月，在他的督促下，我又踏上了出版专著《童真语文》的旅程。这个旅程是幸福的，因为有周老师的帮助，书的脉络越来越清晰，书的框架越来越合理，书的内容越来越具体。我那份洋溢在心头的幸福无以言表。周老师又写下序言《做“童真语文”的忠诚守护者》，再次给我极大的鼓励。

还有一次，周老师提醒我：“‘童真语文’的研究已经有了一定的高度，接下来的研究该怎么进行呢？”这让我陷入沉思。人生遇此良师，夫复何求？

春风化雨润心田

2009年下半年，在周老师指导下，我第一次参加省特级教师评选。原以为冲出绍兴县是没有问题的，没想到经过层层考评，我还是被刷下来了。我遭遇前所未有的打击，一度灰心、失望。评选结果出来的那天，正是周老师做完胆囊切除手术的第三天。就在病房里，周老师给我上了人生最重要的一课。他讲了三句话：人生要经得起挫折；关键不在于是不是特级，而是像不像特级；坚持不懈，方能胜人一筹。虽然刚刚做完手术，可他的声音还是那么洪亮，给人以力量。

2014年4月，我第二次冲击特级教师评选。从表格的填写到现场考评的准备，周老师一一悉心指点，鼓励我冲过了一关又一关。每次听到我“闯关”成功的消息，他似乎比我还高兴。7月的一天，我去看望他。他一脸严肃地对我说：“你现在必须考虑一下，评上特级教师以后怎么办。”“现在还不知道评审结果，再说也不知道评不评得上呢。”我疑惑地说。周老师看着我，坚定地说：“要相信自己的实力，你要及早思考才好。”“不管结果怎么样，我会一直沿着‘童真语文’的路走下去。”我认真地回答。“‘童真语文’是一个正确的方向，但还有很多问题需要考虑。”周老师语重心长地说。

9月4日，省教育厅正式公布第十一届特级教师名单，我名列其中。当天下午，我去向周老师汇报。他很是替我高兴，并恳切地告诫我：“能够评上特级教师的是极少数人，但这部分人后来又可以分为这样几类：第一类，把评上特级当终点，还没到退休，特级就不像特级了；第二类，评上特级后坚持研究到退休，然后画上句号，过起悠闲的退休生活；第三类，评上特级后，一直坚持研究，不论退休与否，生命与语文同在。我希望你做第三类人。一定要努力让自己变得更优秀，这才是唯一的正确之道！”周老师总是这样引领着我一步一步往前走。

鹤发银丝映日月

有智者说：在生命的旅途中，目的地并不重要，重要的是与什么相伴。周老师说他的信念就是让事业与生命相伴。在他看来，教育是开发生命的事业。他一直朝着这个方向努力，也希望更多的人为之而努力。

“惜时，让生命增值！”如今，已八十高龄的他还是这样充满激情地行走在坚守“教育神圣”的道路上。从1981年发表第一篇文章起，至今周老师已发表各类文章1400余篇，出版著作170余部。30多年的时间，竟然取得如此丰硕的成果，不能不让人惊叹。那天，女儿拿出计算器帮我计算了一番，说每一年周爷爷大约要出版5部著作，每月大约要发表4篇文章。女儿转过头来问我：“妈妈，你以后能成为像周爷爷那样的人吗？能取得像周爷爷那样的成就吗？”我很汗颜，但还是告诉女儿：“或许妈妈永远也成不了像周爷爷那样的人，但妈妈会朝着这个方向努力，尽量缩短和周爷爷的差距。”

在人生的道路上，周老师也曾遭遇过很多挫折和打击，但他从来没有放弃，没有被打倒过，而是选择了坚强面对，继续前行。因为在他的心中早已播下了“教育神圣”的信念。这是永远不变的信念，这是与生命同在的信念。他说：边缘化的生活，何尝不是上天的一种恩赐，它可以让人活出一个最真实的自我。师母骤然离世，当我们背着他抹眼泪而不知该如何安慰他的时候，他却又和我们谈起了他钟爱的语文。一个星期后，小语博物馆要在杭州举行开馆仪式。几乎所有人都劝周老师放弃这次出行，可周老师说这是小学语文教育界的大事，他不能不去。那天，我陪他同行，一起去见证了这一历史性的时刻。在活动现场，他还是认真地参与剪彩，用心地发表观点，真诚地接受采访……没有人能看得出，他刚刚经历怎样的伤痛。

周老师经常用美国诗人库利治的玲珑慧语来激励我：世界上没有什么能代替坚持。才能不能，没有什么比有才能的失败者更常见。天赋不能，没有发挥作用的天赋跟没有天赋一样……而坚持和决心结合在一起，就是战无不胜的力量。我自知天赋不高，也不是很有才能，从成为周老师的学生那天起，我知道自己这一生将与小学语文紧密相连，并会在这条道路上一直走下去。

追随着周老师在小语园地里幸福地行走，我发现自己的目标越来越明确，信念也越来越坚定。周老师用他的言行不断地告诫我“一个人，一辈子，做好一件事”，并深深地影响着我。因为与先生相遇，我爱上了语文，我的语文之路有了明确的方向。感谢恩师，让我拥有了这一场美丽的相遇！因为这一场相遇，我的小语人生变得如此幸福和美好！我知道，不仅仅是我，还有很多与先生有缘相遇的青年教师也深受他的影响，正追随着他行走在坚守“教育神圣”的道路上！

2015 年 4 月

◇ 附录1　周一贯简要年谱 ◇

1936 年

农历三月初三，生于浙江绍兴县城区宣花坊旧宅。

1942 年

旧宅被日军炸毁，逃难至绍兴县小皋埠村，开始在村里的崇圣小学上学。

1948 年

7 月，从崇圣小学毕业。

1949 年

春季在绍兴县越光中学上初中，半年未及，学校停课，辍学。

1950 年

3 月，参加中国人民解放军，任文书、文化教员。次年 3 月，在部队加入新民主主义青年团。

1952 年

因病转业，9 月在绍兴县皋埠镇仁渎完全小学当教师，开始执教语文学科。

1953 年

9 月，奉调绍兴县皋埠镇樊江乡中心小学任教，执教语文学科。

1954 年

9 月，开始在嵊县初级师范“小学教师轮训班”脱产就读，两年后毕业，在校先后任班团支部书记、学生会宣传部长。

1956 年

毕业后分配到绍兴县杨汛桥镇中心小学任教，担职教导主任，执教语文学科。

1957 年

9 月，奉调钱清镇中心小学，先后任教师、少先队总辅导员、教导主任、副校长，并在小学部、初中部执教语文课程。

1981 年

“文革”后拨乱反正。3 月在《辽宁教育》发表第一篇语文教学研究文章《谈谈谜语的教学》，全年在多家教育杂志共发表 9 篇文章。

1982 年

接受聘请，任浙江教育学院《教学月刊（小学版）》兼职编辑。

1983 年

主编《小学生学数学》（2 册），由浙江人民出版社出版。

为解决当时普及五年义务教育的需要，提高师资水平，钱清区校率先组织教师“教材教法过关”培训活动，效果显著，得到地区教育局领导的重视。就地召开盛大的全市“教材教法过关”现场会，区内外的校长、教师等 200 余人与会。

在《人民教育》第 9 期上发表《积极解决矛盾　抓好师训工作》一文。

1984 年

9 月调离钱清区校。至此，在省级以上教育报刊发表语文教学研究文章 60 篇。出版教学研究著述 5 册。

10 月，奉调绍兴县教育局教研室，任分管小学、幼教副主任。

年末，收绍兴县鲁迅小学董建奋校长为开门弟子。指导绍兴县漓渚区校开展语文尝试教学研究。（数年之后，数学尝试教学创始人邱学华教授在《尝试教学研究之“第一”》一文中有这样的记录：“第一个系统研究在语文教学中运用尝试法的是绍兴县教育局教研室副主任、特级教师周一贯”。）

1986 年

《小学语文教学答疑》由浙江教育出版社出版。

1988 年

4 月，经浙江省教师高级职务任职资格评审委员会评定，获浙江省首批

中学高级教师职称。

1989 年

12 月，在浙江省教育学会小学语文教学分会第四届年会上被推选为副理事长。

《小学语文一课多式教例》（2 册）由福建教育出版社出版。《从课文中学作文》（独著）由广西教育出版社出版。

1990 年

8 月，被浙江省人民政府评为“特级教师”。《小学生学习手册》由浙江教育出版社出版。

1991 年

接受浙江省教育厅聘请，任浙江省义务教育教科书小学语文编委会副主编。参与朱绍禹教授主编的《语文教育辞典》编写工作，撰稿 3 万字，由延边人民出版社出版。

1992 年

《小学语文教学改革研究概观》由杭州大学出版社出版。

1993 年

11 月，在浙江省教育学会小学语文教学分会第五届年会上被推选连任副理事长。

1994 年

加入中国共产党。兼任中国教育学会数学教育研究发展中心尝试教学理论研究会副理事长。

主编的《语文教学方法论》由山西高校联合出版社出版；《语文教学训练论》（独著）由海南出版社出版。

1996 年

从绍兴县教育局教研室退休。接受绍兴市鲁迅小学董建奋校长的邀请，受聘为鲁迅小学教学顾问。从 1981 年至退休（1996 年底），共在省级以上报刊发表教育教学研究文章 501 篇，正式出版教学专著 55 本。

1997年

受聘为绍兴县教师进修学校顾问，主持学校教科室工作，编印《教科与进修》小报。策划绍兴县“名师工程”，并主持第一期“名优教师研修班”，招收优秀青年教师16人，首届学员为李文泉、洪志明、金明东、李建忠、屠素凤、姚国海等。学员与全国小学语文名师于永正、贾志敏、靳家彦、支玉恒分别结对，计划三年结业。在鲁迅小学招收陈丽君、周毅、叶燕芬、张蔚、朱雁为弟子（均已获高级教师职称，其中两人为特级教师）。

发表研究文章27篇。特别是《小学教学改革与实验》特辟一整版的“周一贯专栏”，当年相继发表4期，即《热点：小学语文教学改革的前沿课题》《优课——教学的最高境界》《半个世纪的历史经验——精讲多练》《语文素质教育，跨世纪的探索与追求》。

1998年

在省级以上报刊发表的教学研究文章16篇。《语文教学优课论》由宁波出版社出版。

1999年

5月，在浙江省教育学会小学语文教学分会第六届年会上被聘为顾问。

在省级以上报刊发表专业研究文章19篇。《应用文起步》由浙江少年儿童出版社出版。

2000年

绍兴县首期“名优教师研修班”如期结业，第二期开始举办。招收陈建新、季科平、傅海炎、鲍国潮等31名学员。

接受绍兴市教师进修学校聘请，任该校顾问。着手筹办绍兴市“名优教师研修班”，修业期限五年，招收来自各县（市、区）的优秀教师何夏寿、屠素凤、濮朝阳、蔡雷云等共32人。

发表语文教学研究文章15篇。《小学语文尝试教学设计》由教育科学出版社出版。《阅读课堂教学设计论》由宁波出版社出版。

2001年

在省级以上报刊发表语文教学研究文章17篇，主攻对“研究性阅读”进行探索。

担任越城区名师研修班导师，学员35人。

《小学生必读古诗词80首》由浙江少年儿童出版社出版。《小学作文教学新概念研究》由少年儿童出版社出版。

2002年

5月，绍兴市教育学会小学语文教学研究分会举行“周一贯语文教育思想研讨会”，首都师范大学教授王云峰、全国著名特级教师靳家彦等专家学者莅临，全国“首届小学语文名师国培班”学员10余人一起参加，同时祝贺周一贯先生从教50周年。绍兴市小学语文教学研究会编印《半个世纪的求索——周一贯先生从教五十周年志》一书。

发表语文教学研究文章13篇，继续深化对“研究性阅读”的实践研究。《“研究性阅读”教学探索》由上海教育出版社出版。

2003年

在省级以上报刊发表的语文教学研究文章26篇。《小学生作文300问》由浙江少年儿童出版社出版。

9月，被绍兴县人民政府授予“教育功臣”称号。

2004年

继续在绍兴县教师进修学校举办第三届“名优教师研修班”（第三届小学语文骨干教师研修班），招收青年骨干教师学员刘发建、范信子、金妙红等44人，由县教师进修学校聘请第一、第二届结业的优秀学员季科平老师为导师助理，于2007年6月结业。（在绍兴县三届“名优教师研修班”学员中，已成为特级教师的有6人，一半以上获得了高级教师职称。）

在省级以上报刊发表语文教学研究文章22篇。《语文教研案例论》由宁波出版社出版。

2005 年

发表语文教学研究文章23篇。在《人民教育》第20期发表了《小学语文应是儿童语文》。《“儿童作文”教学论》由宁波出版社出版。

2006 年

28篇语文教学研究文章在省级以上报刊公开发表，其中《教育：开发生命的事业》《深度汇谈——让儿童文化重构小语课堂》发表在《人民教育》上。

2007 年

6月，受聘于北京师范大学教育学院、东方教育培训中心，任教学顾问。

发表教学研究文章23篇。《小学生作文锦囊360计》(共7册)由浙江少年儿童出版社出版。

岁末，为《中国小学语文教学论坛》(后改名为《语文教学通讯》)写年终评述文章《〈小语论坛〉的风云际会》，得到良好反响。(之后每年均与编辑部有约作年终评刊。)

2008 年

2月，成立周一贯名师工作室(“语文教育研究工作室”)。

4月12日，周一贯入室弟子拜师仪式(结合“县小学语文知名学科打造启动仪式”等)在绍兴县柯桥小学教育集团笛扬路校区举行，绍兴县教育局局长许义平到会并讲话。

发表语文教学研究文章33篇。《在千年视野内寻找语文教学的传统》《把鲁迅还给儿童》《快意阅读，留心世事——以鲁迅的儿童阅读理念瞻观今日》发表于《中国教育报》。《语文课堂的田野性格》发表于《人民教育》。

2009 年

在省级以上报刊发表语文教学研究文章39篇，《〈小学语文教师〉引领小学语文教师》一文获创刊纪念文章特等奖。《小学语文教学》(人物)创刊后第二期即是“周一贯专刊”，发表各类文章多篇和同人评价文章多篇。《鲁迅：读图时代应当仰望的背影》发表于《中国教育报》。

2010 年

在省级以上报刊发表语文教学研究文章17篇,《简朴清新：于式语文流派的常青品格》(研究评价于永正老师)刊发于《人民教育》。

时逢浙江《教学月刊》复刊，主编陈永华同志专程来绍兴拜访，商讨如何办好复刊后的《教学月刊》,《在中国小学语文教学改革的折点上……》一文便是访谈记录。

在绍兴市、绍兴县分别举行“周一贯先生从教60周年”祝贺活动。

2011 年

发表语文教学研究文章21篇。在《教学月刊》主编陈永华同志的指导和支持下主持“浙派语文”专栏。《朱作仁教授的求实精神与“浙派语文”》一文刊发于第3期《教学月刊》，以纪念这位“浙派语文”的举旗人。《今天，重读鲁迅的儿童观》刊载于《中国教育报》;《焕发儿童的生命光彩——孙双金“情智语文”的价值和意义》一文发表于《人民教育》。

《周一贯语文教育60年》由宁波出版社出版。

6月22日参加中共浙江省委、浙江省政府表彰会，荣获“浙江省离退休干部优秀共产党员”称号。

2012 年

发表语文教学研究文章23篇。分别在第6期、第12期《教学月刊》的“浙派语文”专栏上，发表了《袁微子——“浙派语文”的全国领军人物》《白马湖：“浙派语文”的一泓圣水》。

2013 年

4月7日，教育局蒋国洪局长在审阅了2012年周一贯名师工作室大事记之后，郑重回信：“对您为我县教育事业做出的巨大贡献表示由衷的感谢和崇高的敬意，并祝您工作室成果丰硕，名师辈出!”

发表专业研究文章21篇。在第4期《教学月刊》“浙派语文”专栏发表了《概观“浙派语文”历史发展的“源”与“流”》。在5月13日《中国教育报》发表了评价福建《新教师》刊物的文章《教育报刊应坚守教师立场》。

《容膝斋随笔》由宁波出版社出版。

2014 年

11 月，周一贯语文教育工作室会同柯桥区实验小学展开“课程文化的本土开发：‘越派语文’的研究和课堂展示”，上海《小学语文教师》为“教改风景线”的开场活动进行深度报道。

12 月，被上海师范大学小学语文教学研究中心、上海《小学语文教师》编辑部“新体系作文教学研究共同体”聘请为学术顾问。

发表语文教学研究文章 28 篇。第 6 期、第 9 期、第 10 期、第 12 期《教学月刊》“浙派语文”的专栏文章分别有《夏丏尊：浙派语文的“师”道之“范”》《洪汛涛：涌动小学语文教学的“浙江潮”》《试论“浙派语文”的文化地貌和群体风格》《斯霞——给孩子的那片爱的霞光》。

2015 年

周一贯名师工作室全体同人正在筹划“周一贯八旬文丛”的出版，这套文丛共 7 册，其中《中国古代语文教育言论读解》(周一贯、鲍国潮著）与《语文智慧教育的教学智慧》(周一贯、俞慧琴著）已由宁波出版社出版。在省级以上刊物发表语文教学研究文章 22 篇。

为庆贺“周一贯先生从教 65 周年暨 80 华诞”，由《语文教学通讯》(小学刊）主编裴海安联络中国语文报刊协会、上海师范大学小学语文研究中心、上海《小学语文教师》杂志社、山西《小学语文教学》杂志社、河南《小学教学》杂志社、浙江《教学月刊》杂志社、浙江《语文世界》杂志社和浙江大学“千课万人”活动组委会等 9 个单位发起并筹备庆贺活动，由北京名师之约文化传播中心杭州分中心承办。4 月 24 日上午，庆贺活动在杭州市金川宾馆隆重举行。从全国各地远道而来的近 250 位学者、专家、名师、媒体代表等与会。浙江省教育学会小学语文教学分会会长柯孔标老师，杨再隋、吴忠豪、潘新和等教授，著名特级教师张化万、王崧舟、窦桂梅等热情致辞，小学语文名师黄国才、吴琳、管建刚、吴勇、王雷英、王红、刘发建、董建奋、何夏寿、李文泉、金明东、洪志明、季科平等也相继发言。中国语文报

刊协会会长王晨到会祝贺。崔峦同志、汪潮教授因故未能到会，发来贺电。

2016年

在研究“浙派语文”的同时，开始探索“越语文”的发展历史。这是国内首创对母语课程地域文化资源的系统开发。经联络同人，群策群力，“越语文”陈列馆选址在绍兴市柯桥区钱清镇中心小学钱东校区。8月，“越语文”陈列馆完成筹备工作，正式开馆。

发表语文教育研究文章36篇。由浙江少年儿童出版社约稿的《唐诗三百首：少儿注音版》出版。

2017年

1月，农历小年夜，“千课万人”组委会张伯阳同志继去年陪周先生过小年活动之后，继续邀请绍兴50余人名师在绍兴咸亨大酒店聚餐。由周一贯先生建议，活动改名为“越语文迎春团拜会”。

10月27日至29日，由绍兴市上虞区教育体育局主办，“千课万人”承办的首届“越语文大课堂”观摩研讨活动在金近小学隆重举行，与会者近700人。本次活动旨在探索语文课程地域文化开发之普适价值，深度探究“越语文”的内涵与风格。周一贯先生全程参与活动，并在圆桌论坛作引领。

在全国教育刊物上发表研究文章39篇。开始在《小学教学设计》上连载“一贯看课”专栏，全年发表文章11篇。《小学语文文体教学大观》由上海教育出版社出版。《周一贯序言书评选集》由宁波出版社出版。

2018年

2月，应华东师范大学出版社约稿，出版《语文课堂变革的创意策略：周一贯谈好课的应有样态》。

小年夜参加“千课万人”组委会组织的“小学语文迎春学术论坛”，晚上参加“越语文迎春团拜会”。

5月25日至27日，“千课万人”全国首届“越语文”名师工作坊课堂教学观摩活动在绍兴第一初级中学教育集团镜湖校区成功举行。本次活动由越城区教育体育局主办，“千课万人”组委会承办，旨在探索“越语文”名师教学风格以及观摩董建奋“越语文”名师工作室（越派名师工作室）阶段性成果展示，近700位小学语文界专家、骨干教师代表参加了活动。越城区人民政府副区长陈尚京与越城区教育体育局党工委书记、局长戴志根等同志出席开幕式。周一贯先生应邀出席，并在“超文本教学的情愫”版块的圆桌评论作引领。

7月11日，江苏著名特级教师吴勇带工作室团队一行18人来参观“越语文”陈列馆。周一贯先生应邀题词，并做专题报告《开发母语课程的地域文化资源》。

11月4日，经绍兴市教育局批准，在绍兴市教育研究院成立绍兴市“越语文”研究专家指导委员会。

11月8日—10日，全国第二届小学“越语文”课堂教学观摩会在绍兴市上虞区百官小学隆重举行。本届活动由上虞区教育体育局主办，上海《小学语文教师》编辑部承办，邀请了来自全国各地的专家名师30余人。参与本次活动的有来自全国各地的教师600余人。绍兴市教育教学研究院党委书记赵新鸿宣读“越语文”专家指导委员会名单，绍兴市教育局丁初效副局长作专题发言。周一贯先生全程参与活动，并在“儿童与戏剧”版块的圆桌评论作引领。

在省级以上刊物发表语文教育研究文章30篇。为何夏寿的新书撰写的书评《戏曲教学中的家国情怀——评中华戏曲文学读本》发表在《中国教育报》上。

2019年

1月25日，参加“越语文”研究专家指导委员会第一次全体会议，绍兴市教育局丁初效副局长到会讲话。会上，审议并通过了《绍兴市“越语文”研究专家指导委员会章程》，还进行了专家聘任仪式。周一贯先生被聘为“越语文”研究专家指导委员会顾问。

5月11日，参加绍兴市柯桥区漓渚镇中心小学尝试教学研究座谈会，回顾该校自20世纪80年代开始的尝试教学实践并总结经验。尝试教学研究组

原成员谢永庆、朱根娣、屠素凤等也赶来参加。22日，参加该校语文尝试教学课堂展评研究活动，上海《小学语文教师》编辑部主编杨文华也应邀出席。

11月14日—15日，绍兴市第三届“‘越语文’大课堂”观摩研讨会在柯桥区中国轻纺城小学举行。该活动具有创新元素，“观点报告+课堂实践+专家论坛”的组合让大家对“越语文”有了更清晰、更深入的理解。周一贯先生应邀出席活动，并在专家论坛中作引领。

11月29日—30日，绍兴市文理学院教师教育学院举行第一期“越语文”论坛，周一贯先生应邀出席并作《“越语文”：从历史深处走向未来》的演讲。

12月31日，应邀参加浙江《教学月刊》社举行的40周年回顾与展望座谈会，并在会上发言，分享与《教学月刊》社结下的深情厚谊，表达了对杂志社的美好祝愿。

在省级以上报刊发表24篇语文教育研究文章，其中《梦圆“容膝斋”》发表在6月3日《中国教育报》第9版上。《周一贯与语文教育生命观》由北京师范大学出版社出版。

2020年

3月，为何夏寿的著作《请周一贯先生评课》中的18节课堂实录作点评。

5月，应邀为江西《小学教学研究》创刊40周年题词。

6月，与“越语文”研究专家指导委员会主要领导讨论研究“越语文”陈列馆的相关工作。

在省级以上报刊发表26篇语文教育研究文章，其中《我们关心孩子的看法吗?》发表在6月24日《中国教育报》第11版上。《“越语文”课程地域文化开发研究》由宁波出版社出版。由广西教育出版社约稿，入选该社项目《中国当代语文教育家口述实录》(第一辑)，由季科平整理周一贯先生口述实录的《周一贯口述：“一以贯之”的语文教育生命观》由广西教育出版社出版。

2021年

在省级以上报刊发表24篇语文教育研究文章，其中《绍兴三先生》发表在《中国教师报》上。《小学语文教育的文化观》由江西教育出版社出版。

11月17日，第四届“‘越语文’大课堂”观摩研讨会在诸暨市陶朱街道明德小学隆重举行。本次活动研讨主题为“‘双减’背景下的‘越语文’高品质课堂教学”。绍兴市教育局副局长丁初效在开幕式上作重要讲话。周一贯先生全程参与活动，并在会上致辞，深度解读了“越语文”的内涵，希望“越语文”能在政府的扶持和有志之士的关照下得到继承和发扬。

2022年

2月19日，为“浙派名师”专集出版接受访谈录音。

2月24日，应绍兴文理学院教师教育学院之邀，参与讨论“越语文”“越教育”相关事宜。

5月，为季科平《“童真语文”的好课课谱》（由广西教育出版社出版）中的20节课例作点评。这是她的第二本请周一贯先生评课的专著。

6月，绍兴文理学院教师教育学院汇编《周一贯先生公开发表论著篇目辑录》。

11月25日，参加季科平“童真语文”工作室“这十年”专场活动。此次活动由绍兴市柯桥区教师发展中心主办，由绍兴市特级教师协会、绍兴市“越语文”研究专家指导委员会协办。“越语文”的相关领导及部分名师参加了本次活动。周一贯先生在活动中作了专家评述，指出童真语文是“越语文”的一个当代课题，蒙以养正是童真语文之魂。

12月9日，绍兴市第五届“‘越语文’大课堂”观摩研讨活动在嵊州市逸夫小学成功举行，活动研讨新课标理念下的“越语文”课堂生态重建。周一贯先生在开幕式上讲话，指出“越语文”不仅是对历史的继承，更重要的是为党育人，为国育才，呼吁不断推出属于“越语文”的名校、名师、名课题、名课堂。本次活动的重要资料《“越语文”研究》推出的是季科平“童真语文”工作室专刊。

◇ 附录2　周一贯主要著作 ◇

书名	著作方式	出版单位	出版时间
文体各异　教法不同：小学语文教学漫笔	独著	浙江教育出版社	1984 年
从课文中学作文	独著	广西教育出版社	1989 年
小学语文一课多式教例（2 册）	独著	福建教育出版社	1989 年
小学语文学法大全	主编	浙江少年儿童出版社	1991 年
语文教育辞典	撰稿	延边人民出版社	1991 年
小学语文教学改革研究概观	编著	杭州大学出版社	1992 年
小学语文教育学	撰稿	湖北教育出版社	1993 年
浙江省义务教育小学教材语文教学答疑（共 12 册）	主编	杭州大学出版社	1993 年起陆续出版
语文教学训练论	独著	海南出版社	1994 年
语文教学方法论	主编	山西高校联合出版社	1994 年
快乐的双休日（2 册）	主编	国际文化出版公司	1996 年
材料作文指导	独著	浙江少年儿童出版社	1997 年
作文使我们快乐（共 4 册）	主编	国际文化出版公司	1998 年
小学语文课堂训练设计（共 12 册）	主编	陕西人民教育出版社	1998 年
语文教学优课论	独著	宁波出版社	1998 年
中国小学语文教学名师精品录	主编	杭州大学出版社	1998 年
应用文起步	合编	浙江少年儿童出版社	1999 年
小学语文尝试教学设计	主编	教育科学出版社	2000 年
阅读课堂教学设计论	独著	宁波出版社	2000 年
小学作文教学新概念研究	主编	少年儿童出版社	2001 年
小学语文优课精彩片段评点	编著	陕西人民出版社	2001 年

书名	著作方式	出版单位	出版时间
“研究性阅读”教学探索	独著	上海教育出版社	2002 年
小学“研究性阅读”教学设计精编	合编	国际文化出版公司	2003 年
小学生作文 300 问	合编	浙江少年儿童出版社	2003 年
新生代·新课标·新作文：小学生作文快车道（共 6 册）	主编	宁波出版社	2003 年
语文教研案例论	独著	宁波出版社	2004 年
小学生作文常见病诊治百例·中年级	主编	浙江少年儿童出版社	2004 年
小学生作文常见病诊治百例·高年级	主编	浙江少年儿童出版社	2004 年
小学语文名师课堂教学经典设计	主编	上海教育出版社	2004 年
小学生必读古诗 70 首	合编	浙江少年儿童出版社	2004 年
“儿童作文”教学论	独著	宁波出版社	2005 年
新课标新作文　语文（共 6 册）	主编	浙江人民美术出版社	2005 年
小学生作文锦囊 360 计（共 7 册）	主编	浙江少年儿童出版社	2007 年
教师教学写作 360°	独著	宁波出版社	2010 年
小学生经典诵读 100 课（共 6 册）	主编	浙江少年儿童出版社	2010 年
周一贯语文教育 60 年	编著	宁波出版社	2011 年
容膝斋随笔	独著	宁波出版社	2013 年
中国古代语文教育言论读解	合著	宁波出版社	2015 年
语文智慧教育的教学智慧	合著	宁波出版社	2015 年
唐诗三百首：少儿注音版	合编	浙江少年儿童出版社	2016 年
周一贯序言书评选集	合编著	宁波出版社	2017 年
小学语文文体教学大观	主编	上海教育出版社	2017 年
语文课堂变革的创意策略：周一贯谈好课的应有样态	独著	华东师范大学出版社	2018 年
周一贯与语文教育生命观	独著	北京师范大学出版社	2019 年
“越语文”课程地域文化开发研究	合编著	宁波出版社	2020 年
周一贯口述：“一以贯之”的语文教育生命观	合著	广西教育出版社	2020 年
小学语文教育的文化观	独著	江西教育出版社	2021 年

◇ 后 记 ◇

2023 年 2 月 16 日，我应好友邢益春校长的邀约回乡送教。当我站在浙江省绍兴市嵊州市长乐镇中心小学的讲坛上时，我的心情十分激动。令我激动的是我回乡送教，更令我激动的是我站上了恩师周一贯先生当年站过的那个讲坛，有一个词在我的心中明晰起来，那就是“传承”。

1987 年 8 月至 1993 年 7 月，我在当时的嵊县长乐区绿溪乡校工作。记得毕业的第二年，我在长乐镇中心小学听到了周一贯先生的讲座，深感震撼。整整一个上午，精神抖擞、意气风发的周一贯先生手中没有一页讲稿，眼前没有一张 PPT，就这样滔滔不绝地讲了一个上午。那时的周先生满头黑发，那头黑发梳理得一丝不乱。这是我第一次见到周一贯先生，也是我第一次听到这么震撼的讲座。我静静地凝视着讲坛上的周一贯先生，发现他的眼中有光。于是，我深深地被他吸引了。休息时，我远远地看着高大的周老师，终于忍不住走上前去，却只敢说一句“周老师您好”。可以说，周先生为我播下了一颗梦想的种子。

1993 年 8 月，我调到了周一贯先生所在的绍兴县工作。后来，周一贯先生在全县招收第一届名师班学员。我心向往之，却由于各种条件的限制，无法成为其中的一员。1998 年 9 月，新学期开学，周一贯先生来到我所在的绍兴县平水镇中心小学指导工作。这一次我鼓起勇气走到他面前，向他倾诉了我十年来的那份期待。或许周一贯先生被我的这份真诚感动，他同意我进入县名师班学习。1998 年教师节的那天，我郑重其事地带着鲜花登门拜师，破格成为先生的弟子，于是梦想的种子开始发芽，开始抽枝长叶。我在周先生的门下读了一届又一届的名师班：第一届，我是“插班生”；第二届，我成了

“留级生”；第三届，我做了他的“导师助理”，成了“研究生”。三届名师班培训结束后，我继续跟着先生做助理的工作，帮助他处理语文教学研究的电子事务。在追随恩师行走的日子里，他总是对我说“我相信你可以的”。很多时候我为了一次次印证恩师的这句话，不断地挖掘自己的潜力，争取让自己变得更优秀！后来，我评上了浙江省特级教师、全国优秀教师，入选浙江省高层次人才特殊支持计划领军人才，晋升为正高级教师。

近年来，我一直在想该如何研究先生的语文教育思想来做好传承工作。零零星星，我写过相关的文章，参与主编过《师道一贯——“周一贯先生从教65周年暨80华诞”文集选编》一书，帮先生整理过“语文教育生命观”的所有电子文档。特别好的是，和先生一起参与广西教育出版社的“当代中国语文教育家口述实录”丛书（第一辑）的编著。丛书采用口述实录的形式，全面呈现当代中国著名语文教育家的心路历程和教育思想，而先生是首辑中唯一一位小学界的当代教育家。从2018年金秋十月到2019年阳春三月，在书香满溢的容膝斋里，恩师欣然接受了我一次又一次的访谈。他深情回顾了自己难忘的童年生活、求学经历、专业发展、教改实验等，尤其是紧紧围绕“语文教育生命观”，展开了具体而生动的叙说。我们共同完成了《周一贯口述：“一以贯之”的语文教育生命观》，这本书通过口述实录的方式对先生的教育思想实现了更有价值的传承。2020年12月这本书由广西教育出版社正式出版。

完成这本书后，我一直在想，我还可以为先生做点什么呢？

我在收集整理先生的著述时，有幸读到了全国各地的专家、学者、名师等写下的评述先生语文教育思想的文章。这些富含远见卓识的材料显然是研究先生语文教育思想的最宝贵的资源。先生语文教育的创新理论，领航着小学语文的发展方向。

先生在书房容膝斋的案头，日夜操劳的不只是个人研究的著述，更多的是为好友良朋、青年教师的专业发展笔耕不辍：或指导修改公开课的教学设计；或为青年教师润色并推荐研究文稿；或为中青年教师准备出版的研究著

述作序；或与相识相知的教师朋友切磋研究……为此，全国的许多中青年名师也常有文章发表，以抒发自己与先生相识相知的深情厚谊。这方面的资料数量不少，字里行间饱含着对先生的感佩情意。其中也少不了对先生语文教育思想的认识和评议，这对先生的语文教育思想研究，同样具有重要价值。也可以说先生的语文教育先进思想，为骨干教师的专业成长赋能。

我在整理先生语文教育思想的各种资料时，发现教育报刊的编辑、记者，也有不少关于周先生的论述记录，包括刊物专访、记者专访、人物研究、问题讨论等。这些发表于报刊的文字，占领着逻辑思维的高地，拥有纵横比较的开阔视野，无疑是研究先生语文教育思想的珍贵资料。也可以说是先生的语文教育学术魅力，受到了主流媒体的广泛关注。

在收集和整理先生的文稿时，我发现还有不少出自专家名师或青年教师之手的短文和诗作。这些即兴之作虽然有别于对先生语文教育思想的系统性评论，但同样不可小觑。特别应当看到的是这些诗文往往产生在相关的一些语文教育研究的活动之中，有着相对宏大的背景。虽然形式短小，但其蕴含的深意，具有难能可贵的研究价值。同时，我们也可以看到，先生对语文教育情义绵长，他自然赢得了杏坛后辈的仰慕。

渐渐地，在恩师的引领下，我的思路逐渐明晰起来。我要主编一本《当代语文教育家周一贯语文教育思想评说》，把这些散落的文章归类整理，串成一条思想的项链。在主编此书的过程中，我多次得到了戴正兴先生的指点。戴老认为周先生对小语的研究是有开拓性、独创性的，戴老建议周先生语文教育思想研究可突出他的“四论”（语文教学方法论、训练论、优课论、设计论）和“四观”（生命观、生本观、儿童观、文化观），重点阐述“四论”“四观”产生的背景、价值，分析其内在的逻辑结构、缜密的逻辑思维。戴老还对此书的框架及重点板块的编著提出了许多积极的建议。一些建议在编著的过程中很快得到落实，一些建议由于我的能力及时间的限制，没能在这次编写中得以体现。但这些建议为我继续研究周一贯先生的语文教育思想指明了路径，让我受益匪浅。对戴老一次又一次的用心指导，表示最真切的感谢。

特级教师董建奋校长是周一贯先生的开门弟子，她知晓此书的编写情况后，主动要求再写一篇文章，表达她对师父的感恩之情。没过多少日子，董校长就发来了文章《周一贯先生非常人》。读着这篇文章，我不仅重新认识了非常人的恩师周一贯先生：非常人的记忆力、非常人的意志力、非常人的胸襟、非常人的“护犊”深情，更重要的是我被弥漫在文字里的那份深情所感动。

周先生的另一位弟子特级教师屠素凤也专门写来了文章《容膝斋·暖阳》。容膝斋的暖阳已经不知温暖了多少人的心，引领我们朝着恩师前行的方向，努力追随。我认真主编这本《当代语文教育家周一贯语文教育思想评说》，就是想让恩师托举的暖阳温暖更多人的心，在传承发扬中推进教育发展。

请哪一个出版社来出版这本书呢？我和恩师一致认为非广西教育出版社莫属。前面的两本书《周一贯口述：“一以贯之”的语文教育生命观》《“童真语文”的好课课谱》都是广西教育出版社出版的，他们的认真与专业给我们留下了深刻的印象。唯一有点遗憾的是前面两本书出版时间拖得有点长，但我们觉得瑕不掩瑜，广西教育出版社的出版质量是值得信任的。很多时候就是为了追求高质量的出版，而延长了出版时间。非常感谢本书的责编老师，一次次地沟通，一次次地校稿，尽最大努力加快本书的出版进度。

谨以此书恭祝恩师周一贯先生九十华诞。

季科平于两耕居

2024 年 1 月